死と命のメタファ

キリスト教贖罪論と
その批判への聖書学的応答

浅野淳博

新教出版社

装幀　今垣知沙子

はじめに

　本書の意図は、キリスト教贖罪論に関する議論へ新約聖書学の視点を提供することにあります。もちろんこの意図は、新約聖書学を生業とする者の純粋な学術的関心に依拠している部分があります。イエスの死に関する初期の理解は、新約聖書神学の様々な側面 —— 救済論、キリスト論、教会論、倫理等 —— に少なからず影響を与えているからです。

　他方で正直に申し上げると本書の執筆は、日本が未曾有の大震災を経験した直後の2012年に発刊された高橋哲哉氏の『犠牲のシステム福島・沖縄』（集英社新書）の読後感の悪さに刺激されたという面もあります。周縁地域に過大な負担 —— 原発と米軍基地 —— を負わせて国益を確保するという暴力的な国家政策をこの著は〈犠牲のシステム〉と称して批判しますが（この点に関して私は同意します）、しかしこの著書はその20％の紙面を費やして、じつはキリスト教贖罪論（いわゆる代理贖罪）がこのシステムの上に成り立っていることを批判しています。この著書：『犠牲のシステム』に散見される論理矛盾や聖書学への無理解は別として、私の第一印象は〈東日本の被災地で今まさに救援活動に骨を折っていらっしゃるキリスト者の方々の心を折るようなことをわざわざ言わなければならないのか〉という憤りにも似たザラザラとした感触でした。

　もっとも読後感の悪さへの憂さ晴らしをするだけのために、私は本を一冊書く気にはなりませんし、そのために読者の皆さんの時間を頂戴するわけにもいきません。憂さ晴らしなら、SNSでこの著の論理矛盾や聖書への誤解をリストアップして、いくばくかの「いいね」をもらえばそれで十分だったでしょう。しかしこの著書の内容はキリスト教贖罪論に対する教会内外からの批判を、代表しないまでも象徴するものと言えなくもありません。したがって本書はプロローグとエピローグをも含めた計9章で、現代の教会によって〈犠牲〉と直結しがちなイエスの死を、歴史のイエスを含めた新約聖書と使

徒教父文献──後30-150年頃の資料──がどのように理解して表現したかを論考し、私たちが聖書的視点からキリスト教贖罪論に対してどのように応答すべきかという現代的な適用を提示したいと考えます。そしてエピローグの適用後半部分では、上の著書への応答も少しばかり扱うことにしました。

　本書は一義的には、キリスト教贖罪論──とくに代理（代表）贖罪──へ向けられる批判に対して読者の皆さんがどのように応答すべきか、その視点を提供します。同時に私は、読者の皆さんが歴史を生きたイエスの生き様に深く触れて、その生き様に倣って現代社会に関わる動機付けを本書から得て下さるよう希望します。そして私は、かの大震災の傷がいまだ癒えない東日本の各所で、死に至るイエスの生き様に倣って奉仕の活動を続けておられるキリスト者の方々を覚えつつ筆を進めました。大変おこがましいことですが、これらのキリスト者の方々、また彼らと手を取りあって奉仕にあたられている他の方々に、本書を捧げるつもりで執筆させて頂きました。

　本書は、文部科学省科学研究費助成事業の基盤研究（C）：「博愛原理の再検討：愛他精神に潜む暴力性をメタファ複合の観点から乗り越える一試み」（2017-21年）の成果物です。また成果発表のために、関西学院大学個人特別研究費も支給されました。公的資金を基にした研究における成果物の性質上、著者である私自身が著書からの利益を得ることはありませんが、出版を担当する新教出版社との相談の上、著書出版によって通常発生する印税部分を、国内で在留外国人の方々の支援を行っている認定NPO法人難民支援協会（JAR）へ寄付させていただくことになっています。この寄付に関しては、JARの事務局長兼広報マネジャーの吉山昌さんにお世話になりました。今後ますますJARの働きが拡充することを祈念しつつ、感謝申し上げます。

　本書の執筆にあたっては、関西学院大学神学研究科と京都大学大学院キリスト教学科の学生らが夏休みの時間を割いて原稿に目をとおし、貴重なコメントをしてくれました。平井志帆子さん、薄井良子さん、厚井直美さん、加藤良輔君、どうもありがとう。旧約聖書学者の島先克臣氏には本書第1章に目を通して頂きました。島先さん、ありがとうございます。さらに出版に至る細々とした相談にzoomをとおしてつき合って下さった新教出版社の小林

望社長、また、本書の編集を担当して下さった森本直樹さんに心から感謝します。最後に、贖罪論への初期の関心を適切な方向へ導いて下さったオックスフォード大学のロバート・モーガン教授に心から感謝します。

　なお、本書を題材にした講義の動画やパワーポイント資料（PDF）は以下のURLからご覧頂けます。
　URL　https://quee09215.wixsite.com/aasano

2022年春一番の上ヶ原にて

浅野　淳博

τὰ τῆς εἰρήνης διώκωμεν.
平和のことがらを求めましょう（ロマ14.19）。

目　次

プロローグ　移行性と加虐性

第1章　苦難の僕と移行性（移行主題か啓発主題か）

第2章　マカバイ殉教者の記憶

第3章　イエスと神の国

第4章　原始教会の伝承

第5章　パウロの回心とその神学的特徴

第6章　パウロからその後の初期文献へ

第7章　2世紀殉教者の証言

エピローグ　畑を耕す

補　論

凡　例

1. 旧約聖書、旧約聖書続編、および新約聖書の各書名の略語表は、聖書協会共同訳を参照のこと。
2. 上以外の文献名の略語表は、本書の古代文献索引の冒頭に記載した。
3. 上の文献の日本語は、私訳でないかぎり聖書協会共同訳に準拠した。
4. 本文中の「　」は基本的に引用を指す。
5. 本文中の〈　〉は文言を強調する箇所に付した。
6. 引用文内の（　）は語句説明の部分である。
7. 引用文内の［　］は付加の部分である。
8. 複数の福音書箇所が／で区切られている場合は、並行箇所を指す。あるいはたんに〈並行箇所〉と記す場合もある。
9. 本文には2種類の註が付してある。数字で示す1, 2, 3 …は巻末註を指し、アルファベットで示すa, b, c … は脚注を指す。

■プロローグ■
移行性と加虐性

「安らかに死ね、世界の幸福の犠牲になれたぞ」
（ヴォルテール『リスボン大震災に寄せる詩』）

導　入

　ヴォルテールはリスボン大震災という歴史的な災害に大きく心を揺さぶられます。そして未曾有の被害を〈神のみ手のうちにある〉と言い放つ弁神論的な議論——自然災害などの悪を前にして神の善と全能性を擁護する議論——に辟易し、上に引用した『リスボン大震災に寄せる詩』において持論を展開しました。「安らかに死ね、世界の幸福の犠牲になれたぞ」、それは震災の被害者がしかしより大きな神の計画のために必要な〈犠牲〉だったという弁神論者らの議論に対する辛らつな批判です。

　そしてこの主旨の批判は、〈イエスの死はより大きな神の計画のために必要な犠牲だった〉というニュアンスを伝えがちなキリスト教贖罪論に対しても繰り返されるようになります。「はじめに」（3頁）で触れた高橋哲哉氏の贖罪論批判は、基本的にかの大災害を契機として起こった啓蒙期後期の批判の焼き直しと言えるでしょう。

　本書はある意味で、二方向に目を向けています。一方ではこの類の批判に対して、私たちがキリスト教聖典である旧新約聖書とその周辺文献をとおしていかに応答することができるか、に焦点を置きます。他方では、これらの文献が私たちに馴染み深い贖罪論的な言説を評価するのにいかなる視点を提供するか、に注目します。

　プロローグでは、【A】まず上述したリスボン大震災に起因する弁神論（最善説・天罰説）とそれに対するヴォルテールの批判からスタートし、そしてカントによるキリスト教贖罪論への批判まで進みましょう。この過程をとおして私たちは、イエスの死における（代償の）〈移行性〉という問題に光をあて

ます。一方で時代は前後しますが、【B.1】キリスト教贖罪論が成立に至る歴史的プロセスも見わたしておきましょう。のちに新約聖書となるテクストの執筆が終わった頃の初期教会教父に始まり、ヴォルテールやカントの啓蒙主義に至るまでの教会がイエスの死の救済（贖罪）意義をいかに表現したかを概観しましょう。【B.2】またこうして成立したキリスト教贖罪論に対して、現代の研究者らがどのように応答しているかをも確認しておきましょう。この過程をとおして私たちは、イエスの死における（神の）〈加虐性〉という問題に光をあてます。さらに【C】本書各章が何を扱うかを紹介し、また【D】本書の構成上の特徴についても幾つか触れておきたいと思います。

A. イエスの死と移行性

1. 震災と神の弁護

a. リスボン大震災：海岸線200km沖を震源地とするマグニチュード8.7の巨大地震が街々を襲います。地震に続く津波が1万人を呑み込みます。1755年11月1日午前9時40分のことです。ポルトガル王国のリスボン市はほぼ全壊しました。市の人口を把握していた教区教会が破壊されたために正確な数字は不明なままですが、死者数は5.5〜6.2万人とも推定されています。

b. 最善説／天罰説：18世紀当時の神学者や哲学者らのあいだでは、〈全能にして善なる神の支配下でなぜあのような悲劇が起こったか〉という議論が繰り返されました。その

なかで英国の詩人にして批評家のA.ポウプは「やめるがよい、秩序を不完全呼ばわりすることを。……部分的な悪はことごとく全体的な善なのだ」として神を弁護します（『書簡』1.10）[1]。フランスの思

津波と火災に呑み込まれる地震直後のリスボン

12

想家 J.-J. ルソーもポウプの最善説を繰り返しながら一歩踏み込んで「全体の保存のためには個人のいくらかの幸福を犠牲にすることがある[2]」と述べます。あるいは、イタリア人イエズス会士の G. マラグリダはこの大惨事が〈（リスボンが）享楽的な生活に浸っていたことに対する天罰[3]〉であるという天罰説を公言しました。

　最善説の問題は、部分的あるいは少数の被害が最善の成就の代・わ・り・の・犠牲として正当化されることです。天罰説においても、災難を受けた者はある意味で災難を免れた者の代わりの犠牲であり、根本の問題は同じです。このような思想をヴォルテールは激しく批判します。

2.　弁神論への挑戦

　a.　ヴォルテールの最善説批判：フランスの啓蒙思想家にして小説家のヴォルテールは冒頭に引用した『リスボン大震災に寄せる詩―― あるいは「すべては善である」という公理の検討』（1755年）を著し、マラグリダに代表される天罰説に応答します。彼は「壊滅したリスボンは、歓楽の都市パリやロンドンよりも悪徳にまみれていたのか、リスボンは海に呑み込まれ、パリでは人々が踊る」と述べ、天罰説の非論理性を酷評します。さらに〈世界の幸福のための犠牲〉という楽観論を揶揄しつつ、詩の最後にあたって「神に欠けているものはまだあるぞ、それは『希望』だ」という仕方で最善説を痛烈に批判します[4]。そしてヴォルテールは、1759年に出版した小説『カンディード』のなかで最善説に対する徹底的な反論を展開します。旅の途上で主人公カンディードが遭遇する様々な理不尽と災難とに、彼に同伴する最善説論者のパングロスが〈すべての苦難は最善のためにある〉との説明を繰り返します。カンディードはやがてパングロスの欺瞞に気付き、〈不条理に満ちた世に、しかし我々は関わるのだ〉とパングロスを諫めて物語を閉じます。

　b.　カントの代償批判：カントも震災後すぐに3つの論文を発表しますが、これらは自然災害の仕組みに焦点を置くものです[5]。一方で震災から35年ほどのちに『たんなる理性の限界内の宗教』を著し、そのなかでとくに代償論を取り上げてこれを批判します。これは最善説と天罰説にみられる犠牲による代償を批判したヴォルテールの議論に通ずるものとも言えるでしょう。

私たちの理性の法によって洞察するかぎりでは、それは他人が根絶できる
ものでもなく、そもそもこの負い目は、たとえば負債のように他人に任せ
られるといった移譲可能な債務ではなくして（負債の場合だと、債務者が払
おうが、債務者の代わりに他人が払おうが債権者にとっては同じである）、この
上なく人格的な負い目、つまり罪の負い目であって、喩え度量の大きな無
罪の者がいて、有罪の者に代わってそれを引き受けようと思っても、前者
には担えず、後者だけが担える負い目なのである（傍点は邦訳書のまま）[6]。

　カントの場合はキリスト教贖罪論を直接念頭に置いて、これを批判していま
す。罪は個人の人格と直結するものなので、これを等価交換が成立する商業取
引と同等に捉えるわけにはいかない、というのがカントの主張です。
　この代償概念は〈代理贖罪〉という一般的なキリスト教用語から分かると
おり、代理（あるいは代表）と表現されがちです。もっとも本書では、これを
〈ある人の行為の責任と結果とが他者に移行する〉という意味で〈移行性（あ
るいは移行主題）〉と称します。そしてこの移行性は〈多数者が個人や少数者を
犠牲としてこれに責任を押し付ける〉という意味で、おうおうにして責任転嫁
的（いわゆるスケープゴート的）な
思考を促しがちです。私たちはこ
の点に関して、本書1-7章のほぼ
すべての章で、イエスをはじめと
する義人（預言者や殉教者）の死
の意義を考察する際に、〈それは
責任転嫁を促す力学を内包してい
るか〉と繰り返し問い続けること
にしましょう。

Aのポイント
● リスボン大震災に際して、最善説および天罰説という仕方で神への弁護がなされた。
○ ヴォルテールはこれらの弁神論を批判して震災に寄せる詩と『カンディード』を執筆した。
● カントはこれよりのちにキリスト教贖罪論への批判を記した。

B.　イエスの死と神の加虐性

　本書1–7章ではユダヤ教聖典（旧約聖書とその続編等を含むより広いテクスト）から新約聖書、そして使徒教父文書までのテクストにおいてイエスを含めた義人の死がどのように理解されていたかを概観します。これらのテクストはおおかた後150年までのユダヤ教と初期教会の思想を反映しています。本項（B）ではそのあとの議論、すなわち初期の教会教父に始まり『ハイデルベルク信仰問答』や『ウェストミンスター大教理問答書』においてキリスト教贖罪論が教理として明示されるまでのあいだの議論を要約しましょう。前項（A）では、リスボン大震災を契機としてキリスト教贖罪論の移行性の問題が表面化する様子を概観しましたが、本項では中世に至る神学議論において神の加虐性 —— 神がその子の死に満足するサディズム —— の問題が浮き彫りになる様子にとくに注目しましょう。これに続いて、この加虐性に対する現代的な応答として3件の特徴的な議論を取り上げて紹介したいと思います。そしてこの加虐性という問題一般に関して、私たちは社会的記憶と死の美化という主題を扱う本書3章と6章において論考したいと思います。

1.　キリスト教贖罪論への道程

　a.　身代金説：初期の教父らは、新約聖書がイエスの死を語る際に用いた〈身代金〉というメタファ —— 類似する他の物事を用いて表現する比喩法 —— を手がかりとし、これを字義どおりに捉えてイエスの死の救済意義を説明し始めました。ちなみに〈身代金〉を含めたメタファを字義どおりに用いることの問題については、本書6章で詳しく取り上げます。

　リヨン司教のエイレナイオス（2–3世紀）はその著『異端反駁』（5.1）で、イエスの死を悪魔に支払われた身代金と表現します。エイレナイオスによると、悪魔は暴力によって人類を支配下に置きますが、神はイエスの死という身代金を悪魔に支払ってその支配から人々を解放しました。アレクサンドリア出身の神学者オリゲネス（2–3世紀）の議論においても、神はイエスの死という身代金を罪人の解放のため悪魔に支払います。もっともこの場合に悪魔は、イエスの魂を誰も支配下に留めることができない —— イエスの死という身代金を実

際には享受できない——ことを知りません。神はそのことを承知しつつ、悪魔を謀って罪人を解放するのです（『殉教の勧め』12）。ニュッサの神学者グレゴリオス（4世紀）は悪魔による人類の支配権に正当性を見出しつつも、やはり神がイエスの死という保持不可能な身代金によって悪魔から人類を奪い返す策略を実行したと述べます（『教理大講話』22）。グレゴリウス1世（6世紀）において贖罪は法廷的および儀礼的概念として複合的に説明され、罪人の放免が罪なき人の人身御供という支払いによってのみ可能となると述べます（『大倫理書』17.46）。それは判事なる神の怒りがキリストの死によって宥められるからです。悪魔が人の支配権を正当に得たか不当に得たかに関わらず、神が悪魔に身代金を払うこと、また神が悪魔を策略によって騙すという構図には、当然ながら修正が入りました。

　b.　満足説：イタリア出身の神学者でカンタベリー大司教を務めたアンセルムス（11–12世紀）は、上に挙げた〈神が悪魔に身代金を払う〉という想定に代わって、贖罪という概念を当時の封建主義的社会構造に準えます。すなわち神は封建領主であり、人は農奴としてこれに仕えます。農奴が忠誠を怠ると主人は受けるべき誉れを失うので、この損失が補われて満足させられねばなりません。同様に、神への誠実を示すことができない罪人によって損なわれた神の誉れに対して、神も何らかの仕方で満足を得なければなりません。罪のないキリストの死のみが農奴（人類）の罪によって損なわれた主人（神）との関係性の埋め合わせを行います（『なぜに神は人に』1.11–12）。

　このような仕方で封建社会の構図のなかで神を権威的な封建領主に準えることは、はたして神が悪魔への身代金を支払うという構図に優るでしょうか。この新たな構図における焦点は失われた神の誉れであって、失われた罪人ではないとも言えるでしょう。したがってこの満足説は「誤った人を正すことでなく、誤った人を罰することが正義なのか[7)]」という当然の批判に晒されます。この最後の批判については本書5章で、イエスの死がイエスの命への参与と繋がるという点を考える際にもう一度思い起こしましょう。

　c.　道徳感化説：普遍論争においてアンセルムスと対立関係——アンセルムスの実在論に対する唯名論——にあったフランスの神学者アベラール（11–12世紀）は、身代金説および満足説をなによりも神の加虐性（サディズム）と

いう視点から退けます。彼は加虐性の問題を以下のように表現します。「無実の人の血を何かの代価として要求し、その無実の人が殺害されることで満足する者がいるとすれば、それは何と残虐で邪悪なことか。ましてや、神がその子の死によって全世界との和解をなすと考えることなどあり得ない」（『ロマ書註解』3.19–26）。アベラールにとってイエスの死は、なによりも死によって示された愛をとおして人を悔い改めへと促し、正しい振る舞いへと動機付ける要因です。もっとも彼は〈いかにしてキリストの死は神の愛の啓示となりうるか〉という問いに満足のいく説明を提示しません[8]。これはおそらく、アベラールの道徳感化説（あるいは贖罪の主観説）が神の加虐性という問題への応答として開始しており、イエスの生き様が原始教会に及ぼした影響に十分な考察を加えていないからでしょう。私たちは本書3–4章で、イエスの生き様と死に様── あるいは死に至る生き様 ──がいかに原始教会の理解と実存とを方向づけたかについて考察しましょう。

　d.　宗教改革：カトリック教会の半ペラギウス主義── 人は救いにおいて神と協働する ──に抵抗するルターは、人の完全なる堕落を前提としつつ、その罪の重さを十字架において引き受けるキリストの犠牲を強調します。したがってガラテヤ書3章13節を解説するにあたり、「キリストはこの世でもっとも極悪な違犯者、殺人者、姦通者、盗人、冒瀆者となった。それは全世界の罪のための犠牲とされたキリストが、もはや無罪の人ではなく、処女マリアから生まれた神の子ではないからだ[9]」と述べます。そして神は堕落に対する怒りをキリストの上に置きます。「神は［キリストを］この世に遣わしたが、それは彼（キリスト）がわれわれの罪の宥めとなるためである。……これにより彼（神）は宥められてわれわれを愛する父となった[10]」。同様にカルヴァンも、キリストが「怒りに満ちて復讐する神のあらゆるしるし」（『キリスト教綱要』2.16.11）をその身に受けたとして十字架を説明します。

　e.　教理・信仰問答の成立：贖罪の加虐性が強調される傾向への批判として提案されたアベラールの道徳感化説は結果的にその歯止めとならず、宗教改革を経たプロテスタント神学においても、神の怒りが人類の代理となったキリストへ下るという構図は継承されたようです。このような歴史的文脈で、『ハイデルベルク信仰問答』（1563年）や『ウェストミンスター大教理問答書』（1647

年）といった問答集が著され、そこに教えられるキリスト教贖罪論が今日の教会の信仰告白を、すくなくとも部分的に方向づけていると言えるでしょう。前者の『信仰問答』第1問には「このお方（キリスト）は、ご自分の貴い血によって、わたしのすべての罪の代償を、完全に支払って下さいました。そしてわたしを、悪魔のすべての力から、救い出し……」とあります。あるいは後者の『大教理問答書』第44問には「キリストは、ご自身を傷のないいけにえとして1度だけ神にささげて彼の民の罪のための和解となる」とあります。また第49問には「[キリストは]罪のための供え物として、十字架の苦しい・恥ずかしい・呪われた死を耐え忍んでその命を捨てた」とあります。

これらの問答文は、身代金説や満足説のような歴史的な議論を経て、身代金による代償、犠牲、酷たらしい仕方の命の放棄という主題を明示しつつ、神の加虐性—— 神がその子の死を要求し、その死に満足し喜ぶ——を継承しています。じつにこの贖罪論の加虐性に対して、現代の神学者・宗教学者らは異なる観点からの応答を試みています。

B.1のポイント
● 初期の教会教父らは贖罪論を身代金説によって、またアンセルムスはこれを満足説によって説明した。
○ アベラールは身代金説や満足説に見られる神の加虐性を批判し、道徳感化説を提唱した。
● 宗教改革者らの贖罪論は加虐性を継承した。
○ これらの神学的議論の延長にあって16–17世紀に問答集が成立した。

2. キリスト教贖罪論への応答

a. R.ジラールの場合：人類学者にして宗教学者のジラールは、イエスの十字架を暴力の終焉と定めることで彼の死を加虐性から解放しようと試みます。その際にジラールは、人類がまずその暴力性のはけ口として神話化された儀礼を作りあげ、その儀礼を繰り返しつつそのなかで暴力を正当化してきた様子を明らかにします。この説明では、ユダヤ教における神殿犠牲も神話化された儀礼の一形態と見なされます[11]。そしてジラールはイエスの十字架という神の行為が、これまで隠蔽されてきた儀礼の暴力性を暴露し、暴力的な犠牲をその十字架によって廃止したと論じます。したがってジラールによると、キリスト

の十字架のうちに神殿犠牲と同じ仕組みによる贖罪の意義を見出すという解釈は、聖書の誤解に起因しているのです[12]。

　これは人類学的知見を援用した示唆に富む議論です。しかし、いくつかの重大な問題を抱えていることもたしかです。第1は、この理論がすべての宗教を暴力の隠蔽装置として捉え、暴力があらゆる文化的構築の支配的な媒介であるという、非常に単純化した――そして悲観的な――理解の上に成り立っているということです。ジラールの議論は、人類学をも含む初期の社会科学が陥りがちな還元主義から抜け出せていないように見受けられます。第2の問題は、イエスの十字架によって暴力を廃止する神が、その廃止のためにもっとも暴力的な十字架という手段を講じなければならないという論理矛盾です[13]。そして最後に、ジラールはイエスの死が神殿犠牲に取って替わるという代替主義を前提としているようですが、これは新約聖書においてヘブライ書のみが明示する理解です。結果的にイエスの十字架が犠牲を廃止するという代替主義に依拠したジラールの議論は、ヘブライ書に新約聖書神学を代表させる解釈の上に成り立っているとも言えるでしょう。とくに最後の点は、本書6章においてヘブライ書がいかにイエスの死を理解したかを検討する際に立ち戻ることにしましょう。

　b.　フェミニスト神学の場合：フェミニスト神学からの初期的な応答において、キリスト教贖罪論は家父長主義的神観の象徴として批判の対象となっていました。したがってJ. ブラウンとR. パーカーは「贖罪論という伝統的な教理……はキリスト教が抑圧的である主たる原因だ。……われわれは贖罪論、つまり全人類の上の血に値する罪が小羊の血によってのみ洗い流されるというこの理解を排除しなければならない。この血に飢えた神こそが、ユダヤーキリスト教伝統全体を支配し続ける家父長制の神である[14]」という痛烈な批判をこの教理に対して向けました。搾取と抑圧に抵抗するこの姿勢に対して私たちは少なからず敬意を示す一方で、この論者らの議論がより聖書テクストとの慎重な対話に依拠した批判であることを望みます。「父なる神が子の苦難と死とを要求し実施するという理解が、搾取の文化を維持し、搾取と抑圧の対象となる犠牲の排除に繋がった。この理解が打ち破られなければ社会正義は実現しない[15]」との批判は、エレミヤ書（7章）の思想を考慮してはいないようです。じつに

預言者エレミヤは、搾取や抑圧の対象である周縁者の救済を伴わない神殿犠牲を虚偽の神殿犠牲であると警告し、まさにその警告のなかで神殿体制の人道的本質を説いているからです。私たちは神殿犠牲と倫理との関係に関して、とくにイザヤ書の苦難の僕を扱う本書1章で考察しましょう。

　C. クリスデールは、より慎重な贖罪論批判を提案します。彼女は十字架の苦難を排除するのでなく、むしろこれを福音の中心と見なします。すなわちクリスデールによると、暴力による救済という神殿犠牲に内在する問題は批判の対象となりますが、イエスの苦難は理不尽な社会における道徳的行為の不可避的な結果として理解されます。したがって彼女は「苦難は［人が］神と結ばれる手段でなく、神と結ばれた結果」であり「苦難自体に価値があるのでなく、苦難を受け容れる道徳的決断に価値がある[16]」と説明します。イエスの死を理不尽な社会での不可避的な死と理解することで、死を要求しそれに満足する神の加虐性からこれを引き離す試みは歓迎されるでしょう。一方でクリスデールの議論では、〈私たちのため〉という積極的な仕方でパウロを含む原始教会がイエスの死の意義を見出したことの重要性が考察されていないようです。イエスの死に救済的意義を見出す作業が加虐性に直結しない解釈の道はあるでしょうか。この点に関して私たちは、原始教会がイエスの死を悼むことの意味を論ずる本書4章で考察しましょう。

　c.　**ホセア原理の場合**：贖罪論が死の暴力性を避けられない時、人は贖罪論自体を死の暴力性とともに回避する方向へ進みがちです。当然そのような議論においては、イエスが十字架に付けられる以前の史的イエスの言動に注目が向きます。したがってS. フィンランは「キリストの生涯の使命を本当に理解するためには犠牲という思考を排除せねばならない[17]」という大前提から議論を開始します。そしてマタイ福音書（9.13, 12.7）でイエスが2度にわたって引用するホセア6章6節——「私が求めるのは慈しみであって、いけにえではない」——に注目し、これをイエスの行動原理として特定します。イエスが預言者ホセアの言説を引用する文脈では、身体的必要に応じた施しが儀礼の実施に優先される様子が描かれています。イエスに遭遇した人々は、イエスのうちに啓示された神の正義と憐れみとに救いを見出すのです。さらに、ホセア原理が宣言された直後で、イエスは新しいワインと古い革袋の喩えを述べます（マタ

9.17)。フィンランはその主旨を、古い儀礼的思考から離れて、神の憐れみと慈しみに注目する新たな道を切り開くこと[18]、と説明します。

　歴史のイエスが神の正義と憐れみとを体現したことに関して反論する人はほとんどいないでしょう。ホセア原理が福音の一部であることに異論はありません。この点は史的イエスを扱う本書3章で確認します。しかし、贖罪論が新約聖書救済論の一部であって全体でないように、ホセア原理もまた新約聖書が示す福音の一部であって全体ではありません。生前のイエスが憐れみを示したという心温まる物語にだけ注目していれば良いのであれば、それに越したことはありません。しかしたしかにイエスは死に、原始教会はその死の意味を求めました。私たちは、原始教会がイエスの死をただの悲劇として終わらせなかったことを重く受けとめる必要があります。イエスの死の意味を模索することは、教会のアイデンティティに重要な輪郭を刻みました。またフィンランはホセ6.6を根拠としてイエスが神殿体制の廃止を主張したという前提に立っていますが、私たちはこの代替主義が原始教会の営みと符合しないことを、やはり本書3章で確認します。したがって私たちは、イエスの死と神殿犠牲とを直結させないにしても、イエスの死を看過して新約聖書の福音を述べることに対して慎重になるべきでしょう。ともすると安易な死の嫌忌は、神学から命を奪い取る結果となりかねません。

　一方で、イエスの死と神殿犠牲とを直結させて命題化する傾向にある贖罪論を支持する者には、マタイ福音書のイエスが「慈しみであって、いけにえではない」と述べたという事実に対して応答する必要があるでしょう。かりにホセア原理の真意が〈いけにえよりも慈しみの方を優先する[19]〉あるいは〈いけにえの本質は慈しみにある〉であったとしても、この思想と〈イエスは十字架上で神に捧げられたいけにえ〉という主旨の贖罪論的

> ### B.2のポイント
>
> - ジラールは加虐性の問題を解消するため、イエスの十字架が神殿儀礼に隠蔽された暴力を暴露し廃止したと論じる。
> - フェミニスト神学が贖罪論の加虐性を批判するなかで、クリスデールはイエスの死が道徳的決断の結果であり、それが人に模範を提供すると考える。
> - ホセア原理は贖罪論を退け、イエスによる神の正義と憐れみの体現を福音の中心に置く。

表現のあいだにはかなりの距離があるように思われます。神信仰の本質がいけにえでないことを説くイエスと犠牲とを直結させる姿勢に対して、ヴォルテールなら〈イエスに「安らかに死ね、世界の幸福の犠牲になれたぞ」とでも言うのか〉と冒頭で引用した辛辣な皮肉を投げかけるのではないでしょうか。私たちはこの点に、エピローグで本書の総括をする際にもう一度立ち戻りましょう。

C.　本書のながれ

　それではプロローグの（ほぼ）最後にあたって、本書各章を要約しつつ、本書全体の流れを示しておきましょう。

　本書1章はイザヤ書の〈苦難の僕〉に焦点を置き、彼の功績が神殿犠牲のメタファをとおして語られたことの意義を考察します。ここで私たちは、神殿犠牲に移行主題と啓発主題という異なる2つの主題があること、そして移行主題でなく啓発主題こそが神殿犠牲と苦難の僕とを繋いでいることを確認します。そして、苦難の僕に始まって神殿犠牲のメタファが用いられる伝統がいかに継承されたかを概観します。**本書2章**はⅡマカバイ記と『Ⅳマカバイ記』とに注目し、苦難の僕から引き継がれた神殿犠牲のメタファが殉教者の死の意義といかに関わるかを考察します。ここでは社会的記憶という概念を用いて、マカバイ抵抗者の記憶がのちのユダヤ教と原始教会にいかなる影響を与えたかについて論考します。

　本書3章は歴史のイエスを扱います。聖典預言者イエスが、苦難の僕、マカバイ殉教者、その他の預言者らの大義と運命を自らの生き様に重ねる様子を確かめます。そして、イエス自らが予期した死を決定づける神殿事件の意義を明らかにし、新約聖書の読者が前提としがちな代替主義がイエスの意図でないことを明らかにします。さらに「多くの人のための身代金」（マコ10.45）がイエスの〈生かし尽くす〉生き様について何を教えるかを考察し、これを後続する各章での解釈の手がかりとします。

　本書4章では、とくにパウロ書簡群から原始教会の定型表現と思想を抽出しつつ、彼らがいかにイエスの死と直面したかを考察します。この神学作業を〈イエスの死を悼む〉という哀悼プロセスとして捉えることで、新たな解釈

の方向性を提案します。**本書5章**はパウロの回心から始まります。教会迫害者としてのパウロを回心に導いたパラダイム転換が、いかにして〈敵のため〉というイエスの死の理解（ロマ5章）に繋がったかについて考察します。さらに敵であるパウロを含む〈私たち／あなた方のため〉のイエスの死という理解が、イエスの生き様への参与（ロマ6章）へとキリスト者を促す様子を確認します。**本書6章**はロマ3章、ヘブライ書、ヨハネ文書、そしてその他の初期教会文献を概観しつつ、イエスの死に関する教会の理解がどのような変遷をたどったかについて考察します。**本書7章**は使徒教父文献に焦点を置き、初期教会が殉教者の死の意義をいかに捉えていたかを確認します。そして、イエスの死の意義とキリスト者の死の意義がどのような点で関連しているかについて考えます。

　エピローグでは本書1–7章での考察を総合しつつ、私たちがイエスの死をいかに受けとめ、いかにキリスト教贖罪論に応答すべきかに関するいくつかの提言を行いたいと思います。最後に本書での考察を経て、現代日本におけるキリスト教贖罪論に関する議論に対して、いくつかの視点を提供したいと考えます。

D.　最後に構成上のお断り

　私の中心的な専門領域は、新約聖書のなかのパウロとパウロ書簡群です。したがって本書は、ユダヤ教聖典やイエス、さらにパウロ以降の初期教会文書のなかで他者のために命を献げる人物を順次扱いつつも、分量的にはパウロ書簡群を扱う部分が比較的に大きくなっています。ある意味で本書は、〈パウロがイエスの死をいかに理解したか〉という問題を中心に据えつつ、これをパウロの思考の背景にある思想世界を確定する解釈史と、パウロの思考がのちにどのような影響を及ぼしたかを考察する影響史とが、前後から挟み込む構造になっていると見なすことも可能でしょう。

　本書は一般読者を意識して、本文部分では二次文献との議論を避け、それを巻末註に集めています。さらなる関心がある方々や研究者らは、巻末註における二次文献との議論を参照して下さい。さらに本書は、大学での講義を念頭に置いて執筆しました。したがって各章の冒頭では、ある意味で講義のシラバスのように、〈中心課題〉と称してその章で取り上げる問題を示しています。さ

らに各項の最後にはその項の要約を記したボックスを置き、章末には理解と議論を深めるために3つの三択問題と5つのショート・エッセイ問題を置いています。章末の問題への解答例は用意していませんが、問題集で理解度をチェックしつつ読み進めてみられてはいかがでしょうか。それでは本論に移りましょう。

■第1章■

苦難の僕と移行性（移行主題か啓発主題か）

血は清いか汚いか？

　後2世紀後半に編纂されたラビ・ユダヤ教の文献にミシュナがあります。このミシュナのコダシーム巻第10篇の『ミッドート』は、神殿調度や聖所の清めに関する慣習に言及しています。そこには以下のように記されています。「ラビは言う、『週ごとの金曜日に彼らはそれ（聖所）を布を用いて清浄する、それは血のためである』と」（『Mミド』3.4）。つまり神殿犠牲によって聖所に振りかかった血を拭き取る掃除が毎週行われるということです。

　これはとても興味深い記述です。なぜなら「（神殿犠牲の）血」には民の罪により汚れがもたらされた神殿を清める効果があり、血によって清められた神殿は神の臨在を保証するという理解がイスラエルの宗教にあったからです。神殿を清めるはずの血を毎週洗い流して掃除するというのは、言動不一致ではないでしょうか。いったい血は清いのでしょうか、汚いのでしょうか。〈「血のなかの命が贖う」（レビ17.11）のだから、命は清いが、それを運ぶ血は汚れている〉とも応答できましょうが、それは少々無理やりな議論のように思えます。それでは現代の塩素系洗剤のように、清浄機能はあってもそのあと良く洗い流す必要があったということでしょうか。

　私はここに神殿儀礼の象徴的な意義と、日々の儀礼の実施における現実とが、宗教的感性において無理なく共存している様子が見てとられるのだと思います。実際に〈血が清める〉という形而上的（あるいは超常的）効果が受け容れられていたとしても、神殿犠牲は民の心を神へと向ける機会を提供するという第一義的な目的のための象徴的な行為でした（本章で後述）。そして同時に、神殿を血だらけにしておくことは外見的にも衛生的にもよろしくありません。だから、血は清めるし、汚すのでしょう。

本章ではイザヤ書の「第4の僕の詩」に焦点を置きますが、上で述べた神殿の象徴的主題（啓発主題）と犠牲のより表面上の主題（移行主題）という二面性がこの第4詩を読み解く際の手がかりになると思われます（これら2つの主題については35–39頁参照）。第4詩に登場する苦難の僕の功績は、神殿犠牲に準えられているという点で、旧約聖書において非常に特異な箇所です。本章ではこのように印象的な特徴を持つ第4詩を早急にキリスト教贖罪論の「代理贖罪」的テクストと言って片付けるのでなく、神殿犠牲が内包する2つの主題に着目しつつ理解を深めたいと思います。

それでは以下に本章における中心テクストを記し、解決すべき中心課題を列挙してから、本題に移りましょう。

□**中心テクスト**□

「彼が担ったのは私たちの病、彼が負ったのは私たちの痛みであった。しかし私たちは思っていた。彼は病に冒され、神に打たれて苦しめられたのだと」（イザ53.4）。

□**中心課題**□

1. 第4詩の「僕／彼」、「私たち」、「多くの人」の正体は？　登場人物同士の関係は？
2. 象徴的行為としての神殿犠牲と倫理性との関係は何か？
3. 「私たち」のパラダイム転換とは、何がどう転換したことか？
4. 神殿犠牲の2つの主題とは何か？
5. 神殿メタファを用いた死の叙述の伝統は誰にどのように継承されたか？
6. 神殿犠牲のメタファをとおして語られる僕の苦難は責任転嫁を促すか？

導　入

a．第4詩：イザヤ書52章13節から53章12節の箇所は〈第4詩（第4の僕の詩）[1]〉として知られています。この詩のなかでは、「僕」なる人物が「私たち」および「多くの人」を義となる —— 神へ立ち返る —— よう促し、その過程で僕が彼らの病、違反、罪を負いつつ最終的に死に至る苦難を経験するというドラマが展開します[2]。ですから私たちは、他者のために自らの命を献げる

── あるいは、他者への奉仕の延長において命を落とす ── 人物の例として、まず第4詩が描く苦難の僕に焦点をあてましょう。

　読者のなかにはこの他者の罪を負うというドラマ展開から、キリスト教神学の〈代理贖罪〉を容易に連想する方も多いのではないでしょうか。実際に新約聖書において、使8.32–33はイザ53.7–8を引用しつつ〈苦難の僕がイエスを指し示す〉とフィリポに言わせ、Iペト2.22もイザ53.9を語り直したうえでキリストの受難と僕の苦難とを比較します（Iペト2.23–24参照）。これらの引用以外にも、福音書やパウロ書簡のうちに苦難の僕の影響を読みとる研究者は多くおり、彼らはパウロを含む原始教会（そしてイエス自身）がこの僕とイエスの運命とを重ねて考えていただろうことを指摘しています[3]。

　b.　〈迷子岩〉：僕のドラマを一読するだけで、私たちは僕の苦難の物語が神殿犠牲に準えられて展開している様子に気がつきます。そして、人が他者のために苦労をしたその延長において死を体験するという事態が神殿犠牲のメタファによって印象的に語られるケースは、旧約聖書広しと言えどもこの第4詩での1回のみです。その特異性と唐突感ゆえに、この箇所（イザ52.13–53.12）は〈迷子岩[4]〉── あるいは「古代ユダヤ教が産出したところのもっとも徹底的な、いな唯一の真に本格的なと言いうるような神義論」（M.ヴェーバー）── とさえ呼ばれています[5]。〈迷子岩〉とは、平地に忽然と姿を現す出処不明（氷河が原因か？）の大岩のことで、その唐突感が印象的です。このような特徴的な表現で語られる僕の死の意味を注意深く考察することは、〈原始教会がイエスの死をいかに理解したか〉という問題を私たちが考える手がかりとなるでしょう。

　c.　**本章のながれ**：本章では、【A】詩の構成や【B】登場人物といった第4詩を理解するうえで必要な背景となる情報について論じたあと、【C】第4詩においていかに犠牲メタファが機能しているかを考察します。私たちはその上で【D】神殿犠牲が内包する主題

氷河期に英国湖水地方に現われた迷子岩

を便宜上2つ──啓発主題と移行主題──に区別してこれを本書での議論を進める際の手がかりとします。そして最後に【E】この詩がその後のユダヤ教（と教会）文献にどのような仕方で受容されたかを確認しましょう。

A. 第4詩（イザ52.13-53.12）の立ち位置と構成

1. イザヤ書の区分と第2イザヤ書の特徴

a. イザヤ書の3区分：66章からなるイザヤ書は、一般に第1イザヤ書（1-39章）、第2イザヤ書（40-55章）、そして第3イザヤ書（56-66章）へと区分されます[6]。歴史的には、バビロン捕囚の直前（1イザ）、捕囚末期／帰還直後（2イザ）、捕囚後（3イザ）という大まかな時代背景が想定されています[7]。しかしもちろんすでに初期ヘレニズム期には、イザヤ書全巻が一貫した1つの預言書として読まれていたようです。たとえば、シラ書の「先祖たちの賛歌」（44.1-51.24）において預言者イザヤが讃えられる場面では、シオンの慰めと終末の幻という第2、第3イザヤ書の主題がその区分とは関係なく登場しています[8]。

b. 第2イザヤ書の特徴：しかし第2イザヤ書に特徴的な強調点や主題は、明らかに第1イザヤ書や第3イザヤ書との違いを印象づけます。たとえば第2（と第3）イザヤ書では「僕」という語が宗教的な意味合いで32回登場するのに対し、第1イザヤ書では2回のみです（20.3, 37.35）。第2イザヤ書独特の主題としては、全体的な慰めのメッセージ（40.1, 52.9）や出エジプトと荒野の旅（41.17-18, 43.2, 8, 44.21-22, 48.21, 51.10, 15）が顕著で、イスラエルに対する神の正当化（43.27-28, 55.8-9）また偶像崇拝に対抗するための唯一神主義の強調（43.12, 44.6, 45.5, 14, 18, 21-22, 46.9）が重要な議論として繰り返されます[9]。さらに第2イザヤ書には、パウロを含む原始教会の救済理解と繋がる──あるいはパウロ書簡の主題と関連するように思われる──主題として以下のものがあります[a]。

  ⅰ. 偶像崇拝に対する創造秩序からの議論（40.26, 43.15, 45.8, 11-12, 18-19,

---

a) その他、イザ45.9-10はロマ9章の陶器師のメタファ、またイザ46.5はロマ1章の偶像崇拝を容易に想起させる。

48.6-7; ロマ 1.18-32 参照）

ⅱ．アブラハムの契約（49.6, 51.2, 54.1 ⟶ ロマ 4.1-12, ガラ 3.6-14 参照）

ⅲ．シオンへの帰還（40.9-10, 49.14-26, 51.12-52.10, 54.1-17 ⟶ ガラ 4.21-31 参照）

ⅳ．召命に関する言説（40.3, 44.24, 49.1, 49.5 ⟶ ガラ 1.15-16 参照）

ⅴ．諸外国への神の働き（42.1, 6, 49.6 ⟶ ガラ 1.15-16 参照）

　これらの主題は、イエスの死の救済意義に関する原始教会とパウロの解釈を扱う本書4、5章にも登場するものです[10]。

2.　第2イザヤ書のなかのイザ 52.13-53.12

a.　第4詩への関心：この第2イザヤ書のなかには合計で4つの僕の詩（42.1-4, 49.1-6, 50.4-9, 52.13-53.12）が特定されており[11]、最後の第4詩は僕の苦難と死に焦点を置いています。古くは後3世紀の殉教者ユスティノスがこの第4詩を1つのまとまりのあるペリコペ（単元）として捉えており、彼の著書『第1弁明』50-51（『トリュフォンとの対話』118参照）においてこれをイエスに関する預言として扱っています。さらにアウグスティヌスはこのペリコペの終わりをイザ54.5（イザ54.3：「子孫は国々を所有し」）に定めることで、キリスト教会による異邦人宣教が僕による諸外国への貢献という主題によって裏打ちされていると理解しました[12]。

b.　第4詩のキアスムス構造：第4詩を詳しく考察するにあたり、まずこの詩のアウトラインと鍵になる用語を説明しておきましょう。この詩は次頁の図に示すとおり、外側から中心に向かうキアスムス（交差配列法）的な構造になっています。一番外側では、僕の高挙（a）と報い（a'）とが全体の外枠を構成します。そのすぐ内側では神の啓示という主題が、〈伝わったか〉（b）という問いかけと〈伝わった〉（b'）という応答によって内枠を構成します。さらにその内側では、神が救いへと民を導く手段としての僕の苦難が描写されています（cとc'）。そして一番中心の部分では、神の救済意図が特別の仕方で伝わるパラダイム転換とも言える「私たち」の理解あるいは回心（d）が展開します[13]。この「私たち」の回心なるパラダイム転換は、僕がその苦難をとおし

て報いを受けるダイナミックなドラマ展開の原動力とも言えるでしょう。

　c.「僕」と「私たち」：ちなみに宗教社会学において回心はある種の通過儀礼[b]と見なされますが、通過儀礼においては地位の下降とそれに続く上昇からなるドラマが象徴的に演じられる場合が多くあります[14]。第4詩において、僕は神の召命によって定められたあるべき相応しい地位から降下して、軽蔑（53.3）、懲らしめ（53.5）、虐げ（53.7）、最終的な死（53.9）という苦難と屈辱を体験します。そのまったゞなかで「私たち」の回心が起こり、その結果として僕は子孫、長寿（53.10）、光（LXX53.11）、戦利品（53.12）に象徴される地位の

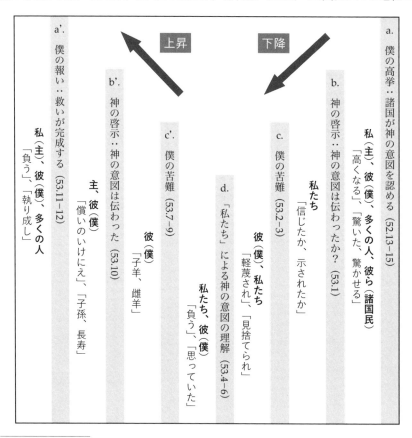

上昇　下降

a. 僕の高挙：諸国が神の意図を認める（52.13-15）
私（主）、彼（僕）、多くの人、彼ら（諸国民）
「高くなる」、「驚いた、驚かせる」

b. 神の啓示：神の意図は伝わったか？（53.1）
私たち
「信じたか、示されたか」

c. 僕の苦難（53.2-3）
彼（僕）、私たち
「軽蔑され」、「見捨てられ」

d.「私たち」による神の意図の理解（53.4-6）
私たち、彼（僕）
「負う」、「思っていた」

a'. 僕の報い：救いが完成する（53.11-12）
私（主）、彼（僕）、多くの人
「負う」、「執り成し」

b'. 神の啓示：神の意図は伝わった（53.10）
主、彼（僕）
「償いのいけにえ」、「子孫、長寿」

c'. 僕の苦難（53.7-9）
彼（僕）
「子羊、雌羊」

---

b）〈通過儀礼〉とは、人がある段階（状態）から他の段階（状態）へ移行するその通過プロセスを象徴する儀礼であり、たとえば成人式、結婚式、葬式、バプテスマ式がこれに該当する。

上昇に至ります[c]。

　さらにドラマの中心であり底辺である場に「私たち」が置かれているという第4詩のキアスムスの構造は、苦難の僕の在り方（とその救済的意義）を印象的に描き出すのみならず、そのドラマ展開において「私たち」の回心が重要な鍵を握っていることに読者の注意を向けているようです。これを言い換えるなら、僕はその懐深くに「私たち」を抱きつつ、その救いのドラマを展開しています。

> **Aのポイント**
> - 苦難の僕は第2イザヤの4つの僕の詩の第4詩。
> ○ 第4詩のキアスムス構造は、「僕」と「私たち」に焦点をあてている。

B.　「僕」、「私たち」、「多くの人」とは誰？

1.　「僕」とは？

a.　特定の人物：第2イザヤ書において「僕（ヘブライ語のエベド）」という語が用いられる場合、一般にはイスラエルの民（ヤコブの子孫）を指しますが（イザ41.8, 44.1, 2, 44.21, 48.20, 50.10）、4つの僕の詩のなかでは特定の人物を指しているように思われます[15]。ここでは〈後者の特定の僕が誰か？〉についてまず述べましょう。巻末註（1章の註12）を見ると分かりますが、第1〜4それぞれの僕の詩の主題にはどうやらある程度の重なりがあるようです。そのことからも、これらの4つの詩が1人の特定の僕なる人物に言及していると考えるのが自然のように思われます。さらに第2イザヤ書全体に散見される出エジプトのモチーフは、この人物がイスラエルの民のあいだで到来を期待されていたモーセのような預言者（申18.15）であることを示唆しているようです。

b.　モーセのような苦難の僕：じつにモーセが神の僕と呼ばれたこと（申34.5, ヨシュ1.2, 9.24）、またイスラエルの不従順に対して自らの命を賭して執り成しの祈りを献げたこと（出32.31-32）から、モーセのような預言者として第4詩の苦難の僕が描かれているとも考えられます[16]。ちなみにのちのラビ・ユ

---

c)　同様のドラマはフィリ2.6-11の〈キリスト賛歌〉にも見られる。すなわち、神の形であるキリストは、無となって人となり、十字架の死に至るが、この救済的に重要な出来事をとおしてキリストはすべてのものの上に置かれる。

ダヤ教においては、モーセのような預言者がメシアと同視される傾向も見られます。このような思想を生み出したラビ文献においては、第4詩の苦難の僕を説明するために「油を注がれたメシア」という句がイザ52.14に付加されています（1Q Isaᵃ 52.14, タルグム・イザ52.13, 53.10）。このことからも、〈苦難の僕がモーセのような預言者である〉という伝統があったと推測できるでしょう[17]。第1, 2, 3の僕の詩の著者であるこの僕が[18]、第4詩においては苦難の末の死を迎えています。したがって第4詩の著者は、死んだ僕自身でないとなると、僕の死を悼みつつ彼の生き様を記念する〈弔辞〉としてこの詩を記した僕の後継者らと思われます[19]。

2. 「私たち」とは？

a. 回心者：これらの後継者は、第4詩という弔辞のなかで一人称複数の「私たち」として登場しています[20]。先のアウトラインではc（僕の苦難）とd（私たちによる神の意図の理解）とにこの「私たち」への言及が集中しており、上述のとおりここで彼らのパラダイム転換が展開します。かつて「私たちは思っていた。彼（僕）は病に冒され、神に打たれて苦しめられたのだ」（イザ53.4）。僕に降りかかったと思われた自業自得の理（行為と結果の因果関係）を蔑んで見ていた「私たち」は、しかし今、僕の苦しみがじつは「私たちの病……私たちの痛み……私たちの背き……私たちの過ちのため」（53.4-5）だという理解にたどり着きます[21]。つまり「私たち」は神が僕を遣わしたその救済の意図を理解して回心します。

b. 預言者共同体：もっとも、僕が死んでしまったことに鑑みると、彼らの回心はあまりに遅すぎたようです[22]。自らの無知と頑迷さを悔いて僕の死を悼むこの「私たち」が、僕の預言者的生き様に追従して僕の後継者となり、預言者共同体を形成したのだと思われます。苦難の僕がその死を越えて見ることになる「子孫」（53.10）とは、彼がその使命の遺産としてこの世に残した預言者共同体を指すことでしょう[23]。もっとも、僕に与えられた使命はさらに広い影響領域（53.12）を視野に入れています。

3.　「多くの人」とは？

a.　**外国人をも含む「ラビーム」**：第4詩の最後のa'（僕の報い）の部分では「多くの人（ラビーム）」という語が3度用いられています。僕はその苦難の結果として、この「多くの人」を「義とし」（53.11）、その「罪を担い」、彼らは僕に「分け与え」られます（53.12）。この語はイザ2.4, 13.4, 16.14, 17.12, 13で、諸外国人を指すために用いられています。さらにこの語は第4詩の冒頭部でも用いられ、そこでは「多くの諸外国人（ゴイーム・ラビーム）」（52.15）が神の啓示に驚きます。上述したキアスムス構造の外枠を構成するaとa'の両方で「ラビーム」という語が用いられ、aではそれが明らかに諸外国人を指すとなると、a'における「ラビーム」も外国人を指すか、あるいは少なくとも「多くの人」の一部が外国人から構成されていると考えるのが自然のように思われます[24]。

b.　**僕に倣う者ら**：神が僕であるモーセのような預言者を遣わしたその意図は、イスラエルの民を神の支配へ引き戻すことでした。僕は預言者としての苦しみを経て、その死に至るまでの —— 死という災難に対してひるむことのない —— 従順な活動（イザ53.12）ゆえに、「私たち」を回心に導きました。神の意図を理解した「私たち」は預言者集団として僕の遺志を継ぐ者となり、第4詩を記念碑として刻みました。イスラエルと諸外国人からなる「多くの人」の救いは、僕の業の結果として描かれています[25]。しかしこの救済のドラマは、「私たち」なる預言者集団が僕の業へ参与したことによって、諸外国人へと広がる展開を見せています。

> **Bのポイント**
> - 「僕」は預言者にして第1–3詩の著者。
> ○ 「私たち」は回心した僕の弟子集団。
> - 「多くの人」は外国人も含むその他の弟子。

C.　神殿犠牲と回心のドラマ

1.　第4詩の特異性とその前提

a.　**因果関係**：一般に旧約聖書では、恵みによる契約という文脈のなかで民が自らの罪の責任とそれにともなう結果を負うことが期待されます。そのよう

な行為と結果との直接的な因果関係はレビ記全体の議論の前提となっており、たとえば出32.33-34やエゼ18.20においても明らかに示されています。すなわち、「私に罪を犯した者は誰でも、私の書から消し去る」（出32.33）とあるように、神の恵みに依拠した契約の祝福を自ら破棄する者は、結果として恵みの共同体の外に置かれます。さらに罪の報いが当事者以外におよばないという理解は、結果的に近親者の連帯責任を否定する教えへと進み、「罪を犯した者が死ぬ。子は父の過ちを負わず、父も子の過ちを負わない」（エゼ18.20）ことが確認されます。

b. 神殿メタファという特異性：そのような旧約聖書の一般的な思想のなかにあって、第4詩に移行主題[26] —— 人の（違反）行為の責任と結果とが他者へ移行する —— を内包する神殿犠牲がメタファとして用いられているという事態はじつに特異であり、それはこの詩が〈迷子岩〉と称されるゆえんです。

「多くの人を義とする」（イザ53.11）という預言者としての使命を遂行して命を落とす僕の姿を総括して、第4詩は「あなた（神）が彼の命を償いのいけにえ（アーシャーム）とする」（53.10）と描写します[27]。これに先行する「屠りの［ための］子羊のように」（53.7）という表現も、「アーシャーム」のための（雄）羊（レビ5.14-26）を容易に想起させるでしょう[28]。

第4詩はまた、使用される語に統一性がないものの〈負う〉という意味の表現をくりかえしつつ（イザ53.4, 6, 12）[29]、僕が「私たち」のために病あるいは痛み（53.4）、そして苦難（53.11）を体験し、罪（53.12）の解消のために働きかける様子を記します。このような表現からは、犠牲のみならず、アザゼルのための山羊が民の罪を負って運び去る情景を連想することができるかも知れません[30]。犠牲と追放儀礼との両方のイメージが僕と重ねられる第4詩では、もしかするとこれら両方の儀礼を含む大贖罪の日がとくに念頭にあったのかも知れません。

c. 前提としての預言者の使命：もっとも第4詩の僕の行為自体が旧約聖書において特異なわけではありません。僕の運命は旧約聖書に頻繁に登場する預言者的行為と符合します。預言者的行為の例としては、民のために預言者が神に対する執り成しを行うことが挙げられるでしょう。アブラハムの祈り（創18.22-33）、モーセの祈り（出32.30-32）、そしてアモスの祈り（アモ7.1-6）が

その代表です。預言者的行為の他の例としては、預言者が民を啓発するメッセージゆえに迫害（と結果としての死）を体験することが挙げられます（エリヤ：王上19.4；エレミヤ：エレ11.18-20, 15.10-18, 18.18-23, 20.14-18；ゼカルヤ：代下24.20-21）[31]。上述したモーセの執り成しの例では、モーセが死ぬわけではありません。しかし「あなたが書き記された書から私を消し去って下さい」という訴えには、民のための決死の覚悟が印象的な仕方で反映されています[32]。いずれにせよ、これらの預言者的行為に見られるのは、民が神へと立ち返るよう啓発（警告）する預言者の敬虔な姿です[33]。

　d.　メタファの解体：それではなぜ第4詩において、〈迷子岩〉あるいは「古代ユダヤ教が産出した……唯一の真に本格的な……神義論」と評価されるような特異な仕方で、神殿犠牲のメタファが用いられたのでしょうか。本章ではこのメタファを解体して、僕の死の描写の背後で実際に何が起こっているかを注意深く確認しましょう。もちろん犠牲メタファをともなう僕の苦難を〈代贖〉と捉えつつこれを「本格的な神義論」と評価し、既述のカント的な批判（13-14頁）に対して、第4詩が〈「怠惰で退屈な猿芝居」的な責任転嫁と異なる[34]〉と強調して反論することもできるでしょう。しかし〈崇高な代贖か下賤な代贖か〉という程度（ディグリー）に注目した応答は、主観に頼った議論に陥りがちです。ここでは、僕の使命と運命とが犠牲のメタファを通して語られるとき、そこでは一体どんな事態が起こっており、したがって僕の記憶は後代の民に何を語りかけるか、を考察したいと思います。

2.　神殿犠牲とその移行主題

　a.　古い犠牲の痕跡：本書は人の死の救済的意義に焦点を置いていますから、動物犠牲について詳細に考察することは避けます。それでも上で述べたように、第4詩が僕の生き様とその結果とを印象的に描写するために動物犠牲のメタファを用いていますから、ユダヤ教における動物犠牲の本質についてもうすこし述べておくことが肝要でしょう。旧約聖書のなかには、ユダヤ教としての確立以前のもっとも原始的な犠牲理解の痕跡と思われるものが見られます[35]。そこでは犠牲が神の食物と考えられていた様子を伺い知ることができます。たとえばレビ記は犠牲を「食べ物としての、主への火による献げ物である」（レビ

3.11）と述べ、民数記は「私の食物を……献げなさい」（民28.2）と記しています。さらに、神の怒りを鎮めるために与える供物[d]という考えもありました[36]。したがって、ノアが焼き尽くすいけにえを献げると「神は宥めの香りを嗅ぎ……地を呪うことはもう二度としない」（創8.21）と言います[37]。もっとも多種多様な犠牲の説明が混在するユダヤ教文献から、すべての種類の犠牲の根源となる原初的な犠牲の意味を導き出す作業は、おそらく徒労に終わるでしょう[38]。

b. 代表的な犠牲と移行主題：行為の結果が当事者から他へ移行するという概念は、神殿儀礼としての犠牲獣（いけにえの動物）において —— 少なくとも象徴的に —— 日々体現され体験されていました。ユダヤ教における犠牲の一般原則はレビ記1–7章に見られますが、とくに重要な犠牲として（i）「焼き尽くすいけにえ（オーラー）」（レビ1.1–17）、（ii）「会食のいけにえ（シェレム）」（レビ3.1–17, 7.11–18）、（iii）「清めのいけにえ（ハッタアート）」（レビ4.1–5.13）、そして（iv）「償いのいけにえ（アーシャーム）」（レビ5.14–26）がありました。そして捕囚後のユダヤ教においてはとくに、違反のための「清めのいけにえ」と「償いのいけにえ」とが重要になったと言われます[39]。

　　 ⅰ．「焼き尽くすいけにえ」（「全焼のささげ物」）：神の注意を民に向けることが目的。
　　 ⅱ．「会食のいけにえ」（「交わりのささげ物」）：感謝と誓いをささげる祝いが目的。
　　 ⅲ．「清めのいけにえ」（「清めのささげ物」）：基本的に違反がもたらす聖所の汚れの洗浄が目的。
　　 ⅳ．「償いのいけにえ」（「代償のささげ物」）：基本的に聖域の侵犯への対処が目的。

　一般に（i）と（ii）の犠牲には罪の解消の機能がほとんど含まれていません（レビ1.4は例外）。（iii）と（iv）には何らかの意味での罪の問題の解決が含まれ

---

d）　日本では建造物の建築開始にあたって地鎮祭（ことしずめの祭）という儀式を行うことが慣例となっているが、そこにも神の怒りを贈り物で宥めすかすという古い宗教的感性が痕跡として見られる。

ると考えられます。それが聖所や個人の汚れを洗浄するという仕方で表現された
としても、神との隔絶という由々しい結果を避ける手だてとして、当人でな
く動物の血（のなかの命、レビ 17.11）が用いられるという意味では、ある種の
〈移行〉が起こっていると見なすことができるでしょう[40]。

　c.　**大贖罪の日**：これらの基本的な犠牲（とくに iii と iv）が個々人の日々の
違反と関わるなら、レビ記 16 章が記す大贖罪の日の犠牲は、年に 1 度だけ聖所
に蓄積した汚れを洗浄して取り除くことで神殿における神の臨在を保証する
ための儀礼です[41]。大贖罪の日に際して、アロンとその一族の罪のために牡
牛の血が、続いて民全体の罪のために雄山羊の血が用いられますが、この犠牲
には一貫して「ハッタアート（清めのいけにえ）」という語が用いられます。さ
らに祭司は雄山羊（一般に〈スケープゴート〉として知られるアザゼルのための山
羊）の頭の上に手を置いて民の罪をその雄山羊の上に移し、その雄山羊を放逐
して罪を共同体の外へ運ばせます[42]。この追放儀礼において、雄山羊は民の
罪を共同体の外へ運搬する役割を担いますが、民の罪のために殺されることは
ありません[e)]。この意味で追放儀礼と犠牲とはまったく論理の異なる 2 つの神
殿儀礼です。したがって、人の違反の責任と結果とを動物が引き受ける犠牲の
〈移行〉と、たんに共同体の外へ罪を運搬する追放儀礼の〈移行〉—— 後者は
運搬の手間を代行する程度の〈移行〉—— とはニュアンスが異なります[f)]。

3.　神殿犠牲とその啓発主題

　a.　**犠牲の社会的意図**：レビ記は神殿の清めのための儀礼を描写し終わる
やいなや（レビ 16–17 章）、民が神と隣人とに誠実であるための（敬神的・道徳
的）指示（レビ 18–20 章）へと読者の注意を向けます。すなわち、民の罪の汚

---

e)　もっとも後 2 世紀中半に執筆された『バルナバ書』7.8 には「あなた方はみな、それ（アザゼル
　　の山羊）に唾を吐き、刺しとおし、緋色の羊糸をその首に巻き付け、荒野にそれを追い払いなさ
　　い」とあり、追放される山羊に暴力が向けられる伝統があった蓋然性を示している。

f)　この意味で、ユダヤ教の大贖罪の日におけるアザゼルの山羊の追放儀礼の意義は、それが〈ス
　　ケープゴート〉という語の語源であったにせよ、責任転嫁という意味で一般に用いられる〈ス
　　ケープゴート〉とはほど遠い。もっとも、古代地中海世界に広く見られた追放儀礼では共同体の
　　厄災を負った被追放者（人）が共同体から排除されるというドラマが演じられるので、その場合
　　は現代的な意味での〈スケープゴート〉に近いとも言える。古代地中海世界の追放儀礼に関して
　　は、補論を見よ。

れとそれによって引き起こされる神殿の汚れがこれらの儀式によって取り除かれるという象徴的な行為の背景には、さらに肯定的で建設的な意味での敬神的・道徳的啓発が意図されている様子がここにうかがえます[43]。犠牲の目的が罪（と汚れ）への対処であれば言わずもがなかも知れませんが、犠牲という宗教行為を解体してその社会的背景に目を向けると、共同体成員の敬神と道徳性を向上させること、つまり民が神と隣人への誠実さを回復し維持するよう啓発するという意図が透けて見えてきます[44]。この意味で神殿犠牲には啓発主題が内包されています。

b. 犠牲の相対化：この最後の点は、詩編記者や預言者らが犠牲に対して批判を向ける文脈でより明らかとなります[45]。詩編記者は「神が求めるいけにえは砕かれた霊……その時あなたは義のいけにえを、完全に焼き尽くすいけにえを喜ばれます」（詩51.19-21）と述べ、犠牲が心を清めるのでなく、むしろ清い心が犠牲を正当化させるという方向性を強調します。これを犠牲の改革と捉えるならば（詩4.6, マラ1.10）、私たちは犠牲の相対化の兆しをも見出します[46]。サム上15.22は「心して聞くことは雄羊の脂肪にまさる」と、箴21.3は「正義と公正を行うことを、主はいけにえよりも喜ぶ」と記します。これらの箇所は、誠実さや義を犠牲と比較し、これらが犠牲よりも重要だと論じています。さらにホセ6.6は「私が喜ぶのは慈しみであっていけにえではない。神を知ることであって焼き尽くすいけにえではない」と述べ、重要なのは慈愛や誠実さであって犠牲でないと断言します。〈あれよりもこれ〉という比較から〈あれでなくこれ〉という否定へと語気が強くなっていく様子が見てとれます。

c. エレミヤ書に見る犠牲の本質：そして、さらなる犠牲の相対化がエレミヤの神殿批判において明白となります。預言者は、宗教指導者と民とが貧困者の救済を怠り、むしろ彼らを搾取する様子を非難して、彼らの神殿が「盗賊たちの巣窟となった」と言い放ちます（エレ7.1-12）。エレミヤは続けて預言します、「焼き尽くすいけにえや会食のいけにえについて、彼らに告げたことも命じたこともない。むしろ、私はこのことを彼らに命じた。『私の声に聞き従え……』」（エレ7.22-23; アモ5.25参照）と。これらの否定的な言説が犠牲の改革を目的にしていようと犠牲の拒絶を意図していようと[47]、その根底にはすくなくとも〈道徳性が劣化したときに犠牲行為の意味が問われる、犠牲の正当

性が疑われる〉という論理 —— 本来の犠牲には道徳性の保証が備わっている、あるいは道徳性の確認の象徴としての犠牲 —— が見られます[48]。

　d.　象徴行為としての犠牲：ここで私たちが注目すべきことは、犠牲と倫理とがいずれの仕方にせよ —— 補完にせよ比較にせよ二者択一にせよ —— 一緒に語られているという点です。この点をユダヤ教の宗教様態を指す〈契約維持の（ための）律法制（covenantal nomism）〉という視点から考えるなら[49]、犠牲は契約の民が契約の共同体のなかで生きるための道しるべである律法に違反した際に、その契約に留まり続けるための手だて（更生の手段）と言えます。そしてこれは古代人の世界観において、神の臨在が契約共同体に留まるよう汚れを清めるという形而上の問題として、より説得性の高い仕方で語られました。したがってイスラエルの民は契約の共同体において、神と隣人とに対して誠実であるかどうかという敬神的および道徳的な関心事を、罪による汚れと神の臨在との関係性という形而上の関心事と並列させて[50]、その重要性を犠牲という象徴的行為をとおして繰り返し確認しました[51]。

　e.　まとめ：したがって預言者らが神殿とその犠牲の形骸化を批判する場合、彼らはおうおうにして神殿の権威（エレ7.4）と犠牲の洗浄効果に慢心して〈神と隣人とに対していかに接するべきか〉という敬神的・道徳的な問題を看過する民や祭司らの姿勢を問題視しているようです[g]。換言するなら、ユダヤ社会の秩序維持と安寧とを保証する社会構造の一部に、道徳性の維持を象徴する動物犠牲や追放儀礼が組み込まれているのです[52]。ちなみにこれは、神殿犠牲がたんなる象徴行為であって、イスラエルの民が神の臨在という形而上の意義を宗教上の方便と見なしていたことを意味しません。なぜなら民は、犠牲による清浄という形而上の効果を認めてこれに過信したために、道徳的行為をおざなりにしていたからです。そうだとしても、神殿犠牲が敬神と道徳性の啓発のための象徴であるならば、週ごとに清いはずの血が清め取られるという本書の冒頭で述べた慣習にも、形而上の意義と象徴的意義の共存という意味において納得できるでしょう。

---

g)　パウロが「私たちは律法の下でなく恵みの下にいるので罪を犯そう［ということになるでしょうか］。けっしてそうではありません」（ロマ6.15）と記す場合、預言者らが犠牲の本質に対する誤解に向けたと同様の懸念を恵みの誤解へ向けている。

4. メタファの真意

a. 僕の死の救済的意義：私は神殿犠牲が啓発の象徴であるという点が第4詩を理解するうえで非常に重要だと思います。なぜならこれは、犠牲のメタファを用いて描写した僕の死の意義が救済であるという場合の救済が何を指しているかを示唆するからです。第4詩の作者である僕の弟子（「私たち」）が僕を「償いのいけにえ（アーシャーム）」（イザ53.10）というメタファで描写したとき、どのような意味で僕の苦難と死とが〈いけにえのようだ〉と述べたのでしょう。僕の死を契機として、これまで禁忌されてきた人身御供（申12.31参照）をユダヤ教の贖罪行為として採用すべきだと主張しているとはとても思えません。それならば僕が何をしたので、「私たち」は〈僕が償いのいけにえのように多くの人の罪を負い、彼らを義とした〉（イザ53.10-11）と表現したのでしょうか。

b. 啓発主題と救済：ここで上述した、神殿犠牲が象徴する悔い改めによって民が神に立ち戻るという、契約維持の律法制における犠牲の敬神的・道徳的意図が私たちの議論を方向づけます。すなわち、神と隣人への関わりにおいて不誠実であった「私たち」は、僕による敬神的・道徳的啓発という預言者的行為をとおして悔い改め、誠実さ（義）を取り戻すことになりました。民が神との関係性を回復するという意味で、僕の行為は救済的です。この預言者的行為の延長にあって死んだ僕の死が「私たち」に責任の自覚をいっそう促して神との信頼関係（契約の立場）を回復させたのなら、そのような僕の死の救済的意義は、民を敬神と道徳的な営みへと促すという神殿犠牲の象徴的な救済意義と重なります。この論理の流れを整理しておきましょう。

　ⅰ．僕は神の預言者として民を神へと立ち戻らせようと啓発し、その預言者的活動の延長において死んだ。

　ⅱ．神と隣人とに不誠実だった「私たち」は僕の預言者としての啓発活動によって、またその延長にあった死を契機として神へと立ち戻り、共同体において隣人と共生する生き方へと回復された。

　ⅲ．ちなみに獣の血のなかの命が贖うという形而上的表現で説明される神殿犠牲は、違犯者が悔い改めて神と隣人とに対して誠実さを取り戻す

ことを象徴的に啓発している。

iv.　それならば、神と隣人とに不誠実だった「私たち」が神と隣人とに誠実な者として回復される契機となった僕の啓発的行為とその延長にあった死は、ある意味で敬神的・道徳的啓発を象徴的に促す神殿犠牲のようだ。

　このように移行主題というよりも啓発主題に着目して苦難の僕と神殿犠牲とのリンクを理解するならば、私たちは文字どおりに〈人の違反行為の責任と結果とが他者に移行する〉という人身御供的な思想を僕の死に当てはめる必要がなくなります[53]。むしろ「私たち」は僕の模範的な生き様（と死に様）をとおして回心し、その生き様に倣い、その生き様に参与するという仕方で救済を体験します。この意味において僕の死には救済的な意義があるのです[54]。ここで言う〈参与〉とはすなわち、「私たち」が僕の生き様（と死に様）である預言者としての在り方によって動かされ、それを模範としつつ預言者としての運命に所属することを意味します。

　c.　責任の転嫁でなく自覚：犠牲に道徳性の維持・向上という意図が組み込まれているという視点から第4詩をこのように解釈するとき、私たちは既述のカント的な批判に応答する手がかりを得るのではないでしょうか。繰り返しますがカントは、「この上なく人格的な負い目（あるいは個人的な責任である諸罪過という負債）」を責任のない他者へ移行することを問題としました[55]。この批判は、僕（またイエスの死）に対して用いられる犠牲というメタファの一側面である移行主題に焦点を置いていますが、第4詩はむしろ犠牲メタファを用いつつ僕による敬神的・道徳的啓発の行為を印象的に伝えているようです。「私たち」の回心をもたらしたパラダイム転換的な悟りは、〈私たちの行為の結果が僕に移行したので得をした〉という類の責任の転嫁とはおおよそ真逆の、〈僕が苦しんだのはじつに私たちのためだったので私たちは悔いた〉という責任の自覚です。

　d.　遅過ぎた回心の心理：そして「私たち」は、僕の苦難が「私たち」のためだったと悟るにとどまらず、僕の死をはばむには自分たちの回心があまりにも遅すぎたと悟ったのでしょう（イザ53.8）。僕の死を悼み悔悛する「私たち」

に残された選択は、まさに「何かを変えるに遅すぎた『私たち』にできる唯一のことは、その事実への応答として『私たち』自身を変えること[56]」——すなわち〈私たちの悔い改めこそが僕の啓発行為のすえの死に報いる道だ〉——という決断でした。はからずも僕の死は「私たち」の回心を衝撃的な仕方で促したのです。おそらくこれが「私たち」の回心の心理です。そして第4詩において展開される僕の苦難の様子は、この苦難死の意義に関する「私たち」の回顧的描写と言えるでしょう。

そのもっとも文字どおりの状況描写はイザ53.5に見られます：「彼が受けた懲らしめによって、私たちに平安が与えられ、彼が受けた打ち傷によって、私たちは癒された」。なぜならこの文章にあるのは、誰が誰の責任を負ったとかの記載ではなく[57]、〈僕の預言者としての啓発的行為がイスラエルの一部である「私たち」を神へと引き戻した〉という事実だからです。〈あの苦難は僕自身の因果でなく私たちのため〉というパラダイム転換的な衝撃[58]を「私たち」である預言者集団が記念碑として刻む際に、民に悔悛を促して神へと立ち返らせる象徴である神殿犠牲がそのメタファとして有効に用いられたのです。

　e.　**預言者的ビジョンの成就**：「私たち」に回心をもたらしたこの衝撃は、「私たち」が僕に倣う動機を与えたのみならず、諸外国人をも含めた「多くの人」に対する僕の預言者的使命に参与する道を備えました[59]。こうして第2イザヤ書に示される僕のヴィジョンが成就します。なぜなら僕は、偶像崇拝（イザ40.25, 42.17, 44.9-20, 45.20, 46.5）という仕方で表出する頑迷なイスラエル（42.18-25）に対して、神が誠実を示し（43.1-28）、力強く贖い（40.2, 41.14, 43.1-4, 14, 44.6, 22-24, 47.4, 49.7, 50.2, 52.3, 9, 54.8）、慰める（51.1-16）ためにシオンに帰還し（40.9-10, 52.1）、さらにアブラハムへ約束したように（創12.2-3）祝福がイスラエルをとおして世界へと広がる（イザ49.1-6）という望みを繰り返してきたからです。

　f.　**まとめ**：したがって第4詩において記念すべきは、僕の預言者としての苦悩であり、その結果としての「私たち」の回心であり、さらに「私たち」が預言者としての啓発活動へ参与ことによる救いの業の拡張です。この僕と「私たち」と「多くの人」からなるドラマを記念として印象的に描く目的で犠牲のメタファが用いられたとしても、そこに責任転嫁を正当化する根拠を見出すと

すれば、それは第4詩の作者である「私たち」の意図するところではないのです。

この「私たち」の意図を念頭に置きつつ、本章の最後にこの衝撃的なドラマの影響史を概観しましょう。しかしその前にここまでの議論を受けて、本書全体の論理の流れを前もって種明かしし、各章での解釈のための重要な手がかりの1つを提示しておきましょう。

> **Cのポイント**
>
> ● 僕の死は預言者的行為の延長である。
> ○ 僕の死は、その意義が神殿犠牲のメタファによって説明されたという意味で特異である。
> ● 神殿犠牲は象徴的に敬神と道徳性とを民に啓発する。
> ○ 僕の死は敬神と道徳性とを啓発したという意味で神殿犠牲のようである。
> ● 犠牲メタファによって語られる僕の苦難は「私たち」に責任の転嫁でなく責任の自覚を促す。

D.　神殿犠牲の二面性

1.　移行主題と啓発主題

a.　神殿犠牲の移行と啓発：上では、神殿犠牲の表面的な効果である罪の解消に見られる移行主題を挙げ、一方でそれが象徴的に悔い改めをともなう敬神と道徳性を促すという意味での啓発主題について述べました。本書ではこれらの移行と啓発とを、神殿犠牲という宗教儀礼が内包する2つの主題として、便宜上区別して考えたいと思います。もちろんこれらは同じ神殿犠牲の2側面という意味で相互に依存していますが、それでも本書ではこれら2つの主題を区別可能なものとして扱い、テクスト解釈の手がかりとして用いたいと思います。

b.　リンクとしての啓発主題：神殿犠牲にはこれら2つの主題があります。一方で僕をはじめとする預言者の主要な預言者的行為は、民が悔い改めて神に立ち返るよう啓発することです。したがって僕の預言者としての活動には、啓発主題が内包されています。すると、僕の預言者としての行為に対して神殿犠牲がメタファとして有機的に用いられるのは、神殿犠牲と苦難の僕の両方に啓発主題が見られるからです。この意味において苦難の僕は〈犠牲のようだ〉と表現し得ます。苦難の僕と神殿犠牲とを移行主題でリンクさせようにも、僕の死には本来移行主題がありません。僕の死は人身御供という犠牲ではないから

です。

　c.　付随する移行主題：もっとも、僕の預言者的行為に対して「私たちのすべての過ちを主は彼（僕）に負わせられた」（イザ53.6）とか「屠り場に引かれていく小羊」（イザ53.7）とかいう情景描写が施されると、読者は神殿犠牲というメタファに付随する移行主題の方へも意識を向けがちです。メタファという仕方で神殿犠牲が苦難の僕と距離を縮めると、私たちはこれら2つを直接リンクさせる啓発主題のみならず、あるいは啓発主題以上に、神殿犠牲に付随する移行主題に注目してしまい、混乱を起こす場合があるでしょう。

　d.　責任転嫁の論理：このようにして神殿犠牲メタファの一側面である移行主題が誤って過度に注目されると、苦難の僕の死を描く第4詩が他者に責任をなすりつける責任転嫁を正当化し助長しかねないテクストとして批判されます。

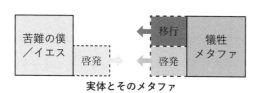

実体とそのメタファ

死に至る僕の預言者としての啓発行為が「私たち／多くの人」に責任の自覚を促したという意義は、こうして責任の転嫁に取り替えられてしまいます。

2.　メタファの実体化

　a.　犠牲メタファの継承：このあとの項（E）で確認するとおり、第2イザヤ以降のユダヤ教文献、そして新約聖書において、民に悔い改めを促す預言者的な啓発行為は神殿犠牲のメタファを意識しつつ語られるようになります。イエスの死の意味を模索する原始教会やパウロもその例外ではありません。現代人をも含めたのちのキリスト教会が、神殿犠牲に内包される移行主題を僕の苦難やイエスの受難に見出したとしても、これらの文献の著者が移行主題と啓発主題とを混同していると考えることには慎重になるべきです。私はすくなくともパウロに至る文献においては、この区別が付けられていたと考えます。そして移行主題と啓発主題の区別が曖昧になるのはヘブライ書においてだと思われます。

　b.　メタファの実体化と主題の混同：このように考えるのは、本書6章で述べるとおり、ヘブライ書において神殿犠牲のメタファがメタファとしてでなく

実体をとり始め、〈イエスは犠牲のよう〉でなく〈イエスは犠牲だ〉という論理展開へと進むからです。これはヘブライ書に特徴的な代替主義の結果です。この書ではイエスと神殿とがメタファという間接的な関連でなく、実体として一体化しています。そうすると、これまでメタファを成立させてきた啓発主題と、神殿犠牲に付随するもう1つ移行主題の区別が限りなく曖昧になってしまいます。このようにして後1世紀の終盤辺りから、イエスの死の説明に移行主題が含意され始めたと思われます。

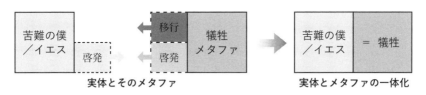

読者の皆さんにはこのプロセスを頭の隅に置きつつ、本書2章以降を読み進めていただきたいと思います。その前に、苦難の僕の影響史を概観しておきましょう。

Dのポイント

● メタファとしての神殿犠牲には移行主題と啓発主題が認められ、苦難の僕とリンクするのは後者である。

○ これらの主題は神殿メタファが実体化するヘブライ書において区別が曖昧となる。

E.　第4詩の影響

1.　教会以前の影響史

第4詩の影響は原始教会以前の第二神殿期ユダヤ教文献に散見されます[60]。代表的な例としては、七十人訳[h] イザヤ書、ダニエル書11-12章、ゼカリヤ書12-13章、IIマカバイ記6-7章（と後の『IVマカバイ記』6,17章）があります[61]。ここでは以下に、第4詩の影響が見られるとされる3つの文献を端的に紹介しましょう。

a.　ダニエル書：ダニ11-12章には、本書2章で扱うマカバイ諸書が詳細に

---

h)　〈七十人訳（LXX）〉とは基本的に、ヘブライ語聖書を前2-1世紀辺りにギリシャ語に翻訳したギリシャ語版旧約聖書を指す。

物語るマカバイ抵抗運動への言及があります（とくに11.32-35を見よ）。そのなかで「悟りある者ら」が「多くの人」を導きます（11.33-35）。マカバイ抵抗運動の文脈に置いて考えると、前者は抵抗運動に関わる者と殉教者で、後者はかならずしも前者を支持するわけでない一般大衆だと思われます。「悟りある者のなかには倒れる者もあるが、それは……精錬され、清められ、純白にされるため」（11.35）です。ちなみにこの苦難に関する理解は、苦難に直面したマカバイ殉教者の理解と符合します（IIマカ7.33）。上述の「悟りある者」はイザ52.13の僕を連想させます。イザ52.13では「栄える」という語が用いられますが、これは「賢く振る舞う」とも訳し得る語です（NIV訳参照）[62]。ダニ12.3ではこの「悟りある者」が「多くの人を義に導いた」と述べられていることから、「悟りある者」の苦難が「多くの人」の義に繋がるという仕方で第4詩の僕を想起させます[63]。

b. ゼカリヤ書：ゼカリヤ12.9-13.1と13.7-9における救いは、指導者の苦難をともなうものです。13章における救いは民の裁きを介したものですが、12.9-13.1における救いには「罪と汚れのための泉が開かれる」（13.1）との約束——すなわち罪の解消の道が民の裁きを経ずして提供される——があり、ここに移行主題が継承されていると考える研究者がいます[64]。もっともこれらのテクストに見られる救済には、賢者や指導者へ罪の結果や汚れが移行するという明らかな移行主題が描かれているわけではありません。むしろ第4詩の僕の死が促す回心のドラマのように、賢者や指導者による啓発的な呼びかけに民が賛同するという仕方で救いがもたらされているようです。

c. IIマカバイ記：本書2章で詳しく扱うマカバイ2書のうちのIIマカバイ記6-7章では、2組の殉教者（律法学者エレアザルと無名の母子）の死が、イスラエルの民と神との和解を実現する希望と密接に繋がっています（IIマカ7.33, 37-38）。その様子からは、マカバイ抵抗運動とその勝利という歴史的事件において殉教者の意義に注目が集まったことが予想されます[65]。後述するように（106-107頁）、殉教とは〈英雄の死が共同体に救いをもたらす〉という古代地中海世界に広く知られた英雄死思想の一部（信仰の英雄の死）と考えられます。しかしIIマカバイ記（と『IVマカバイ記』）では、英雄死と神殿犠牲とが融合する仕方で殉教者の意義が伝えられています。その際に殉教がある意味で犠牲のよ

うに神と人との和解を成立させるので、読者は第4詩の僕を容易に想起します[66]。

　もっともⅡマカ6章が伝えるエレアザルの殉教物語には、神殿犠牲がメタファとして用いられることはありません。彼の殉教は律法への献身という模範を民に対して示すことであり、その模範による啓発に応答する民が神との和解を経験する希望が述べられています（Ⅱマカ6.28）。一方でⅡマカ7章の殉教物語は神殿犠牲に準えられています。この場合、〈Ⅱマカ6章の殉教では常識的に人々が啓発されて和解へと動かされることに焦点がある一方で、Ⅱマカ7章の殉教では超常的（形而上的）に神が和解へと動かされることに焦点がある〉という対比も可能でしょう。もっとも私たちは、〈殉教という啓発的な模範によって動かされた民が神への誠実さを示し、その結果として神は悔い改めた民と和解する〉という1つの救済の出来事を、6章では犠牲メタファを介在させずに、7章では介在させて、2つの視点から述べていると理解することも可能でしょう。そして本書2章で述べることになりますが、『Ⅳマカバイ記』では殉教者とメタファとしての犠牲との距離感が狭まります。

2.　原始教会との接点

　イエスと原始教会がイエスの死についてどのような理解を持っていたかに関しては本書3章と4章で詳述しますが、ここでは最後に、第4詩と原始教会のイエス理解とのあいだで内容的に繋がりがあると思われる3つの項目を列挙しておきましょう。

　a.　頑迷と回心：「私たち」が当初「思っていた」（イザ53.4）僕の苦悩は、彼自身が当然として受けるべき彼の罪の報い、すなわち因果応報的な結果でした。悪に報いない僕の非暴力的な姿勢（53.9）は神への誠実さの体現でしたが、「私たち」はそれを単純な因果関係として受けとめていました。したがって彼らはその苦悩を、民を神の救いへと啓発する使命のもっとも大胆で積極的な遂行だとは理解しませんでした[67]。「腕」（53.1）や「手」（53.10）といった表現は神がこの事態に関わっていたことを示唆しますが、当時の頑迷な「私たち」はそれに思い当たって回心するのが遅すぎました[68]。「私たち」は、その長引く頑迷の結果が僕を死に至らせたと思い至ります。その時「彼らは、自分たちに告げられていなかったことを見、聞いていなかったことを悟る」（52.15）こと

になりました[69]。

　読者である私たちはこの頑迷と回心とを、イエスの弟子の無理解における明らかな頑迷主題と、そして復活信仰によって開始する回心集団（原始教会）とに重ねることができるでしょう。それならばイエスの弟子集団が第4詩（とそれ以降の伝承）に見られる救済のパターンを、イエスの死の意義を模索する手がかりとしたことも考えられます。

　b.　参与と模倣：第4詩によると、僕は「生ける者の地から絶たれ」（イザ53.8）て「葬られ」（53.9）たあと、「その子孫を見、長寿を得る」（53.10）ことになります。このもっとも自然な意味は、回心した「私たち」が僕の遺志を継ぐ預言者集団として預言者に与えられていた使命を継続した、ということでした[70]。したがって犠牲のメタファをともなって印象的に語られる僕の苦難と死の意義は、その死を契機とした「私たち」の回心、さらにそれに続く預言者の使命への「私たち」の参与でした。じつに「私たち」の体験は、僕に罪を転嫁しその苦難によって苦しみを免れるという意味での責任転嫁というよりも、むしろその苦難と死との責任を自覚し回心した集団として苦難の僕に参与すること、つまり同様の苦難をとおして預言者としての使命を継続することでした。犠牲のメタファは、僕の死の衝撃を物語るのみならず、犠牲が象徴する悔い改めと敬神的・道徳的回復のモチーフによって「私たち」の回心のリアルを印象的に語ったのです。

　イエスの受難告知に対する弟子たちの無理解（マコ10.41-45と並行箇所）の背景には、師の苦難が受け容れがたいというだけでなく、その苦難が弟子たち自身へも波及することに対する不安や躊躇もあったことでしょう。したがって十字架前（後）のイエスは、〈弟子たちがイエスの運命へ参与することは、すなわち苦難へ参与することである〉とあらかじめ語ります（マコ10.35-45と並行箇所、ヨハ21.18）。そしてパウロは、使徒としての苦難がイエスの苦難に倣うものであることを示し、さらにコリント信徒らの信仰の営みがやはり苦難をともなうイエスの生き様の模倣であるべきことを語ります（Iコリ4.16-17）。このように参与論的な救済と回心とを直接教えるパウロは、またイエス物語のうちにこれを記憶として印象深くとどめる原始教会は、第4詩の「私たち」が僕の生き様へと参与したことに注目して、それを自分たちの救いのあるべき姿を

48

考える手だてと見なしたとも考えられます。

　c.　諸国への関与：僕が神の救いを宣告したその対象は、諸外国人をも含む「多くの人」でした。その預言者としての使命に対して、回心した「私たち」も参与しました。これは、パウロがその回心体験を異邦人宣教への召命として語っている様子と重なります。一般にガラテヤ書に見られるパウロの回心体験の描写（ガラ1.15-16）は、異邦人をも視野に入れた預言者イザヤ（僕）の召命体験を念頭に置いていると考えられます[71]。しかしむしろ、僕をとおして回心した「私たち」の召命とキリストの啓示をとおして回心したパウロの召命とがより密接に重なるとも考えられるでしょう。

> **Eのポイント**
>
> ● ダニエル書、ゼカリヤ書、IIマカ、『IVマカバイ記』に苦難の僕の影響が見られる。
> ○ 弟子の頑迷と回心の主題は原始教会へ継承されたかも知れない。
> ● 苦難への参与と模範の主題が原始教会とパウロへ継承されたかも知れない。
> ○「多くの人」の参与はパウロの異邦人宣教を支持する。

結　論

　第4詩の苦難の僕は、イスラエルの神に立ち返るよう民を促すという啓発行為において預言者が苦難を経験するというパターンに倣っており、その意味では独特の運命を苦難の僕が辿ったというわけではありません。苦難の僕が〈迷子岩〉と称されるほど特異なのは、僕の運命が旧約聖書において唯一、神殿犠牲のメタファをとおして描かれているからです。イスラエルの神殿犠牲には、人の罪の責任と結果とを犠牲獣が引き受ける仕方で解決をもたらすという移行主題がある一方で、それは象徴的に民がその不従順を悔い改めて神に立ち返ることを啓発する機会でもありました。後者は民を神へと向ける啓発主題とも捉えることができます。僕の死が神殿犠牲のメタファをとおして描写されたのは、神殿犠牲のこの啓発主題が苦難の僕の預言者としての啓発的な活動と重なるからでした。こうして僕の死は犠牲獣のメタファをとおして語られました。

　したがって僕が「私たちの……ため」（イザ53.5）に死んだという事態が神殿

犠牲に準えられるとき、それは人の罪の責任と結果を犠牲獣が引き受けるという移行主題が僕のうちに見出され、結果としてこの僕の在り方が読者の責任転嫁を正当化するという発想に繋がるわけではありません。むしろ第4詩は、啓発行為のすえに命を落とした僕の死が「私たちのため」であったという責任の自覚を読者に促しています。そして促された読者は、神への誠実さを取り戻すような生き方に向かうのです。この意味で犠牲メタファをともなう第4詩は、その後のユダヤ教文献やパウロを含めた原始教会に影響を与えました。

■第1章の課題■

A.　以下の三択問題に答えよ。

　1.　著者は大贖罪の日のアザゼルのための山羊をどのように説明するか？
　　a.　これはアザゼルのために山羊を献げる神殿犠牲である。
　　b.　これは民の罪を山羊に共同体の外へ運び出してもらう追放儀礼である。
　　c.　これは山羊に民の罪を背負わせて共同体の外へ追放して殺す犠牲である。

　2.　著者は神殿犠牲の意義をどのように説明するか？
　　a.　神殿犠牲が血を清めるという魔術的な教えは預言者によって否定された。
　　b.　神殿犠牲は罪を清める儀礼であり、民の道徳性とは切り離されていた。
　　c.　神殿犠牲は民に悔い改めを促す象徴的行為だが、罪を清める効果が軽んじられはしなかった。

　3.　著者は異邦人の使徒パウロが自らを誰に準えていると考えるか？
　　a.　異邦人を含む「多くの人」の回心をもたらした、回心した「私たち」。
　　b.　異邦人を含む「多くの人」の回心をもたらした苦難の僕。
　　c.　異邦人を含む「多くの人」。

B.　以下の問いにそれぞれ100字程度で答えよ。

　1.　第4詩の「僕／彼」、「私たち」、「多くの人」は誰を指すか？　これらの登場人物同士はどのような関係にあるか？

　2.　第4詩はなぜ、どのような意味で〈迷子岩〉と称されるか？

　3.　「私たち」のパラダイム転換とは、何がどう転換したことか？

　4.　移行主題と啓発主題という神殿犠牲の2側面は何を指しているか？

　5.　神殿犠牲のメタファをとおして語られる僕の苦難は責任転嫁を促すか？

▪ 第2章 ▪

マカバイ殉教者の記憶

無名母子を記憶する

　本章が扱う II マカバイ記と『IV マカバイ記』では、無名の母子が代表的な殉教者として注目され、読者は彼らを記憶するように促されます。しかしこれは〈無名なのに記憶するのか？〉という反論が返ってきそうなすこし無理筋な要請です。そういえばベタニアを訪れたイエスも、高価な香油による塗油をイエスに施した無名の女性が記憶されるよう望みました（マコ14.9）。マカバイ2書の無名の有名人はのちのユダヤ人の好奇心を刺激したのでしょうか、後5世紀になると母親の名前が突如として判明します。このように時代によって無名母子を記憶する仕方が異なる様子は、社会的記憶という概念によって理解が可能です（本章で後述）。そしてこれは、原始教会やパウロがいかにイエスの死を理解して記憶したかという本書3章以降での問いに重要な示唆を与えることにもなります。

　それでは以下に本章における中心テクストを記し、解決すべき中心課題を列挙してから、本題に移りましょう。

□ **中心テクスト** □

「［神が］正しく振る舞われて私たち全民族の上にもたらされた全能者の怒りを、私と兄たち［の殉教］において止めて下さいますように」（II マカ7.38）。

□ **中心課題** □

1. II マカバイ記と『IV マカバイ記』の共通点と相違点は何か？
2. エレアザルの殉教は無名母子の殉教の意義を理解するためにいかなる手がかりを提示しているか？

---

3. ラビ文献の殉教伝は『Ⅳマカ』の殉教思想を理解するためにいかなる手がかりを提供しているか？
4. 無名母子を記憶することにはいかなる意味があるか？
5. マカバイ殉教者が犠牲メタファとリンクするとき、それは読者に責任転嫁を促すか？

導　入

　a.　おさらい：本書1章で私たちは、〈第4の僕の詩〉（イザ52.13-53.12）に焦点をあてました。第4詩では旧約聖書において唯一、人の死の救済的意義を説明するために犠牲のメタファが明示的に用いられていることから、主人公である僕の死がキリスト教贖罪論におけるいわゆる〈代理（代表）贖罪〉と強く結びついて理解されがちです[a]。そこで本書1章では、この教理が前提とする移行主題——ある人の罪の責任と結果が他者に移行する——を内包する神殿犠牲のメタファを解体しつつ、僕の苦難と死の結果として後継者である「私たち」に何が起こったかを見直し、僕がいかに記憶され、その記憶がいかなる方向へと人々を促したかを確認しました。この際に移行と啓発という神殿犠牲の2つの主題に注目しました。

　苦難の僕は神の預言者としてイスラエルの民を神に立ち返るよう促す使命を遂行し、その啓発使命の延長にあって命を落としました。この僕に当初は抵抗し、おそらく迫害を加えていた者たち（「私たち」）は、僕の死を契機として回心し神に立ち戻ります。以前は僕の苦難と死を僕自身の弱さや罪深さの結果と考えていた「私たち」は、それが罪深く弱い「私たち」のための預言者的使命（奉仕）の結果だったと思い知ります。僕の死の衝撃が「私たち」にパラダイム転換をもたらし、「私たち」は神に対する義——神（と隣人）との良好な信頼関係——を取り戻しました。「私たち」が神の前で罪人から義人へと回復（方向転換）する救済の契機となったのが僕の死だったので、その説明に際して〈あたかも民に対して罪からの悔い改めを啓発する象徴としての神殿犠牲の

---

a)　代理と代表の違いについては、本書1章の巻末註26を見よ。

ようだ〉というメタファが第4詩では用いられました。この「私たち」の回心によって僕の預言者的使命は成就するのですが、さらに僕の遺志に「私たち」が参与することによってその預言者的使命は継承され、その使命の対象が「多くの人」に及びました。つまり、「私たち」はこの一連の結果をもたらした僕の功績を記憶するため、これを犠牲をとおしてイスラエルの民が神との関係を回復するという神殿犠牲のメタファに準えて、記念碑的なドラマとして編集した、それが第4詩です。

　b.　本章のながれ：これを境にして、預言者等を含む神の使者（あるいは義人）の苦悩や死の意義を印象的に教えるために犠牲メタファを用いる（あるいは示唆する）伝統が始まりました。そのもっとも明らかな例が、マカバイ殉教者の様子を描くⅡマカバイ記と『Ⅳマカバイ記』です。本書2章ではこれらの文献——とくにⅡマカバイ記——をとおして、前2世紀のマカバイ抵抗運動に際して命を落とした殉教者らの死がいかに理解され、記憶に留められたかを確認しましょう。そのためにまず、【A】マカバイ抵抗運動とその殉教者の様子を概観し、さらに【B】殉教者の救済意義がいかに描かれているかを確認します。そして【C】社会的記憶という観点から、殉教思想がⅡマカバイ記と『Ⅳマカバイ記』を隔てる200年のあいだでどのように変遷したかを考察します。最後に【D】イエスと原始教会の時代にこのマカバイ殉教者の記憶がいかに継承されていったかをも確かめたいと思います。

A.　マカバイ抵抗運動とマカバイ殉教者

1.　マカバイ諸書とアンティオコス4世による抑圧

　a.　マカバイ諸書：〈マカバイ記〉という書名がついている文献は8書を数えます。そのなかでも旧約聖書続編のⅠマカバイ記とⅡマカバイ記、そして旧約聖書偽典に分類される『Ⅲマカバイ記』と『Ⅳマカバイ記』が代表的なマカバイ諸書です。これらは、ギリシャ王朝勢力の下でのユダヤ人による抵抗運動に関する文書と言えるでしょう。Ⅰマカバイ記は、ユダヤ地方をセレウコス王朝シリアから解放に導いたユダ・マカバイとその一族の子孫であるハスモン家の支配を正当化する目的で前100年頃に執筆されました。Ⅱマカバイ記は、

このユダ・マカバイやその子らが率いた解放運動と計9名（10名？）の殉教者に焦点を置きつつ、ユダヤ解放を祝うハヌカ祭制定の経緯を記す目的で前120年前後に執筆されたようです。そして『IVマカバイ記』は、知性と感情との関係というギリシャ哲学的な主題を大きな枠組みとして、IIマカバイ記に登場するエレアザルと無名母子の殉教物語を敷衍して伝えますが、これは後100年頃に執筆されたと考えられます[1]。ちなみに『IIIマカバイ記』はプトレマイオス朝エジプト在住のユダヤ人による抵抗を描く目的で前40-30年辺りに執筆されたものなので、ユダヤ地方での抵抗運動とは関係ありません。本章では殉教物語を扱うIIマカバイ記と『IVマカバイ記』に焦点を置きましょう。話を先取りするようですが、パウロをはじめとする原始教会の活動はこの2書の執筆期に挟まれており、これら2書に見られるユダヤ人の思想が原始教会の神学へ影響を与えたことが十分に考えられます。ちなみに『IVマカバイ記』が後100年頃に執筆されたとなると、それは原始教会の時期よりも後のことです。したがって『IVマカバイ記』が原始教会に影響を与えると言う場合、それは『IVマカバイ記』の文書でなく、その基になっている殉教思想が原始教会に影響を与えたということです。

b. 板挟みのユダヤ地方：前4世紀のユダヤ地方は、地図から分かるように、アレクサンドロス大王が残した広大な領地の一部を分ける2つのギリシャ王朝

ユダヤ地方を囲む勢力地図

（プトレマイオス王朝とセレウコス王朝）にちょうど挟まれる位置にありました。その運命は推して知るべしです。ユダヤ地方の住民は2つの王朝の力関係によって、たえずいずれかの支配的介入に苦しめられていました。

メソポタミア以西の広い範囲を治めていたセレウコス王朝は東方での支配力が

弱まるとシリアと小アジアとに勢力を集中し、前198年にパネイオンの戦いで勝利を納めたのを期にユダヤ地方の支配をプトレマイオス王朝から奪い取ります。これはセレウコス朝アンティオコス3世の治世（前223-187年）のことでした。このころ西方ではローマが勢力を拡大しており、しだいにその足音が小アジアにまで響き始めてきていました。マグネシアの戦い（前190年）でローマに敗れたアンティオコス3世は勝者のローマから多額の税を要求されることになりますが、このしわ寄せがそのままユダヤ地方の住民に及びました。

　c.　**アンティオコス4世による「忌まわしき侵犯」**：セレウコス王朝は、みずからを〈エピファネス（神の顕現）〉と名乗る悪名高き王アンティオコス4世の治世（前175-63年）に移ります。そしてセレウコス王朝によるエジプト遠征失敗に乗じて反抗の気配を匂わせたユダヤ地方の住民に対し、このアンティオコス4世は容赦なく襲いかかります。エルサレムの城壁を破壊し、その神殿にゼウス神を祀り、徹底的なギリシャ化政策を敷きます。ユダヤの神とその律法とに熱心なユダヤ人が凄惨な迫害に苦しんで命を落とす一方で、支配者に与するユダヤ人貴族らと繋がる祭司らによって神殿機能は実質的に停止します。とくに前167年12月から164年12月にかけて、ユダヤ地方の住民は「忌まわしき侵犯[2]」（Ⅰマカ1.54, ダニ11.31; マコ13.14参照）と呼ばれる暗黒の日々を送ることとなります。これがⅡマカバイ記と『Ⅳマカバイ記』が紡ぎ出す殉教物語の背景です。

2.　マカバイ殉教者

　a.　**迫害**：Ⅱマカ6.1-11によるとアンティオコス4世のギリシャ化政策はそのまま反ユダヤ教政策でした。彼はエルサレム神殿をゼウス神殿へと看板の掛け替えを強行するのみならず（v.2）、ギリシャ的慣習の強制によってユダヤ人アイデンティティの取り崩しにかかります（v.6）。したがって、ゼウス信仰を拒否しつつユダヤ教の食事規定と割礼と安息日を固守しようとする者らは処刑されました（vv.7-11）。このような状況下で、Ⅱマカバイ記の著者は律法学者エレアザル（Ⅱマカ6.18-31;『Ⅳマカ』5-6章参照）と無名母子（Ⅱマカ7.1-41;『Ⅳマカ』8-16章参照）の殉教を物語ります。

　b.　**エレアザルの場合**：律法学者として著名だったエレアザルの噂はことあ

るごとに支配者の耳に届き、目の上の瘤のような存在だったことでしょう。この高齢の律法学者は捕らえられ、豚肉を食べるように強要されます。周知のとおり、ユダヤ教において豚は儀礼的に汚れていると見なされていたので、ユダヤ人は一般に豚肉を口にしませんでした（レビ11.7, 申14.8, イザ65.4, 66.17）。したがって豚肉を食べるようにとの強制は、支配者であるアンティオコス4世への忠誠を試す〈踏み絵〉のようなものだったのです。しかしこの踏み絵を執行する下級役人は清廉潔白なエレアザルに同情し、ユダヤ教の清め規程に適った肉と汚れた豚肉とを秘密裏にすり替えてエレアザルが豚肉を食べたように見せかけ、その命を救おうとします。ところがエレアザルはそのような欺きを潔しとせず、豚肉を食べることを拒否し、すすんで拷問に身を任せて息絶えます。

c. 無名母子の場合：〈図らずも死を前にしたエレアザルが「若者達」への模範（Ⅱマカ6.31）となることを望んだとおり〉という物語展開が意図されているのでしょうか、エレアザルの殉教直後に無名の7人の息子らとその母親が同様の迫害に立ち向かいます。息子らはエレアザルと同様に豚肉を拒絶すると、母親の目の前で1人ずつ拷問を受けます。彼らは異口同音に神と律法への忠誠を告白し、復活の希望を抱きつつ絶命します。母親もただ指をくわえて見ているのではありません。むしろ「死刑執行人を恐れず、兄たちに倣って死を受け入れなさい」（7.29）と、死にゆく末子を傍から鼓舞します。そして最後には、母親も息子らと運命をともにします。

d. 番外篇（？）のラジス：ちなみにⅡマカバイ記は物語の最後に、「ユダヤ人たちの父」と称された長老ラジスの死をも報告しています（Ⅱマカ14.37–46）。これを〈殉教〉と見なすかに関しては議論が分かれますが[3]、迫害という文脈において注目に値する事件ではあります。アンティオコス4世の側近ニカノルはユダヤ律法を尊ぶラジスを捕らえて拷問し、住民の見せしめにしようと企てます。Ⅱマカバイ記は「罪深い連中の手に落ちる」（14.42）ことを潔しとしないラジスの死を赤裸々な描写で伝えます。彼は自ら剣の上に身を投じ、それでも死にきれないと城壁から飛び降り、

Aのポイント
● セレウコス朝支配下でのマカバイ抵抗運動を描くⅡマカと『Ⅳマカ』。
○ マカバイ抵抗運動におけるエレアザルと無名母子（とラジス）の殉教。

息も絶え絶えになりながら自分のはらわたを摑みだして群衆に投げつけ、「命
と霊の主である方がこれらを再びお返し下さる、と呼ばわりながら」(14.46)、
凄まじい最期を遂げます。

B.　殉教と救済

1.　神殿機能の停止と殉教

　上に紹介した殉教物語は、第4詩の伝統を継承して、殉教者の死を犠牲の
メタファと重ねつつ（あるいはそれを暗に意識しつつ）語ります。IIマカ6–7章
（とくに7章）が連想させる神殿犠牲のメタファの具体的な表現を考察する前に、
書全体においていかに殉教と神殿犠牲との関連が示唆されているかを確かめて
おきましょう。

　a.　神殿機能の停止：殉教物語（6–7章）以前では、一旦、神殿が機能停
止に陥る様子が描かれています。アンティオコス4世のギリシャ化政策のた
め、じつに「［祭司らは］もはや祭壇の努めに熱意を失って……、むしろ神殿
を軽んじ犠牲を蔑ろにし」(IIマカ4.14;『IVマカ』4.20参照）ていました。神殿
の機能は停止し、犠牲が献げられません。この状態はアンティオコス4世がユ
ダヤ教の神の力に打ちのめされ、回心して死ぬという驚くべき事態が起こるま
で続きます（IIマカ9.1–17）。著者はこの直後に、神殿機能の回復を報告します
(10.5, 7)。すなわちIIマカバイ記の構造としては、神殿の機能停止と機能回復
のあいだに上述の2つの殉教物語が配置されているわけです。

　b.　神殿機能を引き受ける殉教？：興味深いことにIIマカバイ記の著者は、
エレアザルと母子の殉教物語（6–7章）の直後に、ユダ・マカバイが抵抗軍の
指揮を執って戦況を一変させる様子を描いています。そして著者は「主の怒り
が憐れみへと変じ」(8.5) たと補足解説します。あたかもエレアザルと母子の
殉教がこの戦況に影響を及ぼしたかのように、著者はそれぞれの出来事を配列
しています。〈彼らの殉教が神と民全体の和解をもたらし、その結果として神
がセレウコス王朝を退けた〉と言わんばかりです。したがって研究者のなかに
は、著者がエレアザルと母子の殉教を神殿犠牲（の代替）として描いていると
主張する者もいます[4]。もし著者にそのような意図があるとすると、長老ラジ

スの壮絶な死に見られる描写が動物の犠牲を連想させるように思えてきます。「血を流し尽くした彼（ラジス）は、臓物を抜き出して両手でつかみ、群衆めがけて投げつけた」（14.46）のですが、これは祭司が犠牲獣を屠殺するそのプロセスを描くレビ記4章を彷彿とさせないでしょうか。すくなくともエレアザルと母子の殉教物語は、神殿機能停止と神殿機能回復がそれを囲み込むという枠組みの真んなかに位置して、神の臨在を神殿と民へと引き戻す求心力を備えているかのように描かれています。

殉教者と神殿機能

神の臨在

神殿犠牲　　停止（IIマカ 4.14）　　再開（IIマカ 10.5）

殉教者による神との和解

2. 2段階の殉教物語

a. 2段階構成：既述のとおり（46-47頁）、第4詩が僕の苦難と死を犠牲のメタファによって語った伝統がIIマカバイ記における殉教者の描写に継承されていることは、多くの研究者が認めているところです[5]。ここ（B.2）では、IIマカバイ記において2組の殉教がいかに語られているかに注目しましょう。そうすることで私たちは、この書が殉教者の死にどのような意義を見出していたかを判断することができるようになるでしょう。IIマカバイ記では、まずエレアザルの殉教が何のメタファをも介さずに記述され（IIマカ6章）、それに続いて無名母子の殉教が神殿犠牲を連想させるような仕方で語られています（IIマカ7章）。私はこの殉教物語の2段階構成が、マカバイ殉教思想を読み解く鍵になると考えます。

b. エレアザルの場合：IIマカ6章では律法学者エレアザルが「私は老いたこの命に相応しく、今、果敢に振る舞い、この命を差し出そう。そうして若者らに聖なる律法のために喜んで毅然と命を差し出すという尊い模範を残そう」（6.27-28）という言葉を残して、処刑者の手に自らを委ねます。この言葉のうちに反映されるエレアザルの期待は、彼の律法に対する熱心がイスラエル人の

模範となることであり、彼の律法への熱心の結果である不可避的な死が不誠実な民を敬神へと立ち返るよう啓発することです。非業の死を遂げたエレアザルを、ユダヤ教殲滅を試みる邪悪な王アンティオコス 4 世およびそれに与する背教的なユダヤ人と対照的に位置づけることで、著者はこの長老の敬神を際立たせます。エレアザル自身が「模範を残そう」と言うように、律法への熱心な在り方を選択した彼の願いは、次世代が彼の律法への熱心な在り方に倣うことです。じつに物語は「高貴さの模範と高徳の記憶を残すことで、彼は若者のみならずより多くの民のためにその死をこの模範へと変えた」（6.31）というナレーションで締めくくられます。このナレーションは、物語がまさに若者（とその母）への模範となって継続するという仕方で、Ⅱマカ 7 章へと読者を導きます。

　c.　無名母子の場合：第 2 段階は「さらにまた」という順接の句で始まっており、この無名母子の殉教物語が前章のエレアザル殉教物語と性質的に異質なものでなく、同類のものであることを予告して始まります。アンティオコスの命令よりも神の律法に聞き従う 6 人の兄がつぎつぎと虐殺されるのを目の当たりにする末子は、「我々が苦しんでいるのは自分たちの罪のゆえ……［神は］再びご自分の僕たちと和解なさる」（Ⅱマカ 7.32-33）と述べます。ここで末子が述べる「自分たち」が 7 人の兄弟（と母）を指しているのでなく、イスラエルの民全体を念頭に置いていることは明らかです。なぜなら彼はこれに続いて、「私たちの民全体に適切にもたらされてきた全能者の怒りを私と私の兄ら［の殉教］において終わりとされるように」（7.37-38）と望むからです。この言説を上で述べた神殿機能の文脈（B.1）に置いて読むならば、これが〈殉教者の死は、あたかも犠牲のようにイスラエルの民の罪を解消して神との和解をもたらす〉という仕方で、無名母子の死の意義を語っていることが分かります。

　d.　律法への熱心を促す殉教：本書 1 章で述べた神殿犠牲の二面性について思い出しましょう。私たちは神殿犠牲に啓発主題と移行主題があることを確認しました。これをエレアザルと母子の 2 つの殉教物語に当てはめてみましょう。前者は犠牲への直接の言説も示唆もないかわりに、模範による啓発という主題が明らかです。後者の場合は〈民への神の怒りが母子の殉教において終わる〉という主旨の言説によって神殿犠牲は示唆されていますが、それ以上の神殿犠牲との連関については曖昧なままです[6]。もっともこれら 2 つの殉教物語が順

61

列に連結されている——「さらにまた」(7.1)——様子に注目するなら、母子の殉教の意義がやはりエレアザルの殉教の意義を引き継いでいると考えることが自然です。すなわち、エレアザルの殉教の意図が敬神の模範をもって民を啓発することなら、無名母子の殉教の意義も同様に敬神の模範を示して民を啓発することです。

　このように無名母子の殉教物語の意義を捉えるなら、その殉教は〈母子が死んだので自分たちは律法を守らなくても神の怒りは下らない〉という類の責任転嫁を促すものでないことが明らかとなります。神殿犠牲のアイテムとして牛や羊や山羊に殉教者という人身御供を加えることが提案されているわけではないでしょう。殉教物語の第1段階（IIマカ6章）と第2段階（7章）とが順接の関係にあるとするなら、どちらの殉教物語も為政者の命令でなく神の律法への熱心を選択するという模範によって将来の世代を啓発しています。じつにその預言者的啓発に応答して民が悔い改めてこそ、神殿の正常な在り方が保証されます。本書1章で用いた言語表現を繰り返すなら、IIマカバイ記6-7章の殉教物語は、民を啓発するという点で殉教者の意義を神殿犠牲のメタファによって表現しているのです。殉教者の啓発行為と神殿犠牲の啓発主題とが両者をリンクさせています。

　e. 『IVマカバイ記』に見る殉教思想の継承：これらの殉教物語は、200年の時を経た『IVマカバイ記』においても、犠牲のメタファを介しつつユダヤ人の読者に対して神に誠実な営みを持続するための模範を示し続けました。律法学者エレアザルはその最期にあって神へ訴えます。「[あなたの民のために]私たちへの罰で満足して下さい。私の血が彼らの清めとなり、私の命を彼らの身代わり（アンティプシュコン）としてお取り下さい」（『IVマカ』6.28-29）。さらに同書の著者は、殉教物語のまとめとして以下のように述べます。「彼ら（殉教者たち）は民の罪の身代わり（アンティプシュコン）となった。これらの敬虔な者たちの血と彼らの死という贖いの座（ヒラステーリオン）をとおして、神の摂理はそれまで虐待されていたイスラエルを救ったのだ」（17.21-22）[b]。

　「身代わり」と訳したギリシャ語（アンティプシュコン）は、文字どおりには

---

b)　この『IVマカ』17.21-22とロマ3.25およびイグナティオス書簡群との関係についてはそれぞれ本書6章と7章とを参照。

〈(誰か他者の命)のための命〉を意味します。〈罪のために死ぬべき他者の命のための命〉という意味で「身代わり」という訳は妥当であり、ここには神殿犠牲が内包する移行主題が示されています。また「贖いの座」と訳されたギリシャ語（ヒラステーリオン）は本書1章（37頁）ですでに述べたとおり、大贖罪の日に神殿の清めの儀礼が行われる至聖所に配置された契約の箱の蓋を指します。この贖いの座とその周りに、清めのいけにえの血が撒かれます。このようにして、『IVマカバイ記』ではIIマカバイ記よりも殉教者と神殿犠牲とがより直接的で密接に —— 移行主題をも示唆する仕方で —— 繋がる様子が見られます。

　もっとも私は、当時のユダヤ人がこの高度に文学的な表現によって〈殉教者の死が文字どおりに民の罪を引き受けてこれを解消する〉といういわゆる代贖的な移行主題を殉教者に見出したと断言することには慎重になる必要があると思います。それは、『IVマカバイ記』が執筆されたと同時代のユダヤ教の思想を反映するラビ文献が、そのような殉教理解をまったく示さないからです。

　f.　ラビ文献に見る殉教伝の欠如：ラビ文献が編纂され始めるのは後2世紀後半ですが、そこには『IVマカバイ記』が執筆された後2世紀前半とそれ以前のユダヤ人の思想世界が反映されていると思われます。ユダヤ教が殉教を神殿犠牲の代替と考えたのなら、エルサレム神殿崩壊後のユダヤ教文献（タンナ文献、アモラ文献）が多くの殉教記事を残していてもよさそうなものですが、実際にはこの時期の文献にほとんど殉教者が言及されることはありません。特記すべき稀少な例としては、ラビ・アキバの殉教（『Mブラ』61b,『PTブラ』9.7,『PTソタ』5.7）、ラビ・ハナンヤ・ベン・テラディオンの殉教（『BTザラ』17b–18a,『民スィフ』307）、ラビ・シメオンとラビ・イシュマエルの殉教（『メヒルタ・ミシュパーティーム』18）があります[7]。

　g.　後2世紀以降のユダヤ教殉教伝の特徴：これらの殉教記事に共通する特徴として、本章で特筆すべきことが2点あります。その1点は、いずれの殉教にも犠牲のメタファが用いられていないことです。IIマカ7章の無名母子の殉教物語を敷衍する『哀歌ラッバー』1.16においてさえ、神殿犠牲への言及はありません。そしてもう1点は、ラビらの殉教が敬神ゆえの死であることが強調されていることです[8]。興味深いことに、イザヤ書の第4詩からマカバイ殉教

物語へと受け継がれた犠牲メタファの伝統は、新約聖書においてその継承が見られるものの、ユダヤ教文献においては継承されません。一方でこれらの殉教記事は、一貫して読者を殉教者の敬神に倣うよう啓発することを意図しています。これはラビ文献の他所で、贖罪のための犠牲を執り行う神殿が崩壊した後、民の悔い改め —— 罪から敬神へと立ち返る —— が贖罪の手段として強調されるようになったこととも関係するでしょう（『BTプサ』54,『BTヨマ』86,『申R』2.24参照）[9]。このような思想背景において、『IVマカバイ記』が殉教者と神殿犠牲とをより直線的に結ぶ様子から、文字どおりの〈殉教者の代贖意義〉を読みとるためには、『IVマカバイ記』を後2世紀のユダヤ教における例外的な文献と見なす必要があります[10]。

　ちなみに、このような殉教記事の意図は読者がいかに神に対して誠実に生きるかを問うことであり、殉教志願を刺激することでないことは明らかです。この殉教理解に関しては、本書7章で初期キリスト教の殉教理解を考察する際にもう一度立ち戻りたいと思います。

3. 預言者から殉教者へ

　a.　救済の循環史観：イスラエルの民の神信仰には、神の選びと契約制定を前提として、民の不従順、懲らしめ、和解という一連の流れを繰り返すという、いわゆる救済の循環史観（申命記的歴史観）があります（申32章参照）。これは結果的に、現在の災難が罪に対する神との和解を目的とした訓育だというIIマカバイ記の思想を裏打ちします[11]。この申命記的思想の延長線上にあって、神の懲らしめを警告しつつ神へ立ち返るよう訴える預言者等の義人は、おうおうにして民からの反発や迫害を受けるという仕方で自らに苦難が集中することを経験します。これらの預言者の意図を汲む者は、彼らの苦難が民のためであると理解できました。捕囚を挟んでこの発想が深化し、義人の苦難に大きな意義が見出されます（詩22章、哀3章参照）。ここには民の罪を命がけで執り成すモーセの姿も重なっていることでしょう（出32.32, 詩106.32）。

　b.　第4詩からIIマカへ：したがって本書1章で確認したとおり、回心した「私たち」の視点から第4詩の僕の苦難を見たとき、僕が打ち砕かれ刺し貫かれるのは「私たちの背き／咎のため」（イザ53.5）でした。「私たち」である僕

の後継者らは彼の功績をたたえる際に犠牲のメタファを用いて、僕を「自分の命を償いのいけにえ」として「多くの人を義とし、彼らの過ちを自ら背負う」（53:10-11）者と表現し、その記憶を印象的に後代に残したのです。このような伝統を受け継ぐⅡマカバイ記の著者が、義人としての殉教者の死に感化／刺激された民が神との和解へと促されるという期待を表す際に、〈あたかも犠牲のように殉教者が神と民とを和解させる〉という仕方で語ったとしても不思議ではないでしょう。ここまでの論理の流れを整理しておきましょう。

ⅰ．　一方で、第4詩の僕は民の敬神を促す預言者としての啓発のすえに苦難を受けて死んだ。

ⅱ．　「私たち」である預言者集団は僕の死を契機として、彼の啓発に応じて神へと引き戻された。

ⅲ．　他方で、殉教者は律法への誠実さゆえに苦難を受けて死んだ。

ⅳ．　イスラエルの民は殉教者の死を契機として、その律法に対する誠実さによって啓発され、結果として神との和解に至った。

ⅴ．　僕の死が「私たち」に神への回心を促したことを犠牲メタファで表現しうるなら、同様に殉教者の死が民に神へ立ち返るよう促したことも犠牲メタファで表現しうる。

ⅵ．　その際に、僕や殉教者と犠牲メタファとを結ぶのは、両者が内包する啓発主題である。

　　c.　殉教思想と原始教会：ギリシャ王朝の支配下で醸成したこの殉教思想は殉教者の記憶と共に、ローマ帝国の支配下で喘ぐユダヤ人らに受け継がれていったことでしょう。このような殉教理解が後1世紀のユダヤ地方において前提となっていたなら、それが預言者的使命に関するイエスや原始教会の理解にも何らかの仕方で影響を及ぼしていたことが推測されます。議論を先取りするようですが、イザヤ第4詩とマカバイ殉教物語の伝統の延長にあって、原始教会はイエスの死の救済的意義を説明する際に神殿犠牲のメタファを用い始めたようです。犠牲メタファを用いて説明されるイエスの死の救済的意義に関しては、本書4章以降で慎重に考えたいと思います。

4. イスラエルの救いと復活

a. 復活の希望：アンティオコス4世の目の前で無名母子は拷問へと進みますが、その際に彼らは復活の希望を叫びます。息子らは「世界の王は、ご自身の律法のために死ぬ我々を、命の永遠のよみがえりへと復活させて下さる」（Ⅱマカ7.9）。また「再びよみがえるという希望」を確信しながら、「そもそもお前には命への復活はない」（7.14）とアンティオコスを挑発します。ダニエル書的な言い方をすれば、アンティオコスを待つのは「そしりと永遠のとがめ」（ダニ12.2）です。母親もまた「[神が] 霊も命も再び与えて下さいます」（Ⅱマカ7.23）と言い、復活の希望を根拠に息子らを鼓舞します。ラジスもその断末魔の叫びにおいて復活を期待します。「命と霊の主である方がこれら（内臓）を再び彼に戻して下さるようにと叫びながら[12]、自分の臓物を抜き出して両手でつかみ、群衆めがけて投げつけた」（14.46）。戦死した兵士の弔いをするユダ・マカバイも復活の希望を語っています（12.43-44）。

b. 終末と復活：イスラエルの神信仰には、最終的に完全なる神の統治（創造秩序の回復）がもたらされるという終末期待がありました。したがって主の日とは、「主が地上を統べ治める王となられる」（ゼカ12.9）時代です。列強の支配下での苦しみが増すにつれて、この世における神の秩序が人の手によって確立されるという楽観的な終末観が立ちゆかなくなると、この悲惨な世に代わって新たな世が神によってもたらされるという、より受動的な終末観（黙示的終末観）が浸透します[13]。民は「死を永遠に呑み込んで下さる」（イザ25.8）神に希望を持ちます。それはまったく新たな創造です。「初めからの苦しみは忘れられる。……見よ、私は新しい天と新しい地を創造する」（イザ65.16-17）。このように終末観がシフトする過程で、復活の希望が鮮明となります。

　もともとイスラエルの宗教では死後の生に対する理解が否定的か少なくとも曖昧です。たとえば詩編記者は「死んだ者は主を讃美しない、沈黙へと下った者は」（詩115.17）と述べ、今を生きる者こそが神をたたえるべきと言います[14]。ところが、アンティオコス4世の迫害を経験したユダヤ人の終末観を反映するダニエル書は復活について明言します。「地の塵のなかで眠る人々のなかから、多くの者が目覚める。ある者は永遠の命へと、またある者はそしりと永遠のとがめへと」（ダニ12.2. イザ26.19参照）[15]。ダニエル書もマカバイ諸書とともに

セレウコス朝への抵抗文学として位置づけられており、今現在に報いを受けない者に対して、復活という仕方で将来の報いを用意します[16]。

c.　復活の身体性：死者の復活はイスラエルの復興への希望と一対になっています。エゼキエルの預言は、枯れた骨が息を吹き返すという復活の希望ですが、これはそのままイスラエルの家の復興という希望です（エゼ37.1-14, とくに11節）。マカバイ殉教者をとおして神と民との和解が成立し、神の最終的な統治という終末的な喜びを民が享受するのならば、殉教者は新たな世における復活をその民とともに享受することが期待されます。神と和解した民は、殉教者の死に至る神への誠実さゆえに神へ立ち返り復活に至るからです。復活は神による誠実な民への報いの象徴です。

ちなみに、ユダヤ教における来たるべき神の国とは、肉体や物質という悪から解放された非物質的で亜空間的な次元などではなく、神の完全な統治が行き届く時代がこの地上に到来することです。この期待においては基本的に、イスラエルの復興、土地の回復、神殿の再建が強く意識されています。この意味でユダヤ教の終末思想は、新プラトン的な二元論とは異なります[17]。したがって復活も肉体の復活であり、非身体的な至福といった体験ではありません。エゼキエルの預言にあるように、肉が骨を覆うのです。殉教者の復活は「命」の復活であり、それは「再び」命が与えられることです。したがってラジスは、自分の内臓が元に戻ることを期待します[c]。もっとも、IIマカバイ記における復活の身体性はヘレニズム的思想の影響下にあって次第に薄められ、『IVマカバイ記』では復活への希望が「不死」（14.5）や「不滅」（17.12）という観念的な表現へと変化していきます。

d.　復活信仰と原始教会：後述するとおり原始教会は、イエスの死の救済的意義を語る際に神殿犠牲のメタファをやがて用い始めま

Bのポイント

● エレアザルと無名母子の敬神が民を啓発し、それが神と民との和解に繋がる。
○ ラビ文献の殉教も民に敬神を促す。
● 殉教者は苦難の僕と同様にその敬神によって民を啓発して悔い改めへと導く。
○ 神の報いが遅れたとき、それが復活という希望へと変化した。

---

c)　パウロもこの理解を継承していることは、彼が「復活の体」に言及することから明らかだ（Iコリ15.35-44参照）。

すし、明確な復活への希望は原始教会の特徴でした。それを考慮に入れるなら、マカバイ殉教思想が原始教会に直接影響を与えた、あるいは捕囚後のユダヤ教（第二神殿期ユダヤ教[d]）の思想がⅡマカバイ記（と『Ⅳマカバイ記』の思想）をとおしてイエスと原始教会が置かれた後1世紀のユダヤ地方に重要な影響を与えていたことが考えられます[18]。マカバイ諸書には復活主題以外もう1つ特記すべき特徴があります。

C.　マカバイ抵抗運動の記憶

1.　抵抗運動の記憶

a.　Ⅱマカバイ記の記憶主題：これらマカバイ2書は、殉教者に代表されるマカバイ抵抗運動が子孫のあいだで永らく記憶に留められることを目的として著作されているようです。そのことは、両書に際立っている記憶主題から容易に推測できます。セレウコス王朝の圧政下で神を信頼し律法を堅持した先人の物語を記憶に留め、それを継承するように読者を促しているからです。したがってⅡマカバイ記では、エレアザルの死が「高貴さの模範と徳の記念」（Ⅱマカ6.31; 6.28参照）であると言われ、拷問に苦しむ7人の息子を鼓舞し自らも殉教する「この母親はまことに驚くべき者、記憶に値する者」（7.20）と評されます。またⅡマカバイ記はエジプトのユダヤ人が毎年エルサレムで祝われるハヌカ祭に参加するよう促しますが、この祭はイスラエルの民がギリシャ王朝の支配から解放されたことを憶えて祝う記念祭です。ですからⅡマカバイ記が書物として抵抗の歴史を民の記憶に刻んだのはもちろんのこと、この書によって確立された記念祭もまた抵抗運動の記憶を民のあいだに刻みました。この意味でⅡマカは二重の記憶装置として機能したのです[19]。

b.　『Ⅳマカバイ記』の記憶主題：『Ⅳマカバイ記』では記憶主題がより明らかな仕方で表現されています。殉教する息子らの1人は「あなた方（同胞）がどこから［来た］かが記憶に刻まれるように」と訴え、死に至るまでの律法に対する従順によって示される敬虔をとおして、彼らが〈アケダー（イサク

---

d)　〈第二神殿期ユダヤ教〉とは、一般に捕囚後からユダヤ戦争までのあいだのユダヤ教を指す。

68

の縛め）^{e)}〉に示される敬虔（創22.1-19参照）に繫がると教えます（『IVマカ』
13.12; 16.20）²⁰⁾。彼らの母親は〈記憶せよ〉と繰り返して息子らを鼓舞します
が（『IVマカ』16.18）、自らはイスラエルの父なるアブラハムの忍耐を記憶に留
めることで「民の母」と評されます（15.28-29）。さらに『IVマカバイ記』は
彼らの墓に「記念として」（17.8）刻まれた言葉を記録しています^{f)}。すなわち、

> 老いし祭司、老いし母と7人の息子ここに眠る、
> ヘブライ人のあり方を滅ぼさんとする独裁者の暴虐ゆえ、
> 神を見上げつつ責めに耐えぬき死にいたる（17.9-10）。

　また『IVマカバイ記』の構造に目を向けると、マカバイ抵抗運動の記憶を
継承するという執筆意図が、殉教者らの敬虔を記念するための「この（ハヌカ
祭の）時期」（『IVマカ』1.10）と墓碑（17.8-10）への言及 —— 記念祭と記念碑
—— によって書全体を囲み込むというインクルーシオ構造によって示されて
いるとも考えられます。そして『IVマカバイ記』がおよそ200年前に執筆され
たIIマカバイ記を敷衍して、とくにその殉教物語の意義を詳細に記述する様子
自体は、いかにこの記憶装置が有効に働いたかを雄弁に物語っています。

2.　共同体記憶の変遷
　a.　社会と記憶：私たちは、IIマカバイ記と『IVマカバイ記』との両方に記
憶という主題が明らかであると分かりました。今度は、これら2書の執筆時期
を挟んだ200年のあいだにマカバイ抵抗運動の記憶がどのような変遷をたどっ
たかを観察してみましょう。私たちは〈記憶〉という言葉を日常的に用いて
いますが、〈記憶〉が日常的な一般常識なだけにその定義がやや曖昧です。こ
こでは〈記憶〉の定義の精度をもう少し高めるために、社会学において用い

---

e)　神がアブラハムに、焼き尽くすいけにえとして息子イサクを献げるよう命じ、アブラハムの神に
　　対する信頼を示させた、ベエル・シェバでの出来事（創22.1-19参照）。

f)　IIマカ6.31の「記念」はギリシャ語で「ムネーモシュモン」、7.20の「記憶」は「ムネーメース」、
　　『IVマカ』13.12の「記憶に刻まれる」は「ムネースセーテ」、16.18の「記憶に留めよ」は「アナ
　　ムネースセーテ」、17.8の「記念」は「ムネイアン」というふうに、すべてに記憶に関する同根語
　　が用いられている。

られる〈社会的記憶〉という概念とそれに関する用語を借りてくることにしましょう。ここで考察する記憶は学生が試験前夜に動員する一夜漬けのような個人的で一過性の記憶でなく、共同体全体で共有される〈社会的記憶〉と呼ばれるものです。そして社会的記憶とは歴史的事実そのものと同じではなく、歴史的出来事を体験した共同体がその出来事をいかに解釈するかによって姿を変えます[8]。この記憶は共同体の過去の出来事と密接に繋がりながらも、今の共同体のアイデンティティを確立して維持するものであり、共同体の将来を方向づけるものです[21]。その意味で社会的記憶は、文学的には〈将来を記憶すること〉などと言えなくもないでしょう。ここでは、社会的記憶を分類する3つのプロセス —— 被害者化（victimization）、忘却（amnesia）、栄光化（glorification）—— をそれぞれ考えてみましょう[22]。

b. 被害者化：2つのマカバイ記におけるもっとも明らかな内容の変化は、Ⅱマカバイ記に繰り返される戦闘場面（Ⅱマカ 8.24, 30, 10.21–23, 24–38, 11.11–12, 12.17–26, 15.21–28 等）が、『Ⅳマカバイ記』ではまったく触れられていないということです。Ⅱマカバイ記は、ユダの率いるマカバイ抵抗軍が、その抵抗運動に参加せずにむしろ刃向かうエリコの住民に対して「無数の殺戮」（12.16）を遂行したことを報告します。これは特記に値する破壊的な出来事です（10.23, 26, 12.9, 23, 26, 28 参照）。すなわち抵抗運動に参加するユダヤ人らは、セレウコス朝シリアの暴力に晒された完全に無力な被害者というのではなく、戦闘において無辜の住民に対して虐殺行為を繰り返す加害者でもあったのです。

　一方で『Ⅳマカバイ記』は戦闘描写をその物語から完全に消去しています。さらに興味深いことに、殉教者の1人である母子の長子に、〈我々は暴力的な加害者でない〉という抵抗者としての被害者的な自己理解を公言させています。長子は言います、「お前（アンティオコス4世）は私を拷問にかけるが、それは人殺しとしてなどでなく……神の律法を守る者としてだ」（『Ⅳマカ』9.15）と。この長子は一方で、「聖く崇高な戦いを闘い抜け」と兄弟らを鼓舞しています。『Ⅳマカバイ記』においては、抵抗物語から戦う兵士と戦闘場面が失せるのみ

---

g)　ここで前提となっている記憶の〈解釈的アプローチ〉（巻末註2章#21参照）においては、歴史的事実の完全な変更に社会は一般にたえられず、歴史的事実がその核として存在すると考えられる。そうすると、ここで述べる「姿を変える」とはむしろ同一人物が服を着替えるというイメージか。

ならず、戦闘用語は比喩的表現へと限定されて、敵へ向けられる加害者的暴力の記憶は消し去られてしまっています。これはあたかも、IIマカバイ記に見られる抵抗運動の加害者性を殉教者の被害者性によって打ち消し、抵抗運動の暗部を塗りつぶすかのようです。

　c.　**忘却**：〈忘却〉は文字どおりに忘れることです。社会的記憶においては、何を憶えるかのみならず何を忘れるかにも注意が向けられます。上の被害者化の例でも、抵抗運動の記憶を正当化して一貫した歴史を描き挙げる目的に沿って、抵抗運動の一部をなす加害的暴力が忘却されています。さらなる忘却の例としては、長老ラジスの扱いが挙げられます。IIマカバイ記において「熱意に溢れて、ユダヤ人としての生き方のために身も魂も危険に晒していた」(IIマカ 14.37–38) ラジスの死の描写は、『IVマカバイ記』になるとまったく言及されていません。ラジスの死が殉教と言うよりも自死と見なされたために『IVマカバイ記』の主題から外れたとも考えられますが、自らの命を凄惨な仕方で絶ったこの豪傑の姿が、被害者としての殉教者像に適合しなかったからかも知れません。いずれにせよ『IVマカバイ記』に反映される社会的記憶においては、ラジスの死に修正を加えて見栄えの良い殉教者とするのでなく、その死を忘却するという選択が取られたようです。

　d.　**栄光化**：この範疇については2つの側面を考えるべきでしょう。1つは栄光の死を見据えた苦痛の軽蔑であり、もう1つは将来の報いを根拠とした死の苦痛の超越です。『IVマカバイ記』においては苦痛を軽蔑する主題が明らかです。したがってこの書は、殉教者が死に至る苦痛、拷問、苦悶をともなう迫害を「軽蔑する」という表現を繰り返し用います（『IVマカ』1.9, 6.9, 7.16, 8.28, 13.1, 9, 14.1, 11, 16.2）。一方でIIマカバイ記には、『IVマカバイ記』が死への軽蔑を示すために用いる語が3度見られるのみで（IIマカ 3.18, 4.14, 7.24）、しかもこれらが迫害の暴力という文脈で使

「背教者を殺害するマッタティアス」
Loutherbourg（17世紀）

用されることはありません[23]。

　そして苦痛の軽蔑という主題は、痛みの先に「幸いなる……死」（10.15）があるという『Ⅳマカバイ記』に特徴的な視点に繋がります。おそらく『Ⅳマカバイ記』での死を超越する栄光化／美化は、「我らが父祖の信仰のための死は、それがどのような死であれいかに喜ばしいことか」（9.29）という文言においてもっとも顕著に表れているでしょう。この死の栄光化はすなわち、死後の生あるいは不死に対する大きな期待です（7.3, 9.22, 10.15, 14.5, 6, 15.3, 16.13, 17.12, 18.23）。さらに死の栄光化は、殉教者がアブラハム、イサク、ヤコブ、そしてその他の父祖らによる称賛によって（不死不滅の報いへと）受け入れられる、という仕方で表現されます。「もし我々がそのようにして死ぬのなら、アブラハム、イサク、ヤコブが我々を歓迎してくれる」（13.17; 16.25参照）。

　死が喜ばしいとされるのは、それが復活の命に繋がるからでしょう。しかしまた、死が救いという喜ばしい結果をもたらすことから、本来は禁忌されるはずの死が回顧的にその結果と一体化し、死自体に喜ばしいという表現が用いられる側面も見逃せません。このような死の美化は、とくに歴史的な個人の死から時間的な隔たりがあるのちの共同体によって形成されます。死が救いという宗教的に喜ばしい結果と繋がると、その死が神の救済計画のうちに置かれて、〈神が意図した喜ばしい死〉というニュアンスさえ生じかねません。すると私たちは、このような表現が〈神が死を喜び、満足し、良いものとして要求する〉という仕方で、神を加虐的に表現する方向へと逸脱する事態をも想定しておく必要があるでしょう。もっともユダヤ教の伝統においては、このような加虐的ニュアンスが広まることへ歯止めをかける配慮も見られます。本書1章で扱ったイザ53.10には「主は彼（僕）を打ち砕くことを望まれ（カーフェーツ）」とありますが、この〈望む〉という動詞が〈喜ぶ〉という意味を含んでいることから[24]、この句には加虐的な神というニュアンスが読み込まれがちです。このヘブライ語聖書の箇所が七十人訳へと翻訳された際に、「主は彼（僕）を疫病から清めることを良しとした」というまったく異なる意味の文言へと変更されています。

3.　無名母子を憶えるとは？

a.　殉教の普遍化／内面化：『IVマカバイ記』が戦闘要員を排除して殉教者の物語に特化した最大の理由は、著者が〈理性と感情〉に関する哲学的命題を論ずる上で（『IVマカ』1.1）、死の恐怖を理性によって克服する姿が殉教者において顕著だと考えたからでしょう[25]。もっともこの葛藤する姿を戦闘要員をとおして描くことができないわけではありません[h]。上の命題を議論すること以外に『IVマカバイ記』が殉教者に焦点をあてた理由としては、抵抗運動を普遍化（あるいは内面化）するという意図があるのかも知れません。すなわち、物語から加害者的暴力を含む戦闘シーンを排除することをとおして、抵抗運動自体が戦闘員による特別な仕事（戦争）というのでなく、むしろ万人が信仰を堅持するという仕方で関わる宗教的営みであるという内面化した理解へと読者を促している、ということです。

b.　無名母子との一体感：物語が殉教者の体験に特化した後者の理由は、母子が無名のまま記憶されたことと関係するのかも知れません。IIマカバイ記では全16章中の1章分（第7章）にのみ登場した無名母子ですが、『IVマカバイ記』では全18章中の10章分（8.1-17.6）でその殉教の様子が詳細に報告されています。このことから、この親子に関して『IVマカバイ記』の著者が高い関心を示していることは容易に推測できます。これほどの関心が集まる母子の名前が無名のままであるという〈無名の有名人現象〉に、私たちは違和感を覚えることでしょう。

　この母子の殉教物語は、後5-6世紀に編纂されたユダヤ教文献のミドラシュ・ラッバーにおいても敷衍されていますが、この文献では母親の名前が「ミリアム・バト・タンフム」と特定されます（『哀R』1.16. 息子ら7名は無名のまま）[26]。このように名前を特定する傾向からは、もはや無名ではない母子の英雄化を共同体記憶において促進するという意図が透けて見えます。それならば、IIマカバイ記から200年間記憶され続けた母子が『IVマカバイ記』においてもいまだ無名のままだったこと自体が、かえって非常に興味深い特徴に思えてきます。おそらくこの母子を無名のままで記憶に刻み続けるという著者の選

---

h)　戦闘要員による殺害という戦争トラウマに関しては、ステファノ殺害について論考する本書5章で扱う。

択意図は、上に提案した抵抗運動の普遍化（精神化）と関係するでしょう。すなわち〈特定の英雄でない名の知れない親子の殉教〉という設定は、無名であるがゆえに記憶する者が共感でき、読者が当事者としてこの母子との一体感を高めることを可能とし、共同体全体を敬神へと啓発する効果を高めるのです[i]。つまり〈敬神とは英雄に特有の仕事でなく、万人に求められる在り方だ〉というメッセージが、記憶されるべき母子が無名であるというまさにそのことによって伝えられているのでしょう。言わずもがなですが、この場合の〈万人に求められる在り方〉とは一億玉砕的な殉教でなく、共同体成員の日々の信仰の営みという命を育む選択です。

4. 暴力の忘却

a. 2つの危険性：上のような意図とは別に、抵抗運動において敵を殲滅したという自らの破壊行為を共同体記憶から消し去るという選択には、もしかすると加害的暴力を〈正義のための勝利だ〉と公言するような暴力の正当化と美

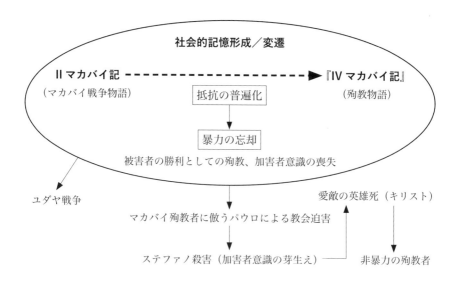

---

i) 『IVマカバイ記』の著者は「敬神（エウセベイア）」という語を46回用いて、感情を凌駕する知性が敬神の正しい姿であり、正しい方向へ導く、と教える（『IVマカ』7.1, 16参照）。

化に歯止めをかける一定の効果があるかも知れません。しかしこれは他方で、自らの暴力性を忘却した共同体に暴力の再生産を促す危険性をも孕んでいます。この後者の危険性には2つの側面があります。1つはこの忘却の結果、共同体全体として暴力に歯止めをかける機能が不全あるいは未発達のままになる危険性です。もう1つは、共同体成員の一部が──おうおうにして為政者が──その好戦的な動機を被害者性というレトリックで覆い隠すことによって大衆を扇動するという支配の手段を手にする危険性です。すなわち抵抗の普遍化／内面化は、悪意ある者によって支配の手段──〈民衆よ、国を守るために己を犠牲にして参戦せよ〉という類のプロパガンダ──として誤用される危険性があります。ちなみに、〈誤用される危険性がある概念は、その危険性ゆえに悪であり、したがって排除されるべし〉という論理があまりにも乱暴であることも、私たちは覚えておく必要があるでしょう。

b.　忘却と戦争：いずれにせよ殉教物語の記憶作業は、暴力を回避した精神的抵抗をユダヤ人のうちに深化させてこれを普遍化あるいは万人化する効果がある一方で、場合によっては加害的暴力という問題を忘却した熱狂的（排他的）抵抗姿勢を促すことになりかねません[j]。左の図の円のなかはこのような社会的記憶の変遷が示されていますが、図の左下に〈ユダヤ戦争〉とあるのは〈暴力の忘却〉が民をユダヤ戦争（後68-70年）へと進めた1遠因である蓋然性を示しています。ユダヤ戦争の勃発に関しては、当時のユダヤ人歴史家ヨセフスが詳しく述べています。ヨセフスは『ユダヤ戦記』において、ガリラヤ地方北部に位置した叛乱首謀者ら（「第4の哲学」）がその排他的民族思想によって反乱を煽動し、最終的には一般市民や貴族を含めた社会全体を対ローマ全面戦争へと向けた様子を描いています[27]。

　議論を先取りするように図の中下と右下にはパウロの思想形成を示しました

---

j)　当然ここで私は、この暴力性がユダヤ人の特徴と述べてはいない。これはむしろ社会的記憶形成過程として人間社会一般に見られる。私たちの身近では、現N国党（維新の会出身）のある衆院議員のように、戦争を体験していない世代の国会議員が好戦的な発言を安易に繰り返す由々しき事態（2019年）が記憶に新しい。あるいは「死にものぐるいに闘え（Fight like hell!）」と言って愚衆を煽動し国会議事堂へと向かわせ、結果として議事堂内で5名の死亡者を出す要因をつくり（2021.1.6）、しかもFight like hell!という戦闘用語をたんなる「言葉のあや」と言って責任回避を試みた米国大統領がいたことを忘却してはいけない。

が、これについては本書5章と6章で詳しく述べることとしましょう。いずれにせよ使徒パウロが回心以前の自らの在り方を「熱狂者／熱心者」と表現するのは、彼が加害者的暴力を忘却した熱狂的な殉教思想を継承する流れに属していたことを示唆するものと考えられます[28]。

Cのポイント
● IIマカと『IVマカ』による殉教者の記憶。
○ 無名母子を記憶することによる殉教の内面化と普遍化。
● 抵抗運動の暴力を忘却することには加害者的暴力の歯止めを失う危険性がある。

D.　マカバイ殉教思想とローマのユダヤ支配

1.　総督ピラトの圧政

　ユダ・マカバイとその一族が率いたマカバイ抵抗運動は、アレクサンドロス大王亡きあとの広大な支配地を分割したギリシャ諸王朝の1つ、セレウコス王朝のアンティオコス4世エピファネスが敢行したギリシャ化政策に対するものでした。それから約150年経った後1世紀前半のユダヤ地方は、その支配勢力がギリシャ王朝からローマ帝国へと変わっていました。イエスの神の国運動の結果として教会が生まれたちょうどその頃、昔日のセレウコス王朝による圧政を連想させる事件が立て続けに起こります。当時ローマから派遣されていた属州総督のピラト（後26年頃）は、ローマ皇帝の彫像 ── あるいは先端に鷲の像がついた軍旗 ── をエルサレムに持ち込みました。その際にピラトは、これを偶像禁忌に抵触するとして抗議したユダヤ人らに対して、〈皆殺しにするぞ〉と脅迫します。さらに総督は水道橋建設のための土木工事費を捻出するため、エルサレム神殿の宝庫に置かれた財宝に手をつけます。そしてふたたび抗議の声を上げた住民らを、今度は脅迫するだけでは足らず、実際に虐殺してしまいます（ヨセフス『戦記』2.169-177）。

2.　カリグラ帝の圧力

　またローマ皇帝のガイウス・カリグラは自己神格化の願望に突き動かされ、エルサレム神殿に自らの彫像を建てるよう命じ、これを遂行するために三旅団と将軍ペトロニウスとをユダヤ地方へ派遣します（後40年頃）。ユダヤ人指導

者らはこれに憤慨し、死を覚悟して将軍に直訴します。ユダヤ人らの熱心に気圧されたペトロニウス将軍は、自らへの処罰を覚悟してこの計画を中止します。結果的にはカリグラ帝がローマで暗殺されたため、この計画は頓挫してペトロニウス将軍の首は繋がり、ユダヤ人らは神殿の真んなかで偶像崇拝が行われることを阻止することができました（ヨセフス『古誌』18.260–309）。

3.　マカバイ抵抗思想の継承

　こうして、誕生したばかりの原始教会を含めたユダヤ人らは、ユダヤ教の根幹を揺るがす偶像崇拝の強要が連続することに大きな不安を抱いたことでしょう。マルコ福音書13.14がユダヤ戦争の敗色濃い後60年代終盤のエルサレムを描く際に、アンティオコス4世による神殿侵犯を指す「忌まわしき侵犯」（Iマカ1.54; ダニ11.31, 12.11参照）という表現を用いたことは、当時のローマ帝国の圧政下においてマカバイ抵抗運動の記憶がユダヤ人のあいだで継承され熟成していたことを示唆します。パウロもエルサレム在住のユダヤ人としてこの思想を継承していたようです。彼は回心以前に教会の迫害活動に関わっていた事情を述べる際に、「熱心（熱狂）／者」（ガラ1.14, フィリ3.16）という語を用いています。これはマカバイ抵抗者／殉教者の忠誠が、大祭司アロンの子孫ピネハスの「熱心」（民25.11）を継承するものだと考えられていたことと関連します（Iマカ2.54, IIマカ4.2,『IVマカ』18.12,『戦記』7.268–73）。おそらく〈ピネハスの熱心[k]に倣え〉という類のスローガンが、ローマ支配を不服に感じるユダヤ人の精神的な支えとなっていたことでしょう。

　これが、イエスによって神の国運動が開始され、その結果として原始教会が誕生し、またパウロが回心を体験した当時のユダヤ地方の状況です。ですから私たちがイエス、原始教会、パウロの行動や思想を考察する際に、マカバイ抵抗運動の記憶がその思想世界に深く刻まれてい

Dのポイント

- ● ピラトとカリグラの圧政がアンティオコス4世を想起させる。
- ○ 改宗前のパウロはマカバイ抵抗者に倣って律法への熱心を示した。

---

k)　マカバイ抵抗運動は大祭司アロンの子孫ピネハスの「熱心（ζῆλον）」（民25.11）の継承と捉えられた（Iマカ2.54, IIマカ4.2,『IVマカ』18.12,『戦記』7.268–73）。

たことを考慮せずにはいられません。

結　論

　本章では前2世紀のマカバイ抵抗運動における殉教者の救済意義がどのように説明されているかを考察しました。本書1章の苦難の僕と同様に、殉教者が模範を示す敬神はイスラエルの民を啓発して悔い改めに導き、結果として神との和解が成立するという仕方で、民に救いをもたらしました。そしてこの救済のパターンは苦難の僕の描写に倣い、神殿犠牲のメタファをともなって印象的に記憶されました。したがってこの場合にマカバイ殉教者と神殿犠牲とを繋ぐリンクは、移行主題でなく啓発主題です。さらに私たちは、殉教者の死が民に敬神を促すというパターンをのちのラビ文献においても確認することができました。無名母子の記憶は、敬神が特別な戦闘員のみならず無名の一般市民に期待されるという発想を促しましたが、のちには実名が明かされた母親の敬神の記憶が印象的な仕方で一般市民を敬神へと促すことになりました。

　一方でマカバイ抵抗運動の記憶には、暴力の忘却という一面があることが分かりました。そこでは、暴力的な勝利を称賛しないという作用が働く一方で、抵抗の被害者的側面の陰に隠れた加害者的暴力への歯止めが十分にかからないという危険性があることが露呈しました。回心以前のパウロがユダヤ教の純粋性を汚していると見なした原始教会を迫害するに至った原動力は、まさにマカバイ抵抗運動という被害者意識に覆われたこの加害者的暴力でした。

■第2章の課題■

A. 以下の三択問題に答えよ。
1. 著者は第二神殿期ユダヤ教における復活信仰に関する新たな展開をどのように述べているか？
   a. 当時のユダヤ人は復活を身体のともなった甦りであり、神の報いと理解していた。
   b. 当時のユダヤ人は復活を〈精神の不滅〉という仕方で観念的に捉えていた。
   c. 当時のユダヤ人は死後の生について、おおよそ否定的または悲観的だった。

2. 著者はIIマカバイ記をどのような意味で二重の記憶装置と述べているか？
   a. IIマカバイ記とその続編の『IVマカバイ記』が対となって読者に記憶を促すという意味。
   b. IIマカバイ記が抵抗運動の被害者性と加害者性の両方を記憶するよう促すという意味。
   c. IIマカバイ記の記述と、同書が確立に関わるハヌカ祭の両方が民に記憶を促すという意味。

3. 著者は暴力の忘却についてどのように述べているか？
   a. 平和という観点から過去の暴力は忘却されるのが良い。
   b. 加害者的側面の隠蔽によって暴力への歯止めという社会機能が不全に陥る危険性がある。
   c. 過去の被害を忘れて平和ボケしてしまう危険性がある。

B. 以下の問いにそれぞれ100字程度で答えよ。
1. IIマカバイ記と『IVマカバイ記』の共通点と相違点は何か？
2. エレアザルの殉教の意義に関する記述は、無名母子の殉教の意義を理解するためにいかなる手がかりを提示しているか？
3. ラビ文献の殉教伝に見られる殉教の意義は、『IVマカバイ記』の殉教思想を理解するためにいかなる手がかりを提供しているか？
4. 死の栄光化／美化はどのように神の加虐性と繋がるか？
5. マカバイ殉教思想に見られる移行主題は責任転嫁を促すか？

■ 第3章 ■

イエスと神の国

歴史のリアリティ

　遠藤周作著『おばかさん』の主人公は日本にやって来たフランス人です。彼は衝動的に弱い人々に助けの手を差し延べる風変わりな人物として描かれています。彼を気遣う周りの人々は、「おばかさん」の人助けなる奇行に振り回されながらも、彼の純朴と見える憐れみの行動によって自らを見つめ直す機会を得ます。私たち読者は、この「おばかさん」のナイーブなほどの慈悲に暖かみを感じますが、彼の来日以前に体験した神学生としての挫折がそのナイーブと映る姿に不屈の信念を刻み込んでいると知ることになります。そしてこの挫折によって刻まれた信念は、たんなる奇行と映る「おばかさん」の行動にかえって現実味を与えます。彼は遠藤氏の遺作とされる『深い河』にもヒョッコリと顔を覗かせるほど、氏が愛したキャラクタです。遠藤氏は「おばかさん」というキャラクタのうちに、のちのキリスト教会の解釈を削ぎ落として神学の皮を剥いだナマのイエス（史的イエス）の姿を投影しているようです。

　私は遠藤氏が「おばかさん」の純朴さの背後に確固たる信念を記すことで物語にリアリティを与える必要をおぼえたことを重視します。おうおうにして史的イエスの解説では、〈たんに現行の体制の下で虐げられた民衆と共に生きたのみ〉という類の結論が提示され、私たちはこのただただ無心に奉仕するイエスの姿に『おばかさん』を表面的に読んだときのような感動を体験することもあるでしょう。しかし遠藤氏の作家としての直観が適切に示すとおり、行為の背景に何らの意図や大義も前提としない歴史はリアリティを欠きます[1]。歴史のイエスの死はたんなる偶発であって、その死の意味づけはすべて教会の創作でしょうか。むしろ歴史のイエスは何らかの使命感を体現しており、それが彼自身に何か特徴的な意味の死を予期させたのではないでしょうか。本章はこの

後者のイエス観にこそ歴史のリアリティを見出して、この視点からイエスの死について考察したいと考えます。

　それでは以下に本章における中心テクストを記し、解決すべき中心課題を列挙してから、本題に移りましょう。

□中心テクスト□

「人の子は、仕えられるためではなく仕えるために、また、多くの人のための身代金として自分の命を献げるために来たのである」（マコ10.45）。

□中心課題□

1. イエスが〈神の国〉を体現するとはどのような意味か？
2. 聖典預言者イエスはその苦難と死とをどのように予期したか？
3. 神殿事件にはどのような意義があるか？
4. 晩餐の「多くの人のため……の契約の血」は何を意味するか？
5. イエスが〈生かし尽くす〉とはどういう意味か？
6. 「多くの人のため」に命を献げるイエスの行為はキリスト者に責任転嫁を促すか？

導　入

　a.　おさらい：本書1章と2章では、預言者や殉教者といった義人に訪れた死にユダヤ人がどのような意義を見出したかを確認しました。イスラエルの民を神へと立ち返るよう促す預言者も、迫害のなかで律法への熱心を貫く殉教者も、それぞれの生き様ゆえの苦難とその延長にあった死は、結果として多くの人々を神に対して誠実に生きるよう啓発しました。この意味での救済意義は、イスラエルの民と神とを繋ぐ神殿犠牲のメタファが内包する啓発主題をとおして印象的に語り継がれ、おそらくイエスが神の国運動を展開する際にも、その思想的背景を提供していたことが推測されます。

　b.　本章のながれ：本章では苦難の僕とマカバイ殉教者に次いで、他者のために命を献げる――あるいは、他者への奉仕の延長において命を落とす――人物の例として、いよいよイエスに焦点をあてることにしましょう[2]。第1に【A】イエスを死へと向かわせたその生き様を規定した福音宣教――〈神の国〉

の到来に民を備える活動——が何を意味し、この大義の何がイエスを死へと追いやったかを考察します。続いて【B】イエスが旧約聖書の預言者らの運命と自らの運命とを重ねて理解する聖典預言者としての自己理解があったという視点から、とくに【C】モーセ、第4詩の僕、そして洗礼者ヨハネの生き様がいかにイエスの活動を方向づけたかについて述べます。さらに【D】受難告知やゲッセマネの祈り等からイエスがその死を予期していた様子を明らかにします。また【E】イエスの死の直接的原因となる神殿事件がいかなる意味を持っていたかを考え、はたしてイエスは自らを神殿の代替と考えたかという問題を考察します。最後に【F】第3の受難告知と最後の晩餐において述べられる「多くの人のため」の死が何を意味するかについて論考しつつ、イエスの死の救済的意義を理解する手がかりとしましょう。

　c.　**歴史のイエス**：議論を進めるにあたり、1点断りをしておきましょう。歴史のイエスを分析するための第一義的資料は福音書ですが、それぞれの福音書がその執筆事情や社会的背景を基にして、ある程度の編集をイエス伝承に加えていることは周知のとおりです。したがって歴史のイエスを考察する際には、いわゆる〈真正性〉——これは実際のイエスの言動を十分に反映しているか——が問題となります。ただ本章で扱う聖書箇所の真正性を1つ1つ説明する紙面上の余裕はないので、本章では真正性が大半の——あるいは少なくとも多くの——学者によって認められている箇所を中心に扱っていることを前もって述べておきます[3]。真正性に異論がある重要な箇所についてはその点を簡略に指摘する場合もありますが、それ以外は巻末註の二次文献（とその対話）を参照して下さい。

A.　大義としての〈神の国〉

1.　神の国の到来

　「時は満ち、神の国は近づいた」（マコ1.15）。

　a.　**終末的な〈神の国〉**：マルコ福音書からは、神の国の到来を告げて民をその到来の時に備えるという大義によってイエスが動かされている様子を読みとることができます。これは正典福音書の歴史性に対して比較的懐疑的な傾向

を示す研究者も支持する理解です[4]。そして大半の研究者のあいだでは、イエスの行為と教えのすべてがこの大義によって方向づけられているという見解で一致しています[5]。神の国への言及は、マルコ福音書（マコ1.14-15）、マタイ福音書独自のM資料（マタ4.23）、ルカ福音書独自のL資料（ルカ4.43）、さらにマタイとルカに共通するいわゆるQ資料（マタ10.7／ルカ10.9）に見られ、神の国に関する喩えもマコ4.26-29（収穫を迎える種）やマタ13.31-33／マコ4.30-32／ルカ13.18-21（からし種［とパン種］）等に記されています。そもそも神の国が何を意味するかに関しては19世紀以降ながらく議論されてきていますが、ここでは〈王としての神の支配が実現される —— あるいは創造秩序が回復される —— 時空間〉と表現しておきましょう[6]。この新たで最終的な（終末の）常態の成就が間近に迫っていると意識しているイエスの言動には、したがって終末的な動機付けがあったと言えるでしょう。

b. 神の統治の伝承：興味深いことに「神の国」（マタイ福音書では「天の国」）という表現はイエス以前の第二神殿期ユダヤ教文献にも、最初期の教会の文献にもほとんど見られません[a]。その意味で神の国は、イエスに特徴的なイメージ表現と言えるのかも知れません[7]。もっともその概念はユダヤ教聖典から受け継がれています[b]。とくに〈神の国の到来〉というモチーフは、繰り返し強調されるシオンへの神の帰還の期待、そして（出エジプトと同様の）民のあいだでの神の臨在の希望を容易に思い起こさせるでしょう（出13.21-22, 10.9, 14.19, 33.12-17, 申33.2, イザ4.2-6, 24.23, 25.9-10）[8]。

2. 神の国の宣教

イエスによる神の国の宣教を特徴づける言動として、ここでは2つの側面に焦点をあてましょう。その1つは周縁者への憐れみと正義の行為であり、もう1つは罪の赦しの宣言です。

a. 周縁者への憐れみと正義：イエスが貧者、障がい者、徴税人、売春者、

---

a) 原始教会の思想が反映されているパウロ書簡には6-7回見られる（ロマ14.17, I コリ4.20, 6.9, 15.24, 15.50, ガラ5.21, コロ4.11）。パウロはむしろ他のイメージ概念（たとえば〈創造秩序の回復〉等）を想定しつつ、ときとしてこれに「神の国」という句をあてていたようだ。

b) 「神の国」という表現ではないが、「主は世々限りなく統べ治められる」（出15.18）、「主は天に御座をかたく据え」（詩103.19）等にその思想は見られる（ダニ2.44, 7.13-14も見よ）。

そしていわゆる「罪人ら」からなる周縁者という括りの個人や集団と意識的に交流を持っていたことは間違いないでしょう。イエスが「徴税人や罪人の仲間」と揶揄され（マタ11.19）、彼らとの会食が批判されなければならなかったことは（マコ2.14-17）、イエスと周縁者との親密な繋がりを示します。とうぜん彼らの身体上の必要に応じる仕方で施しや看病や癒しは実行されますが（マコ1.34, 6.30-44並行箇所）、これらは彼らに神の国における居場所を保証する象徴的行為でもあったようです（マタ21.31, ルカ6.20-21）[9]。じつにイエスの活動は、近づく神の国の価値観である憐れみと正義を体現する行為と表現することができるでしょう。

　b.　罪の赦し：イエスによる神の国運動に特徴的な「罪人ら[10]」の受容は、イエスによる罪の赦しの宣言と関連しているのかも知れません。彼は体が麻痺した者を癒す際に「あなたの罪は赦される」と宣言しますが、その結果として律法学者らから冒瀆罪の嫌疑をかけられます（マコ2.5-7; マタ9.2／ルカ5.20参照）。この嫌疑は、罪を赦すという神の権威をイエスが自らにあてはめたことが直接の原因でしょうが、その宣言が〈罪の赦しと不可分な神殿体制を軽視する教えと見なされたのだ〉と考える研究者も多くいます[11]。本書1章（35-37頁）での考察から分かるように、当時の神殿体制において罪という問題の解決は、犠牲とそれに関わる祭司を介して象徴的に保証されましたから、このような宣言――「あなたの罪は赦される」――は、〈イエスが祭司の機能を相対化しつつ体制批判を行っている〉と支配者層に思われたとしても仕方がないでしょう。

　憐れみおよび正義の体現と罪の赦しの宣言とは、イエスの神の国運動において一対の活動だったようです。なぜならその活動においてホセ6.6を引用しつつ「私が求めるのは慈しみであって、いけにえではない」（マタ9.13, 12.7）という、非常に印象的な言葉を発しているからです。このいわゆる〈ホセア原理〉をキリスト教贖罪論の中心に置くことをしないまでも、私たちは贖罪論的な表現を用いるときにこの原理に留意する必要があると思われます。

　c.　旧約預言者の伝統：神殿に対するイエスの具体的な姿勢に関しては後述するとしても、ここで私たちがやはり本書1章での考察から思い起こすのは、旧約時代の預言者らによる神殿批判です。たとえば預言者エレミヤは、神殿犠

性による罪の解消の保証に安逸した民が罪の悔い改めにふさわしい実を結ばない――実質的な行動の変化をともなわない――信仰の形骸化に対して、神の裁きが近いことを警告しました。そして彼らが結ぶべき実は、周縁者へ施しをすること、つまり彼らに憐れみと正義を示すことでした（エレ7.1-11; アモ5.21-25参照）。すなわち、ユダヤ教の伝統のなかに生き続けた思想――預言者らが継承した神の統治への希望――が、イエスによる神の国運動の2つの側面において非常に印象的な仕方で体現されたと考えることができるでしょう[12]。この点はさらに、主の祈りにおいて明らかです。とくにマタイ版の伝承では「あなた（神）の意志がなされますように」という憐れみと正義の体現、さらに「私たちの借りを放免してください／罪を赦して下さい[c]」という赦しの体験とが神の国到来（「あなたの王国が来ますように」）の内容となっているからです[13]。

> **Aのポイント**
> ● 神の国の宣教としての憐れみと正義の体現と罪の赦しの宣言。
> ○ 旧約預言者の伝統に則った神の国運動。

B. 聖典預言者としてのイエス

1. 聖典預言者（Scripture Prophet）とは

a. **イエスと預言者**：上では〈神の国の到来〉というイエスの宣教内容が、預言者イザヤによって繰り返されたシオンへの神の帰還という希望、さらに形骸化した宗教性への預言者エレミヤ（やアモス）による警告を想起させると述べました。それならばイエスは、明確に預言者としての自覚がどれほどあったかは別として、その大義遂行をユダヤ教伝統における預言者の使命に重ね合わせていたと考えることができるのではないでしょうか。このような意識に基づいて行動するイエスに対して、しばしば〈聖典預言者〉という表現が用いられます。その意味は「ユダヤ教聖典やその周辺の文献を調べて、そのうちに自らの在り方と運命とを見出す預言者[14]」というものです。あるいはむしろ、〈ユダヤ教聖典の思想世界から自らの使命と運命とを悟る預言者〉と定義すべきで

---

c) マタイはこの直後に「あなた方が人々の違反を赦すなら、あなた方の天の父もあなた方を赦されます」（6.14）と補足している。

しょうか^{d)}。

b.　あれもこれも：この場合イエスは、たとえばイザヤあるいはエレミヤという特定の1人の預言者を意識していたというよりも、複数の聖典の箇所に自らの使命と運命とを重ね合わせていたと考えるべきでしょう。もちろん上述したとおり、イザ52.13-53.12に見られる苦難の僕をダニ7章やⅡマカ7章の思想をとおして ── あるいはこれらの思想と共に ── イエスが自らの体験の意味を理解することもあったでしょう。したがって私たちがイエスの思想を思い描く際には、〈イエスは自らをダニエル書の人の子と見なしたか、あるいは第2イザヤの苦難の僕と見なしたか〉というような〈あれかこれか〉という択一的な解釈には慎重になる必要があります¹⁵⁾。むしろイエスは複数の預言者 ──〈あれもこれも〉── を念頭に置いて行動していたことでしょう。ここでもう少し、イエスが自らの活動をユダヤ教聖典の預言者らの延長と見なすことになった背景について考えてみましょう。

2.　先駆者としての洗礼者ヨハネ

a.　前走者ヨハネ：イエスの神の国運動が、洗礼者ヨハネの活動から影響を受けていたことは間違いないでしょう。マルコ福音書は「神の子イエス・キリストの福音の初め」(1.1) という句で開始しますが、その直後に展開するのは興味深いことに洗礼者ヨハネの活動です。他の共観福音書でも、ヨハネによるバプテスマ（と天からの声）があたかもイエスの活動開始の号令かのように配置されています（マタ3.13-17, ルカ3.21-22）。さらにヨハネの処刑（マコ6.14-29）からほどなくして、イエスは自らの苦難について語り始めます（マコ8.31）。ヨハネがイエスの苦難の運命の前走者として描かれているわけです。おそらく福音書記者は〈教会成立に繋がる神の国運動の創始者は当然ヨハネでなくイエスである〉という設定で記述しつつも、やはり思想的先駆者としてのヨハネを見過ごすわけにいかなかったのでしょう。イエス自身が先駆者であるヨハネの言動に倣い、その運命に自らの運命を重ね合わせたことは十分に考えられます¹⁶⁾。

b.　終末思想：したがってイエスの言動の多くは、洗礼者ヨハネのそれと重

d)　これに対して〈記述預言者〉とは、一般に旧約聖書の大小預言書で予言を行う預言者らを指す。

なります。上述した神の国の到来というイエスの終末期待は、「天の国は近づいた」（マタ3.2）や「［神の裁きの］斧はすでに木の根元に置かれている」（マタ3.10, ルカ3.9）といったヨハネの預言を彷彿とさせます[17]。もっとも、洗礼者ヨハネが「天（神）の国」に言及するのはマタイ福音書においてのみです。マタイ福音書の記者がイエスに特徴的なこの表現を洗礼者ヨハネの説教のなかに組み込んだのは、おそらくヨハネの終末思想がイエスの神の国運動を促す大きな要因だったと判断したからでしょう[18]。

c. **憐れみと正義**：この終末の到来に際してヨハネは、群衆に道徳的な変化がともなう罪の悔い改めを促し（「悔い改めにふさわしい実を結べ」マタ3.8／ルカ3.8）、その具体例として周縁者への施しや正義が行われるように説きます（ルカ3.11-15）。イエスはこれに呼応するように周縁者へ憐れみを示しましたが、これは既述のとおり神の国の価値観である憐れみと正義を体現する行為でした。その一環としての癒しの業や悪魔払いがことさら知れ渡ると、それには洗礼者ヨハネさえ当惑せずにはいられなくなったほどです（マタ11.4-6／ルカ7.22-23）。

d. **罪の赦し**：上では罪の赦しの宣言をイエスによる神の国の宣教の一側面として見ました。ヨハネもまたそのバプテスマを「罪の赦しを得させるために［行う］悔い改めのバプテスマ」と宣言し、荒野に集まる人々に授けていたのです（マコ1.4, ルカ3.3）。註解者によっては、中央の神殿体制と荒野の象徴的行為（バプテスマ）との対比に注目しつつ、ヨハネの行為をも体制批判と見なす場合があります[19]。

e. **解釈の手段としての〈聖典預言者〉**：イエスが洗礼者ヨハネを預言者エリヤと見なして（マコ9.13参照）それに倣っていたとすると、ヨハネ以外にもその背後にいるエリヤや、さらにその他の預言者の言動と運命をも自らの生き様と重ねていたことは十分に考えられます。彼の弟子をはじめとする周囲の者らが、イエスの働きをユダヤ教聖典の預言者と重ねて理解しようとした当時の感性もあと押しとなって（マコ8.27-28並行

Bのポイント
● 旧約預言者の伝統と自らを重ねる聖典預言者イエス。
○ 終末思想、道徳的訓告、罪の赦しを説く先駆者ヨハネと自らを重ねるイエス。

箇所）、自らをある種の預言者と見なしたのかも知れません（マコ6.4並行箇所）。
したがって私たちがイエスの生き様とその延長にある死とを考える際には、彼
が聖典預言者——ユダヤ教聖典の思想世界から自らの使命と運命とを悟る預
言者——だったということを手がかりとして、その言動を理解することが有
用でしょう。

C.　預言者の苦難

1.　苦難の場としてのエルサレム

　イエスが過去の預言者を意識して神の国の宣教を展開したのなら、預言者を
待ち受けていた運命をも意識せざるを得なかったことでしょう。次の項（D）
においてイエスが実際に死を予期したと思われる直接的な言説を考察する前に、
この項（C）ではまず、その背景となる預言者の苦難の道のりについて確認し
ておきましょう。

　　「エルサレム、エルサレム、預言者たちを殺し、自分に遣わされた人々を
　　石で打ち殺す者よ……」（マタ23.37／ルカ13.34）。

　a.　預言者の運命：預言者に対する迫害は上の引用箇所とその前後において、
非常に印象的な仕方で描かれています。たしかにエルサレムで殺された預言者
は多くいます。ウリヤはヨヤキム王によって殺され、エルサレムの共同墓地に
捨てられました（エレ26.20-23）。ゼカルヤはヨアシュ王の命でエルサレムにお
いて石打刑に処されました（代下24.20-22）。マナセ王の殺戮の被害者となった
義人（預言者を含むか）の血はエルサレムを満たすほどでした（王下21.16）。ユ
ダヤ人歴史家のヨセフスはこの事件に関して、「（王は）預言者でさえも容赦せ
ず、毎日彼らのうちの何人かを殺したので、エルサレムには血が流れてそれが
絶えることがなかった」（『古誌』10.3.1）と記しています。したがって、「預言
者がエルサレム以外のところで死ぬことはありえない」（ルカ13.33）というイ
エスの預言者としての覚悟は非常に印象的です。イエスがその大義を全うしよ
うとする過程で死を予期したことには、このようにユダヤ教聖典において殉教

の死を遂げた無数の預言者の記憶が関わっていたことでしょう。さらにエルサレムに舞台を移したイエスは、〈ぶどう園の農夫〉の喩え（マタ21.33–46／マコ12.1–12／ルカ20.9–19）を用いて教えますが、ここでも彼は神が遣わした預言者らの死と自分の運命とを重ね合わせているようです。

b. 「義人の記念碑」：これらの預言者の少なくとも一部は、マタ23.29が言及する「義人の記念碑」にその名が記されていたことでしょう。このような記念碑が、エルサレムの貴族や富裕者の敬虔さや愛国心を誇示する安易な手だてだったことを指摘して、イエスはその偽善的行為を厳しく批判します[20]。ルカ11.48でイエスは「先祖が殺し、あなた方が墓（碑）を建てている」と辛辣に述べます。実際に当時このような記念碑が存在したことはヨセフスも証言しています。ヘロデ王は「その（ダビデの）墓室の入り口に白亜の岩石を使って記念の構築物を建て」（『古誌』16.7.182）ました。旧約聖書偽典のなかには、このような記念碑の建立を促したとも考えられる『預言者の生涯』という文献があります。そこには、大預言書3書の預言者、小預言書12書の預言者、ダニエル、預言書以外で旧約聖書に登場する預言者7名の生涯とその死が描かれています。時代的にイエスがこの文献に触れることが十分に可能だったとすると[21]、『預言者の生涯』もイエスが預言者としての苦難を予期することを促す手がかりとなったでしょうか。

c. 石打刑：上で引用したマタ23.37（／ルカ13.34）に「石で打ち殺す」という表現があります。このような言説は、上述した預言者ゼカルヤの石打刑を示唆しているのでしょうか。あるいはステファノがエルサレムで石打による殉教を遂げたという最近の出来事を読者に思い出させようとする福音書記者の編集意図が反映されているのかも知れません。苦難の預言者イエスに信頼を置いて従う者もまた、同様の苦難に遭遇する場合があることを共観福音書が教えているとも考えられます[22]。あるいは福音書記者は、出エジプトにおけるイスラエルの不従順が「預言者モーセを石で打ち殺して、エジプト人に投降しようと」（『古誌』2.15.4）する企てにまで発展したという伝承をも意識していたでしょうか。じつに預言者モーセにとって、出エジプトと荒野での40年間の放浪は苦難の連続でした。それならば、当時のユダヤ社会で期待されていたモーセのような預言者（申18.15参照）の到来に関しても、その到来の期待が苦難と

いう側面を含意していたとも考えられるでしょう。

2.　モーセのような預言者としての苦難の僕

　「あなたの神、主は……私のような預言者をあなたのために立てられる」
（申18.15）。

　a.　モーセと第4詩：第2イザヤの著者である苦難の僕がモーセのような預言者としてイスラエルの民を神のもとへ導く様子については、すでに本書1章（31–32頁）で述べました。僕の具体的な迫害と苦悩の体験はのちの預言者や義人らへ影響を与えました（ダニ7, 11–12章、ゼカ12–13章、Ⅱマカ6–7章）。その伝統の延長にあって、イエスが預言者としての自覚をもって苦難の僕の体験を強く意識していたと考える研究者は多くいます[23]。

　b.　苦難の僕とイエス：イエスは宗教指導者からの扱い（ルカ7.34）を苦難の僕に対する軽蔑（イザ53.3）と結びつけることができたでしょうし、苦難の僕への裏切り（イザ53.3）はイエスの弟子らや大衆による無理解の行き着く先を予想させたでしょう（マコ14.27）。苦難の僕の奉仕が病気の癒しや苦しみの軽減であることは（イザ53.4, 5）、イエスの活動と直接的に重なります（マコ2.1–5）。苦難の僕が罪人の体験を担ってその1人と数えられるなら（イザ53.12）、罪人や徴税人と会食するイエスは理解されず忌み嫌われました（マコ2.16）。

　それならば、苦難の僕が「刺し貫かれ……打ち砕かれ」（イザ53.5）、「不法な裁きにより……取り去られ」（53.8）、「自分の命を死に至るまで注ぎ出し」（53.12）たことに鑑みて、そのような最期が自分をも待ち受けているという思いがイエスの脳裏に浮かんだとしても不思議ではありません。同時に苦難の僕に「はるかに高く」され（イザ52.13）、「光を見……満足する」（53.11）ことが期待されたなら、イエスもユダヤ教的な思想世界にあって艱難と報いとが表裏一体であるという期待を抱いたかも知れません（マコ10.34）。

3.　エリヤの再来としての洗礼者ヨハネ

　「エリヤはすでに来たのだ。そして彼について書かれてあるとおり、人々は好きなようにあしらったのである」（マコ9.13）。

　イエスはここで、期待されていた預言者エリヤの再来（マラ3.23–24, シラ48.10,

エズ・ラ6.26参照）が洗礼者ヨハネによって成就したことを述べています（マタ17.13）。「彼について書かれてある」とは何を指しているでしょうか。エリヤへの迫害を預言する文書は見当たりません。おそらくこれは、エリヤが自らの命を危険に晒してアハブ王とイゼベルとに対峙した様子を指しているのでしょう（王上18–19章）。そしてイエスは、これを洗礼者ヨハネがヘロデ・アンティパスとヘロディアとに対峙して処刑された出来事と重ねているのでしょう[24]。上述のとおり、イエスが自らの活動と洗礼者ヨハネの活動とを重ねて考えていたとするなら、ヨハネの死はイエスの自らの将来の見通しに大きく影を落としたことでしょう。

> **Cのポイント**
> - エルサレムで多くの預言者が苦難と死を体験した。
> ○ イエスはモーセのような苦難の僕と自らを重ねた。
> - イエスはエリヤの危機と重なるヨハネの運命から自らの死を予期した。

D. 死を予感するイエス

1. 受難告知

a. 告知のエッセンス：

「人の子は人々の手に渡され、殺される。殺されて3日の後に復活する」（マコ9.31）。

実際にイエスの言説からは、彼が自らの死を予期していたことが明らかに伝わってきます。共観福音書においてイエスは、その活動の中半から後半に向けて3度にわたり苦難の運命を弟子らに告げています（第1告知：マタ16.21／マコ8.31–32／ルカ9.22、第2告知：マタ17.22–23／マコ9.31–32／ルカ9.44–45、第3告知：マタ20.18–19／マコ10.33–34／ルカ18.31–33）。このうち第2回目の告知内容が最も曖昧です。一方で第3回目の告知内容はイエスに加えられる暴力が詳しく描写されており、マタイは十字架にさえ言及します[25]。実際の告知が1回だったか複数回だったかは不明ですが、（1回ならば、描写がより詳しい第1と第3の告知内容に福音書記者の編集が反映されていることが予想されるので）上で引用したマルコ福音書の第2の告知が受難告知のエッセンスになるものと思われます。

受難告知[26]

	第1告知			第2告知			第3告知		
	マコ	マタ	ルカ	マコ	マタ	ルカ	マコ	マタ	ルカ
エルサレム		○					○	○	○
人の子	○		○	○	○	○	○	○	○
イエス		○							
多くの苦しみ	○	○	○						
裏切り				○	○	○			
拒絶	○		○						
異邦人への引き渡し							○	○	○
嘲り／唾棄／鞭打ち							○	○	○
十字架								○	
殺害	○	○	○				○		○
人々				○	○	○			
長老／祭司長／律法学者	○	○	○						
復活	○	○	○	○	○		○	○	○

b.　「人の子」：マタイ版の第1告知を例外としてすべての告知に登場する「人の子」は、イエスが自らを示すのに好んで用いる表現です。とくに受難告知における「人の子」への言及は、ダニエル書の「人の子のような者」（ダニ7.13）を意識していることが考えられます。それはダニ7章に、受難告知の中核となる引き渡しの主題（7.25）[27]、3日後への言及（7.25）、苦しみと報いの主題（7.21-22）が含まれており、さらにダニ12.2にはこの報いとしての復活への言及があるからです。ユダヤ教聖典において復活への言及がほとんどないことからも（66-68頁）、この主題的重なりは重要です。これらを考慮に入れるなら ── 「人の子」が他所でも用いられているとは言え ── イエスがその運命を、「日の老いたる者（神）」から支配権を与えられ、しかし聖者を代表して苦しみを受ける（ダニ7.21）「（あの）人の子のような者」の運命を手がかりとして、自らの運命と重ねつつ思いを巡らしたと考えるのが適切なように思えます[e]。

---

e)　もっともこれは、イエスの死を「人の子」という称号のみで説明すべきだという意味ではない。イエスの思想世界には様々な物語や人物の記憶があり、これらが複合的に稼働していると考える

c. 報いとしての復活：復活のタイミングに関しては、マルコが「3日後」で、マタイとルカが「3日目」と記しています。しかし3日目に部分的にでもかかっていれば3日間と表現する言語慣習を考慮に入れるなら、この表現の差異が大きな問題とは考えられません。ちなみにダニ7.25で神の聖者らは、セレウコス朝シリアの王アンティオコス4世の支配下に「1年、2年と、半年のあいだ……渡され」ますが、3年目に民が解放されることが告げられます。神の民がその地において回復されるという同様の主題は、ホセ6.2で「主は2日ののちに我々を生き返らせ、3日目に起き上がらせてくださる」と述べられています（イザ26.19, エゼ37.14, ダニ12.2参照）。

Ⅰコリ15.4が「聖書に書いてあるとおり3日目に復活した」と記す場合の「聖書」が上のホセ6.2を指すとも考えられますが、むしろこれは終末的な神の報いの時という聖書のより大きな主題を指しているのでしょう[28]。それならば3日後／3日目の復活という告知内容は、具体的に72時間後を指しているというよりも、むしろイエスの活動に終末的な意味合いがあり、迫害の後の報いが間近にあることへの期待を述べていると考えるべきでしょう。神の正義と力に信頼を置くイエスの聴衆であるユダヤ人にとって、裁きと報いとは切り離せない組み合わせです。したがって受難告知における報いとしての復活は、イエスのみならずその聴衆にとっても期待すべきことだったと思われます[29]。

d. 苦難の受容：裁きと報いとの組み合わせからは、この苦痛が神の摂理のうちにあり、神の支配のもとに両方があることを確信する姿勢がうかがわれます。ここで私が「摂理」という語を用いる場合、それは〈イエスが苦しむことを神が望んでいる／喜んで見ている〉という神の加虐性を許容しているのではなく、〈邪悪な世の力が抵抗する状況において、神の国の到来のために民を備える使命には苦難がともなうことを神は承知している〉というほどの意味です。すなわち〈わが子の死を喜び楽しむ神が子へその褒美を与えた〉というのでなく、〈わが子の誠実さに対する神の報い（復活）が子の痛ましい死さえも克服した〉こととして、神の報いを理解すべきだと考えます。イエスの死のみに焦点を置くなら、正義と憐れみの延長にあった死は暴力的な社会の不条理を露わ

ことがより現実的と思われる。

にしています。イエスのそのような苦難と死に関して私たちは、「父がその子の死を痛み悲しむ[30]」という神の側面にも目を向けて、神の加虐的な理解あるいは表現から距離を置くべきだと思われます。この苦難と報いという文脈のなかで、私たちはイエスの公的な主の祈りと個人的なゲッセマネの祈りを理解すべきでしょう。

2.　苦難の祈り

a.　主の祈り：

「私たちを試みに遭わせないで……下さい」（マタ6.13, ルカ11.4）。

イエスが終末的自覚を持っていたことを否定する少数派の学者らを例外として、この主の祈りの真正性が疑われることはほとんどありません。注目すべき点は、この祈りが「試み（ペイラスモン）」の回避を願っている点です。現代の教会において週毎に繰り返される主の祈りでは、これがおうおうに道徳的な試練のように解釈されます。ある意味でそれは、適切な適用でもありましょう。しかし神の国の到来を求める祈りの文脈（「御国を来たらせ給え」）においては、終末の艱難とその結果としての棄教への誘惑が視野にあるように思えます（黙3.10参照）[31]。すなわち本来この祈りには、〈苦難の末に私たちが脱落（棄教）するようなことがありませんように〉という願いが込められています。イエスはその終末的意識において、自らの活動が苦難に直面することの不可避性を予期しつつ、自らの弱さによって神の国運動が頓挫することのないように、神の助けを祈り求めているのでしょう。

b.　ゲッセマネの祈り：

「『アッバ、父よ、あなたは何でもおできになります。この杯を私から取りのけてください。しかし、私の望みではなく、御心のままに』。……誘惑に陥らぬよう、目を覚まして祈っていなさい」（マコ14.36-38; マタ26.39-41, ルカ22.42-46参照）。

神の摂理に委ねるイエスの姿勢はゲッセマネの祈り――「御心のままに」――においてより明らかです。イエスが終末の到来を意識する様子は「杯」という語からもうかがえます。この語が（終末における）神の裁きを象徴するからです（詩11.6, イザ51.17, 22, ハバ2.16参照）。しかしイエスは、同時に可能な

ら苦難を回避したいとの望みをも吐露しています。この祈りの直前で、イエスは「ひどく苦しみ（エクサンベイスサイ）……始め」ます（聖書協会共同訳マコ14.33）。これは強い恐れの感情に取りつかれて動揺を隠せない様子を表現する語ですが、マタイはこれをより一般的な「苦しむ（リューペオー）」へと変更し、ルカはこれをなかったことにしています。両福音書記者は、イエスに怖じ気が襲う様子を和らげようとしていますが、それを隠しきれていません。このように、教会にとって都合の悪い —— イエスの弱さを暴露する —— 描写を福音書記者がわざわざ捏造することはおおよそ考えられないので、ルカによる明らかな付加と思われる部分は別として、その真正性は高いと評価されます。

本書2章（71-72頁）では、社会的記憶における栄光化のプロセスとして、マカバイ殉教者の死が美化され、死を恐れずにその恐怖をかえって侮蔑する殉教者の姿が描かれている様子を私たちは確認しました。このように物怖じしない殉教者と、上に示した怖じ気づくイエスとの対比は印象的です。これは1つには、殉教物語においては迫害者と対峙する殉教者の公の姿に焦点があるのに対し、福音書においては死を直視するイエスの個人的な告白に焦点がある、という文脈の違いが影響しているのかも知れません。いずれにせよ共観福音書が描くイエスは、その活動の大舞台がエルサレムに移ると、自らの使命が招くであろう出来事の恐ろしさを怖じ気づくほどに実感したのであって、そこには迫り来る死を美化する様子はうかがわれません。

3. 終末論的な応答

a. 断食に関する応答：

「[19a]花婿が一緒にいるあいだ、［婚礼の］花婿の客は断食できるだろうか。[19b]花婿が一緒にいるあいだは、断食はできない。[20]しかし花婿が取り去られる日が来る。その日に彼らは断食をすることになる」（マコ2.19-20）。

洗礼者ヨハネの弟子とファリサイ派の弟子が断食をするのに、イエスの弟子が断食をしない点を指摘して、人々がその理由を問い質したのに対して、イエスは上の引用のように応答します。この場合「花婿」とはイエスであり、「婚礼の客」とは弟子らのことです。婚礼は神の国における喜びを象徴しますが（マタ22.1-14; ルカ14.15-24参照）、この箇所では神の国の宣教をその完成の喜

びの先取りとして「婚礼」と呼んでいるのでしょう[32]。かりに19節の意義を具体的に説明している20節（と19節b）がマルコによる挿入だとしても[33]、19節aの「花婿が一緒にいるあいだ」という期間の限定が、「取り去られる」（20節）ことを十分に前提としており、イエスが宣教活動の中半にして早過ぎる最期を迎えることを示唆しています[34]。イエスはこの段階で、神の国運動の成就が彼1人の業でなく、後継者ら（「婚礼の客」）によって継続されることを期待し始めていることが分かります。

b.　ゼベダイの子らの誓願への応答：

> 「あなたがたは、自分が何を願っているか分かっていない。この私が飲む杯を飲み、私が受ける洗礼を受けることができるか。……確かに、あなた方は、私が飲む杯を飲み、私が受ける洗礼を受けることになる。しかし、私の右や左に座ることは、私の決めることでない」（マコ10.38-40）。

栄光の神の国の特等席を予約しようと願い出るヤコブとヨハネに対し、イエスは上の引用のように応答します[35]。上述の「杯」（マコ14.36）がここでも登場し、「栄光」（10.37）以前の裁きの時をイエスが意識していることを教えています。この神の裁きである艱難の時代にイエスは自らを置いて、その際の苦難がわが身に降りかかることを予期していることが、「私が飲む杯」という表現からうかがえます。

4.　神の国と死の予期

> 「洗礼者ヨハネの時から今に至るまで、天（神）の国は激しく攻められており、激しく攻める者がこれを奪い取っている」（マタ11.12）。

a.　イエスの苦難と終末の艱難：

前出の2つの祈りと2つの応答に共通することは、イエスの苦難とその末にある死の予期が神の国の到来に向けた終末の裁きとしての艱難と関連しているということです。そして「天（神）の国」と苦難が直接的につながっているマタ11.12は解釈が困難な箇所ですが、おそらく「激しく攻める者（ビアステース）」を政治的／宗教的指導者と理解し、洗礼者ヨハネとイエスによる神の国の宣教に対して激しい抵抗があることを述べているのでしょう[36]。じつにマタイ福音書では、この言説がヨハネの投獄直後に置かれています。他の共観福音書でも、神の国と苦難／死とを直接結びつ

けるイエスの教えが見られます（マコ14.25, ルカ22.28-30; Iコリ11.25,『ディダ』10.6参照）[37]。

b. 死の足音：聖典預言者としてのイエスは、民を神へと立ち返らせようとする預言者らがその使命のなかで苦しみ、ある者は命を落としたことを重く受けとめ、自らの神の国運動を進めました。神の国の到来のために人々を備えようとする運動においてイエスが直面する苦難を、預言者らの苦難と重ね合わせたことは十分に考えられます。そのなかでイエスには、迫り来る死の足音が聞こえていたことでしょう。

Dのポイント

● 人の子としての苦難を予期し復活という報いを期待するイエスの受難告知。
○ 主の祈りとゲッセマネの祈りにおける死の予期。

E.　預言者的行為としての神殿事件

それでは次に、イエス殺害の引き金を引く大きな要因の1つと見なされる神殿事件の意味について考察しましょう。イエスが引き起こしたこの事件の意図が何だったかを探ることは、私たちがのちにイエスの死と犠牲との関係性を考える手がかりとなるからです。

1.　これは〈宮清め〉か？

「イエスは神殿の境内に入り、そこで売り買いしていた人々を追い出し始め、両替人の台や鳩を売る者の腰掛けを覆された」（マタ21.12／マコ11.15／ルカ19.45; ヨハ2.15-16参照）。

a. 神殿境内での商売：伝統的に〈宮清め〉と称されてきたこの事件は、共観福音書のみならず、事件発生の時期が大きく異なっているもののヨハネ福音書にも見られます（共観福音書ではイエス運動の最終時期、ヨハネ福音書では開始時期）。この「境内」とは、神殿の中心にあるユダヤ人の庭をとりまく異邦人の庭を指します[38]。異邦人が入場を許された神殿内の外縁部で、神殿での献げ物を入手することができるように犠牲の動物が売買され、神殿税支払のために必要なツロ製銀貨を売る両替商が店を構えていました。イエスは商品となる

鳩が陳列してある台や両替商
が座る出店の腰掛けをひっく
り返したわけです。この事件
が〈宮清め〉と呼ばれるのは、
〈これらの商業取引が神殿内
で行われたことを憤ったイエ
スが、〈卑しい〉商売を神殿
内から一掃して清めようとし

ツロのシェケル銀貨

た〉という理解に依拠しているようです[39]。

　b.　神殿犠牲に不可欠な商売：もっともこれらの商業取引は、神殿での献げ物に不可欠な要素でした。遠方からの巡礼者が犠牲の動物をエルサレムまで引き連れて行く場合は、道中で動物に病気や怪我が起こり犠牲として相応しい——汚れのない——状態が保たれるか心配になります。ですから、汚れのない動物を確保する最善の方法は神殿でそれを現地調達することでした。エルサレムで鋳造された硬貨は人や動物の彫像がついていない（出20.4, 申5.8）銅貨でしたが、神殿税の支払は純度の高いツロの銀貨と定められていました。この換金もできなければ納税が叶いません。すなわち、これらの商売自体は神殿の機能の中心にある献げ物に関わる重要な役割を担っていました。けっして神殿のパラサイト的な卑しい行為ではありません。したがって、鳩の台や両替人の腰掛けをひっくり返したからといって、それが神殿を清めることにはなりません[40]。それではこの事件は何を意味したのでしょう。本書ではこれを、預言者としてのイエスの象徴的行為（預言者的行為）と見なして、その意味を考察したいと思います。

2.　神殿機能停止の象徴

　a.　象徴的行為とは？：象徴的行為は、実際の行為がそれ以上に重大で広範にわたる意義を持つ事柄を指し示すための代替となる行為です。たとえば日本国旗を燃やすという象徴的行為の背景には、おそらく日の丸の単純なデザインに不満があるとかではなく、国旗が示す日米の狭間で市民の生活が翻弄されるような強硬な国家の在り方への抗議の意図が、すくなくとも海邦国体（1987

年）での事件には込められていたのです。それならば、鳩の台と両替商の椅子とを倒す行為は何を象徴しているでしょうか。

　　b.　**神殿機能の停止**：これらが神殿での献げ物に不可欠なアイテムであることは上記のとおりです。神殿儀礼の中心が犠牲であるとすれば[41]、犠牲の阻止を連想させる行為は神殿機能の停止を象徴する行為だと思われます[42]。本書1章（38-39頁）で見たように、神殿機能（と犠牲）の停止に関する警告は預言者らが繰り返していました。エレミヤは「これは主の神殿、主の神殿、主の神殿」（エレ7.4）と言って、その体制において安逸を貪って周縁者を顧みず本質から逸脱した宗教を批判しつつ、神殿を「盗賊たちの巣窟」（7.11）と呼びましたが、神殿での象徴的行為を行うイエスはまさにこの「盗賊たちの巣窟」というエレミヤの言葉を引用しています（マコ11.17）。そして神殿事件以降のイエスは、さらに一歩踏み込んだ発言――「この大きな建物（神殿）に見とれているのか。ここに積み上がった石は、一つ残らず崩れ落ちる」（マコ13.1）――をしています。

　　c.　**神殿参拝の怪？**：その結果として、この神殿の破壊告知は、おうおうにして終末における新たな神殿建設の前提としての破壊と理解されたり[43]、神の臨在が神殿を離れて教会へと移行する過程の一部と見なされたりします[44]。この解釈の延長として、主の晩餐が神殿犠牲に取って替わったと理解する研究者もいます[45]。しかしこのような理解には1つ重大な問題があります。イエスが破壊を予告し神の臨在を否定したはずの神殿において、パウロを含めた原始教会が参拝し続けたということです[46]。

3.　神殿参拝の継続

　　a.　**原始教会の神殿参拝**：じつにルカは、イエスの高挙を見送った弟子らが「絶えず神殿の境内にいて、神を褒め称えていた」（ルカ24.53）としてその福音書を締めくくり、さらに原始教会が日々神殿で礼拝をしていたことを報告します（使3.1, 4.26）[47]。またルカによると、エーゲ海沿岸諸都市での宣教活動を終えてエルサレムを訪問するパウロも、（ナジル人の）誓願の期間を終えたユダヤ人キリスト者らと共に神殿へ行き、自らは神殿へ入るための清めを行い、同伴者らのためには献げ物の段取りを整えます（使21.23-26; 民6.13-23参照）[48]。原

始教会における唯一の例外はステファノによる神殿批判（使6.1-8.1）ですが、むしろこれを尻目に原始教会が神殿参拝を続けたことの方が印象的です。さらに、神の臨在が離れて神殿の破壊が予告された都エルサレムに、なぜイエスの弟子たちが留まり続けたかも不可解です。なぜ故郷のガリラヤ地方へ帰ろうとしなかったでしょうか[49]。それは神殿を中心とする都エルサレムが、神の臨在の場であり続けたからではないでしょうか。

　b.　パウロと神殿：パウロ書簡に見られるパウロの神殿に対する姿勢も、使徒言行録の描写と符合します。とくに興味深いのは、異邦人のための使徒パウロがエルサレム神殿における神礼拝を、契約や律法とならぶユダヤ人同胞の名誉として語っている点です（ロマ9.4）。さらに彼の書簡群で繰り返し用いられる神殿のメタファは、使徒の職務（ロマ1.9, フィリ2.17）や教会の活動（ロマ15.25-32, IIコリ9.13-14, フィリ4.18）に建設的な意味合いを持たせるために用いられています[50]。すなわちこれらの職務や活動に対して用いられる神殿メタファは、神殿の持つ聖性を日常的な信仰の営みのうちに認めるという、意味づけのためのツールとなっているわけです[51]。

　c.　内部者の論理：これらの様子から、エルサレム神殿と原始教会とのあいだに断絶があったと理解することは非常に困難です。主の晩餐が原始教会の結束に重要な役割を果たしたとしても、それ自体は神の臨在／栄光が神殿から晩餐へと移行したと断言する材料を提供しません。それはあくまでユダヤ教社会という大きな枠組みのなかの一宗派の結束であり、〈神殿犠牲ではなく主の晩餐〉という仕方でユダヤ教社会と対抗するための結束ではないでしょう。私たちは、原始教会がユダヤ教の一宗派として内部者の論理にしたがって行動していたことを理解すべきです。

4.　預言者エレミヤは何を望んだか？

　a.　エレミヤの警告と訓告：神殿事件においてイエスが引用したとされるエレミヤの預言の意図を、本書1章での考察を参考にして再考しましょう。エレミヤはバビロニアに滅ぼされる直前にヨアキム王治世の南朝ユダへ警告を発します。そのなかでエレ7章は、神殿体制を誤信し過信する民に対して「寄留外国人、孤児、寡婦、罪のない人々」（エレ7.6）への憐れみと正義とを忘れた形

骸化した宗教性の危険を訴えつつ、悔い改めの実が見られないようなら神の裁きが避けられないことを警告します。その際に、周縁者に対する搾取の場と化した神殿を「盗賊らの巣窟」(7.11) という厳しい表現で批判し、かつてイスラエルの不従順の故にペリシテ人によって破壊されたシロの幕屋を思い起こすように促します (7.12, 14)。さらに、神への誠実な業がともなわない犠牲の虚しいことを「焼き尽くすいけにえや会食のいけにえを命じたこともない」(7.22) という非常に衝撃的な言葉で教えます。しかしこの預言におけるエレミヤの望みは、民が悔い改めて神へと立ち返り、「この場所に……とこしえからとこしえまで住む」(7.7) ことでした[52]。

 b. 搾取の場としての神殿：おそらく聖典預言者としてのイエスは神殿事件に際して預言者エレミヤの言葉を思い起こしつつ、それを神の国の到来のために民を備える自らの活動に重ねて考えたことでしょう。エルサレム神殿を拠点とする大祭司と貴族らによって人民の搾取や不平等が助長される様子は、イエスが周縁者への憐れみと正義によって体現する神の国の到来と相対する姿と映ったことでしょう。じっさいに当時の神殿は、民の宗教性の中心でありながら、しかし搾取の場として見なされていたことも確かです[53]。ユダヤ人歴史家ヨセフスによると、ユダヤ戦争（後66–70年）直前の神殿に進入した叛乱首謀者らが最初に行った重要なことの1つは古記録保管所に保存されていた民衆の負債記録を焼き払うことでしたが（『戦記』2.427）、この証文は無産階級の富が搾り取られて神殿へと集中するという著しい経済格差の構造を象徴していました[54]。したがってイエスも預言者エレミヤに倣い、「それ（神殿）を盗賊の巣窟にしてしまった」（マコ11.17）と言い得たのでしょう。もっともその意図は、やはりエレミヤの意図と照らし合わせるなら、体制指導者をはじめとする民が神の国の到来に備えて神に立ち返り、神殿体制があるべき姿の聖性を取り戻すことだったのだと思われます。

 c. 破壊の予告でなく警告：したがってイエスが引き起こした神殿事件は、聖性が失せた神殿に対する裁きとして訪れることが決まっている破壊の予告というよりも、神殿の聖性が回復されるように民へ悔い改めを促すための警告と見なすべきでしょう。神殿がユダヤ教社会の中心であり続けたので、イエスは預言者らに倣って警告を発したのです。それならば神殿が原始教会にとって忌

避すべき場所とならず、じつに使徒言行録が報告するようにユダヤ人（キリスト者）としての神信仰を表明する場であり続けたことが、もっとも自然な成り行きだと思われます[55]。したがって原始教会はエルサレムに留まって神殿参拝を続け、パウロはエルサレム訪問に際して神殿参拝を行ったのです[56]。

5.　神殿破壊の嫌疑とイエスの死

「ある者は……イエスに対する偽証をして言った。『《私は（人の）手で造られたこの神殿を破壊する……》と彼が言うのを聞いた』」（マコ14.57-58; マタ26.59-61参照）。

a.　偽証の理由：おそらく〈神殿破壊を試みた〉との嫌疑で最高法院においてイエスが裁かれたとき、原告側が「偽証」を立てなければならなかったのは、やはりイエスの神殿事件が警告であって予告でなく、目撃者らもそのようにしか理解しなかったからでしょう。そもそもこの騒動を、破壊目的の示威的行為として訴えるには無理があったのです[57]。

b.　代替主義：マルコ福音書がユダヤ戦争末期かその直後に執筆されたと考えるなら[58]、福音書記者はエルサレム神殿の崩壊という歴史的事実を神殿事件という預言者的行為の成就として描いたのかも知れません。少なくとも福音書記者は、〈指導者を含むイスラエルの民が悔い改めの機会を逃したために、イエスが警告を発したそのままの結末を迎えてしまった〉というある種の救済史観を反映しています。おそらく、イスラエルを象徴するいちじくの木が枯れた事件（マコ11.21）、神殿崩壊に関するより具体的な言説——「一つ残らず崩れ落ちる」（13.2）——[59]、さらにイエスの死に際して聖所と至聖所とを分ける垂れ幕が裂けた出来事（15.38）は、神殿崩壊という歴史を踏まえた救済史観を示唆するために挿入されているのでしょう[60]。神殿崩壊という歴史的な事件が教会を含むユダヤ教社会に及ぼした影響を、私たちは看過することができません。一方で、イエスの死から40年後に起こったユダヤ戦争というトラウマが教会に刻み始めた代替主義というのちの思考——教会がユダヤ教に取って替わるという歴史観——を、イエスと原始教会の意図を理解する手がかりとしてそのまま用いるわけにはいきません。ちなみにこの代替主義が新約聖書においてきわめて直接的に明言されるのはヘブライ書です（207頁参照）。

c.　預言者イエスの大義と苦難：もっとも、神殿事件が当局側にとってイエスを排除する口実となったことは確かです。神の国の到来のために民を備えるというイエスの大義は、神殿犠牲をとおして民が繰り返し確認すべき神への誠実さ（信頼性）の具体的な実、すなわち周縁者への憐れみと正義を体現することによってもっとも印象的に示されました。そして周縁者に対する憐れみと正義の源とならず、かえって搾取の場となっている神殿を前にしたイエスは、エレミヤに倣って警鐘を鳴らしたのです。同様の大義が過去の預言者らを窮地へと追いやった歴史を知るイエスは、エルサレムが自らの運命の終着地となることを予感していたことでしょう。イエスの大義を看過して、十字架を歴史の偶然と見なす解釈に歴史的リアリティがあるようには思えません。

　はたして彼の預言者としての苦難の歩みは神殿事件を契機として一気に加速し、そしてイエスは十字架に至ります。以下では、死までも予期したであろうイエスが、その預言者としての死をいかに理解していたかについて、2つの言説から読みとりましょう。

> **Eのポイント**
> ● 神殿事件は犠牲のための商売を排除する宮清めでない。
> ○ 神殿事件は中央の搾取構造を批判するための象徴的行為。
> ● 神殿事件は呪われた神殿の崩壊予告でなく、本来の神殿体制の回復を促す警告。
> ○ イエスや原始教会はエルサレム神殿の代替ではない。

F.　「多くの人のため」の死

　本書1章と2章では、それぞれ苦難の僕と殉教者らの死にいかなる救済的な意義があると理解されていたかについて考察しました。自らの死がそう遠くないかも知れないと覚悟するイエスがその死の意義をどのように考えたか、この問いに応える手がかりとなる重要な言葉をイエスは残しています。すなわちイエスは、自らの死について「多くの人のため」と述べました。一度はエルサレムへの途上で（3度目の）受難告知の延長として（マコ10.45; マタ20.28参照）、もう一度は最後の晩餐の席で（マコ14.24; マタ26.28参照）、この言葉を発しています。イエスにとってこの言葉が何を意味したか、それぞれの文脈とともに考

えてみましょう。

1. 「多くの人のための身代金」

a. 唐突感：

> 「人の子は、仕えられるためではなく仕えるために、また、多くの人のための身代金として自分の命を献げるために来たのである」（マコ10.45）。

　この有名な箇所は、しかし物語の流れのなかでおうおうにして場違いな印象を与え、とくに「身代金」という語の唐突感は、この箇所がイエスにまで遡るかどうかという議論において肯定的にも否定的にも用いられてきました[61]。私の判断は、英国を代表する新約聖書学者 V. テイラーが記した言葉に同意するものです。すなわち当該箇所は「共同体による創作にしては前後との繋がりが悪すぎる。イエスの言葉としてなら、ある種の謎めいた雰囲気と挑発的な調子が、まさに彼の数々の言説に見出される特徴を示している」[62]。

b. 生かし尽くすとは？：

これは、ゼベダイの子ヤコブとヨハネとが神の国における地位を確約してもらおうとイエスに迫り、これに他の弟子らが不平を言い出すという、何とも情けない出世主義の内輪もめをイエスが諫める教えの結末部として述べられた箇所です（マコ10.35-45／マタ20.20-28）。「多くの人のための身代金」という、救済的な意義を含むと思われる箇所が神学的論争や講話という文脈でなく、弟子らの醜いいさかいの物語のただなかに置かれていることは非常に印象的です。ここには、死をもたらす生への固執を体現する弟子と生をもたらす死の受容を体現するイエスとが対照的に描かれています。近づくイエスの死を象徴するかのように、弟子の無理解はイエスの生を蝕みます。しかしそのような弟子だからこそ、多くの人がそのようであるからこそ、彼らを神の国の到来のために備える —— 本来あるべき生の姿へと生かす —— 大義があり、それだからイエスはその命が尽きるまで彼らに生をもたらすための仕える姿勢を崩さないのでしょう。すなわち、命が尽きるまで他者の充実した生の在り方を確立するという意味での〈生かし尽くす〉というイエスの生き様にこそ、神の国の価値観である憐れみと正義とが体現されているのです。聖典預言者イエスは、その生かし尽くす生き様を、預言者や殉教者がその生き様によって民を啓発した姿と重ねたのではないでしょうか。

c. 「身代金（リュトロン）」：マコ10.45は新約聖書に2回のみ登場する（もう一度は並行箇所のマタ20.28）「身代金」という語をここで用いています[63]。この語の最も一般的な意味は「解放／回復のための代価」です[64]。したがって七十人訳聖書におけるレビ19.20は奴隷の解放、レビ25.24はヨベルの年における土地の買い戻し、レビ25.51-52は土地を失い買い取られた者の解放、イザ45.13は戦争捕虜の解放と、それぞれのために「（身）代金」が支払われます。また出21.30では処刑に定められた人物の解放のために支払われます。そして神学的な意味を含む興味深い用法が出30.11-16に見られます。ここでは人口調査の登録にあたり「それぞれ命の贖い金を主に納めなければならない。登録することで彼らに災いが起きないためである」（30.12）とあります。（神の罰による）災難からの解放／回避のために支払われる「贖い金（ヘブライ語のコフェル）」が七十人訳聖書で「身代金（ギリシャ語のリュトロン）」と訳されています[65]。それならばイエスが自らの死を「身代金」と説明するのは、予期される死に何らかの解放の意義を見出すからでしょう。

d. 英雄死との連想：聖典預言者としてのイエスが〈解放〉という主題を自らの運命と重ねる場合、ユダヤ教伝統における出エジプト物語とそれを率いた指導者モーセに準えて神の国運動を捉えたという推測は可能です。もっとも〈ユダヤ教伝統においてモーセのような預言者の到来期待とメシア期待とが重なっていたので（31-32頁）、自らをモーセに準えるイエス自身にメシアとしての自覚があった〉という想定を断言するだけの資料はありません[66]。一方で原始教会はそのメシア信仰に依拠して、「身代金」という語に特別の意義を見出したことでしょう。

「仕える」というイエスの行動原理を〈支配する／仕えられる……諸民族の支配者〉（マコ10.42）と対比させる原始教会は、この（身代金による）解放を古代地中海世界で広く知られた英雄死による解放と連関させたのかも知れません。英雄死伝説は、古代地中海世界に広く知られていました。これを使徒教父文献の『Iクレメンス』が要約して、以下のように述べています。「疫病が蔓延ると、王や支配者の多くが何かの託宣に導かれ、自らを死に引き渡しましたが、それは己の血によって臣民を救うためでした」（55.1）。英雄死伝説では、おうおうにして王や他の影響力を持つ人物が、疫病や飢饉にかぎらず、戦争や自然災害

に際して、住民を救済するために勇敢に振る舞った結果として命を落とします。しかしその英雄的行為をとおして住民は厄災から解放されます[67]。

　3つほど端的に例を挙げておきましょう。(i) アテナイ王コドルスはペロポネソス人との戦いで命を落としますが、その結果としてアテナイの独立が守られます（前4世紀のリュクルゴス『レオクラテス告発弁論』1.84-87）。(ii) フォーロ・ロマーノ（ローマ市中央のフォルム）に地震で（?）口を開けた奈落へマルクス・クルティウスという兵士が身を投じると、ローマ共和国は破滅を免れます（前1世紀のリウィウス『ローマ建国史』7巻7章）。(iii) オルコメノス人はテーベ人との戦いに際して託宣を受けます、「もっとも由緒ある先祖を持つ市民の1人が自ら命を絶つことに同意すれば戦に勝利がもたらされる」と。そしてこの託宣どおりに良い家柄のアンティポイノスの2人の娘が命を差し出すと、オルコメノス人は戦災から解放されます（後2世紀のパウサニアス『ギリシア案内記』9巻17.1）[68]。

　ちなみに彼らが英雄と呼ばれるのは、それが王や指導者の一般的傾向だからではありません。むしろ稀にそのように勇敢な行動に出る者が英雄と呼ばれ、その伝説が生まれたのです。実際に (iii) の伝説では、父のアンティポイノスがオルコメノス人のために死ぬのを嫌がったので、娘たちがその代わりを務めています。このような英雄死という観点からマコ10.42-45における原始教会の理解を要約するなら、〈諸外国の王らは一般に自らの命のために民を束縛するだろうが、人の子メシアは英雄死の例のように民の解放のために自らの命を差し出した〉となるでしょう。本書4章（139-140頁）での議論の予告になりますが、のちに原始教会はメシア信仰をこの英雄死と融合させることによって〈メシアの死〉という厄介な問題を乗り越えたようです。

　e.　「多くの人のため」：興味深いことに、この句を扱う註解者らの関心は〈なぜ「皆」でなく「多くの」か、普遍的でなく部分的なのか[69]〉にあり、〈「多くの人」が誰を指すか〉についてほとんど触れません。とくにマコ10.45がイエス自身に遡る言説だと考えるなら、〈キリストが全人類のために死んだ〉という意味での普遍的な救済論的教義を時代錯誤的にイエスにあてはめることには、慎重にならなくてはいけないでしょう。私は、イエスにとってもっとも自然に「多くの人」が指す第一義的な対象は、彼が神の国運動において出

会い、憐れみと正義という神の国の価値（の到来）を体現し、生かし尽くした対象であるところの「多くの人」だと考えます。

f. 「多くの人のため」という奉仕：マコ10.45によると、イエスが来たのは仕えられるためでなく、これらの多くの人に仕えるためでした。「多くの人のため」の神の国運動は危険なほどに大胆な預言者としての行為へとイエスを向かわせたので、イエスは〈あなたたち弟子やあの病人やあの徴税人やあの売春者やあの貧者、あの多くの人のため〉の奉仕のために自らに死が近づいていると述べたのでしょう。したがってこの死は、〈多くの人のための代理の死〉というよりもむしろ〈多くの人のための奉仕の延長にある死〉です[70]。

さらにイエスは苦難の僕の死がその弟子らの回心を促し、殉教者の死が民の悔悛を促したという記憶をたどりつつ、死に至る自らの大義遂行が多くの人を啓発し、彼らの心を神へと向けて神の国へ備えるためのさらなる契機となれば良い、という期待を持っていたのかも知れません。そうであればイエスの死は〈多くの人のための奉仕の延長にある死〉であると同時に〈多くの人を神の国へ備えるためのさらなる啓発となる死〉という意味で「多くの人のための身代金」なのでしょう。したがってイエスが身代金であるとは、〈イエスが自分の代わりに死んだから、自分は何もしなくて良いから得をした〉という類の責任転嫁とは異なります。むしろ神の国の憐れみと正義を体現するイエスの生かし尽くす奉仕の生き様は、頑なな人々の心を神に向かわせずにはいられません。イエスが「身代金」であるとは、他者を生かし尽くす極限の姿を指しており、それは多くの人を生かし尽くす生き様へと他者である人々を促します。

g. 解放と神の国：それでは〈イエスが多くの人のための「身代金」── 解放の手段 ── として死ぬ〉とは、具体的に何を指しているでしょう。これは当然、イエスが神の国の到来のために民を備える活動に従事していたことと直接的に関わります。神の国の到来に備えるとは、民が神に立ち返ってその誠実さを示すことです。イエスはそれを周縁者に対する憐れみの行為として示しました。イエスの憐れみの行為を享受した人々も含めて、「多くの人」がその生き様をとおして神に対して誠実に生きるという神の国の在り方へと促されました。それはより終末的な表現を用いるなら、創造秩序から逸脱したという意味で〈堕落した〉世の束縛（とそれに対する神の裁き）から解放されて神の支配に

入ることです。したがって解放という意味を含む「身代金」という語が、神の国の大義を総括する表現として用いられたことは十分に理解できます。

h.　ふたたび「多くの人」：さて、上述したようにイエスが聖典預言者として近づく死の気配を感じ取っていたとき、預言者的な大義によって死に至った者のことを思わずにはいられなかったでしょう。それゆえ多くの註解者は、マコ10.45がイザ52.13-53.12に見られる苦難の僕の姿を意識していると考えます。実際にこれらの箇所にはいくつかの重要な共通点が見られます。イエスが仕える道を選べば、第4詩の僕は「奴隷としてよく仕える者」（イザ53.11）でした。イエスが「自分の命を献げる」ために来たのなら、僕は「その命を死へと引き渡された」（イザ53.12）のです。そしてイエスの教え全体（マコ10.42-45）と第4詩の背景に流れる共通の主題は、「多くの人のため」（イザ53.12）に仕え、彼らを生かし尽くすということです[71]。イザ52.13-53.12全体に流れる主題の類似性とそれを支える多くの共通する表現を考慮するなら、イエスが第4の僕の詩を意識しつつ自らの生き様を僕の在り方に重ねたと考えることが適切だと思われます[72]。

　イエスがイザヤ書の第4詩を意識していたとすると、本書1章で確認したように「多くの人」（イザ53.12）が僕の弟子らをとおして拡がる共同体を指していることにも意識が向かったかも知れません。そうであればイエスは、苦難の僕の死が契機となり彼の弟子らが預言者としてのその活動を拡大したように、あるいはイエスの弟子もイエスの死を契機として神の国運動を拡大し続けることになれば良いという望みを込めて「多くの人」という句を用いたのかも知れません。

2.　主の晩餐

　「これ（パン）は私の体である……。これ（杯）は、多くの人のために流される、私の契約の血である」（マコ14.22-24と並行箇所）。

a.　〈過越の食事〉と〈主の晩餐〉：主の晩餐におけるイエスの言葉を考えるために、まずこの晩餐が何を機会とした食事だったかを、共観福音書とヨハネ福音書の記述を総合して確認しましょう[73]。共観福音書によると、ユダヤの暦のニサンの14日目の昼間に晩餐の用意が始まり、日が暮れたニサンの15日

目（すなわち過越祭の第1日目）に晩餐が行われます（マコ14.12と並行箇所）。過越の食事の子羊はニサンの14日に屠られて、その晩の過越の食事のために調理されます。するとイエスは、過越の食事が終わったその晩のうちにゲッセマネで逮捕され（マコ14.43-50）、深夜に祭司長らと最高法院とによって冒瀆罪の廉_{かど}で死刑にあたると判断され（14.53-65）、夜明けに総督ピラトから死刑の宣告を受け（15.1-15）、午前中には十字架に掛けられ（15.21-41）、翌日が安息日に当たるのでその日が暮れる前に埋葬されたことになります（15.42-47）。深夜に最高法院が開かれること、また過越祭の日に十字架刑が執り行われることも考え難いのですが、晩餐から処刑までが夜中を挟んだ12時間という想定ではあまりにもスケジュールが過密です[74]。さらに主の晩餐において過越の食事で執り行われるはずの慣習に言及がないこと[75]、主食であるはずの子羊の肉でなくパンがイエスの体を象徴していることも不自然です。のちの教会がイエスを「小羊」と呼ぶ（ヨハ1.29, Iコリ5.7）ことに鑑みるなら、なぜ最後の晩餐にメインディッシュの小羊が登場しないのでしょうか。

　ヨハネ福音書はこれと異なるシナリオを提示しています。夜明けに総督ピラトのもとへイエスを連行したユダヤ人らは、異邦人の敷地に入ることで生じる汚れのために過越の食事ができなくなることを怖れて、ピラトの屋敷内に入りませんでした（ヨハ18.28）。そうすると、イエスへの十字架刑の宣告と処刑とは過越の食事の前、つまりニサンの14日の午前中となり、弟子たちとの最後の晩餐は過越祭の前日か前々日あたりに持たれたことになります。つまり主の晩餐は、ニサンの15日（ニサンの14日の日暮れ以降）に開かれる〈過越の食事〉ではありません。じつにヨハネは、食事の準備のタイミングを「過越祭の前」（13.1）と曖昧に表現していますから、本来これを〈過越の食事〉とは想定していないようです。

　私は共観福音書の不自然なほど過密なスケジュールが、主の晩餐を過越の食事に特定しようとする編集の結果だと考えます[76]。したがって主の晩餐の機会を考える場合には、そのような意図のないヨハネ福音書の記事に信頼を置くのが良いように思います[77]。身に危険が迫るのを強く意識したイエスは過越の食事を待たずして、弟子らとの別れの食事を早めに —— ニサンの15日より1-2日早く（マコ14.1参照）—— 行ったのではないでしょうか。それでも最後の

晩餐は過越の週の直前に行われた食事ですから、イエスがイスラエルの民にとって重要な過越と出エジプトの事件を十分に意識しつつ、別れの言葉を選んだことは容易に推測できます[78]。

		共観福音書	より現実的なシナリオ
			ヨハネ福音書
ニサン12日	火曜		最後の晩餐 ゲッセマネでの祈り ゲッセマネでの逮捕
ニサン13日	水曜		最高法院での裁判
ニサン14日	木曜	小羊の屠り 晩餐の準備 過越の食事 ゲッセマネでの祈り ゲッセマネでの逮捕	ユダヤ人のピラト訪問 イエスの十字架刑
ニサン15日	金曜	最高法院での裁判 ピラトによる死刑宣告 イエスの十字架刑 イエスの埋葬	

b.　「多くの人のため」：共観福音書（マタ26.26-28／マコ14.22-24／ルカ22.17-20; ヨハ6.53-58参照）とⅠコリ11.23-25に見られる主の晩餐の言葉にはいくつかの編集の痕跡が見られますが、その核になるところは晩餐の席のイエスに遡ると考えられます[79]。たとえばルカの記事では「多くの人」が「あなた方」へと変更されています。マルコ（とマタイ）資料がルカ資料より年代的に先んじていること[80]、編集傾向として曖昧な「多くの人」がより具体的な「あなた方」へと修正されやすいことを考慮するなら、「多くの人」の方がより古く、イエスの言葉に近づいていると言えましょう。「多くの人」が誰を指すかに関しては、上で見たマコ10.45と同じだと考えるのが自然でしょう。すなわちイ

エスは何よりも、彼の神の国運動に関わったり、そのなかで接した多くの人々を意識しており、さらに今後弟子らを通して拡大するかも知れない人々のネットワークをもそこに含めていたことでしょう。

c. 〈契約の血〉：それでは、イエスが葡萄酒の杯から血を連想させて自らが予期する死を〈契約の血〉と表現したのにはどのような意味があるでしょう。もっとも重要な手がかりは、この晩餐が（正式な過越の食事でないとしても）過越を意識した食事だということです[81]。上述のとおりパウロも主の晩餐の言葉を記していますが、彼は同じIコリント書においてイエスの死を「過越（の子羊）」（5.7）と表現しています（200-02頁参照）。イエスは、過越を発端とする出エジプトの解放物語と神の国の到来とを重ねたのだと思われます。出エジプトの物語は、イスラエルの民の呻きを聞いた神がアブラハム、イサク、ヤコブとの契約を思い出したところから開始します（出2.24）。そして解放を導いたモーセがシナイ山の麓で契約の書を民に読み聞かせると、犠牲の血の半分を民に振りかけて「これは、主がこのすべての言葉に基づいてあなた方と結ばれる契約の血である」（24.8）と述べました。出エジプトの民はこのあと約束の地を目指します。すなわちイエスは〈この約束（契約）を確約するのが血であるなら、血が象徴する自分の死も神の国の到来という希望の消滅ではなく、それを確約するものだ〉と述べていると思われます[82]。イエスは最後の別れの席で、自らの死が神の国運動の頓挫になるのでなく、むしろ弟子たちをとおしてそれが継続することを願ったのでしょう（使20.28参照[83]）。

> **Fのポイント**
> - 「多くの人」を堕落した世の隷属状態から神の国へと解放するためのイエスの生かし尽くす奉仕が「身代金」と称される。
> ○ イエスは「多くの人」に神の国運動の拡がりの希望を託した。
> - 神の国運動の頓挫でなく継承を意味する「多くの人のための……契約の血」。

結　論

歴史のイエスはイスラエルの民を神の国の到来へと備えるために活動しました。それは神の国の価値である憐れみと正義とを体現する行為であり、神に対

する不誠実である罪の赦しの宣言でした。聖典預言者イエスはその生き様を苦難の僕をはじめとするユダヤ教聖典の預言者らの運命と重ね合わせ、当局側との不可避的な衝突による苦難とその先にありうる死をも予期していたようです。先駆者ヨハネをも当惑させたイエスの憐れみと正義の行為は、神の国という信念によって方向づけられ、イエスはその先に死をも見据えることができたのでしょう。そしてイエスは、ユダヤ教伝統において鮮明に記憶されている出エジプトの解放と自らの神の国運動とを重ねて、自らの奉仕の生き様を解放のための「身代金」のようだと述べたようです。さらに彼はその他者を生かし尽くす生き様のすえにあるだろう死（血）が神の国運動の中断を意味するのでなく、むしろモーセが献げた契約の血が民を約束の地へと促したように、彼の神の国運動が彼の弟子らによって継続することになるよう望みました。

　イエスが迫り来る自らの死を、おそらく苦難の僕を意識しつつ「多くの人のため」と描写したのは、神の国運動という民のあいだに敬神を促す啓発活動によって、その活動の対象である弟子を含めた多くの者らがイエスと大義を共有して、その啓発活動を継続するよう望んだからです。もし「多くの人のため」が移行主題の示唆する責任転嫁を促すならば、この啓発活動である神の国運動はその場で停止してしまうのです。

■第3章の課題■

A. 以下の三択問題に答えよ。

1. 著者はどのような意味で〈聖典預言者〉という表現を用いているか？
   a. ユダヤ教聖典の預言書において予言を行う預言者。
   b. ユダヤ教聖典に登場するが、預言諸書と繋がりのない預言者。
   c. ユダヤ教聖典の思想世界から自らの使命と運命とを悟る預言者。

2. 著者はオルコメノス人の英雄死伝説についてどのように述べているか？
   a. 王や指導者がかならずしも命を賭して共同体のために仕えるわけではない。
   b. 王や指導者は一般に命をかけて共同体を厄災や危険から守る。
   c. アンティポイノスという貴族が命をかけてオルコメノス人を守った英雄伝。

3. 著者は主の晩餐をどのような食事だと述べているでしょうか？
   a. ニサン15日に執り行われた過越の食事。
   b. ニサン15日より1−2日前に執り行われた食事なので、イエスは過越を意識していなかった。
   c. ニサン15日より1−2日前に執り行われた食事だが、イエスは過越を十分に意識していた。

B. 以下の問いについてそれぞれ100字程度で答えよ。

1. イエスの神の国運動において「神の国」を体現するとはどのような意味か？

2. イエスは、その苦難と死とをどのように予期したか？

3. イエスの死の主因となった神殿事件にはどのような意義があるか？

4. 主の晩餐の言葉にある「多くの人のため……の契約の血」は何を意味するか？

5. 「多くの人のため」に命を献げるイエスの行為はキリスト者に責任転嫁を促すか？

▪第4章▪
原始教会の伝承

「助けたお爺ちゃんは生きているよ」

　2013年、踏切内で立ち往生する老人を救ったために命を落とした女性の祖父が、今は亡き孫娘へ「［お前が］助けたお爺ちゃんは生きているよ」と言葉をかけました（『東京新聞朝刊』2013.10.2）。救助した老人の命が守られたという孫娘への報告は、彼女の勇気への称賛であり、失われた命が無駄死にでなかったという遺族自身のための弔慰です。遺族は勇敢なまでに優しい故人を記憶に深く刻んで、その記憶に突き動かされつつ喪失というリアリティを自らの人生の意義深い一部として生きてゆきます。

　これは一般に悼みのプロセスとして知られる体験です。私はこの悼みという概念をテクスト解釈に用いるとき、原始教会がいかにイエスの死を理解したかという議論が何歩かでも前に進むと考えます。本章では、この悼みの理論を援用しつつ、〈痛むイエスを悼む教会〉のリアルを体験しましょう。

　それでは以下に本章における中心テクストを記し、解決すべき中心課題を列挙してから、本題に移りましょう。

> ### □中心テクスト□
> 「何よりも大事なこととしてあなた方に伝えたことを、私もまた受け取っていたのです。すなわち、キリストは聖典にあるとおりに私たちの罪のために死に、埋葬され、そして聖典にあるとおりに3日目に起こされた……」（Ⅰコリ15.3-4）。

> ### □中心課題□
> 1. 原始教会がイエスの死を悼むとはどういう行為か？
> 2. 原始教会はイエスの死と復活との関係をどのように捉え始めたか？
> 3. パウロは〈死〉という語をどのように用いたか？

4. イエスの死が「私たちのため」／「罪のため」とはどのような意味か？
5. 原始教会はイエスと神殿の関係をいかに理解したか？
6. 原始教会は〈メシアの死〉なる不可解をいかに乗り越えたか？
7. なぜ十字架は救済的に寡黙なのか？
8. 「私たちのため」のイエスの死、という理解はキリスト者に責任転嫁を促すか？

導　入

　a.　おさらい：本書3章では、ユダヤ教伝統の思想に沿って自らの生き様を見定める預言者、すなわち〈聖典預言者〉としてイエスを位置づけました。この場合、イエスが特定の1人の預言者を自らのモデルとしたのではなかろうと述べました。つまり〈イエスが意識したのは苦難の僕かマカバイ殉教者か〉という〈あれかこれか〉の発想でなく、これらの先駆者やその他の義人をとおして継承された思想の延長にイエスがいたと考えるのがより自然のようです。

　本書1章で私たちは、民のための啓発的な預言者的行為のすえに命を落とした苦難の僕に対して、旧約聖書では他所に見られない仕方で神殿犠牲のメタファが用いられた様子を見ました（イザ52.13–53.12）。その際に、僕の苦難と神殿犠牲を繋ぐリンクが両者に共通する啓発主題であることを指摘しました。したがって神殿犠牲の方に移行主題── 人の罪の責任と結果が犠牲獣に移行する ──が付随していても、それを根拠として第4詩に〈他者へ自分の罪を押し付ける〉という責任転嫁を促す思想を見出すわけにはいかないことを明らかにしました。むしろ第4詩は、民を啓発して神へ立ち返るよう促した僕の死の責任を「私たち」が内面化して回心し、僕の生き様に倣う結果となったことを伝えています。

　本書2章ではⅡマカバイ記がこの論理を受け継いでおり、殉教者の死の救済的意義が同様の仕方で表現されていることを明らかにしました。そして私たちは本書3章で、この影響史のベクトル線上に立っているイエスが、その神の国運動の先に予想しうる自らの死が他者を神の国の到来へと備える契機となるよう望んだことを、とくにマコ10.45に注目して確認しました。

b.　文献がない空白期の原始教会：本章では、十字架に付けられて死んだイエスが復活したという強い確信に支えられてエルサレムにて開始した最初期の教会（原始教会）が、イエスの死をどのように理解し始めたかを考えてみたいと思います。もっとも、開始した当初の原始教会の文献が残っているわけではありません。最も早い時期の教会文書はパウロの書簡群ですが、これらはイエスが死んで20年が経った後50–60年頃に執筆されたもので、そのほとんどはパウロ自身がエルサレムから遠く離れたエーゲ海沿岸諸地域に創設した教会に宛てて書かれました。〈この20年あまりのあいだ原始教会で何が起こっていたか〉に注目し、最初のエルサレムのキリスト者らの言動を歴史物語として記しているのは、さらに25年あまり経った後80–85年頃に執筆されたと考えられる使徒言行録のみです。もちろん使徒言行録は第一級の史料ですが[1]、これのみに頼って原始教会がイエスの死をどのように理解し始めたかを探るのでは、視点が偏ってしまい、少々心もとない気がします。

c.　本章の議論の手がかり：したがって、原始教会がイエスの死をいかに理解したかを探究するために、私たちは本章で以下のものを手がかりとしましょう。(i) 本書1章と2章で扱った預言者や殉教者の死に関するユダヤ教理解の伝統、(ii) その影響を受けたであろうイエス自身の言動、(iii) パウロが執筆した手紙のなかに見られる、原始教会が用い始めた（と思われている）定型表現、(iv) そして使徒言行録の史料です。これらは、〈パウロ以前の原始教会がイエスの死をいかに神学したか〉を考える際に一般に用いられる資料です。

d.　哀悼理論：本章ではこれらに1つ新たな視点を加えましょう。つまり、悼みに関する社会学と心理学からの知見 —— 哀悼理論（grief theory）—— を拝借して、死の意味づけという作業を注意深く考察する手がかりにしたいと思います。〈イエスの死をいかに神学したか〉という議論において、私たちは当然ながら原始教会の神学的好奇心に焦点を置きます。しかし〈敬愛する師であり主であるイエスの死を、（遺された集団という意味での）言わば遺族としての原始教会がいかに受けとめたか〉という悼みに関わる問いに目を向けるとき、従来の議論にいくつかの新たな気づきを持ち込むことが可能となるように思われます。その結果として本章では、とくに〈十字架の神学〉の論理と〈キリストへの参与〉という神学的主題について新たな提案をしてみたいと思います。

e.　**本章のながれ**：本章ではまず【A】原始教会がイエスの死を悼むとはどのような意味かを明らかにして、それが原始教会のイエス理解にどのような影響を及ぼすかの手がかりとします。そして【B】「死」にまつわる語の用法をパウロ書簡群から探ります。その上で【C】原始教会が継承した「〜のための死」という定型句の真意を考察しつつ、イエスの死の救済的意義という神学的議論がどのように展開したかを推定します。さらにこの神学的議論の過程で【D】イエスの死と神殿との関係がどのように理解されたかを考察します。神殿参拝を続けた一方で、ステファノの神殿批判を生じさせた原始教会のなかには、イエスの死と神殿との関係性に関して異なる考えがあったと思われるからです。続く項【E】では視点を変えて、メシア信仰を共有した原始教会が〈メシアの死〉という不可解で厄介な事態をどのように解決し、それがイエスの死の理解にどのような方向性を示したかについても触れておきます。本章は最後に【F】おうおうにして死と区別される十字架が、救済とどのように関係するかについて論考し、なぜ十字架が救いについて寡黙であるかを探りながら、その逆説的な価値観が〈仕える主人〉というイエスの生き様ともリンクしている点を指摘します。そして私たちは結論に代えて、イエスの死を悼む原始教会が、その死を責任転嫁の機会とせずむしろ内面化し、イエスの生き様に参与する様子を明らかにします。

A.　告白と哀悼

1.　告白定型文の形成

　a.　**初期神学の深化**：教会におけるもっとも古い文献がパウロ書簡群（イエスの死後20–30年）であることはすでに述べましたが、これらが執筆される以前の原始教会において、パウロ書簡群に見られるキリスト論がほぼ完成していただろうと言われます[2]。同様にその救済論もパウロ以前の原始教会において著しい深まりを見せたようです[3]。パウロ以前の原始教会がどのような神学伝統を形成していたか、それを直接的に示す文献がないので、私たちの考察が間接的な資料をもとにした作業であることはすでに述べたとおりです。この作業において、原始教会が形成したであろう定型表現をとくにパウロ書簡群（とそ

118

の他の新約聖書）のなかから抽出する作業が、20世紀の半ば頃さかんに試みられました。

　b.　〈シェマア〉と定型句：この抽出作業には、原始教会がその信仰の営みにおいてユダヤ教の伝統に倣っていたという前提があります。具体的には、民15.37-41, 申6.4-9, 11.13-21からなるシェマア（ヘブライ語で「聞け」、申6.4の冒頭）という祈りあるいは信仰告白が繰り返されていたという前提です。イスラエルの民は朝と夕にこれらを唱えて、唯一の神ヤハウェがイスラエルを治める神であることを確認しました[4]。イエスもユダヤ人としてシェマアに親しんでいたようです。彼はもっとも重要な戒めに関する律法学者との問答においてこのシェマアの開始部を暗誦します。「聞け（シェマア）、イスラエルよ。私たちの神である主は、唯一の主である」（マコ12.29）。同様の唯一神的な信仰告白は、「お一方の神」（マコ10.18, ロマ3.30, I コリ8.6, エフェ4.6, I テモ2.5）あるいは「唯一の神」（ロマ3.29, 16.27, ヨハ17.3, I テモ1.17, ユダ25）という表現で新約聖書に繰り返されています。

　c.　イエスに関する定型句：ユダヤ教社会においてその信仰内容が共同体成員のあいだで根を下ろし定着するのにこのような告白文が用いられていたという事実、さらに同様の唯一神的な告白文の痕跡が新約聖書のなかに容易く見つかることに鑑みると、ユダヤ教のナザレ派として開始した原始教会のあいだでイエス——あるいはイエスをとおして示された神の教え——に関する信仰告白の定型句が早い時期から形成され、これらが繰り返されたことは想像に難くありません。研究者らのあいだでは、これらの定型句の形成と確立が教会の実情（「生活の座」）に則して要請されたと考えられています。そしてそのような実情として一般に以下の5つの状況が想定されています。すなわち原始教会には、(1) バプテスマと回心者の教育、(2) 礼拝、(3) 悪魔払い、(4) 迫害への備え、(5) 異端への反論のために用いる信仰告白文が必要だったのです[5]。

　d.　イエスを悼むとは？：さらに私は、イエスの死に関する定型句の形成を考察する際に、より根本的で現実的な実情を想定する必要があると思います。それはすなわち、〈近親者であるイエスが死んだ／殺された〉という死の衝撃への応答、そして〈十字架にかかって呪われた者を創始者とする宗派はいかがわしい〉という十字架の攻撃への弁明です。イエスの死に関する神学とそれを

反映する定型句の形成は、このような遺族なる原始教会の具体的な悼みのプロセス、すなわち死の衝撃に対する遺族の応答 ―― いかに師の死と喪失[a) とに向き合うか ―― と、イエスの十字架刑に関して遺族へ向けられた攻撃に対する遺族の応答 ―― 十字架ゆえに師と遺族が被った恥をいかに払拭するか ―― を視野に置いてこそ理解が深まると思われます。

　後者は外社会が共同体に向ける攻撃であるのみならず、師を喪失した共同体自身がその存在意義をかけて自問すべき問いであるという意味で、たしかに悼みの過程です。死者への悼みは私たちが共有する身近な体験なので一般的な常識として無意識のうちに解釈の前提となっているとも考えられますが、本章では悼みに関する社会学や心理学の知見を手がかりにして、この無意識を言語化して死の意味づけのプロセスについてより意識的に考えてみたいと思います。

2. 哀悼理論の適用

　a. 情動の言語化：人の死を悼むなどという感情的な推定をテクスト分析に持ち込むことに違和感を感じる人もいることでしょう。しかし上述したとおり、もっとも身近な師を亡くした弟子たちが、たとえば〈翌日には何もなかったかのように、神学的好奇心のみに動かされてイエスの死の救済論的意義について嬉々として討論し始めた〉などとは到底考えられません。愛する近親者の死は人の全人格を激しく揺さぶり、そして思考を大きく方向転換させるほどの影響を持ちえます。したがって、イエスの痛み（苦難と死）に関する理解は、教会の悼みに関する理解と密接に繋がっていると考えられます。換言するなら哀悼は、教会がイエスの死をいかに記憶するかという共同体記憶形成を方向づけることにもなります。〈はたして情動を変数として取り入れるとテクスト分析の解が変わるか〉という疑念に対しては、死の意味づけに関する理解、死の美化に関する理解、死への参与に関する理解にある程度の方向性を与えることになるだろうと予告しておいて、まずはいわゆる「哀悼理論」がテクスト理解に

---

a)　「死んだ」という喪失は「殺された」という身体への暴力的侵害と分けても考えられようが、ここでは後者が前者の衝撃をさらに深める原因となったというところまでで議論を留めておく。もっともこの身体への暴力的侵害は、十字架刑がたんに残酷であるという事実と異なる問題であり、被害者と被害者遺族を精神的に攻撃し続けるという点で、〈十字架が呪いである〉というスティグマ化と作用が似ている。

とって有用だという点に注目するところから始めましょう。

b.　社会学的悼み：悼みの社会学は社会病理の視点から、後述する心理学的な哀悼プロセス（あるいは悲嘆のケア）の在り方を定める助けとなります。悼みの社会学という研究領域では、近親者と死別した多くの遺族へ聞き取りが行われ、哀悼というプロセスを (1) 死から遺体処理までの〈短いショック期〉、(2) 遺族の身体に変化や外社会への無関心が観察される〈激しい悲しみの期間〉、そして (3) 身体の正常化が再確立される〈回復期〉へと分類します。

　これらの各段階を慎重に分析した結果として判明したことは、葬儀後の遺族が継続すべき哀悼のプロセスを社会一般がおうおうにして容易に許容しないこと、その結果として遺族が悲しみを秘匿する傾向にあることです。そして研究者らは、適切な哀悼を許容しないこのような社会の病理的傾向が適応不良の神経症的反応を助長させると警告します。そして社会はむしろ死別体験を忘却したり抑圧したりしてタブー化するのでなく、意味深い哀悼が継続できる環境を提供する必要があるとの提案がなされます[6]。つまり、人は近親者の死に際して、それを（継続して）悼むことがもっとも自然であり不可欠であり、置かれた社会が許容する範囲でそれを無意識にでも行っているということです。

c.　心理学的悼み：このような視点と呼応するように、悲嘆に対する心理的ケアにまつわる理論と実践の分野においては、近親者の死を経験した遺族に対するケアが、辛い過去から早々に離れて前進するための助けをするというアプローチから、死別経験の諸側面を肯定的に評価し直して自分の営みの一部とする──いわゆる「故人をともなう新たな人生のナラティヴ」を紡ぎ出す──助けをするというアプローチへと移行してきています。すなわち、死者とともに現実から距離を置いた（引きこもった）遺族が、死別を契機として新たな生の意味を見出しつつ現実社会とふたたび有機的な繋がりを見出すならば、遺族は世界を学び直した者としてもっとも健全な、あるいは死別体験以前より健全な仕方で今を生き続けることができる、ということです。故人とその死は忘却されるのでなく、むしろその記憶と意味の創出が遺族の生の営みを意義深く前に進めることとなります[7]。死別経験に〈なぜ死と別れがあるか〉と問いかけて何らかの意味を見出すとき、人は高い次元で現実を体験するようになると言われます[8]。これは死の衝撃に向き合うという「否定的意味の再構成」と死別

に新たな意味や評価を見出すという「肯定的意味の再構成」とのあいだで、スパイラル的な往き来のプロセスを繰り返しながら、喪失志向から回復志向へと全体として移行する経験を指します。そしてこの肯定的な意味づけの対象には、死という現実自体も含まれ得るでしょうが、それ以上に故人と遺族との関係性、故人を失った遺族の実存が含まれます[9]。

　d.　〈悼みの神学〉：このような視点を本章の解釈に取り入れることは、現代の認知療法あるいは臨床心理療法のテクニックを古代テクストに時代錯誤的に適用することでなく、人が悼む際のもっとも自然な（病理的でない）過程にどのような要素があるかに関して私たちがすでに持っている常識や直観を、ある場合は補強しある場合は修正しつつ、私たちのテクスト解釈の手がかりとすることです。このような社会科学的知見を基にしてイエスの死の神学を考えるなら、たとえば「［イエスの死は］〜のため」に準ずる定型表現が生まれた背景に、もっとも自然な哀悼という応答過程における死の意味づけ作業があることが分かります。この過程をとおして原始教会はより高い次元で有意義な共同体生活の在り方を見出し、共同体の互いのあいだで、また外社会と向き合う用意をしたことが考えられます[10]。

そして哀悼の過程が故人のみならず遺族にも、さらに故人と遺族との関係性にも新たな意味をもたらすなら、キリストへの参与——とくにこの場合はその死への参与——という神学的主題も、哀悼の過程から出発していると考えられるでしょう。

> **Aのポイント**
> ● 原始教会はシェマアの伝統に倣って告白定型文を形成した。
> ○ 死の衝撃への応答と十字架刑の批判に対する弁明がイエスの死に関する定型句形成に関わっている。
> ● 哀悼は遺族が故人の意味深い記憶を刻み新たな生き様を模索する建設的な行為。

B.　「死」にまつわる語彙

　原始教会がイエスの死をどのように捉えたかを理解する準備段階として、私たちはまず、教会が生まれてからもっとも早い時期に執筆されたパウロ書簡群

のなかで、「死」という語がどのように用いられているかを概観しましょう[b)]。これはテクスト解釈に欠かせない用語研究（word study）という作業です。パウロ書簡群には「死」にまつわる語が約135回ほど登場します。

1.　一般的な「死」

　そのうちの65回程は「人が死ぬ」といった一般的な意味合いでの用法です。たとえば「結婚した女は……夫が死ねば（アポスネースコー）夫の法から解放されます」（ロマ7.2）という言説で「死」が用いられる場合です。一般的な意味での「死」には人としてのイエスの死も含まれますが、キリスト論的な言説においてたんに〈死んだ（そして甦った）〉という事実を伝える約20回の用例は、計65回の用例のうちの特殊な部分です。そのほとんどが、〈キリストが死んでいる者（死者）らのあいだから起こされた（甦らされた）〉に準ずる表現を含みます（ロマ1.4, 4.24, 6.9, ガラ1.1, フィリ3.11等）。これらの用法の多くは「起こされた（／甦らされた）、死んでいる者らのあいだから」という高度に類似した文章表現を構成していることから、この表現がパウロ以前の原始教会において形成され、広く用いられ始めていた告白定型文である可能性がしばしば指摘されます[11)]。

2.　救済的な「死」

　またたんに〈死んで甦った〉でなく、キリストの死に何かしらの救済的と思われる意味が明らかに付与されている場合が約20回あります。代表的な例でのちに扱うIコリ15.3には「私たちの罪のために死んだ」という表現があります。「（キリストが）〜のために死ぬ」という表現もパウロ書簡群に繰り返されていることから、おそらくパウロ以前の定型句と考えて良いと思われます[12)]。定型句が用いられていると考えられないパウロ独自の文章表現においても、キ

---

b)　本章の語彙分析では「サナトス（死）」とその同根語、「ネクロス（死）」とその同根語、「アポスネースコー（死ぬ）」、「スタウロス（十字架）」とその同根語、「ハイマ（血）」を対象とした。本章では著者がパウロの手による書簡と考えるローマ書、I–IIコリント書、ガラテヤ書、フィリピ書、コロサイ書、フィレモン書、I–IIテサロニケ書に加え、コロサイ書と関連が深いエフェソ書も加えて語彙分析を行った。「真正パウロ書簡群」はより狭義に捉えられる立場もあれば、より広義に捉えられる立場もある。

リストの死は和解をもたらしたり（コロ1.22）、義のためであったり（ガラ2.21）、キリスト者のキリストへの参与をもたらす死（ロマ6.8, 14.9, Iコリ15.14）として説明されます。

3. 時代の移動としての「死」

　そして約50回は救済史的に、古い時代（アダムのエポック）から新たな時代（キリストのエポック）への移動、あるいは古い時代へ留まっている状態、そして新たな時代へ移動した状態のメタファとして「死」が用いられています。たとえば「罪に対して死んだ」（ロマ6.11）とは、罪の支配下である古い時代からキリストに属する新たな時代へ移動したことを表現するメタファです。あるいは「誰が私をこの死の体から救うでしょう」（ロマ7.24）という文章のなかにある「死の体」とは、人がいまだ罪の支配下である古い時代に属していることを指すメタファです。じつはこのメタファは、イエスの死との連想で始まっていたとしても、死に至るイエスの生き様を私たちの人としての生のあり様に繋げるためのメタファです。すなわち、死んでいない今の私たちが「死の体」から救われるとは、私たちが罪に支配された生活から離れて生前のイエスのように生き始めることを意味します。これは「キリストへの参与」と称される概念と関連します。私たちは本章の最後に、この参与論がキリストの死と関連する様子を確認しますが、参与論自体は本書5章で詳しく扱うことにしましょう。じつに参与論とも関わるエポック間の移動という概念は、非常にパウロ的な発想です（ロマ6章）。

4. 「血」

　パウロ書簡群には「血」という語がほとんど用いられず、エフェソ書の2回を含めても8回に留まります。そしてそのうちの3回は主の晩餐に関する表現です（Iコリ10.16, 11.25, 27）。血への言及が少ないのは、十字架刑によってもたらされる死が窒息あるいはショックによる心停止を原因としており、失血が原因でないことと関係しているのかも知れません[13]。つまり一般に十字架は血を連想させない処刑法です。確かにイエスは十字架刑の前に鞭で打たれ、磔にするため釘を打たれますが、これらの結果として流れた血が死因ではありませ

ん。もっとも一般的に、「血」が死の代喩[14]——一部が全体を指す比喩——として用いられていることは確かであり、パウロもそのような用い方をする場合があります。

5. 「十字架」

「十字架」への言及は約20回ありますが、これには「死」と異なる特徴的な用法も見られます。パウロの神学を考察する際に、キリストの死と十字架とを区別すべきだと提案されるのはこのためです[15]。本章でも、イエスが十字架につけられたことに対して原始教会がどのように向き合ったかを個別に扱いたいと思います。

> **Bのポイント**
> ● 「死」は一般的に、また救済的意味において用いられ、さらに時代の移動の象徴として用いられる。
> ○ 「血」は十字架刑を連想させず、死の代喩として以外でほとんど用いられない。
> ● 「十字架」は個別に扱う。

C. 「〜のため」の死

1. 死と復活

a. 哀悼と復活：本項（C）ではイエスの死に関するいくつかの定型句を考察しましょう。ここでは「〜のため」に準ずる定型句に焦点を置きますが、まずその前にイエスの死に関する理解と復活信仰との関係について短く述べておきましょう。原始教会がイエスをいかに悼んだかを考える場合、そこには〈原始教会の復活信仰は悼みとどのように関わるのか〉という問いが当然のごとく生じます。私が哀悼というプロセスを重視するのは、原始教会の復活信仰を軽視するからではありません。イエスの復活に関するパウロと共観福音書の記事を慎重に読むならば、イエスの復活という事態が古代地中海世界で類を見ない何らかの尋常でない体験だったことは明らかです。以下の1点を取ってもこの出来事は軽んじられるべきでないと思われます。

b. 復活という尋常でない体験：イエスの時代には多くのメシア運動がありました。そしてメシアと認められた人物が死ぬと、運動が衰退するか、あるい

は他のメシアを（血縁者などから）擁立することで運動の存続がはかられました。ところが原始教会はイエスの死後に運動が衰退するどころかかえって勢いを増し、2代目メシアとして擁立するに相応しいイエスの兄弟ヤコブは、メシアにならずにエルサレム教会の長老という立場に留まっています。したがって、原始教会開始時期の早いうちに〈イエスが体をもって復活し、その墓は空だった〉（マコ16.6参照）と弟子たちが証言するための動機となる、何らかの尋常でない事態が発生したと思われます[16]。イエスの弟子らはこの尋常でない事態に際し、第二神殿期にユダヤ教内で生じた復活への希望という新たな概念を動員して、彼ら特有の復活信仰を共有し始めたのでしょう。

c. 哀悼プロセスを方向づけた復活：おそらく原始教会はその復活信仰を抱く以前に[c]、上で述べた〈短いショック期〉と〈激しい悲しみの期間〉を通過しながら、イエスの死という衝撃をどのように受けとめるべきかを考え始めたと思われます。そして哀悼のプロセスは復活信仰によって中断し忘却される──有り体な言い方をすると〈死を復活によってチャラにする〉──ことにならず（下のC.1.e.で見るように実際にそのような思考の方向性もあったが）、むしろ復活信仰によって特有の方向性を得たのです。死の衝撃は復活の驚愕に単純に呑み込まれるのでなく、それら2つの体験が相まって、またそれぞれの仕方で、原始教会における神学形成の輪郭を刻んだと言えるでしょう。さらに復活は原始教会のあいだでメシア信仰の確信と深化とに大きな貢献をしたことが考えられます。この点は、本章（139-141頁）でメシア信仰に言及する際に説明することとします。

d. 死の衝撃と悔悛：そして死の衝撃についてさらに言えば、イエスの逮捕と死に際して、イエスを裏切り離散したという弟子たちの悔恨の情がこの衝撃を増幅させたことでしょう。本書1章（41-42頁）では、苦難の僕の弟子である「私たち」が自らの遅すぎた悔悛のために僕を死に追いやったという認識に至っただろう、と述べました。じつに原始教会がこの苦難の僕とイエスの死とを結びつけたことは、使徒言行録（8.26-35）が明示しています。このような伝統の背景には、イエス自身が自らの運命を僕と重ねたかも知れないというの

---

c) 「3日後」（マコ）あるいは「3日目」（マタ、ルカ）というイエスの復活のタイミングの意義に関しては、本書3章D.1.c（94頁）を見よ。

みならず、イエスの弟子たちが自らと僕の弟子である「私たち」とを重ね合わせたという事情があるかも知れません（47–48頁）。

　e.　死を越える復活：「死んだ……そして起こされた（／甦らされた）」という短い告白定型句を原始教会が形成したとすると、そこには事情を知らない異邦人に〈イエスは死にました、そして復活しました〉という初歩的な情報を提供する[17]以上の意図があったことでしょう。すなわちこの定型句は、復活信仰を共有し始めた最初期の教会が、復活というただならない体験によってイエスの死というただならない経験を乗り越えようとする——〈たしかに死んだが、復活したから死は問題とならない〉——、悼みのプロセスの最初期的な様相を反映しているようです（ロマ 1.4, 4.24, 6.9, ガラ 1.1, フィリ 3.11 他）[18]。ロマ 8.34 にはこの論理が明確に反映されています。すなわち「死んだが、しかしむしろ甦らされた方であるキリスト」です[19]。使徒言行録はおそらくこの論理を用いて、〈あなた方は殺したが、しかし神は甦らせた〉という、人による拒絶と神による受容の対比主題へと発展させます（使 2.2–24, 3.15, 4.10, 5.30–31, 10.39–40）。ここには、〈義人の苦難とそれに続く神の報い〉というイザ53章の論理展開をも念頭に置いた思考によって、イエスの死と向き合う初期的な試みが見られるように思えます[20]。

　f.　確かな復活のための確かな死：ちなみに、このような初期の悼みを反映する論理とまったく異なったイエスの死の理解も形成されました。すなわち、〈イエスは復活したのでなく弟子たちがその体を盗んだ〉という類の疑念（マタ 27.64 参照）に対処するため、〈たしかに死んだので、たしかに復活した〉との論理が用いられたようです。パウロがⅠコリ15章で復活に疑念を持つ信徒に対して、イエスの復活が死と埋葬を経ての復活であることを明示しているのは（15.3–4）、上のような批判をも念頭に置いて応答しているからでしょう[21]。この論理はのちに、キリストが地上において人として存在したことを否定する仮現主義的な思想に対する応答としても用いられました[22]。アンティオキア司教のイグナティオスは、イエス・キリストがマリアの息子として生まれて飲み食いしたことを述べたあと、「たしかに十字架につけられて死んだ……さらにたしかに死者のあいだから甦らされた」（『イグ・トラ』9）としてキリストの人間性を強調しつつ、復活が身体的な死からの甦りであることを確認しています[23]。

死の衝撃を復活によって軽減しようとする最初期の悼みの過程──〈死んだが、しかし復活したから良い〉という論理──を経た原始教会は、今度はある程度の冷静さを取り戻して、復活信仰への批判に対する対処とキリスト論的弁護──〈たしかに死んだので、たしかに復活した〉──のためにイエスの死を用いることになりました。これは上述の哀悼理論の言語を用いるなら、イエスの死を忘却して乗り越えるのでなく、イエスの死という事実を抱き続ける共同体による肯定的な意味の再構成の始まりと言えるでしょう。

2. 「私たち／すべての人のため」のイエスの死

　a. 神の国と目的論：〈復活したから良い〉という原始教会における悲嘆回復最初期の論理は、ある意味でイエスの死の衝撃から目と耳を塞ぐという一時的な思考停止とあまり変わりがありません。しかしイエスの死の衝撃は、原始教会をその死の積極的な意味づけへと向けずにはいられなかったようです。なぜなら志し中半で死んだイエスの死の衝撃は、最愛の師の喪失であると同時に、神の国運動の指導者の喪失であり、今や弟子たちの在り方を定義する神の国運動の中断を意味したからです。かりにイエスの復活がその死を相殺したとしても──それが義なる者の苦しみに応答する神の報いという意味での相殺であっても──、指導者の喪失による神の国運動存続の危機を直接的に解決しません。したがってイエスの死の意味づけは、神の国運動の前進を再定義する方向に進んだのです。「［イエスの死は］〜のため」という目的論的な論理方向へと原始教会がその悼みのプロセスを向けたのは、イエスと弟子たちとの人間味溢れる深い関係性が、しかし神の国運動の前進という課題解決型の文脈に同時に置かれていたからでしょう[d]。

　b. 多くの人のため：このような悼みのプロセスは原始教会に (1)「私たち／あなた方のため」（ロマ5.8, Iテサ5.10; ロマ5.6参照）、(2)「兄弟（姉妹）のため」（ロマ14.15, Iコリ8.11）、そして (3)「すべての人のため」（IIコリ5.14-15）にイエスが死んだという理解を促しました[e]。もっとも本書3章（108-09頁）

---

d)　この意味で、母マリアや肉親によるイエスの死の悼みのプロセスはこれとやや異なり、目的論的でないことが想像される。

e)　「あなた方のための私の体」（Iコリ11.24）、「私のために自分を与えた神の子」（ガラ2.20）をも

で確認したとおり、これらの表現にはイエスが自らの大義を「多くの人のための身代金として命を献げる」ことと言い表した記憶（マコ10.45）が手がかりとしてあったことでしょう[24]。本書3章では、この「多くの人」が神の国運動におけるイエスの奉仕の対象者であると述べました。「多くの人」が「私たち／あなた方」のような一人称／二人称代名詞へと変えられることで、近親者による死の内面化（当事者化）が深まっているように見えますが、同時にそれは「兄弟（姉妹）／すべての人」をも視野に入れた神の国運動の拡がりを示唆しています。つまりイエスの死は、実存論的であると同時に目的論的に意味づけが行われたようです。それでは、原始教会はそれぞれの「〜のため」という句によって、イエスの死をどのように理解したのでしょうか。

　c.　「私たち／あなた方のため」：イエスによる「多くの人のため」が歴史的記憶なら、原始教会はこれを「私たち／あなた方」という表現に置き換えて内面化し、これを共同体記憶として刻みました。すなわち原始教会は、〈弟子らを含む周縁者からなる「多くの人」に対して神の憐れみと正義とを体現しつつ彼らを神の国へ備えるというあの生かし尽くす行為の延長にあったイエスのあの死は（105-06頁）、私たち（／あなた方）を神へと立ち返らせるための奉仕の末の死だった。じつにその死は私たちのためであり、すなわち私たちはその死の責任を負っている〉という悔悛を含めた記憶を共同体のうちに深く刻み込みました。

　これほどに深い内面化だからこそ、その裏返しとして、イエスの死の動機である愛を深く感じ取るのでしょう。ロマ5.8は「神は私たちへのご自身の愛を示されるが、それは罪人であるのにもかかわらず私たちのためにキリストが死んだからです」と述べます。これは「私たち／あなた方」の責任感によってもたらされる悔悛が自己を絶望的に断罪するのでなく、むしろ愛を謙虚に受容した瞬間です。本書1章（41頁）では、「多くの人のため」という僕の苦難が責任の転嫁でなく責任所在の確認であると述べました。本書3章で述べたとおりイエスが苦難の僕の運命を意識していたとすれば、原始教会はより積極的にイザ52.13-53.12の思想を取り入れてイエスの死の意味づけを行ったことでしょ

　参照。

う。ですから「私たちのため」とは何よりも、イエスの啓発的な神の国運動を
とおして〈神に対する私たちの不誠実がイエスに死をもたらした〉という責任
の所在を自らの記憶に深く留めた結果としての定型句であり、代理他者へ神に
対する不誠実の結果を移行させて押し付ける責任転嫁とは、はるかにかけ離れ
た思想です。前者は神の国運動を前進させますが、後者はこれを停止させるこ
とでしょう。

d. 「兄弟姉妹／すべての人のため」：そして、イエスの死が「兄弟（姉妹）
／すべての人のため」（IIコリ5.15）であるという原始教会の理解には、神の国
運動の拡大のヴィジョンが見られます。なぜならこれらは、社会的な壁を突破
して普遍的に〈他者のため〉に仕えたイエスの神の国運動を要約する句である
と同時に、原始教会が神の国運動に携わる決意を示唆するからです。原始教会
は「私たち／あなた方のため」という仕方でイエスの死の責任を内面化すると、
今度は「兄弟姉妹／すべての人のため」という仕方でイエスの大義を共有しま
した。哀悼理論の言語を用いて述べるならばこの句は、死にいたるイエスの生
き様という「肯定的意味の構成」をとおして、イエスの死をそのうちに深く抱
いた原始教会が、今度は〈それならば他者を生かし尽くしたイエスの生と死を
体験し内包する私たちは、これからいかに生き続けるか〉という命の選択を行
う様子を示しています。すなわち原始教会は、イエスの死が神の国運動の頓
挫をもたらすのでなくむしろ（私たちに）継続を促す、との目的論的な理解に
至ったのです。これは本書3章（112頁）で述べたイエスの晩餐の言葉の真意
とも符合します。

これは私の理想主義的な解釈というのでなく、パウロのテクストが明らかな
仕方で方向づけている解釈です。なぜなら、「兄弟姉妹のため」のイエスの死
（ロマ14.15, Iコリ8.11）という言説が、確信の異なる弱い立場の教会成員を受容
して支えるようにという訓告の根拠として用いられているからです[25]。さら
に「すべての人のため」のイエスの死（IIコリ5.14-15）という言説が、自らの
ためでなく他者のために奉仕したイエスの生き様を想起させ[26]、原始教会を
他者のための奉仕である「和解の務め」という宣教へと導いているからです。
すなわち「兄弟姉妹／すべての人のため」のイエスの死という視点は、教会に
神の国運動を深めて広めるようなアクションを促しているのです。

　e.　私たちの「罪のため」：神の国の到来に人々を備える活動においては、その人々が神に対して不誠実であったことが前提となっています。神に対して不誠実な人々が神に対して誠実になること、これが神の国の到来に備えることです。そしてこの不誠実をユダヤ教的な表現で言い換えるなら、それは罪です。したがって、神の国の奉仕の延長にあったイエスの死は、罪という問題の解決に関わると言えます。ですから私は多くの研究者に同意して[27]、「私たちのため」というイエスの死に関する理解が「私たちの罪のため」（Ⅰコリ15.3参照）という一歩踏み込んだ表現を生み出したと考えます。以下では、「罪のため」のイエスの死という理解について述べましょう。

3.　「罪のため」のイエスの死

　a.　神の国の定義：神の国の到来に人々を備える運動は、不誠実を改めて神に対して誠実に生きるよう人々を啓発しました。この大義の遂行の途上にあったイエスの死は結果的に、苦難の僕の弟子らの回心に見られるように人々が罪から離れ神に対して誠実に生きる強い動機を与えることとなり、こうして原始教会の形成を前に進めました。上では、このような事態がイエスの死に関する意味の模索を方向づけて、〈罪の（解消の）ための死〉という理解が原始教会において生じたと述べました。その際に原始教会は、メタファとしての神殿犠牲の啓発主題をとおして語られたイザヤ書の第4詩やマカバイ諸書の伝統 ―― 他者に罪の悔い改めを促す行為の延長における死 ―― を意識していたことでしょう。イエスがこれらのユダヤ教聖典の伝統を意識しつつ自らの在り方を理解するいわゆる聖典預言者であったとすると、原始教会がそのようなイエス理解をも頼りとして、「［キリストは］私たちの罪のために死んだ」（Ⅰコリ15.3）という告白文を定型化したことは十分に考えられます。これはまた「あなたの罪は赦される」（マコ2.5）とイエスが宣言した記憶とも関わっているかも知れません。体が麻痺した男に対するカファルナウムにおけるこの宣言とそれに続く治癒行為は、現行のエルサレム神殿体制の機能不全への批判を表明しつつ、神の国到来の兆しである憐れみを体現する出来事でした。したがって原始教会において、「罪のための死」は神の国の定義とリンクしていたことと思われます。

　b.　Ⅰコリント書15章3節：繰り返される言語表現を手がかりにして定型句

の痕跡をたどりつつ、パウロ書簡群のうちに原始教会の伝承を見出す作業には、推測という要素があることを否めません。もっともそのなかにあって、Ⅰコリ15.3は例外です。なぜならパウロはこの箇所で、彼自身が原始教会の伝承（信仰告白定型文）を受けとって、それをコリント教会へ伝えたと明言しているからです[28]。以下がその伝承を含む文言です。

> 「何よりも大事なこととしてあなた方に伝えたことを、私もまた受け取っていたのです。すなわち、キリストは聖典にあるとおりに私たちの罪のために死に……」。

原始教会の思考の流れ

イエスの死に対する理解を深める手がかりになることを期待して、研究者らは〈「聖典にしたがって」とはいったい聖典のどこか〉と問うてきました。もっともこの場合の「聖典」にはギリシャ語の複数名詞が用いられているので、ユダヤ教聖典のうちに見られる複数のモチーフを手がかりとして神の救済計画とキリストの死とが結びつけられたことを教えている、という見方で大方の学者らは一致しています[29]。それでも学者によって、その強調点あるいは中心点——つまり本来のモチーフＸ——が大贖罪の日の犠牲（レビ16章）[30]であったり、苦難の僕（イザ53章）[31]であったりと異なります。私は上で述べたように、聖典預言者として苦難の僕（やマカバイ殉教者）と自らの大義を重ねつつイエスが苦難を受けたという原始教会の記憶が、「私たちの罪のため」という句の形成へと繋がったと考えます[32]。そしてのちにこの「私たちの罪のため」という句が他の連想表現（メタファ）——のちの連想によるモチーフa, b, c

――の出現を促したと考えます。この後者のa, b, cには、たとえば神殿犠牲の獣、追放儀礼、奴隷市場等のメタファがあると考えられます。

原始教会の思考の流れ

```
┌──────────┐      ┌─────────────────┐      ┌─────────────────────┐
│  第 4 詩  │      │                 │      │  のちの連想による    │
│ マカバイ  │ ──▶ │「私たちの罪のため」│ ──▶ │     モチーフ         │
│ 殉教思想  │      │                 │      │  神殿犠牲            │
└──────────┘      └─────────────────┘      │        奴隷市場     │
                                            │    追放儀礼         │
                                            └─────────────────────┘
```

　c.　人か動物（犠牲）か？：ここで私は、原始教会の思考の流れについて明言しておきたいと思います。〈原始教会がイエスの死の意義について考え始めたとき、その最初にイエスの死と神殿犠牲とを連結させた〉という類の議論[33]に、私は同意できません。この私の立場は、非常に単純な直観（常識？）に加えて、テクストの証拠が明らかに支持します。直観とはつまり、人としてのイエスの死を理解しようとするときに、原始教会が最初に模索した前例は人としての預言者や殉教者の死であって、獣の死（動物犠牲）ではなかったと考えるのが自然のように思えることです（タイプとメタファは198頁参照）。

　そしてテクストの証拠とは、弟子らやその他の取り巻きが生前のイエスを理解しようとする際に、〈いったいイエスはどの預言者に相当するか〉という問いかけをしていたことです。彼らはイエスの問いに応えて「洗礼者ヨハネ、他の者はエリヤ、他の者は預言者の1人」（マコ 8.28; 6:14-15参照）と述べています。そしてイエス自身も洗礼者ヨハネを預言者エリヤの再来としています（マコ 9.13）。このような思考パターンの延長にあって原始教会がイエスの死を理解しようとする際に、羊や牛や山羊よりも先に過去の預言者や殉教者へ思いを寄せたと考えることが、私には自然のように思えます。したがって上述したとおり、原始教会のあいだでイエスの死が「罪のため」と理解されたときの最初の手がかり（X）は、何よりもイザヤ書の苦難の僕、あるいはその思想を受け継ぐ殉教者であって、神殿犠牲ではなかったと考えます。

もっとも本書1章で見たように、苦難の僕の生き様とその延長にあった死にはすでに犠牲獣のメタファが用いられていました。そして本書2章で見たとおり、〈殉教者の死が停止した神殿機能を再開させる〉という論理でⅡマカバイ記は殉教者の死を神殿犠牲と結びつけるような物語展開を示しています（『Ⅳマカ』6.29, 17.22参照）。ならばこのようなユダヤ教伝統の影響を受けて、のちの連想によるモチーフ（a, b, c）としての犠牲獣（あるいは追放儀礼）とイエスの死が間接的に関連づけられたことは十分に考えられます（Ⅰペト1.2, 19参照）。この場合の原始教会の理解は、〈イエスの死が「私たちの罪のため」なら、それはある意味で罪の清めのために神殿で殺される犠牲獣の死のようでもある〉というものだったでしょう。

Cのポイント

- 原始教会は最初期に、復活によってイエスの死を克服しようとし、さらに体の復活によって体の死を証明しようとした。
- ○「私たち／あなた方のため」の死は責任転嫁でなく、責任の所在を記憶に刻んだ。
- ●「兄弟姉妹／すべての人のため」の死は原始教会を他者への奉仕へ促した。
- ○「罪のため」のイエスの死という理解によって原始教会は聖典預言者イエスの苦難を記憶した。
- ● イエスの死はまず預言者や殉教者の苦難と重なり、その後に犠牲に準えられた。

D.　イエスの死と神殿

1.　一般的な理解

a.　ステファノの代替主義：本書3章（101–02頁）で確認したとおり、イエスの神殿批判は預言者エレミヤ（やアモス）に倣ったもので、それには犠牲を含めた神殿体制が本来のあるべき姿に立ち戻ることを促す意図がありました。したがって神殿事件（マコ11.15–19と並行箇所）という預言者的行為は、神の裁きをすでに受けて栄光が失せた現行の神殿の崩壊を予告するものでなく、神殿機能の回復を促すための警告を目的としていました。ですから原始教会のユダヤ人キリスト者らは当然のごとく神殿参拝を中止せずに続けました。そのなかでステファノ（とおそらく一部のキリスト者）は、同胞のキリスト者による神殿参拝を尻目に、神殿をあからさまに批判しました。ステファノの例外的な姿

勢の背景には、「罪のため」のイエスの死という理解から派生した〈イエスが神殿犠牲に取って替わった〉という代替主義的な特徴を示す神学的方向性が反映しているように思われます。

　b.　言語・文化的相違：そしてこの代替主義的傾向の理由として、おうおうにステファノがギリシャ語を話すユダヤ人キリスト者だったことが注目されます（使6.1-6）。〈イエスか神殿（／犠牲獣）か〉というシャープな神学的展開は、神殿が身近にないなかで神殿に固執しない信仰の営みを続けるディアスポラ・ユダヤ人ならではの傾向だろうとの予測が立てられます。一方で神殿が生活の中心にあるユダヤ地方のヘブライ語（アラム語）を話すユダヤ人キリスト者の場合は、そうやすやすと神殿と自分たちを切り離して、あたかも神殿がないかのように振る舞うことはできません。彼らはギリシャ語を話すユダヤ人キリスト者が展開するような神学を自ら発想することもしなければ、共有する気にもならなかったと推論されます。すなわち両者の言語・文化・社会的違いを重要な根拠として、研究者らは一般に以下のような伝承形成のシナリオを共有しています。

> ⅰ．ヘブライ語を話すユダヤ人キリスト者はイエスの死を「私たちのため」というところに留め、犠牲を連想させる「私たちの罪のため」にまで展開させなかった、あるいは「私たちの罪のため」という句に神殿犠牲の意味を持たせなかった[34]。
>
> ⅱ．一方でギリシャ語を話すユダヤ人キリスト者は「私たちの罪のため」という句を神殿犠牲と関連させて、イエスが神殿とそこで行われる犠牲に取って替わったという仕方で神学を展開した。おそらくパウロは、ギリシャ語を話すユダヤ人キリスト者の神学の影響を受けてこれを彼の書簡群に反映させた[35]。

2.　一般理解への修正

　たしかにステファノはギリシャ語を話すユダヤ人キリスト者（ディアスポラ・ユダヤ人）であり、激しい表現を用いて神殿を批判しましたが、私はそこに解釈の重心を置いて上のⅰ, ⅱのようなシナリオを断言することに躊躇します。

以下では、まず一般理解へ修正を加え、イエスの死と神殿（犠牲）との関係について述べたいと思います。

a. ディアスポラ・ユダヤ人同士のいざこざ：まずは細かい注意点です。上の一般的理解においては、言語・文化・社会的な差が1つの重要な根拠となっています。確かにステファノは、エルサレムの原始教会のなかでもギリシャ語を話すユダヤ人キリスト者らのあいだで指導的な立場にあったようです（使6.5–6）。確かにこのディアスポラ・ユダヤ人であるステファノは神殿批判を含むスピーチを行っています（使7.48）。しかし一方で、使6.8–15によると、ステファノを捕らえて告訴した集団の中心にいたのもまたディアスポラ・ユダヤ人のグループでした[f]。

b. ディアスポラ・ユダヤ人の神殿への敬意：たしかにディアスポラ・ユダヤ人は倫理的生活を神殿犠牲の代替と考えたり、神殿税の支払を「魂の贖い／救い」（フィロン『十戒各』1.8.77）と理解することで[36]、神殿から地理的に遠いというハンディを補う術――神殿のない宗教の営み――を手に入れていました[37]。しかしこれらはエルサレム神殿への敬意を示す方法であって、神殿を看過したり否定する思考ではありません。むしろディアスポラ・ユダヤ人のあいだでは神殿がないにもかかわらず大贖罪の日が重視され（ヨセフス『古誌』3.240–43、『アピ』2.282、フィロン『十戒各』1.186, 2.193–203）、聖なるエルサレムへの帰還の望みが育まれていました[38]。

c. ディアスポラ・ユダヤ人のアンビバレンス：一般常識の範囲で判断するなら、祖国を離れて暮らす者は、祖国のアイデンティティを示す表象（この場合はエルサレム神殿）に対してより客観的な態度を示すことがある一方で、離れているからこそ思慕の思い（ノスタルジア）から強い帰属意識を示す場合もあります[g]。したがってディアスポラ・ユダヤ人のステファノとディアスポラ・ユダヤ人の会堂グループとのあいだの対峙は、ディアスポラ・ユダヤ人のあいだの神殿体制に対するアンビバレンスが激突した事件と言うことができる

---

f) 「『解放奴隷とキレネ人とアレクサンドリア人の会堂』と呼ばれる会堂の人々、またキリキア州とアジア州出身の人々など」（使6.9）。

g) 長期留学者あるいは長期海外勤務者は日本の文化に対するこのような二面性を容易に思い浮かべることができよう。

でしょう。それならば〈イエスが神殿とその犠牲とに取って替わった〉という代替主義的な神学展開を、単純に言語・文化・社会的な背景に根拠を置いて断言することには慎重になる必要があります。むしろ〈ヘブライ語を話すユダヤ人キリスト者よりはギリシャ語を話すユダヤ人キリスト者の方がこの発想に至りやすかったかも知れない〉という程度の慎重な推定に留めておくべきでしょう。

　　d.　**メタファとしての犠牲**：次はより根本的な解釈の問題です。私たちはパウロが例外的にイエスを「子羊」（I コリ 5.7）あるいは「贖いの座」（ロマ 3.25）として説明する箇所において、彼がイエスのことを本気で（字義的に）動物だとか調度品だと考えていないことを知っています。これはごく当たり前のことです。しかしたとえば、〈死んだイエスは大贖罪の日に犠牲の血が振りかけられる『贖いの座』なので、今やこのイエスが犠牲に取って替わった〉という論理には問題があることに気付かない場合があります。私はこの点で著名な新約聖書学者の L.T. ジョンソンの解釈姿勢に同意します。すなわち、とくにパウロの解釈における —— これは新約聖書全体に適用される —— 最大の過ちは「［神話、象徴、メタファを駆使した宗教的確信という］複雑さを見せかけの単純さに還元すること……それは特定の象徴やメタファを字義的に解釈して体系的な命題を構築し、これをパウロ［の思想］として捉えること[39]」です。つまり、メタファをメタファとしてでなく、字義的な命題であるかのように扱うとき、原始教会がイエスの死をいかに理解したかという歴史的な構築に混乱が生じるのです[40]。したがってこの歴史構築を注意深く考察するにあたっては、メタファを〈〜のようだ〉という直喩に換言して、〈イエスの死〉とそれを言い換えて説明するメタファとのあいだに少し距離を置いて眺めなおす必要があるでしょう（メタファに関しては 194–97 頁参照）[41]。

3.　パウロと神殿

　　a.　**神殿との訣別か？**：上では、苦難の僕や殉教者の伝統と自らを重ねたイエスの神の国運動の意義を回想しつつ、原始教会がイエスの死を「私たちのため」と理解し、さらにそれを「私たちの罪のため」と理解したであろうと論じました。そして「罪のため」という句あるいはこのような言説が〈神殿犠牲の

ようだ〉という連想へと繋がっただろうと述べました（C.2-3）。つまり、この
ような幾重かの連想を経てイエスの死が神殿犠牲というメタファで説明される
ようになったのです。しかしこの連想は、〈イエスの死が神殿犠牲に取って替
わったので、もはや神殿も犠牲も必要ない（あるいは神殿や犠牲は神の御心に反
する）〉という断続的で代替主義的な考えに直結するでしょうか。むしろこの
メタファの使用からは以下のような論理の流れと中立的な帰結がうかがえます。

ⅰ．イエスの死は罪のためだ。
ⅱ．ちなみに神殿犠牲は罪のためだ。
ⅲ．そうすると、イエスの死はある意味で神殿犠牲のようでもある。

　b.　例外的なステファノ：ステファノ事件は、それが石打によるリンチとい
うおぞましい結果をもたらしたにせよ、使徒言行録においてパウロを登場させ
るための布石となる例外的な出来事であり、原始教会がこぞってステファノを
支持していたのではありません。上で述べた原始教会の様子に鑑みると、〈ス
テファノの例外的な事件に触発された原始教会がイエスの死を根拠として神殿
と犠牲を攻撃し始めた〉などと考えることはできません。繰り返しになります
が、原始教会は神殿参拝を続けていたのです。
　c.　神殿喪失への応答：たしかに後1世紀終盤から2世紀中盤において ——
エルサレム神殿がユダヤ戦争によって破壊されたあとで —— 、〈キリストは神
殿に優る〉という論理で教会が宗教母体のユダヤ教から少しずつ距離を置き
始めた様子はヘブライ書（さらに『バルナバ書』）に明らかです（210-11頁参照）。
ある意味でヘブライ書における神殿の相対化は、エルサレム神殿が崩壊したと
いう大きな環境変化に対する教会の応答の1つと考えられるでしょう[42]。
　d.　建設的メタファとしての神殿：一方で、イエスの死に対して神殿犠牲と
いうメタファを用いる原始教会の伝承を受け継いだパウロには、神殿に対する
否定的な言説が見当たりません。これは、使徒言行録でパウロが神殿を参拝し
続けたことと符合します。パウロが具体的に神殿とイエスの死とを結びつける

のはロマ3.25（「贖いの座」）の1回のみですが[h]、ここにさえ〈イエスが新たな
犠牲となり神殿犠牲に取って替わった〉というニュアンスはありません。既述
のとおり（101頁）、パウロはむしろ「神殿」という語をキリスト者と神との関
係を肯定的に説明するためのメタファとして用いています（Iコリ3.16, 6.19, II
コリ6.16; エフェ2.21参照）。さらにパウロは使徒として苦しみさらに死ぬ覚悟を
「あなた方の誠実さという犠牲と礼拝とに献酒として捧げられる」（フィリ2.17;
IIテモ2.6参照）と表現しますが[43]、この文脈で神殿犠牲に対抗するようなニュ
アンス──〈私が新たな犠牲となり神殿犠牲に取って替わった〉──が想定さ
れているとは考えられません。す
なわち、原始教会もその伝統を継
承したパウロも、イエスの死を考
える際に神殿犠牲というメタファ
を用いる、あるいはメタファを意
識することがあったにせよ、字義
的な意味で〈イエスは犠牲であ
る〉あるいは代替主義的に〈イエ
スは神殿犠牲に取って替わる新た
な犠牲である〉とは教えていませ
ん。

Dのポイント
● ギリシャ語を話すユダヤ人キリスト者の あいだでは、罪のために死んだイエスが 神殿犠牲を代替したと考える傾向が、ヘ ブライ語を話すユダヤ人キリスト者より やや強かったかも知れない。
○ 神殿犠牲はあくまでもメタファであり、 〈イエスはある意味で犠牲のようでもあ る〉以上の意味ではない。
● 原始教会は一般に神殿を肯定的に捉え、 これをイエスに対する二義的な存在とは 考えなかった。

E.　イエスの死と教会のメシア信仰

1.　メシア信仰

a.　もう1つの出発点：ここまで私たちは〈原始教会がイエスの死をいかに
理解したか〉、つまりイエスの死という出来事を出発点として、原始教会がそ
の意義を模索する悼みのプロセスを辿ってきました。本項（E）ではすこし視

---

h)　Iコリ5.7の「過越の小羊」が神殿犠牲かに関しては議論が分かれる（6章C.1, 199-202頁）。大贖
　　罪の日に行われるアザゼルのための山羊という追放儀礼（レビ16.20-22）をかろうじて示唆する
　　かも知れない箇所として、IIコリ5.21とガラ3.13がある。IIコリ4.13が追放儀礼と関係ないこと
　　に関しては、補論を見よ。

点を変えて、原始教会で共有されていたメシア信仰を出発点とし、彼らがすぐさま直面した〈メシアの死〉という不可解で厄介な事情をどのように乗り越えたか、この問題を乗り越える論理がイエスの死に関する理解をどのような方向へと導いたかについてしばらく考察しましょう。

　b.　**解放者メシアへの信仰**：ユダヤ教伝統におけるメシア（油を注がれた者）は、神が「油を注ぎ」（詩2.2）、そして神が「私の子」（詩2.7）と呼んだダビデ王の子孫から輩出するように期待されていました。したがってパウロは、「［イエスが］ダビデの子孫から生まれ……神の子として決定された」（ロマ1.3-4）という確信をローマ書の冒頭で明示しています。イスラエルの民を諸外国の圧政から解放するという期待が、ダビデ王の子孫——つまり王としてのメシア——に向けられていました[44]。パウロを含めた原始教会は、イエスがこのメシア王であるとの確信を共有していました。じつにこのメシア王による解放という（メシア）思想は、パウロの罪にまつわる表現に特徴的な影響を与えたようですが、この点については本書6章（185頁）で述べることにしましょう。

　c.　**復活とメシア**：パウロは続けて「死者の［あいだからの］復活によって……神の子として決定された、私たちの主イエス・キリスト」（ロマ1.4）と述べます[45]。この死からの復活という事態は、何よりもイエスのメシアとしての活動が神によって報われ、メシアとしての立場が神によって認証される出来事です[46]。すなわち復活信仰は〈じつにイエスがメシアとして解放を成し遂げた〉ことを印象づける確信であり（使2.36参照）、神の子としてすべての上に君臨する主であることを裏づける信仰です[47]。原始教会における救いの希望は、何よりもメシアによる解放の希望であり、復活信仰が救いの確信を根づかせる原動力となったようです。パウロが救済を必然の事態として決定論（予定論）的に語るのは、何よりも〈神が遣わした解放者メシアが決定的に解放する〉というユダヤ教的な発想に依拠しているのだと思われます。

2.　メシアの死？

　a.　**メシアの職務内容**：もっともユダヤ教伝統におけるメシアには、本来死ぬことが期待されていませんでした。メシアに関する一般理解として、死ぬこ

とはその職務内容（job description）に含まれていません[48]。じつにメシアの主要な職務は勝利による解放であり、死は勝利でなく敗北を意味するからです。したがって原始教会がイエスをメシアと告白したとき、その確信とイエスが死んだという事実のあいだで〈どうしてメシアなのに死ななければならないか〉という新たな問題を解決する必要が生じました。ちなみに、上で述べた復活はこの問題を解決しません。〈イエスは復活するために殺された〉という議論には何ら説得性がないからです。

　b.　解決としての英雄死：本書3章（106-07頁）で述べたとおり、英雄死伝説は古代地中海世界の各所に存在し、ユダヤ人のみならずパウロが設立した教会の異邦人にも馴染みの深い概念でした。この類の伝説では、共同体の王や指導者が共同体のために果敢に振る舞ったすえに命を落としますが、その結果として共同体は様々な厄災から解放されます。原始教会はこの周知の概念を自らの体験に導入して、〈それならばイスラエルの民を解放に導くメシア王の死はまさにこの英雄死だ、メシア王イエスの死は解放の失敗でなくむしろ解放の成就だ〉という理解に至ったことでしょう[49]。ここまでの前提と論理の流れを整理しましょう。

ⅰ．イエスは神の子と呼ばれる、ダビデ王の子孫から輩出するメシア王だ。

ⅱ．一方でイエスは、神の国運動における活動のすえに死んだ。

ⅲ．メシア王が死んではダメでないか、なぜメシア王なのに死んだのか。

ⅳ．我々は王の死が解放をもたらす英雄死の例を知っている。

ⅴ．それならばメシア王の死は王の死が解放をもたらす英雄死だ。

ⅵ．メシア王の死が英雄死なら、その死はメシアに期待される解放の失敗でなく解放の成就だ。

　c.　解放の確実性：ちなみに、救済者メシアが民を解放するということに関しては、イエスが十字架で死ぬ以前からユダヤ人らのあいだで強い確信と大きな期待がありました（使1.6参照）。このメシアに対する確信と期待は、原始教会がメシアの死という難題を英雄死という概念で乗り越えようとする以前に、

すでに存在していました。私たちはここで、2つの点を確認しなくてはなりません。1つは、メシアによる解放の確実性がメシアの解放するという職務内容を根拠としており、メシアの死を根拠としていないことです。すなわち〈必ず解放するメシアが死んだ〉のであって〈メシアの死が必ず解放する〉のでないということです。

　これと関連するもう1つの点は、イエス・キリストに関する決定論の内容です。すなわち〈解放することが決定しているメシアが死んだ〉のであって〈解放するメシアの死が決定していた〉のではないということです。とくにこの後者は神の加虐性の問題に関わります。メシアの職務内容と決定論の内容とを正しく理解するなら、私たちは〈イエスの死が決定しており、つまりそれは神がイエスの死を必要あるいは善として要求した〉もしくは〈神はその子の死を喜び満足する〉という加虐的な神をメシア信仰のうちに見出すことはありません。

3.　メシア信仰と救いの確信

　a.　救いの確信：「あなたはメシアです」（マコ 8.29）というペトロの信仰告白に鑑みると、すくなくとも弟子らはイエスの存命中からある程度のメシア期待をイエスに対して抱き始めていたことが推測されます。そして復活信仰がこの期待を確信へと醸成させたようです。したがって私たちがイエス・キリストの救済論について考える場合、〈メシア（キリスト）信仰に依拠した解放期待〉を〈イエスの死への悼みに依拠した救済意義〉と一旦は分けておくのが良いと思われます。英雄死という概念によってメシアの死を乗り越えた原始教会は、メシアによる解放の決定論的な必然性をより堅固なものとして捉えました。メシア信仰に依拠した解放は必然的な救済であり、その解放はメシア自身の介入によってもたらされるという意味ではキリスト者にとって受動的でさえあります。したがってメシア信仰に依拠した教会は、いつもすでに救済を確信しています。

　b.　救いの希求と体験：一方でイエスの死に対する悼みから出発した救済は、死に至ったイエスの生き様に啓発され触発された人々が神に対して能動的に向き直るという意味での救いの体験です[50]。人々は信仰共同体の内外において、イエスの在り様に倣いつつ神の正義と憐れみとを享受し体現することをとおし

て神の国の救いを体験します。すなわちイエスを悼む行為は、人々をして救済を希求させ、さらに救済を体験させる方向へと向けます。メシア信仰に依拠した救済が全能の神への信仰に起因する決定論的で必然的で受動的な救済の確信であれば、イエスの死への悼みに依拠した救済はイエスの死の啓発性に応答する能動的な救済の希求と体験として表現できるでしょう。じっさいにパウロ神学には、〈すでに救われてしまっている〉という類の断言（ロマ8.1参照）と〈救いを求め続けよ〉という類の訓告・警告（Iコリ6.9-11, ガラ5.4参照）とが共存しています[i]。これら2つをパウロ神学における救済論と倫理とに分けて考えることもできますが、これを救済の確信と救済の体験という救済に関わる2つの側面と表現することも可能でしょう。

　c.　「解放」という言語表現：本書3章では、聖典預言者イエスがモーセによる出エジプトの解放物語と重ねて自らの神の国運動の行方を見定めようとする様子を確認しました。パウロを含めた原始教会はこの記憶に依拠して、イエスの死を説明するために「解放／解放のための身代金」という語、さらに出エジプト（／過越）のモチーフを用います（マコ10.45, ロマ3.24, 8.23, Iコリ1.30, 5.7, 11.23-26, コロ1.14, エフェ1.7, 14, 4.30, Iペト1.18-19, ヘブ2.10, 15, 黙5.9参照）。そしてこのようなメタファやモチーフは、原始教会のメシア信仰に依拠した解放とも親和性が高いものです。

Eのポイント
● 原始教会はイエスがメシア（キリスト）であるという確信を復活信仰によって強めた。
○ 原始教会は〈メシアの死〉なる不可解を英雄死という概念によって乗り越えた。
● 原始教会の悼みとメシア信仰は、それぞれ救済の希求と救済の確信とをもたらした。
○ 出エジプト（過越）というメタファ／モチーフはイエスの神の国運動と原始教会のメシア信仰の両方を想起させる。

---

i)　この事態は終末論の観点から適切に、〈回心によって確実となった救いが終末の完成までのあいだ完全な者として体験されない終末的緊張の状態だ〉と説明される。〈終末的緊張〉に関しては本書5章169-70頁を見よ。

F. イエスの十字架

1. 救済論的な沈黙？

a. 〈十字架〉の用例：上では〈イエスが死んだ〉という出来事に対して原始教会がどのように向き合い、これを理解したかについて考察してきました。ここからは〈イエスが十字架につけられた〉という出来事について考えましょう。パウロ神学を理解する際、イエスの死と十字架とを区別しつつ後者の意義を〈十字架の神学〉として特別に扱う場合があります[51]。イエスの死の意義が「私たちのため」あるいは「私たちの罪のため」と考えられ、そこから神殿犠牲との連想が生じたことは上で述べましたが、狭義のパウロ書簡7書にはこのような仕方でイエスの十字架を明言して説明する箇所がほとんどありません[j]。名詞の「十字架」とその動詞形が15回用いられるなかで、〈イエスが十字架で死んだ〉という事実を述べる箇所が2回（ガラ3.1, フィリ2.8）、十字架を厭忌するニュアンス ——「十字架のつまずき」（ガラ5.11）、「十字架のために迫害を受けた」（6.12）等 —— が伝えられる箇所が5回、凄惨な十字架にじつは力や命や誇りがあるという何らかの逆説的な意味づけがなされる箇所が6回あります。十字架の神学を論ずる場合、とくにこの最後の用法が注目されます。

b. 例外的用例：例外として「パウロはあなた方のために十字架につけられましたか？」（Ⅰコリ1.13）という修辞疑問文が、厳密には〈パウロはそうでないが、イエスはあなた方のために十字架につけられた〉という応答を示唆しているようです。それならば十字架が「あなた方のため（の死）」という原始教会由来の定型句と繋がっているとも考えられます[52]。さらに「キリストに属する者らは、肉をその情欲と欲望とともに十字架につけた」（ガラ5.24）という言説では十字架がメタファとして用いられており、それは古い時代から新たな時代への移動を示すために「死」がメタファとして用いられた（124頁参照）ことと似ています[53]。もちろんコロサイ書をパウロ書簡群の一部と考えるならば、パウロがその活動の後半において十字架を和解と罪責の解消に直結させ

---

j) 十字架を明言しないがこれを示唆してその救済意義を述べる重要な箇所としてガラ3.13がある。「キリストは私たちのために呪いとなり、私たちを律法の呪いから買い取った。それは『木に架けられた者はみな呪われている』と書かれてあるからだ」。

る様子を確認することもできるでしょう（コロ1.20, 2.14; エフェ2.16参照）。

　いずれにせよ、「十字架は救済論的に沈黙している[54]」という印象的な表現にはやや言い過ぎの感も否めませんが、パウロ書簡群のあいだでイエスの死が約20回にわたって何らかの救済論的意義と順接的に繋がっている様子と較べると、やはり十字架の用法はやや異なって見えます。

2.　十字架の神学の概観

　a.　遠いところに向かう神：パウロの神学においてイエスの十字架がその核心（少なくともその1つ）をなすことに疑念を挟む人はほとんどいないでしょう[55]。十字架につけられるという凄惨な体験とその状態、それはユダヤ教の伝統によると神の呪いを意味しますが、パウロはこれを逆説的に神の知恵、力（Iコリ1.18, 24）、また栄光（IIコリ4.6–10）であると論じます[56]。そしてさらに、この神の知恵が「義、聖（別）、解放」（Iコリ1.30）であると教えます。「木に架けられた者はみな呪われている」（申21.23）という言説に依拠して、イエスやパウロの同時代人は〈十字架の受刑者は神（と民）に呪われた者だ〉と理解したようです[57]。それならば十字架という「義、聖、解放」とは、神に呪われて神から遠くに置かれたキリストがまさにそのような絶望のなかにいる人々へ届いて、そのような人々の望みとなったことを意味するでしょう[58]。そしてこの十字架の意味は「神から遠いとされている所へ、まさに神の名において突進し[59]」て生かし尽くしたイエスの生き様とリンクします。

　b.　贖罪神学の対極？：おうおうにしてパウロの十字架の神学は、〈イエスの死はまさに神殿犠牲のような犠牲[k]だ〉という類の理解に立った原始教会の贖罪神学——それが原始教会に由来するなら——と対極的な位置に置かれがちです。ロマ3.25でイエスの死が「贖いの座」に準えられていることから[l]、〈パウロはこのような原始教会の神学をある程度継承しつつも、それを彼の救済理解の中心としなかった。むしろ犠牲という概念に依拠した原始教会のユダヤ教的な贖罪神学はパウロにおいて後退した〉と論じられます[60]。一方でコ

---

k)　上で述べたような「イエスの死はある意味で犠牲のようだ」というメタファとしてでなく。

l)　ロマ3.25に関しては本書6章を見よ。

リント教会に不和をもたらした賢者らやガラテヤ諸教会を混乱させたパウロの反対者らが提示した〈強者の理論〉——「自分の能力から強さと知恵と信仰と自己称賛とを神に対しても主張することができる[61]」—— を、パウロは十字架の神学の逆説的な論理展開によって転覆させ、強者の虚しさを暴露したと論じられます[62]。ちなみに十字架の神学は、のちの教会によってその抵抗的なニュアンスが取り除かれて馴致され、贖罪神学との対比が曖昧にされ、復活神学の一部として平板化された思想へと変化する運命をたどった、とも言われます[63]。

c. 十字架と悼み：私自身も、イエスの死の意味づけと十字架の意味づけとを少なくとも一旦は分けて扱うことで、パウロの神学をより明確に語ることができるとは考えます。一方で私は、十字架が救済論的に寡黙である理由は、〈原始教会がいかに十字架と向き合わなければならなかったか〉という悼みのプロセスを考慮に入れることによって明らかにされると考えます。

3. 十字架への応答

既述のとおり、原始教会の悼みを構成する感情は、最愛の師を失ったという喪失感だけではありません[m]。神の国運動の指導者がその大義ゆえに殺されたという事実が、この運動への疑念を原始教会の内と外に生じさせたために、原始教会はイエスの死の意味を模索せずにはいられなくなりました。

a. 十字架と教会の迫害：それでは最愛の師を悼むプロセスにおいて、上で述べたとおりイエスの十字架の意味づけがイエスの死の意味づけと異なったのはなぜでしょう。この問題を考える際に、まず原始教会がユダヤ教社会から迫害を受けた大きな理由として、イエスが十字架につけられたという事実に注目することが必要です。原始教会が迫害を受けたことは使徒言行録が証言するのみならず（使 8.1–3）、回心に先だって自ら教会の迫害に手を染めていた使徒パウロも証言しています。「私は度を超えて神の教会を迫害し滅ぼしていた」（ガラ 1.13; ガラ 1.23, フィリ 3.6 参照）。パウロ書簡群で十字架という語が用いられる

---

m) この喪失感は、復活信仰が共有されたのちも師の不在に対する感情としてある程度持続したのかも知れない。そしてこの喪失感は原始教会をして神の霊の内在を追求する動機となったとも推測される。

15回のうちの1/3に十字架への厭忌というニュアンスがあることも、この迫害と関係すると思われます。すなわちパウロは十字架という語を、「迫害」、「敵」、「つまずき」、「呪い」といった否定的感情を呼び起こす語とともに用います。じつに彼は上述したように申21.23（「木に架けられた者はみな呪われている」）を引用しつつ十字架を「呪い」と関連させますが（ガラ3.13）、これは当時のユダヤ人の理解を反映しているようです。

　それならば、このような理解を持つ当時のユダヤ社会はイエスの十字架をどのように評価したでしょう。おそらく〈十字架という木に架けられ神に呪われた犯罪者を創始者とする宗派は著しくいかがわしい〉という評価が下され、〈そのような者をこぞってメシアとして敬い従うとは何ごとか〉との批判が原始教会に向けられたことでしょう。これはユダヤ社会一般が原始教会を迫害する根拠となりました[64]。したがって、このユダヤ人にとっての「躓き」（Iコリ1.23）とどのように向き合うかは、迫害回避という喫緊の課題でありましたが、同時に原始教会の大半を構成していたユダヤ人キリスト者自身の存在意義を左右する問題でもありました。

　b.　十字架の特異性：このような状況でイエスの十字架と向き合う原始教会は、なぜイエスの死の場合と異なり、十字架の救済意義を明確に強調することをしなかったのでしょう。それはしばしば指摘されるように、十字架が贖罪意義と繋げるにはあまりにも残忍な処刑方法だったからでしょうか[65]。たしかに十字架の残虐性と救済という概念のあいだには非常に大きなギャップがあります。しかしそれは、十字架と逆説的に繋げられる神の知恵や力（Iコリ1.24）とあいだのギャップでも同様です。むしろこのギャップが大きいからこそ逆説が成立しています。私はこの十字架に関する特有の思考は、その残虐性ゆえではなく、十字架が宗教的には神の呪い、また社会的には恥を象徴するという特異性から生じたものだと考えます。

　c.　十字架の汚辱：既述のとおり（107頁）、古代地中海世界には英雄死という概念を印象づける物語が多くあります[66]。つまり、危機に瀕した共同体の指導者らがその命をかけて共同体に解放をもたらすので、死んでしまう英雄が尊ばれます。そして宗教的な英雄死が殉教であるなら、マカバイ殉教者が記念されたことは納得ができます。しかし十字架という死は地中海世界において究

極的な恥辱でした[67]。たとえば前1世紀に活躍したローマの哲人キケロは「十字架という言葉自体が……ローマ市民の体のみならず、その思いと目と耳から遠く離れるように」(『ラビリウス弁護』16.13) と述べて、その嫌悪感を露わにしています。それに加えてユダヤ人にとっては神の呪いの象徴でした。したがって、〈死が解放をもたらす〉という英雄死や殉教死の発想は、十字架という特殊な問題には通用しません[68]。〈十字架が究極の恥辱と呪いをもたらす〉という意味づけがすでに確立していたからです[69]。イエスの十字架について、イエスの死の場合のように「私たちの罪のため」という仕方で応答しても、〈その死がなぜ恥辱と呪いの十字架でなければならなかったか〉という反駁が投げ返されるばかりです[70]。十字架を救済と直接的にリンクさせるためには、「死」というある意味での婉曲表現を用いるしかなかったのでしょう。

　d.　**苦し紛れの逆説？**：十字架批判に〈私たちの（罪の）ため〉というある種の順接的な応答が破綻したために、原始教会は〈恥が誉れ、呪いが栄光〉という逆説的な仕方で思考し始めたと思われます。しかしなぜ彼らは逆説的な思考を始めたのでしょうか。これはたんなる苦し紛れの内部論理でしょうか。故人の悼みのプロセスにおいては、遺族は故人の死自体よりも死に至るその生き様を振り返りつつ、それが故人の死を契機として意味のある仕方で遺族の生の営みとつながりながら「新たなナラティヴ」を構築します。原始教会がイエスの十字架の呪いと恥とに向かい合う作業においても、呪いと恥という評価と評決が下されていた歴史のイエスの生き様を振り返らずにはいられなかったでしょう。十字架は呪いと恥とが集中する象徴的な場ですが、呪いと恥という評価と評決が下されたその対象はイエスが生きたその在り方自体です。

　e.　**歴史のイエスの呪いと恥**：したがって原始教会が開始した逆説的な思考は、神の国運動の指導者であるイエスがその追従者に対して「仕えるために来た」(マコ10.45) という逆説の姿勢――仕える者こそが主人である――を貫いた、という記憶を手がかりとしているのだと思われます。そして彼らは、主人に仕える奴隷にこそ相応しい極刑[71]である十字架が、むしろ仕える主人であるイエスの生き様を待ち受けていた、という理解に至ったのでしょう。この仕える主人が、生かし尽くすその奉仕の対象を求めて社会の最底辺へと向かって進み、その恥部をなす「徴税人や罪人と一緒に食事し」(マコ2.17) たことは、

弟子らのあいだで鮮明に記憶されていたことでしょう。宗教指導者らがイエスのこの在り様を批判すると、「私が来たのは、正しい人を招くためではなく、罪人を招くためである」（マコ2.17）と応答して、神の国運動の逆説的な価値観を明示しました。神の国への備えはイエスの注意を天の高みに向けず、かえって地の底あるいは地の果て（周縁）に向けましたが、それがかえって神の国へと至る道でした。フィリ2.6-11は原始教会で用いられたキリスト賛歌だと考えられますが、そこにも〈神の形であるキリストがそれに固執せずに身を低くして仕えた結果が十字架だった。そしてそのようなキリストの道がじつは神の栄光だ〉という理解が反映されています[n]。

　したがって、原始教会による贖罪論とパウロによる十字架の神学とが対峙関係にあるという想定には慎重になるべきでしょう。むしろ歴史のイエスの生き様に示されたこの逆説的な価値観を手がかりとして、原始教会が十字架の逆説的な意義を見出し、パウロもその思想を継承して自らの神学を形成したのだと思われます。

　f.　十字架と教会の悼み：イエスの十字架に向き合う原始教会は、イエスの生き様を手がかりとして、その十字架での死に様を受けとめたようです[72]。そして彼らの悼みは、十字架をとおしてイエスの生き様と教会の今の在り様とを結びつけ、新たなナラティヴを紡ぎ始めました。

> **Fのポイント**
>
> ● 十字架は周縁者に寄り添い受容するイエスの生き様を象徴する。
> ○ 恥と呪いの象徴である十字架は救済的に寡黙であり、「死」という婉曲表現によってはじめて救済とリンクする。
> ● イエスの生を恥と評価する十字架が、生かし尽くすという教会の在り方を規定する。

結　論

　a.　内面化：原始教会はイエスの死を悼む過程で、その死を「私たち／兄弟姉妹／あなた方／すべての人のため」と理解しました。これは何よりもイエス

---

n）「神と等しくある」姿→人間の姿→人としての人格が認められない奴隷の刑罰である十字架、という降下がキリストの在り方を印象的に表現している。

による神の国の生き様が「多くの人のため」の奉仕であったという記憶（マコ10.45）に根を下ろしていました。さらにこの理解が「私たちの罪のため」という方向へ進んだ背景には、神の国運動が人々をまさに神への不誠実（罪）から誠実へと促しつつ神の国到来へ備えさせる啓発活動だったという理解（マタ6.12／ルカ11.4）がありました。それは〈イエスが私の負うべき責任を負って死んだので私は得をした〉という類の責任転嫁の思想とは異なります。むしろそれは〈イエスの生かし尽くす奉仕は私に向けての奉仕だった。そしてその延長にあった死は私への奉仕ゆえの死だった〉というイエスの死の内面化であり、罪の責任の所在を明らかにしてこれを受容する姿勢を言語化したものでした。

b. 外面化：興味深いことに「〜のため（の死）」という定型句は、パウロ書簡群においてその大半が他者を受容せよ（ロマ14.15, Iコリ8.11）、他者に奉仕せよ（IIコリ5.14–15, Iテサ5.10）とキリスト者を促す文脈で用いられました。イエスの生き様とその延長にあった死を内面化した原始教会は、さらにこれを自らの在り方として捉えて外に向かって体現したのです。すなわちイエスの生かし尽くす生き様に倣うことが、キリスト者の信仰の営みとなったのです。これは、イエスの死は「〜のため」であるという理解が責任の転嫁でなく責任の受容であればこその結果でした。

c. 参与：原始教会がイエスの死を悼んだとき、それは死という一点の出来事を見つめてただ悲嘆に暮れることでもなければ、復活信仰によって死を隠蔽することでもありませんでした。原始教会は、その死に至ったイエスの生き様を深く記憶に刻み、その生き様が死に至るほどの献身であったことを恥と呪いを象徴する十字架と関連させて重く受けとめ、それを共同体の基礎に据えて── 共同体のアイデンティティの中心に置いて ── 共同体の物語を紡ぎ始めたのです。このようにイエスを死に至らせる生き様と人を命に至らせるイエスの死に様とに親しく連なる悼みの姿勢は、神学的な用語で要約するならば〈キリストへの参与／参与論〉と表現され得るでしょう。それは、〈教会とは何であるか〉というアイデンティティと〈教会は何をするか〉というアクティビティを定める指針と原動力を提供します。おうおうにして「キリスト（のうち）にあって」／「キリストとともに」／「キリストをとおして」等のパウロに特徴的な句によって表現される参与という概念は[73]、「私たちのため」とい

う原始教会によるキリストの死の理解においてすでに萌芽し始めていたのかも
知れません。

A. 以下の三択問題に答えよ。

1. 著者は〈原始教会がイエスの死を悼む〉ことをどのような行為だと説明するか？
   a. 原始教会が死に至るイエスの在り様を内面化して生きる過程。
   b. 原始教会がイエスの死に深く傷ついて悲嘆に暮れる様子。
   c. 原始教会がイエスの死を復活信仰によって忘却する様子。

2. 著者は〈能動的な救済の希求〉という表現によって何を主張しているか？
   a. イエスの生き様に倣うことによる救いという行為義認を主張している。
   b. 回心するキリスト者に道徳的希求がともなうことを主張している。
   c. 回心は能動的に求める行為なので、生まれながらのキリスト者はいないと主張している。

3. 著者は〈十字架が救済的に寡黙〉な理由をどのように説明するか？
   a. 残酷な十字架刑をとおして救済を語ることがはばかられた。
   b. 救済という結果が十字架の恥と呪いとを打ち消さない。
   c. 十字架による死が救済をもたらすとは考えられない。

B. 以下の問いについてそれぞれ100字程度で答えよ。

1. 原始教会はイエスの死と復活との関係をどのように捉えて説明し始めたか？

2. パウロは「死」という語をどのように用いたか？

3. イエスの死が「私たちのため」／「罪のため」とはどのような意味か？

4. 原始教会は〈メシアの死〉という難題をいかに乗り越えたか？

5. 「私たちのための［イエスの死］」という理解はキリスト者に責任転嫁を促すか？

パウロの回心とその神学的特徴

「テロリストは僕だった」

　イラク戦争に派兵された元海兵隊員マーク・ヘインズ氏はその体験を要約して「テロリストは僕だった」と告白しました（テレビ朝日『テレメンタリー2016』2016.11.20放送）。彼はイラクの正常化を目的として派兵されましたが、抵抗する術も力も有しない老婆や幼児を恐怖から解放するどころか、かえって彼らにとっての恐怖となったという認識──「テロリストは僕だった（Terrorist that I had become）」──に激しく揺さぶられ、その後の生き方を大きく変更せざるを得ませんでした。番組は彼がイラク派兵直前に駐屯した沖縄で、退役後に今度は辺野古基地建設への抗議行動に参加する映像をとおして、〈救済者がじつは破壊者だった〉という彼が体験したパラダイム転換を印象的に伝えます。

　私は同様のパラダイム転換が、マカバイ抵抗運動の一環として教会を迫害していたパウロにも、ステファノ事件を契機として起こったと考えます。そしてこのパラダイム転換という視点が、イエスの死に関するパウロの理解を考察する際に重要な手がかりを与えると考えます。

　それでは以下に本章における中心テクストを記し、解決すべき中心課題を列挙してから、本題に移りましょう。

□ 中心テクスト □

「なぜなら、私たちがまだ弱かった時、その時まだ不敬虔だった者らのために、キリストが死なれたからです。……しかし、神は私たちに対するご自身の愛を証ししています。……敵であったのに神に対して彼（神）の子の死をとおして私たちが和解されたのなら、和解された者として、彼（子）の命にあって救われつつあるのはなおさらです」（ロマ5.6-10）。

---

1. のちのパウロの回心に繋がるパラダイム転換はいかに起こったか？
2. 〈敵のため〉の死というイエス理解の背景にあるパウロの体験は？
3. 〈キリストへの参与〉と〈開始した終末論〉との関係は？
4. 恵みの誤解とエレミヤ7章との関係は？
5. 〈キリストへの参与〉における能動的な救済とは？
6. 〈敵のため〉のイエスの死という理解はキリスト者に責任転嫁を促すか？

導　入

a.　マカバイ抵抗運動の記憶：回心以前のパウロがエルサレムで律法教師として活動していた時期は、イエスが神の国運動を展開していた時期とちょうど重なります。この時期、つまり後30年頃のユダヤ地方の様子については、本書2章の結び部分（D.1-3, 76-78頁参照）で触れました。この年代を挟むように、かつてのセレウコス朝のアンティオコス4世の支配を彷彿とさせるような事件がユダヤ人を襲いました。1つはローマ総督ピラトの神殿冒瀆を批判して多くのユダヤ人が虐殺される事件（後26年頃）、もう1つはローマ皇帝カリグラの命令でエルサレム神殿に皇帝彫像の建設が予定され、ふたたび多くのユダヤ人が死を覚悟して計画中止を直訴する事件です（後40年頃）。したがってこの時期、マカバイ抵抗者らの理念を引き継いだ対ローマ的な民族主義がじわじわと熟成していったようです。マルコ福音書（後70年頃）がユダヤ戦争による神殿破壊の様子を表現するのに、「忌まわしい侵犯」（Iマカ1.54, ダニ11.31, 12.11）というアンティオコス4世による暴政を指す句を繰り返したことは（マコ13.14）、当時のユダヤ人による抵抗運動がマカバイ抵抗者らに倣うものだったことを容易に推測させます。

b.　律法への熱心とステファノ殺害：パウロがこの時代思潮を受け継いだことは、彼が回心以前の自分自身の様子を「熱心者」（ガラ1.14, フィリ3.6）と表現することから明らかです。なぜなら〈律法への熱心〉（Iマカ2.54, IIマカ4.2, 『IVマカ』18.12）がマカバイ抵抗運動のスローガンだったからです。パウロを含めたエルサレムの熱狂的な民族主義者は、その「熱心」ゆえにユダヤ教の純

粋性を固守しようとしながらも、ローマに対するあからさまな敵対行動が自殺行為だと熟知していたのでしょう。ある意味で原始教会は、この民族的熱狂のはけ口となりました。なぜ教会がローマの代わりとなりうるかと言えば、どちらもユダヤ教の純粋性を侵すと考えられたからです。ローマがそのヘレニズム・ローマ的な文化と価値観でユダヤ教を汚せば、教会は十字架で処刑された犯罪者を創始者とするユダヤ教宗派を名乗って宗教母体の純粋性を脅かしました。したがって本書4章で述べたように（147頁参照）、ユダヤ人の熱狂主義者の一部は〈十字架という「木に架けられ」（ガラ3.13）神に呪われた者〉を主でありメシアであると公言する弱小集団の粛正に動きました。そしてこの集団の一味が神とその神殿を冒瀆していると知ると、一味の中心人物ステファノの上に暴力を集中させます（使6.8-8.1）。

マカバイ抵抗運動の記憶

諸外国の圧政	ユダヤ人の応答	イエスと原始教会
〈ギリシャ王朝〉 アンティオコス4世 （前175-63年）	**マカバイ抵抗運動の記憶** 「忌まわしき侵犯」 （Iマカ, ダニ）	
〈ローマ帝国〉 総督ピラト（26年）	民族的熱狂 ステファノ殺害 （35年頃）	イエスの神の国運動 教会の迫害 パウロの回心
カリグラ帝（40年頃）		マルコ福音書 「忌まわしき侵犯」 （マコ13.14）
ユダヤ戦争（66-70年）		

c.　本章のながれ：本章と6章の前半ではパウロがイエスの死をいかに理解したかを考察します。私はとくにロマ5章に見られる神学的な作業に、本書が扱う第4の殉教者にして教会最初の殉教者であるステファノの殺害を契機としたパウロの回心が深く影響したと考えます。したがって本章では、【A】パウ

ロの回心を理解するための（方法論的）視点を説明し、【B】ステファノ殺害に
関わったパウロが回心する契機となったパラダイム転換を確認します。そして
【C】この回心が〈敵のため〉のイエスの死（ロマ5章）という新たな視点をも
たらした点を論考し、さらに【D】ロマ6章に特徴的な〈キリストへの参与〉
という概念について述べたいと思います。

A. 人は容易く人を殺害できるか？

「サウロ、サウロ、なぜ私を迫害するか。棒を蹴るとお前の足が痛むの
に」（使26.14）。
「剣はみな両刃、一方で他者を切りつけると、他方で自らを傷つける」
（Victor Hugo『レ・ミゼラブル』）。

1. 私の個人的体験

a. 主観と解釈：パウロの回心を理解する方法論の説明には、著者である私
の個人的体験から始めるのが良いでしょう。それは以下の体験から得た視点が、
本章で扱うパウロの回心を理解するのに少なからず方向性を与えているからで
す。このように述べるだけで〈テクストの解釈という客観的な作業に主観的な
体験を持ち込んで良いのか！〉という批判が容易に予想できます。しかし厳密
には、主観の入り込まない解釈などありえません。解釈者がその文化的・社会
的文脈等を何かしらテクストに持ち込むことを完全に避けることはできないか
らです。ですからテクスト解釈における問題は、解釈者が主観を持ち込むこと
というよりも、あたかも鉄壁に客観的であるかのように装うことです。後者は
〈種も仕掛けもありません！〉というマジシャンのミスリーディングとあまり
変わりません。ですから、どのような主観が解釈に動員されているかを事前に
種明ししておくことは、むしろ丁寧な解釈に繋がると言えるでしょう[1]。

b. 暴力と情動：2014年、私は在外研究のため1年間英国に滞在していま
した。その年の夏、イスラエルとパレスチナのあいだで4週間続いていた交戦
状態を解決しようと72時間の停戦合意が締結され、8月1日に施行されました。
が、一時停戦は半日ともたず数時間後には激しい戦闘が再開しました。この際

に、パレスチナ人の避難所となっている国連経営の学校にイスラエル軍が空爆を行い多くの死傷者が出ました。この様子をBBCニュースが繰り返し伝えるのを見て、私は胃が固まるような重苦しさを感じました。これと前後した時期に、IS（イスラム国）による殺害と破壊行為をメディアは伝えていました。私はたまたまこの頃ギリシャの大手新聞社Τα Νέα（タ・ネア）のインターネット・サイトにあがっていたISによる公開処刑の様子を伝える未編集の動画を目にして、文字どおり食事がのどを通らなくなり一日ふさぎ込みました。

c.　疑問：私はこのときベッドに横たわって〈自分はよっぽどのヘナチョコなので心身症的に抑鬱状態になったのか、あるいは人は一般に人の死に直面して大きなショックを受けるものなのか？〉と考え始めました。この問いは数日のあいだ頭から離れなかったのですが、聖書学者の性（さが）なのでしょう、〈もしこの反応が自分に特別なものでないなら、たとえばパウロがステファノ殺害を目の当たりにして —— しかも直接その殺害に関わったとしたら —— 平気でいられたのか？〉という疑問へと移ってゆきました。

d.　ステファノ殺害とPTSD：ステファノ殺害に関わったパウロと他の熱狂主義者らは、それがユダヤ教の純粋性を守る行為と考えていました。もっとも、ユダヤ教聖典において冒瀆者の殺害が正当化されていたとしても（レビ24.14）、実際にはローマ支配下のユダヤ人に極刑を施行する権限はありませんでしたから、これは私刑（リンチ）にあたります。いずれにせよ、正当性が保証された（ことになっている）殺害に関わる者はその殺害の体験をどのように個人として受けとめるでしょうか。私は当初やみくもにネット・サーフィンをしていたのですが、そこで英国の退役軍人が患う戦闘ストレスに関する報告を目にしました。重い失語症や歩行困難などの心的外傷後ストレス障害（PTSD）で長期入院を強いられた帰還兵へのインタビュー動画を見ながら、殺害の正当性が保証されていてもなお戦闘要員が受けるストレスに注目することを思いつきました。

2.　戦闘要員の効率性

a.　兵士の効率性：したがってここでは、戦争歴史家や精神分析医などの報告をもとに戦闘要員が受ける殺害のストレスについて確認し、そこから殺害のストレスについてある程度の一般化した理解を導きたいと思います。戦争歴史

家や戦争分析家はしばしば、過去や現在の戦闘報告を分析し、兵士がいかに効率的にその任務を果たしているかを判断し、いかにしてその効率を向上させるかという提言を行います。さらに退役軍人の治療にあたる心療内科医や精神分析医が具体的なストレスの様子を伝えています[2]。

b. サイコパス：米国陸軍大佐であり太平洋中央および欧州戦域における主幹戦争歴史家として著名なS.L.A. マーシャルは、訓練を受けた米国軍兵士が敵兵を前にして銃の引き金を引く確率について、「単純に言えば、火器を交える前線においてさえ100人中15人のみが実際に武器を使用する[3]」と述べます。殺傷訓練を受けた兵士のほとんどが実際の戦場において、自らが死の危険に直面していても容易に敵兵を殺害する行動に出ることができないとのことです。第二次世界大戦でノルマンディー上陸作戦に関わった兵士らにインタヴューを行った専門家は、激しい戦闘を体験する兵士が一般に戦闘ストレスを患うと結論づけます。その上でこれらの分析医は、長期間の戦闘状態においても効率よく軍務を果たし続ける例外的な2%の兵士について、「（彼らが）攻撃的なサイコパスの（psychopathic）特徴を有して」いる、また戦闘において効率の良いこれらの兵士は「精神異常の兵士（psychotic soldiers）[4]」だというセンセーショナルな報告をして注目を集めました。

c. 効率とPTSD：元コマンド部隊員で落下傘部隊員でもあった米国陸軍中佐D. グロスマンは、その後陸軍士官学校において心理学の教授として教鞭を執っていますが、彼の南北戦争に関する分析も上のマーシャルの結論と同様です。激しい戦渦においても実際にライフルを使用した兵士は半数に満たず、そのほとんどが敵兵を殺そうと狙いを定めることはなかったと報告します。グロスマンはこの戦闘における効率性が、朝鮮戦争では55%へ、ベトナム戦争では90-95%へと改善されたことに注目します。これを感受性の減感作用や否認防御機構の構築といった心理的条件づけ――つまり殺害を可能とするある種の洗脳――の結果だと述べますが、それがかえって退役軍人の多く（54%にのぼる）がPTSDを患うことになったと結論づけます[5]。

d. 殺害のストレス：殺傷訓練を受けて、殺人が正当化された戦闘要員ですら殺害の体験が大きなストレスになるなら、一般大衆にとってその体験の困難さはそれ以上であることが容易に予想されます。したがって私はこれらの報告

から〈一般に人は容易く人を殺せない〉という、ある意味で当たり前の結論を導き出しました。ちなみに上のグロスマンは、退役軍人が経験するストレスの半分は戦闘経験自体に起因するものの、残りの半分は帰還した社会が彼らを理解しないという状況に起因する、と述べます[6]。

　e.　**パウロ理解に向けて**：もしかすると私たちは、ベトナム戦帰還兵の心情を理解しない米国社会が彼らの社会復帰に必要な施策を歪めたように、宗教的に一定の殺害が正当化されるユダヤ社会において実際に殺害に関わったパウロの心情を理解せず、その結果としてテクスト解釈を歪めているのかも知れません。上の分析によるとパウロが例外的な精神異常者あるいはサイコパスでないかぎり、彼の体験したステファノ殺害のストレスは非常に大きかったのではないかと推測されます。

　これまでパウロ研究者がステファノ殺害のストレスを本気で扱うことをしてこなかったことは、研究者らが一様に戦闘に対する麻痺状態であるほどに、世のなかに暴力が満ちていることと関係するのだと思われます。私たちはあえてこのストレスに注目して、パウロのリアルに近づきましょう。

> **Aのポイント**
>
> - 殺害が正当化される戦闘要員のストレス障害は、パウロのステファノ殺害を考察する鍵となる。
> - 戦争歴史家や精神分析医の結論：〈人は人を容易く殺せない〉。
> - ステファノ殺害に関与したパウロのストレスは尋常でなかった。

B.　パウロのパラダイム転換

1.　殺害者パウロ

　a.　**ステファノ殉教**：もっともパウロは彼の書簡群で、ステファノ殺害に触れません。ただ教会を迫害した、しかも律法に対する熱心のゆえ（レビ24.11–16参照）にそうしたと告白するのみです（ガラ1.13, 23, フィリ3.6, Iコリ15.9）。新約聖書においては、使徒言行録のみがステファノ殺害へのパウロの関与を記します（使7.54–8.1; Iテモ1.13参照）。ちなみに『ステファノの黙示』というグノーシス文献（後4–5世紀？）は、パウロがステファノの拷問と十字架刑に

積極的に関与するという寓話を仕立て上げています。註解者のなかには、ステファノ殉教物語をパウロと無関係のアンティオキア教会起源の伝承と理解し、パウロを登場させることで使徒言行録著者が劇的な効果を演出したのではないかと論じる者もいます[7]。もっとも、〈初代教会は反社会的集団でない〉と弁護することに躍起になっていた使徒言行録の著者が[8]、物語の演出効果を狙う目的だけで教会の中心的指導者であるパウロを、ローマ法を犯す反社会的な殺人者に仕立て上げるとは考え難いです。パウロが自身の手紙において「迫害」という表現以上に直接的な言葉を選ぶ気にならなかったとしても、彼がステファノ殺害に関わったことを疑う必要はないように思えます[9]。

b. 殺害者パウロのストレス：パウロがステファノ殺害を指揮していたのであれ、その場に居合わせて賛同していたのであれ、目の前で自分たちの宗教的な大義のために同胞のユダヤ人ステファノが石で打たれて殺害されたのです。映画やドラマやゲームというエンターテインメント・メディアをとおして人の死を娯楽の一部として〈お茶の間の団欒〉に持ち込む現代人は、もしかしたら実際の殺害が人に与える精神的あるいは身体的ストレスを軽視するように条件づけられているのかも知れません。しかし上のデータを考慮するなら、パウロが体験しただろうストレスは尋常でなかったでしょう。私は〈当時の社会では死が身近にあったので、ステファノの死がパウロのストレスの根拠となりえない[10]〉という類の反論を、古代人が現代人に較べて野蛮であるという偏見に基づく誤った判断だと考えます。実際に近年では、戦闘トラウマを古代文献から読みとる試みがさかんに行われています[11]。また聖書テクストを暴力のトラウマという視点から解釈する批評学も市民権を得ており、パウロ書簡をこの視点から解釈する試みも始まっています[12]。

2. パラダイム転換とパウロの回心

a. パラダイム転換：上述（154–55頁参照）したようにマカバイ抵抗者に倣うパウロは、列強の被害者としてのユダヤ人という視点から、ユダヤ教の純粋性を維持する抵抗運動の一貫として、しかしその抵抗の矛先を原始教会へ向けました。パウロとその一味は、おそらく〈律法への熱心〉というスローガンゆえに、自分たちが教会へ加えた迫害が加害的行為であるという意識を持ってい

なかったことでしょう。これは本書2章で述べたとおり（75-76頁）、マカバイ抵抗運動の記憶過程でその暴力が忘却されたことと関連します。自らの暴力性を忘れ去った共同体では、暴力に歯止めをかける社会的装置が機能不全に陥る危険性があります。そして当時、宗教的には冒瀆者を石打にすることが正当化されるという原理が存在していました。

アンジェリコ「パウロの回心」（1430年頃）

　しかしパウロにとって、それは原理であっても今までは現実ではなかったことでしょう。ところが原理と現実が重なって同胞のユダヤ人をその手で殺害してしまったパウロは、これまでのように原理原則に対して無批判でいられなくなり、彼のなかで安全な世界が崩壊し始めました。この時パウロのなかで被害者意識が後退し、加害者意識が支配し始めたことでしょう。パウロは〈マカバイ殉教者の精神を突き詰めた自分は、その結果として同胞を殺害した〉という衝撃的な事実によって、これまでどおりの宗教性を維持することが困難になったと思われます[13]。

　b.　メルカヴァ運動とパウロの回心：私は〈パウロに回心をもたらした啓示体験――復活のイエスと遭遇する体験――が、そのままステファノ殺害のトラウマによる幻覚だ〉などと言っているのではありません[14]。私は他所で述べたとおり[15]、当時のユダヤ社会で広く実践されていたメルカヴァ運動の神秘主義的修練をとおした啓示によって、パウロが回心に導かれたと考えます。これは神の栄光を象徴する玉座の「車輪（メルカヴァ）」（エゼ1.26参照）を瞑想しつつ、エゼキエルの幻を再体験して神の啓示に授かろうとする修練です（『Mハギ』2.1）。おそらくパウロの安全な日常を瓦解させたパラダイム転換が、彼をそれまで以上に神秘的で内面的な黙想の生活へと誘ったのでしょう。つまり上のパラダイム転換がパウロをしてメルカヴァ神秘主義の修練に没頭させ、その結果として彼は神の啓示――「神がその御子を啓示する」（ガラ1.15–

16)――による回心に至った、という推論が成り立つと思われます。

このような回心の体験を経たパウロの神学形成に、上で述べたパラダイム転換が何らかの影響を及ぼしていると考えるのが自然でしょう。おそらくイエスの死と和解に関するロマ5.6-10ほど、この影響を明らかに示している箇所は他にないでしょう。

Bのポイント

- 殉教者という被害者意識から殺害者という加害者意識へのパラダイム転換がパウロに生じた。
- ○ パラダイム転換はのちに回心を促すメルカヴァ神秘体験へとパウロを誘った。

C. イエスの死と和解 (ロマ5.6-10)

「(6)なぜなら、私たちがまだ弱かった時、その時まだ不敬虔だった者らのために、キリストが死なれたからです。(7)[キリストの死は特異な仕方で希望を示しますが、それは] 誰かが義人のために死ぬことがほとんどないからです a。[このように言うのは]『誰か善人のために敢えて死ぬ b』[という反論に説得性がないことを示すためです]。(8)しかし、神は私たちに対するご自身の愛を証ししています。つまり、私たちがまだ罪人であった時、キリストが私たちのために死なれました。(9)したがって義とされたのなら今、彼(キリスト)の血において彼(神)の怒りから私たちが救われつつあるのはなおさらです。(10)敵であったのに神に対して彼(神)の子の死をとおして私たちが和解されたのなら、和解された者として、彼(子)の命にあって救われつつあるのはなおさらです」。

1. 構造と語彙の説明

a. ロマ5.7の構造とその意味：多くの研究者のあいだで、ロマ5.6-8はパウロ以前の原始教会によって形成された伝承(前パウロ伝承)である定型句の一部と見なされています。とくにロマ5.6-8の構造に注目すると、これが交差配列法(キアスムス)――外側でAとA'とが並列、内側でBとB'とが並列する構造――からなる一括りの告白文であることは十分に推測されます16)。

A 　⁽⁶⁾なぜなら、私たちがまだ弱かった時、その時まだ不敬虔だった者ら
　　のために、キリストが死なれたからです。

　　　　B 　⁽⁷⁾誰かが義人のために死ぬことがほとんどないからです。

　　　　B’ 誰か善人のために敢えて死ぬ。

A’ 　⁽⁸⁾しかし、神は私たちに対するご自身の愛を証ししています。つま
　　り、私たちがまだ罪人であった時、キリストが私たちのために死なれま
　　した。

　私自身はA–A’を構成しているロマ5.6と5.8とが前パウロ的な定型句である
と考えますが、B–B’を構成しているロマ5.7はパウロ独自の挿入であり、しか
も彼が架空の人物を設定して対論している部分だろうと考えています。このロ
マ5.7は非常に意味が理解しがたい部分です。これを理解するためには、左頁
のテクストのように［カギ括弧］部分を補足する必要があります。この補足を
手がかりとして、下線部bがロマ5.6に対する架空の人物による反論になって
おり、下線部aがそれに対するパウロの応答になっていると考えると、ようや
くこの箇所の意味が分かり始めます。どうでしょう？　ちなみにパウロはロー
マ書の他所（ロマ2.1–5, 17–29参照）でも架空の対論者を設定して、それに反論
する仕方で議論を進めていますから、ロマ5章でもパウロがそのように議論を
展開していることは十分に考えられます¹⁷⁾。

　b.　ロマ5.6–8を敷衍すると：するとロマ5.6–8は、おおよそ以下のような
意味になります。パウロはまずロマ5.6で、不敬虔な者のために死ぬという思
いもよらない仕方でキリストが救いをもたらしたことを述べます。ロマ5.7b
では、そのような思いもよらぬ仕方で示される希望に反論するかのように、対
論者が〈善人のために敢えて死ぬ奴もいるじゃないか。だからイエスの死など
別に特別じゃない！〉と茶々を入れます。これに対してパウロはロマ5.7aで
〈いやいや、義人のためでさえ死ぬ人などめったにいませんよ。ましてや罪人
のために誰が死ぬもんですか。そんな思いもよらないことをキリストはやって
のけたんです！〉と反論します。そしてロマ5.8は、そのようなキリストの死
をとおして神の愛が示されるのだと結んでいます。

　c.　「弱さ」と「不敬虔」の意味：一般にロマ5.6で用いられる「弱い」と

「不敬虔な」という2つの形容詞は、ロマ5.8にある「罪人」の同義語であると考えられます。そして〈キリストが罪人のために死んだ〉という理解はローマ書に一貫した思想だと論じられます（3.25, 4.25, 6.10, 7.4, 14.15）[18]。私自身もこの理解に同意はします。同時に私はロマ5.6の「弱い」と「不敬虔」という表現が、パウロを含めた原始教会の回心体験を想起させるものだと考えます。

　イエスの側近の弟子らはイエスの死を前にしてその弱さを露呈しました。イエスの逮捕に際して彼らは逃げ去り（マコ14.50）、ペトロは師であるイエスを3度〈知らない〉と言いました（マコ14.66-72）。この弱さは神の国の宣教の本質を理解して実行に移さない不敬虔／不誠実の表れです。彼らは教会の誕生に繋がる回心体験に際して、イエスの死という出来事に促されて自らの弱さと不敬虔とを深く悔いたことでしょう。パウロにしてもその回心体験は、十字架刑によって「呪われた者」（ガラ3.13）とされたイエスに追従する教会を迫害し、ステファノを死に至らしめた暴力的な不敬虔に対する激しい動揺に端を発しました。

　すなわち〈弱く不敬虔な「私たち」こそが、じつはイエスを死に至らせた神の国運動のもっとも身近な対象だった〉と原始教会は理解したのです。そしてパウロを含めたこの弱く不敬虔な弟子らに対するイエスの奉仕と受容の姿が、イエスを介して示された神の愛として印象深く記憶されたのです（ロマ5.5, 8）。すなわちここには、原始教会の伝承に依拠したパウロなりの受難物語 —— 不敬虔な者を生かし尽くすイエスの死に至る生き様 —— が描かれているのです[19]。

　d.　「義人」と「善人」の意味：パウロはロマ1.18-3.20でそもそも「義人は1人もいない」と述べて人類の窮状を訴えていますから、ロマ5.7aでいないはずの「義人」が登場するとすこし意外な感じがしませんか？　おそらくロマ5.7aの「義人」はより一般的な意味での〈善良な人〉を指しているのだと思われます。したがってこれはロマ5.7bで用いられている「善人（アガソス）」とほぼ同義語だと言えるでしょう。

　もっともこの「善人」という語には〈善良な人〉というだけでなく、そこから派生する〈友／身内〉というニュアンスが含まれています（プラトン『プロタゴラス』311a参照）[20]。したがってロマ5.7bは5.7aの「善良な（義）人（ディカイオス）」という語に応答しつつ、「善良な（友）人（アガソス）」という語を

用いていて「（自分に対して）善意を示す味方（友）のために死ぬ者はあるいは
いるだろう」と述べているのだと思われます。そしてこの〈友／味方〉という
ニュアンスの語は、ロマ5.10に登場する「敵」という語に対応していると思わ
れます。

　e.　敵と味方：そうすると本ペリコペには、ロマ5.7aの「善良な（義）人」
がロマ5.6の「不敬虔な者」と直接対比されて〈善良な（義）人のためにさえ
人はめったに死なないのに、キリストは不敬虔な者（ロマ5.8では罪人）のため
に死んだ〉、さらにロマ5.7bの「善良な（友）人／味方」はロマ5.10の「敵」
と直接対比されて〈善良な（友）人／味方のためなら死ぬ人もいるというなら、
キリストは敵のために死んだ〉という2組の対比が示されていることになりま
す。私はこの後者の〈味方のため／敵のため〉という対比が、上で述べたパウ
ロのパラダイム転換と深く繋がっていると考えます。以下ではこの点について
考えましょう。

2.　「敵」のため（ロマ5.10a）

　a.　和解とマカバイ抵抗運動の記憶：「敵であるのに神によって彼（神）の
子の死をとおして私たちが和解された」（ロマ5.10a）というパウロの言葉には、
その背景にマカバイ抵抗運動の記憶があると思われます[21]。なぜなら「和解
（カタラゲー）」という新約聖書のなかでパウロのみが救済（神と人との関係性）
の概念[22]として用いる語は[a]、七十人訳聖書においては本書2章で扱ったⅡマ
カバイ記のみが神と人との関係性を表す意味で用いているからです[b][23]。

　本書2章を思い出しましょう。アンティオコス4世の迫害に遭って死を目前
にした無名母の末子は、以下のように述べました。「生きておられる我らの
主は、たとえ処罰と懲らしめのために、しばしのあいだ怒られても、ふたた
びご自分の僕たちと和解されるだろう」（Ⅱマカ7.33）。〈多くの人のための死〉
──僕の死が多くの人を回心へと動かした──という、犠牲メタファを伴っ
て示されたイザヤ書第4詩の啓発主題を継承したⅡマカバイ記の著者は[24]、殉

---

a)　名詞：ロマ5.11, 11.15, Ⅱコリ5.18, 19、動詞：ロマ5.10×2, Ⅱコリ5.18, 19, 20.
b)　名詞：Ⅱマカ5.20、動詞：1.5, 7.33, 8.29.

教者の死を今度は〈イスラエルの民の和解のため〉と表現しました。この表現はⅡマカ6章のエレアザルの殉教が教えるように（60-61頁）、殉教者の神に対する誠実さが民を悔い改めへ向かうよう啓発し、結果として神との和解が成立する希望について教えています。この思想世界を背景とするマカバイ抵抗運動の記憶を継承した原始教会の神学形成を経て、パウロは〈神の国という大義のために殉教した預言者イエスの死が人々に神との和解をもたらす〉という希望に至ったことでしょう[25]。

　b.　敵の受容と和解：誰よりもこの和解を必要としたのは、回心以前にマカバイ抵抗思想を継承しつつその民族的／宗教的熱狂に動かされて教会を敵視していたパウロです[26]。上（160-62頁）では、この熱狂的な宗教性（律法へのマカバイ抵抗者的な熱心）がユダヤ人同胞ステファノの殺害をとおして瓦解し、その内的葛藤が〈殉教者に倣う私が殺害者になった、抵抗する被害者であるはずの私が加害者になった〉というパラダイム転換を引き起こしたのだろうと述べました。このパラダイム転換を契機としてパウロが体験した啓示／回心（ガラ1.15-16）は、神の子イエスが教会を敵視するパウロをも受容し和解したことへの応答でした。この体験は彼が継承した原始教会のイエス理解を新たな方向へと進めました。

　c.　敵のための殉教：原始教会を迫害したパウロとその一味のみならず、原始教会もマカバイ抵抗運動の記憶の一側面をそのうちに刻んでいました。それはイエスの神の国運動における受難を、第4詩の僕に倣うマカバイ殉教者の苦難と重ねたからです。原始教会にとっては、苦難の僕が「多くの人」のために死に、マカバイ殉教者がイスラエルの民のために死んだように、イエスもまた「多くの人のため」（マコ10.45）すなわち「私たちのため」（ロマ5.8）に命を献げたのです。そしてこの「私たち」はロマ5.6, 8節の定型表現にあるように、原始教会にとっては「弱かった……不敬虔だった……罪人であった」、すなわち頑迷で不従順で無理解な弟子たち自身を意味しました。パウロはさらにこの「私たち」に、あえて「敵であった」── 教会を敵視してステファノを殺害した ── 自分を含めました（ロマ5.10）。こうして、〈敵のためにさえ生かし尽くす神の子イエス〉という新たな神学的展開が生じました。

　d.　敵のために死ぬ英雄？：既述のとおり（140-42頁）パウロを含めた原始

166

教会は、〈メシアの死〉という問題を乗り越えるために、その死を古代地中海世界で広く知られた英雄死と見なしました。英雄は自分が代表する民のために、すなわち味方のために命をかけて敵と戦い勝利をもたらします。常識的には敵の利益のために行動する英雄など存在しません。この点は既出の英雄死伝説が雄弁に物語っています。ペロポネソス人の侵略を受けるアテネ人の王コドルスは〈敵に与するくらいなら民のために死を選ぶ〉と述べて、その命を差し出します（リュクルゴス『レオクラテス告発弁論』1.84–87）。これが英雄死の常識です。パウロが体験したパラダイム転換はこの常識を軽々と越えて、驚くべき「アンチ・ヒーロー」——敵のために死ぬ英雄死——をイエスのうちに発見しました。

　e.　**愛敵という行動原理**：原始教会がイエスの死を「私たちのため」と理解したことが、他者に死を押し付ける責任転嫁でなく、むしろその死が〈「私たちのため」だった〉という責任の所在を記憶に刻み込む行為であったなら、パウロがイエスの死を「敵のため」と理解したことは、イエスとその教会とを敵視して暴力を加えたことへの深い悔恨と責任をその記憶に刻み込む行為であって、責任転嫁などとは一切関わりのない発想です。「私たちのため」さらに「敵のため」という表現は、パウロと原始教会がイエスの死の責任を内面化して、イエスを死へと向けた大義を継承するための装置と言えるでしょう。これは、社会的記憶の言語を用いるならば、現行の常識的な社会的記憶への葛藤によって書き直された「対抗記憶（counter-memory）」です[27]。この共同体記憶に則って、教会はその独自の在り方を展開してゆくことになります。とりたててイエスの死をとおした救済が「神の愛」（ロマ5.8）と説明されるのは、回心後のパウロがイエスによる愛敵の教え（マタ5.44／ルカ6.27）のうちにその神の国運動の行動原理を見出したからではないでしょうか。〈敵でさえあった私たちのためのイエスの死〉という理解は、この行動原理によって受容された者をその原理によって突き動かすのであり、繰り返しますが責任転嫁の対極にある生き方へと私たちを促しています。

　f.　**パウロの異邦人宣教**：この敵のために死ぬイエスという対抗記憶は、おそらくパウロの宣教観にも影響を与えたことでしょう。本書4章（130頁）では、「すべての人のため」のイエスの死（IIコリ5.14–15）が「和解の務め」と

いう宣教意識へと繋がったと述べました（32-33頁）。遡って本書1章では、僕がその身を献げた「多くの人」に僕の弟子のみならず諸外国人が含まれていると述べました。苦難の僕は、神とその民に敵対する外国人を排除して攻撃する（士5.31, 詩80.17, ダニ3.32,『ソロ詩』7.32）という仕方でなく、むしろ彼らの救いをも視野に入れてその苦難に身を置いたのです[28]。この苦難の僕の生き様を手がかりとしてイエスのうちに新たな殉教者（真の英雄死）を見出したパウロは、「敵のため」に死んだイエスの神の国運動の対象として異邦人—— 神に敵対する諸外国人 ——を含めるのみならず、かつて敵対者だった自分こそが神に敵対する異邦人へと遣わされるべきだとの確信に至ったのでしょう（ガラ1.16参照）。こうして異邦人の使徒パウロが誕生しました。

> ## Ｃのポイント
>
> ● 弱く不敬虔な私たちのためのイエスの死という理解は、責任転嫁でなく悔悛を記憶に刻むこと。
>
> ○ パラダイム転換の結果パウロは、敵を滅ぼす解放者でなく敵のために命を献げる解放者としてイエスを理解した。
>
> ● 敵のために身を献げるキリストへの信仰は、パウロを本来の敵である異邦人の宣教へ向けた。

D.　イエスの命への参与

1.　「彼の命にあって」

a.　動機づけ：本書は、他者のために命を献げる人物に注目しつつ、その中心においてイエスの死の理解を考察しています。〈キリストへの参与〉というパウロに特徴的な神学概念自体は「死」から少し焦点がずれるように思われるかも知れませんが、じつはイエスの死の理解と密接に繋がっています。本書4章では（150頁）、原始教会がイエスの死の意義を模索したその延長でこの参与という概念が萌芽したかも知れないと述べました。キリストへの参与という概念はとくにロマ6.1-11において明らかに反映されていると言われますから、本項の後半（D.2）ではロマ6章に焦点を移してこの点を詳しく述べたいと思います。もっともこの概念は、直前のロマ5章でパウロが展開した〈敵のため〉のキリストの死という理解と切り離しては考えられません。なぜなら、〈私たちのため／敵のため〉という句に込められた悔恨と責任感とが、私たちをキリ

ストへの参与へと動機づけるからです。もう一度、ロマ5.9–10節を確認しましょう。

> ⁽⁹⁾したがって義とされたのなら**今**、彼（キリスト）の血において彼（神）の怒りから私たちが**救われつつある**のはなおさらです。⁽¹⁰⁾敵であったのに神に対して彼の子の**死**をとおして私たちが和解されたのなら、和解された者として、彼の**命**にあって**救われつつある**のはなおさらです。

　上のテクストでパウロはイエスの死と命の両方に言及しつつ、敵のために死んだ殉教者、つまり信仰の英雄イエスの死に様と死にいたる彼の生き様とが、敵であった私たちに救いの道を示していることを教えています[29]。私たちがイエスの死の救済的意義について語る場合、それはいつでもイエスの生き様への私たちの参与という命の選択と深く結びついています[30]。この意味で、すこし先に進んだロマ5.19では「従順（ヒュパコエー）」という語が、イエスの死のみならず彼を死に至らしめたその生き様全体を指しています[31]。これはフィリ2.8における「十字架に至るまで従順（ヒュパコオス）だった」という表現と符合します。

　b.　未来時制の現在的意味：「救われつつある」という動詞が未来時制になっていることから、ここでは終末が完成した時の最終的な救済についてパウロが述べていると思われがちです。しかしこれは、少しばかり安易な解釈のように思われます。私たちは、9節で同じ「救われつつある」という動詞が用いられているその直前に、「今」という副詞が補足されていることに注目しましょう。つまりここでは今と未来とが重なっているのです。この副詞の意義を見逃さずにパウロの意図を捉えるなら、未来形によって述べられている救いは、〈終末がすでに開始してそれが完成するまでの「今」の期間の救い〉を指していると考えるべきでしょう。すなわちパウロは、将来的な救いの完成に向かう現在の救いのプロセスを「救われつつある」と表現しているのであって、回心した私たちの在り方が何一つ変わることなく漫然と寿命をこなしたあとで突如として忘却の彼方にあった救いがやって来るような事態は想定していないのだと思われます[32]。

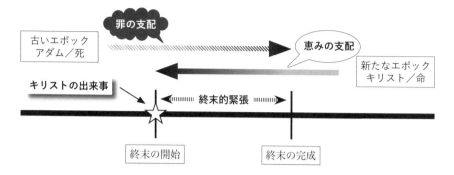

社会的記憶形成／変遷

罪の支配

古いエポック
アダム／死

恵みの支配

新たなエポック
キリスト／命

キリストの出来事

終末的緊張

終末の開始

終末の完成

　c.　開始した終末論：じつに終末の開始から完成までのタイム・ラグを想定するこのような終末理解は、〈開始した終末論〉と言われます。イエスの死に至る従順な生き様と復活とを含めた〈キリストの出来事〉によって、この世は古いエポック（時代）から新たなエポック（時代）へと移ります。この移動が起こる時点が終末の開始です。終末は開始したものの、まだこの世では罪の支配が消滅しておらず、被造物はその影響を受けています。しかし終末は確かに始まっており、神の国の価値観が至るところで体現され体験されています。人は無意識にせよ認識があるにせよ罪の支配（古いエポック）と恵みの支配（新たなエポック）のあいだの葛藤──〈終末的緊張〉──のただなかにあります。そして最終的に神の創造秩序が完全に回復して正義と憐れみとが世を満たすときが終末の完成です[33]。「救われつつある」とは、終末の開始から終末の完成を目指した日々の救いの生き様を指しています。

　d.　パウロ風〈神の国運動〉：するとロマ5.10は、イエスの神の国運動を記憶する原始教会の今の在り方を、パウロなりの言葉で表現した箇所と言えるでしょう。本書3章と4章で述べた神の国運動を思い出しましょう。イエスは神の国の到来に備えて民が神へ立ち返るよう促し、自ら周縁者へ奉仕しつつ神の国の価値観（正義と憐れみ）を体現しました。イエスはその活動の延長に死があることを予期しながらも、しかしその死がむしろ神の国へと民を備えるための啓発となることを希望して、自らの使命を「多くの人のための身代金として命を献げる」（マコ10.45）と要約しました。師であるイエスを悼む原始教会は、

〈イエスが死に至るまで私たちを神への誠実さ（義）へと促した〉という死の
当事者意識と責任感を「私たちのため」と表現しました。これがイエスへの無
理解と神への不誠実を悔いる悔恨をともなって、真の意味で原始教会がイエス
の神の国運動へ参与する動機付けとなりました。その参与はより実存的には死
に至るイエスの生き様に倣うことであり、神の国の価値観を体現して神への誠
実を示す信仰の在り方を意味します。

　e.　**救い**：これをパウロはロマ5.10で「（イエスの）死をとおして……命に
あって救われつつある」と表現しているのです。ユダヤ教の伝統に立つパウロ
や原始教会にとっての救いとは、〈死んだら雲の上で天使と戯れる〉という類
の霊魂離脱的な思想ではなく[34]、何よりもこの地上において神の国の一部と
なり、その正義と憐れみをこの地上（現社会）で体現し体験することです。パ
ウロ自身がイエスの生き様に倣い、コリントのキリスト者に対してその模範
に続くよう促していることは（Iコリ4.6-17）、まさにイエスの神の国運動を継
続することです。こうしてイエスの死に至る生き様は、それに参与する者のあ
いだで ── また参与する者をとおして ── 弱者を助け、罪人を受容し、差別
の垣根を越えつつ、命を紡ぎ続けます[35]。これを体現し体験する共同体では、
すでに終末の神の国が完成を目指して動き始めているのです。

2.　キリストへの参与（ロマ6.1-11）

　この箇所はパウロに特徴的な〈キリストへの参与〉という神学概念が明らか
な箇所です。少し長めですがその前半部をここに書き表しましょう。

　　[1]恵みが増加するために、罪に対して留まり続けるべきでしょうか。[2]けっ
　　してそうではありません。私たちの誰であれ罪に対して死んだ者が、いか
　　にその（罪の）なかで生き続けるでしょうか。[3]あるいはあなた方は知ら
　　ないのですか、「私たちの誰であれキリスト・イエスへ［属するように］と
　　バプテスマを授けられた者は、彼の死へ［属するように］とバプテスマを
　　授けられた」ということを？[4]したがって私たちは彼の死に属するバプ
　　テスマを通して<u>ともに埋葬された</u>のです。それは、ちょうどキリストが死
　　者らのあいだから父の栄光を通して起き上がらせられたと同様に、私たち

も命の新しさのうちにあって歩むためです。⁽⁵⁾なぜなら、もし私たちが彼の死と同一の者になってしまっているなら、私たちはその復活においてもそうなりつつあるからです。⁽⁶⁾私たちはこのことを知っています、「私たちの古い人間が<u>ともに十字架につけられた</u>のであり、それは罪の体が無効とされるためであり、もはや私たちが罪との関係性において奴隷として仕えることがなくなるためです」。⁽⁷⁾それは、死んだ者が罪から自由にされてしまっているからです。⁽⁸⁾またもし私たちがキリストと共に死んだのなら、私たちは信じます、「私たちが彼と共に生きつつある」ことを。

a. 〈キリストへの参与〉とは：それは読んで字のごとく、キリストの運命に参加することです。それは〈キリストの在り様と自らの在り様とが有機的に深く繋がる〉ことと言いうるほど、深い関係性を意味します。この神学概念はたんなる気の持ちようや教理への賛同でなく、神の臨在を意識したり神の霊に促される等の形而上の体験に支えられた信仰の営みです。パウロはこのキリストとの関係性の強固さあるいは深遠さを、「同一の（シュンフュートス）」（ロマ6.5）というレアな語を用いて表現しています^{c)}。これは〈同種の、同質の、共に育つ〉といった意味合いの形容詞です^{d)}。それゆえカルヴァンに始まりシュヴァイツァーに至るまでの註解者らは〈接ぎ木〉という栽培法のメタファを用いつつ、キリストとキリスト者との一体感を示すこの形容詞の意義を説明してきました。このギリシャ語が実際に接ぎ木を意味するかは大いに疑問ですが、それが実存的なレベルでの深い一体感を表現するのに相応しいことは確かです³⁶⁾。これは観念的な一体感を越えた、歴史上のイエスの記憶に基づくキリスト者の地に根を下ろした生き様の選択でもあります。宗教的体験に支えられているとは言え、それはシュヴァイツァーが述べるような忘我的な神秘主義とは明らかに異質な

---

c) ロマ6.5の「同一の者」は、文字どおりには「同じ様相に対して同一の者」である。

d) パウロに特有なキリストへの参与という神学概念を反映する表現としては他に、「キリスト（の内）にあって」、「キリスト（の中）へと」、「キリスト故に」、「キリストを通して」、「キリストと共に」等の前置詞を用いた表現が多く見られる。さらにロマ6.4, 6では「ともに（シュン）-」という接頭語が付いた複合動詞によって（本文のテクスト下線部を見よ）、キリスト者がイエスの死の運命に参与する様子が描かれている。ロマ6.4の「同一の（シュン・フュートス）」も同様の構造の複合語である。

ものです[37]。形而上的な概念を備えている参与は、しかし一時的なエクスタシーと同様に考えられるべきでもありません[e]。

b.　キリストへの参与と原始教会：私はこの概念がパウロの個人的な啓示体験（ガラ 1.15-16）を背景とする思想だという説明に一理あると思いますし、パウロがその回心体験の示すとおり非常に黙示的な人物であったとも考えます[38]。もっともパウロが参与について述べる場合、それは原始教会が体験したイエスの死と復活に依拠しています（ロマ 6.4-5）。さらにこの箇所の結論部（6.11）と直後の部分（6.12-14）には倫理的奨励が明記されています。それならば参与という概念を考える場合、イエスの弟子らがイエスの神の国運動に応答し、自らの不誠実を悔いてこの運動に真の意味で参加したことによって形成された原始教会の伝統をも、その背景として含める必要があると思います。そしてこれは振り返ると〈悔い改めと参加〉——（i）苦難の僕の運命へその弟子らが悔い改めをもって参与することで共同体を拡張したという伝統、さらに（ii）マカバイ殉教者の誠実さに悔い改めをもって倣うことで民が神との和解を得るという思想——というパターンと無関係ではないように思われます。イエスを死に至らしめた神の国運動の背景に苦難の僕やマカバイ殉教者の運命を見出していた原始教会がイエスの死の意義を模索するという救済論的探究は、〈あの死をいかに内面化して私たちは今を生きるか〉という姿勢——つまり死の運命に参与する者の生き様——と切り離して考えることはできません。私は、この伝統にパウロ自身の回心体験が融合する仕方で萌芽した神学概念こそが〈キリストへの参与〉であると考えます。

c.　エレミヤ風〈恵み過信症〉批判：ロマ 6 章でキリストとキリスト者との一体性（参与）に話題が移る直前（ロマ 5.12-21）で、パウロはアダムと人類の一体性という古いエポックと、キリストとキリスト者との一体性という新たなエポックを対比し、これを罪の支配から恵みの支配への移動だと結論づけています。ここでパウロはキリストを、古いエポックから新たなエポックへの移動の鍵と見なしているようです[39]。しかし恵みを強調したパウロは、神の恵みに安堵してキリスト者としての倫理的責任に目を向けない〈恵み過信症〉とも呼ぶ

---

e)　もっとも本書著者はここで、特定の教派において実践されている宗教的エクスタシーを批判したり否定したりはしていない。

べき恵みの誤解に対して釘を刺すように、「恵みが増加するために、罪に対して留まり続けるべきでしょうか。けっしてそうではありません」（ロマ6.1-2）と述べ、さらに、イエスの死の運命に参与した者は「命の新しさのうちにあって歩む」（ロマ6.4）という生き様へと参与したのだと語り始めます。私にはこのロマ6.1-2の論調が、エレミヤの神殿批判を彷彿とさせるように思えます。

　預言者エレミヤは、神殿犠牲が促す悔い改めと周縁者に対する憐れみの実践を怠りながらも神殿体制に虚しくすがるイスラエルの民に対し、神殿崩壊という警告を発して悔い改めを促しました。その際に彼は、内実をともなわない神殿への過信と慢心を「『これは主の神殿、主の神殿、主の神殿だ』という偽りの言葉」（エレ7.4）と表現しました[40]。パウロはこれに呼応するように、内実のともなわない恵みへの過信と慢心に対して警告しているかのようです。ロマ6.1-2からは〈『これは主の恵み、主の恵み、主の恵みだ』という偽りの言葉〉というパウロの〈恵み過信症〉への批判が聞こえてくるかのようです[41]。この病状の処方箋として、パウロはキリストへの参与を語り始めます。

　d.　死のバプテスマと参与：パウロはここで原始教会において確立しつつあったバプテスマという通過儀礼に読者の注意を向けつつ[42]、キリストへの参与について説明します。「私たちの誰であれキリスト・イエスへ［属するように］とバプテスマを授けられた者は、彼の死へ［属するように］とバプテスマを授けられた」（ロマ6.3）。「バプテスマを授ける（バプティゾー）」という動詞は、「［液体に］浸す」というより広いニュアンスを含んでいます。たとえばこの単語には、染料液に布を浸すと布に染料が移るというイメージがありますから、上述した「同一の（シュンフュートス）」という語とともに参与による一体性という神学概念を語るのに適切です。もっともパウロが〈イエスの運命へと参与することは、その死の運命へ参与することでもある〉と教える際にバプテスマをメタファとして用いた背景には、イエス自身がその予期する死を「バプテスマ」と表現したという原始教会の記憶（マコ10.38-39／ルカ12.50）があるように思われます[43]。すなわちバプテスマという儀礼には、当初から何らかの死のイメージが関わっていたようです。

　それでは「キリストの死へとバプテスマを授けられた」（ロマ6.3）、あるいは「私たちが彼の死と同一の者」になった（ロマ6.5）、さらに「キリストと共

に死んだ」（ロマ6.8）とは何を意味するでしょう。生きているキリスト者は死んでいないので、この死は当然メタファです。本書4章で述べたとおり、パウロは死というメタファを古いエポックから新たなエポックへの移動の象徴として用います。ロマ6章でキリスト者が死ぬ場合にそれが過去の出来事であることを考慮に入れるなら、その死は神の国の到来に備えるようにとのイエスの促しに応答して、神への不誠実から誠実へと移動した（非パウロ的な表現を用いると、悔い改めた）という事実を指しているでしょう。この移動を果たした者はすなわち、イエスの神の国運動に参与し、その運命と一体となったということです。恵みの支配へと移動した者は罪の支配から移動した者なので、「罪のなかで生き続ける」ことはできません（ロマ6.2）。つまり上述した〈恵み過信症〉的な状況は、古いエポックから新たなエポックへの移動を反映していません。

e.　イエスの命に倣うとは？：そしてイエスの死への参与は、その命への参与の前提として描かれています。したがってイエスの死への参与は「私たちも命の新しさのうちにあって歩むため」（ロマ6.4）であり、結果として「私たちはその復活においてもそう（一体に）なりつつあり」（6.5）、「私たちが彼と共に生きつつある」（6.8）という確信をもたらします。後者の2箇所では未来時制の動詞が用いられており、一般には終末の完成における復活の体と永遠の命への希望が語られていると考えられます[44]。もちろんパウロは終末の完成への希望を見据えているでしょうが、やはりロマ5.9–10の場合と同様に（169–70頁）、キリストへの参与がそこに至る今の生き様に焦点を置いていることを忘れてはいけません。したがってキリストへの参与という概念は、回心したキリスト者に対して〈永遠の命を待ち遠しにしていなさい〉という受動的な救いの確信のみならず、イエスを死に至らしめたほどの神と人への献身の生き様に参加すること、すなわち〈生かし尽くしたイエスの命に倣いなさい〉という能動的な救いの希求と体験を教えているのです。

　一点だけつけ加えるなら、上の脚注（d）に補足して説明したとおり（172頁）、キリストへの参与という概念を表現する「［キリストと］共に埋葬された」（ロマ6.4）や「ともに十字架につけられた」（6.6）という語は、死にいたるイエスの生き様という運命にキリスト者個人がともになった（連帯した）と

いうだけでなく、キリスト者がその生き様ゆえにイエスを介して他のキリスト者とともに連帯し、互いのあいだで正義と憐れみとを体現し体験し、さらに共同体として他者へ正義と憐れみとを体現する運命にあることを示しています。こうして「私たちのため」のイエスの死へ参与するキリスト者の救いのプロセスは、〈他人の犠牲の上で安穏に過ごす〉というような古いエポックの価値観の対極にある神の国の価値観を体現する日々の営みです。

> ## Dのポイント
>
> ● 「救われつつある」とは終末の完成に向かう日々において救いをこの社会で体現し体験する生き様。
> ○ キリストの死への参与とは、死に至るイエスの生き様を内面化した信仰の営み。
> ● キリストの命への参与とは、復活が象徴する新たなエポックの開始を能動的に生きる信仰の営み。
> ○ キリストとの連帯は、連帯する者同士の連帯を促す。

結　論

　パウロはマカバイ抵抗運動の延長にあって、ローマ支配下で民族的宗教の純粋さを固守するという被害者意識に動かされて、神殿を批判してはばからないステファノの殺害に関与します。この殺害の衝撃は、殉教者に倣う被害者としての自意識から、同胞を殺害した加害者としての意識へとパウロを向けました。この本章冒頭で述べた「テロリストは僕だった」的なパラダイム転換を体験したパウロは、のちに神の子キリストの啓示体験をとおして、イエスこそが同胞のみならず自分のような敵対者のためにさえ命を献げる〈敵のため〉の解放者、真の殉教者となったメシアだと確信しました。

　この真の解放者の生と死とに連なるキリスト者は、解放者の死が自分のためだったという責任の自覚を抱きつつ、終末（あるいは神の国の到来）が完成する日まで、現代社会において真の解放者との連帯をとおしてその解放の業——味方のみならず敵のためにさえ正義と憐れみをもって仕える生き様——を続けます。これがキリストに参与する者による能動的な救いの営みです。

〈付 録〉
物語　パウロの独白

　私パウロが21歳、エルサレム都下のユダヤ教会堂に律法教師として所属したてのある朝、総督ピラトの指揮下にあるローマ軍が持ち込んだカエサルの像がエルサレム神殿内に据えられたとの知らせを受けました。発見した祭司らによってこの一大事は都を駆け、私も神殿へと急ぎました。「いかなる像も造ってはならない、私は熱心の神」という十戒の掟が脳裏に響きます[f]。この偶像禁忌の規定を日々唱えない者などユダヤ人とは言えません。すでに神殿には相当数の祭司や住民が押し寄せていましたが、ローマ軍に堅く守られて鎮座する偶像に手も足も出ません。一方で、総督が常駐するカイサレイア近隣の住民がこの知らせを受けとると、すぐさまその屋敷を囲み抗議の声を上げました。総督は「野外競技場で応対する」と言い群衆を移動させますが、それはローマ軍に彼らを包囲させるための方便でした。兵士らは剣を抜き、総督はカエサルの像を受け入れるよう脅します。同胞は口々に、「いかなる像も造ってはならない、私は熱心の神」と叫びます。そして、かつてシリア王アンティオコスの脅しに抵抗した祖先の熱心を神が報いた記憶によって自らを鼓舞し、「偶像撤去か、然らずんば我らに死を」と首を差し出したのです。総督は、〈愚衆を潰すことは容易いが、騒ぎがさらに広がると、ローマの元老院がうるさい〉と思案し、偶像の撤去を約束しました[g]。

　この知らせに都は勝ち鬨をあげます。「かつて我らの父祖は、シリアの王アンティオコスの冒瀆に神への熱心をもって立ち向かい、勝利を得た。マカバイ殉教者を神は報いた。我らも神への熱心をもって忌まわしき侵犯[h]を阻止した。ピネハスの熱心に倣え[i]。マカバイ殉教者の熱心に従え[j]」。この凱歌に私も声

---

f)　出20.4-5.

g)　ヨセフス『戦記』2.169-177.

h)　「忌まわしき侵犯（βδέλυγμα ἐρημώσεως）」（Ⅰマカ1.54, ダニ11.31, 12.11, マコ13.14参照）。

i)　77頁の脚註k）を参照。

j)　ユダ・マカバイ一族を指導者としてセレウコス朝シリア（とくにアンティオコス4世エピファネス）へ抵抗する、いわゆるマカバイ抵抗運動において、神と律法への熱心を貫いて殉教した者を〈マカバイ殉教者〉と呼ぶ。とくに律法学者エレアザル（Ⅱマカ6.18-31）と無名の母子（Ⅱマカ7

を合わせました。が、「シリア」という語を聞く度に背筋を冷たいものが走るような感覚を抱きます。私がシリア出身者だからです[k]。じつに私が所属するのは、シリア・キリキア州から帰還したユダヤ人が集うギリシャ語話者の会堂でした。私たちは敵国シリアの出身であることの危うさを肌に感じつつ、それだからこそ一層「神への熱心」を声高にしたのです。

　時を経ずして総督ピラトは、水道橋建設という大がかりな土木工事に着手します。その費用捻出のため、こともあろうにエルサレム神殿の財宝に手を出しました。エルサレムの住民はヘロデ神殿の〈総督の座〉を取り囲んでこれに抗議しましたが、むろん私もこれに加わります。すると今度は、「神への熱心」を叫び続ける群衆にピラトが襲いかかります。群衆のなかに紛れ込んでいた神殿警備兵らが、おもむろに隠し持っていた棍棒で次から次へと無防備な民に襲いかかり、私の足下に激しく殴打された同胞が倒れ込みます。呆然として立ち尽くす私の目の前を、パニックに陥った住民はこぞって出口へとなだれ込み、多くがそこで圧死します。私はかろうじて神殿を離れました。その日都は、圧倒的な暴力を目の当たりにして沈黙したのです[1]。

　あれから4年、都ではあからさまにローマに刃向かう動きはありません。住民には、何とか静かに日々をやり過ごそうとする者がいる一方、民族の存亡を憂え過激な言葉で自らを鼓舞する者らもいます。律法教師である私パウロも、ローマ人とそれにへつらうユダヤ人貴族らに神の裁きが下るよう願いました。最近になって総督ピラトは、自分を支持するエルサレムの貴族連中を喜ばせようと、サドカイ派が処刑するよう求めたナザレ人のイエスという男を、無理やり叛乱首謀者に仕立て上げて十字架につけましたが、その程度のことで住民がピラトに好意を寄せるはずなどありません[m]。もっともこのナザレ人の取り巻きらが、十字架にかかった男が生き返ったなどと騒ぎ出すものですから、私は彼らに対して強い嫌悪を抱きました。〈木にかかって呪われた者が殉教者気取

<hr />

章）の殉教が記憶され、のちに『IVマカバイ記』でその殉教物語が敷衍される。

k）　使21.39.

l）　ヨセフス『古誌』18.260-309.

m）　マコ15.6-15参照。

りか[n)]。最初に復活を遂げるのは真の殉教者だ[o)]。神殿への献げ物を売る市場で騒ぎを起こし[p)]、供儀を滞らせた男がどうして殉教者なものか。神殿供儀を妨害するなどとは、あのシリア王アンティオコスがやったことではないか[q)]〉と。

　ですから、彼らの一味で同じシリア出身のステファノという男があのナザレ人の復活を宣伝し、挙げ句の果てに「天の神は人が創った神殿などに住まない[r)]」と訴えたとき、私は怒り心頭に発しました。そして同胞に同意を求めて声を上げました、「神殿での犠牲を妨害するだけでない、神殿そのものを冒瀆するあのナザレ人らは、もはや同胞のユダヤ人でない。神と神殿とを冒瀆する輩はローマ人の手先、あのシリア人の手先だ。我々はマカバイ殉教者の熱心をもって彼らに立ち向かおう」と。私と会堂の仲間らはステファノを捕らえると、城壁の外へ引きずり出しました[s)]。聖なる都からの追放は当然の報いです。しかし怒りが収まらない同胞は、冒瀆者への法的制裁としてステファノを石打にしてしまいました。私の目の前で、男は血を流して崩れ落ち、容赦ない投石がその骨を砕きました[t)]。4年前のあの日、総督邸の庭で兵士らに棍棒で打擲され、私の足下に崩れた同胞の

ラテラノ宮殿所蔵『聖ステファノの石打』

n)　申27.26; ガラ3.13参照。

o)　IIマカ7章参照。

p)　マコ11.15–19参照。

q)　IIマカ6.5.

r)　使7.49–50.

s)　使7.58.

t)　使7.54–8.1参照。

姿とそれが重なりました。その時、何かが私のなかで変わり始めました。

　ローマへの不満分子は、その怒りの矛先をこれらのナザレ人に向け続けます。彼らを、神殿と我らユダヤ民族とを愚弄するローマ人の手先と見なしたからです。私も当然この活動に加わりましたが、拿捕される一味の悲痛に歪む顔を見るにつけ、不安に襲われるようになりました。

　私たちの先祖は神信仰を弾圧する支配者に対して、命を賭して神への熱心を示しました。文字どおり死を遂げたマカバイ殉教者の熱心は、私たちが宗教弾圧を耐える支えとなりました。神への熱心ゆえに、同胞はピラトの兵士に殺されました。ところが今、私は神への熱心によって同胞のナザレ人らへ殺意を向けたのです。熱心の投石がステファノを潰しました。神への熱心は、被害者の盾でなく、加害者の剣となりました。被害者の私が加害者となったのです。殉教者の熱心を突き詰めた私は、殉教者でなく殺害者になりました。私がよって立つ世界がこうして瓦解し始めたのです。

　その頃から私は、当時仲間内で流行っていたメルカヴァの幻視体験の修練に安らぎを求めて、祈りに身を投じだしました。そしてとうとうあの日、ダマスコへ向かう途上で「母の胎にいるときから私を選び分けて、恵みによって召された神が、喜んでその御子を私のうちに啓示されました」（ガラ 1.15-16）。

■第5章の課題■

A.　以下の三択問題に答えよ。
1.　著者はパウロの回心をどのように説明しているか？
　　a.　ステファノ殺害のトラウマが啓示体験に直結したと説明している。
　　b.　ステファノ殺害とは関係なく、メルカヴァの修練をとおして改宗した。
　　c.　ステファノ殺害のストレスゆえに没頭したメルカヴァ修練による啓示体験が回心へ繋がった。

2.　イエスの死が〈敵のため〉であるという理解はなぜパウロを異邦人宣教へ向けたか？
　　a.　神の敵だった自分こそが、敵対者である異邦人への宣教にもっとも相応しいと理解したから。
　　b.　敵のために死んだイエスに倣うには、死の危険が大きい異邦人宣教をすべしと理解したから。
　　c.　敵対する異邦人のためにイエスが死んだなら、宣教の主な対象は異邦人だと理解したから。

3.　著者は〈恵み過信症〉をどのような意味で用いているか？
　　a.　行いでなく恵みによって救われると考えることの過ち。
　　b.　恵みのみを強調して、恵みがイエスの生き様に倣うよう促すことを看過する過ち。
　　c.　恵みの啓発主題を強調して、信仰義認を看過する過ち。

B.　以下の問いについてそれぞれ100字程度で答えよ。
1.　のちのパウロの回心に繋がるパラダイム転換はいかにして起こったか？
2.　〈敵のため〉の死というイエス理解の背景にはパウロのどのような体験があるか？
3.　〈キリストへの参与〉は〈開始した終末論〉の観点からどのように説明しうるか？
4.　〈キリストと共に〉という概念は共同体形成にいかなる影響を与えうるか？
5.　パウロによる〈敵のための〉イエスの死という理解はキリスト者に責任転嫁を促すか？

▪第6章▪

パウロからその後の初期文献へ

仮面伝説のおやくそく

　宮部みゆき著『幻色江戸ごよみ』所収の「だるま猫」は江戸時代の火消しを主人公とする仮面伝説です。革の頭巾は火消しに欠かせない装束の1つですが、角蔵が手に入れたのは100年を生きぬいた老猫を殺してなめした革で作られた頭巾、被るやいなやこれからあがる火の手の様子が目の奥に映る代物です。火事場で手柄をあげて喜んでいるのも束の間、角蔵は自分の目が暗闇で猫の目のように不気味な光を放つのに気がつきます。古今東西、仮面伝説の類は多くあります。この種の物語のおやくそくとも言うべき特徴は、仮面が顔と一体化するとか、仮面に思考が占領されるといった怪奇です。

　私たちはとくに本書4章と5章で、イエスの死の意義をパウロを含めた原始教会がいかに説明し始めたかを考察してきました。その際に、神殿犠牲や追放儀礼といったメタファがイエスの死という実体を説明するために用いられたことを確認しました。本章では、イエスの死という実体とそれを説明するメタファのあいだにパウロがある程度の距離を置いていると理解したうえで、パウロ以降の教会がこの実体とメタファとを近づける傾向を示していることに注意を向けたいと思います。それはある意味で老猫の頭巾が角蔵の視覚を占領し始めたように、メタファが実体を覆って一体化し、メタファが実体を侵食するプロセスと言えるかも知れません。ある程度の時間を経て、実体とメタファとの区別が曖昧となり、やがてメタファが実体を覆いつくし命題化される傾向に対して、私たちはどのように向かい合うべきかを考えましょう。

　それでは以下に本章における中心テクストを記し、解決すべき中心課題を列挙してから、本題に移りましょう。

導　入

a.　意外なパウロ：読者の皆さんは、パウロ神学に関する以下の問題にどう答えるでしょうか？

> パウロの思想において主要で **ない** ものは以下の内のどれか？
>   a.　信仰による義
>   b.　罪の赦し
>   c.　キリストの復活

大学での講義の際に小テストで上の三択問題を出すと、学生たちが首をひねります。〈どれも聞いたことがない〉と言う学生も例外的にいるかも知れませんが、幸い大半の学生にはどれも重要なパウロの神学主題のように思えるからです。しかしパウロは（b）〈罪の赦し〉についてほとんど言及していません。「赦す」という動詞がロマ4.7で1回のみ用いられますが、これは詩32.1の引用です[1]。「赦し」という名詞がコロ1.14とエフェ1.7に2回のみ用いられますが、既述のとおりこれら2書（とくにエフェソ書）がパウロによって書かれたかについては意見が分かれています[2]。

　これは罪に関するパウロの理解と関係します。ユダヤ教の伝統では「罪」が複数形（諸罪過）で表現されてきましたが、パウロは一般に「罪」という語を単数で記します。パウロが単数で「罪」という語を用いる場合、それは窃盗や詐称といった1つ1つの悪行を考えているのでなく、この世に身体をもって存在する私たちが解放されるべき、神に敵対する支配力を考えています[3]。これは民の解放が主たる目的である解放者メシアへの信仰と深く関わっていると思われます。つまりメシアの職務内容は厳密には解放であって、罪の赦しや汚れの清めではないのです（ロマ3.24参照）[4]。もっともパウロは1度だけ「赦し（アフェシス）」と関連する「（諸罪過の）放免（パレシス）」という語を罪との関連で用います。この語に関してはのちに述べましょう。

　b.　犠牲の欠如：おそらくもう1つ意外と思われる点は、パウロがイエスの死を説明する際に神殿犠牲のメタファを具体的に明示して用いている箇所が多くても2つ（ロマ3.25とIコリ5.7）しかないことです。Iコリ5.7に関しては神殿犠牲か議論が分かれます。いずれにせよ、動物が殺されるイメージを連想させるメタファが明示されている箇所は多くて2回のみということです。本書4章（131-33頁）で述べたとおり、「私たちの罪のため」というイエスの死に関する理解は遅かれ早かれ神殿犠牲を連想させたでしょうし、パウロはその連想を原始教会から継承したようですが、彼が神殿犠牲のメタファを直接的に用いるのは1（～2）回のみであることは、パウロのイエス理解を考える際に非常に興味深い点です。

　c.　おさらい：本書5章では、パウロがどのようにイエスの死を理解したかについて、とくにロマ5章と6章に焦点を置いて述べました。神の国運動という「私たちのため」の奉仕の延長にイエスの死を捉えた原始教会の理解を継承したパウロは、〈神への熱心がじつは神とその民への敵愾心だった〉と知るパラダイム転換的なステファノ事件を経て、「私たちのため」のイエスの死を〈（私という）敵のため〉の死と理解しました。そして私たちは、この理解が自らの責任を心に深く刻み込む悔恨に根づいており、責任転嫁を促す根拠となり得ないことを確認しました。むしろパウロは神の国運動によって示されたイエスの生き様に参与することが、悔恨と回心の当然の帰結だと考えたようです。それゆえに、敵のために命を献げるイエスの生き様は（ロマ5章）、その生き様

に倣うキリスト者の生き様（ロマ6章）に直結しました。

d.　本章のながれ：本章では、まず【A】パウロがイエスの死を明らかに神
殿犠牲と直結させる唯一のケースであるロマ3章に焦点を置きつつ、広い文脈
をも視野に入れながらその真意を探ります。さらに【B】メタファ複合という
現象に注目して、メタファの機能を確かめるとともに、説明ツールとしてのメ
タファが実体と一体化するプロセスを確認します。その上で【C】イエスが過
越の小羊に準えられる箇所をも補足的に考察しましょう。本章後半では、パウ
ロを含めた原始教会によるイエスの死への理解が、それから半世紀あまり後に
執筆された他の新約聖書文献においてどのような方向へと進み始めたかを分析
します。その際に【D】ヘブライ書、【E】ヨハネ文書、さらに【F】その他の
初期文献に焦点を置いて考察します。

A.　なぜ犠牲か？

1.　前パウロ伝承を含むロマ3.21-26のテクスト

a.　伝承：本章の前半で扱うロマ3.21-26には、パウロ以前の原始教会に由
来する伝承（前パウロ伝承）が含まれていると一般に考えられていますが、そ
れがどの部分かについてはいくつか異なる意見——3.24-26aか、3.25-26aか、
3.25aか——があります。詳細な議論は巻末註に譲りますが[5]、前パウロ伝承
がこのペリコペに隠れていると思われるおもな理由は、(1) 前述したように具
体的な犠牲メタファが例外的に見られること、(2) そこに非常にレアな単語で
ある「贖いの座」が用いられていることです。

b.　テクスト：以下にこのペリコペのテクストを挙げますが、私はミニマリ
ストの立場を取って下線部（3.25a）のみを前パウロ伝承として捉え、さらに波
線部はパウロによる伝承への補足だろうと考えています[6]。本章ではそのよう
な前提で話を進めましょう。

> [21]一方で今、神の義は律法とは別に啓示されていますが、律法と預言者
> らによって証言されています。[22][すなわち] イエス・キリストの誠実さ
> をとおして信じる全ての者らへ向けられる神の義 [です]。そこにはじつ

186

に区別がありません。[23]なぜなら皆が罪を犯し、神の栄光を欠いているからです。[24]キリスト・イエスにおける解放を通して、彼の恵みにより贈り物として［彼らは］義とされています。[25]神はこの方をその血によって、誠実さをとおして、彼の義の実施のために、贖いの座として公に示しましたが、それは以前に生じていた諸罪過を放免するためであり、[26]それは神の忍耐においてです。［これは］彼（神）の義を今の時代において公に示すため、［すなわち］彼（神）が義となり、イエスの誠実さに依拠する者を義とするためです。

2. 従来の苦しい説明

a. 嫌なら言わなければよい：なぜパウロが突然に例外的な犠牲メタファを明示したか、その説明が幾度も試みられてきました。もっとも一般的な説明は、〈パウロが原始教会の伝承を引用する際に、パウロの意図とは別にその伝承が犠牲メタファをたまたま含んでいた〉というものです[7]。この説明がまったく不可能だとまでは言えません。しかしもし伝承部分がロマ3.25aに限定されるとすると、この部分のほぼ全体が犠牲メタファなので、パウロが意図しないで用いたとは考え難いです。さらに、もし伝承部分がより広範だとしても、パウロに犠牲メタファを明示する意図がなかったのなら、編集して取り除くことができないはずはありません。

　この上の説明に付随するように、〈本ペリコペの中心的主題は前半部の信仰義認であって、犠牲メタファはそれほど重要でない〉という説明も散見されます。この場合も、それほど重要でない犠牲メタファが含まれる前パウロ伝承をわざわざ用いた理由が分かりません。私はこのような、パウロの一般的傾向と異なる部分を安易に異物混入として扱おうとする説明に説得性があるとは思えません。犠牲メタファが嫌なら、パウロは言わなければ良かったのです。

b. 俯瞰的理解：私たちはこのような〈木を見て森を見ない〉近視眼的説明でなく、解釈のドローンを飛ばしてローマ書を俯瞰するように眺め、このペリコペ全体をそれに先行するロマ1.1–3.20での議論との関係で捉えてみましょう。そうすると、パウロの手紙に突然のように犠牲のメタファが現れた理由が見えてくるように思われます。

3. 創造秩序（栄光）の回復ドラマ

a. 人類の窮状と解決：パウロはローマ書の開始早々、人類の窮状を描きます。神の創造に示された「神性」（ロマ1.20）あるいは「真理」（1.25）── 創造秩序 ── から離れた人類は、神の「栄光」を偶像と取り替えました（1.23）。パウロは人類の堕落のプロセスについて、神が人をその思いどおりにさせた（引き渡した）と繰り返し表現します（1.24, 26）。そしてこの窮状には、ユダヤ人と異邦人との区別がありません。じつにパウロは「正しい者は1人としていない」と結論づけます（3.10, 20）。ローマ書はこの窮状を前提として、その解決を語り始めます。すると本ペリコペ（ロマ3.21–26）は適切に、この解決部分（ロマ3.21–8.39）の導入と言えるでしょう[8]。それでは、本ペリコペでの語意や主題の流れについてしばらく解説を続けましょう。

ロマ前半（1–8章）		ロマ後半
人類の窮状（1.18–3.20）	窮状の解決（3.21–8.39）	
	導入部（3.21–26）｜実際の議論（3.27–8.39）	

b. 「律法と預言者ら」：キリスト者はこの窮状から解決への移行を、〈ユダヤ教の失敗とキリスト教による解決〉という安易な対立的あるいは宗教進化論的な思考として捉えがちです[9]。しかしパウロにそのような意図はありません。彼は本ペリコペの冒頭で、キリストによってもたらされる解決が「律法と預言者ら」（ロマ3.21）── すなわち旧約聖書── によって裏打ちされていると述べつつ、この解決を神の救済計画の延長に据えているからです[10]。じつにパウロは解決の導入部としての本ペリコペで、創造物語から始まる神の救済のドラマとキリストのドラマとを重ね合わせるようにして、創造秩序（栄光）の喪失とその回復を要約しているように思われます[11]。

c. 栄光の喪失と回復：パウロはロマ3.23で「皆が罪を犯し、神の栄光を欠いている」と述べます。ここでパウロは「栄光」という語を用いて人類の窮状（ロマ1.18–3.20）を振り返りつつ、それがキリストを通して回復に転じるのだと教えます。そして栄光の喪失が罪の結果であるという理解は、本書1章以

来繰り返し述べている大贖罪の日をも想起させます。イスラエルの不従順の罪によって、神の栄光が神殿を離れます。大贖罪の日には、民の罪によってもたらされた神殿の汚れを犠牲獣の血によって清め去る（さらに民の罪を雄山羊に運び去ってもらう）という象徴的行為が執り行われますが、この日にこれらの儀礼によって促される民の悔い改めをとおして神の栄光が神殿にふたたび招き戻されます（レビ16章）[12]。ロマ3.21-22では、この栄光が神の義であると先取りして述べられています。つまり終末が開始して完成に至る期間（終末的緊張、169-71頁参照）における栄光回復のプロセスは、そのまま義の神の支配が人におよび始める ―― キリストが示した神への誠実さ（義）に応答して人が神に対して誠実に生きる ―― プロセスです[13]。

　　d. 出エジプトのような解放：パウロは続けて、神の贈り物である義が「キリスト・イエスにおける解放（アポリュトローシス）を通して」与えられると述べます（ロマ3.24）[14]。一般にこの「アポリュトローシス」という語は「贖い」と訳されますが（聖書協会共同訳参照）、ここではより文字どおりに「解放」と訳しておきましょう[a]。新約聖書において「アポリュトローシス」の使用頻度は低く[15]、パウロ書簡には4度のみ（ロマ3.24, 8.23, Iコリ1.30, コロ1.14; エフェ1.7, 14, 4.30参照）見られます[b]。私たちは本書3章でこの語と起源を同じくする同根語の「身代金（リュトロン）」の意味を考察しました[c]。原始教会はイエスの死を「多くの人のための身代金」（マコ10.45）として記憶しましたが、キリストによって実現する回復のドラマを描くパウロが、この記憶に依拠しつつ同根語のアポリュトローシスを用いたことは想像に難くありません[16]。

　神の国の到来に備えて人々を神へ立ち返るよう促したイエスの死は、多くの人にとってその促しに応答する決定的な契機であり動機付けとなりました。このイエスの生き様と死に様を契機として神へと立ち返った ―― パウロ的には罪の支配からメシアにより解放された ―― 者は、イエスの死の目的を適切に

---

a)　コロサイ書とエフェソ書では、この解放を罪の赦しと結びつける（コロ1.14：「解放すなわち罪の赦し」、エフェ1.7：「解放すなわち違反の赦し」）。

b)　新約聖書の他所ではヘブライ書に2度（9.15, 11.35）、ルカ福音書に1度（21.28）見られる。

c)　本書3章106頁参照。同根語はマコ10.45以外にも名詞と動詞を含めて、マタ20.28, ルカ1.68, 24.21, 使7.35, Iテモ2.6, テト2.14, Iペト1.18, ヘブ9.12に見られるが、いずれも「解き放つ」というニュアンスを有している。

「解放」と認識したのです。本書3章（112頁）で述べたとおり、イエスが自らの神の国運動を出エジプトの解放物語と重ねたとするなら、イエスが解放者メシアであることの真意にたどり着いた原始教会、またその真意を継承したパウロは、イエス・キリストによる救済を〈出エジプトのような解放〉と表現することもできただろうからです。

e. 犠牲のような死：パウロはさらに「神はこの方をその血によって、誠実さをとおして、彼の義の実施のために贖いの座として公に示しました」（ロマ3.25）と述べます。ここでパウロは、キリストの死の意義を語るために「この方（キリスト）をその血によって……贖いの座として」という明らかなメタファを含む句を用いています。「その（彼の）血」がイエスの死を指す代喩であることは本書4章（124-25頁）で述べたとおりです。じつに「贖いの座」はパウロがその書簡群で例外的に明示する具体的な神殿犠牲のメタファですから（Iコリ5.7の「過越の小羊」に関しては後述）、ここで少しスペースを費やしてこの意味について述べましょう。

f. ヒラステーリオン：「贖いの座（ヒラステーリオン）」という語は、文字どおりには神殿至聖所に置かれている契約の箱の蓋を指します。出25.17-22には贖いの座の設計指示が以下のように記されています。

贖いの座を純金で造りなさい。……贖いの座の一部として両端にケルビムを取り付けなさい。……ケルビムは両翼を上に広げ、その両翼で贖いの座を覆い、互いに向かい合って、ケルビムの顔は贖いの座に向いているようにしなさい。あなたは贖いの座を箱の上に置き、箱のなかに私が与える証しの板を納めなさい。私はそこであなたに臨み、贖いの座、すなわち証しの箱（契約の箱）の上にある2つのケルビムの

契約の箱とヒラステーリオン

あいだから、イスラエルの人々のために命じるすべてのことをあなたに語る。

　最後の一文（22節）から分かるとおり、贖いの座は神の臨在の場として理解されていました[17]。レビ16章にあるとおり[d]、大贖罪の日にはこの贖いの蓋とその周りに犠牲獣の血が振りかけられます。それはイスラエルの民の罪によって汚れた神殿を清める象徴的行為です。この象徴的儀礼はイスラエルの民を啓発して罪の悔い改めへと促し、それがひいては神殿における神の臨在と神殿の正常な機能を保障することになりました[18]。

　g.　「贖罪の供物」？：もっともイエスを「贖いの座」に準えることに問題がないわけではありません。イエスは犠牲獣のように血を流しますが、「贖いの座」は犠牲獣の血が振りかけられる対象であって、血を流すことはないからです。そこで従来この語がロマ3.25で用いられる場合、「贖罪のための供え物[e]」あるいはそれに準ずる訳が充てられてきました[19]。「ヒラステーリオン」と起源を同じくする動詞の「エクス゠ヒラスコマイ」が旧約聖書で広く用いられるヘブライ語の「贖う（キッペル）」のギリシャ語訳であり、またやはり同根語の「ヒラスモス」が「贖いの手段である動物」を指すギリシャ語として用いられていることに鑑みると[20]、「贖罪の供物」という訳は可能でしょう[21]。

　h.　総合的メタファ：私は、このメタファに対してこれら複数の解釈が提案される背景には、このメタファが読者に様々なイメージを連想させるからだと考えます。そしてそれこそ、パウロがこのメタファを用いた理由なのかも知れません。じつに本書2章で言及した『IVマカ』17.21-22では[f]、やはりこの語

---

d)　「民のための清めのいけにえの雄山羊を屠り、その血を垂れ幕の中に携えて行き、（アロンとその一族のために、レビ16.11-14）雄牛の血で行ったのと同じように、雄山羊の血を贖いの座の上とその正面に振りかける。このようにして、イスラエルの人々の汚れと、彼らの罪となるあらゆる背きのゆえに、聖所のための贖いをする。また彼らの汚れの中で彼らと共に住んでおられる方の会見の幕屋のためにも同じようにする」（レビ16.15-16）。

e)　岩波訳：「贖罪の供え物として立てた」／新共同訳：「罪を償う供え物となさいました」／新改訳2017：「宥めのささげ物として公に示されました」／口語訳：「あがないのささげ物とされた」／フランシスコ会訳：「『あがないの座』として彼を公に示されました」／聖書協会共同訳：「贖いの座とされました」。ヘブ9.5では文字通りの「贖いの座」と従来から訳されてきた。

f)　「暴君は罰せられた。父なる大地は清められた。彼らは私たちの民の罪のための身代わりのようになった。そして敬虔なる者らの血と彼らの死という贖いの座（ヒラステーリオン）をとおして、

が無名母子の殉教の救済的意義を示すためのメタファとして用いられています。このメタファを通して大贖罪の日というより広い文脈にイエスの死なり殉教者の死なりを重ねることで、それらの救済的意義を印象的に語ろうとしているのでしょう[22]。ですからロマ3.25の日本語訳に関しては「贖いの座」という文字どおりの訳を充てておき、この調度品が中心的な役目を果たす大贖罪の日の祭儀全体を代喩的に指していると考えることがもっとも適切だと思われます[23) g)]。

　　i. 放免という主題：最後にパウロは、この救済的出来事を「以前に生じていた諸罪過（の罰）を放免するため」（ロマ3.25b）であると説明します。註解者らのあいだでは、なぜパウロが「赦し（アフェシス）」を用いず、新約聖書（と七十人訳聖書）の他の箇所に見られない「放免（パレシス）」を用いたか、その理由に関して一致した見解に至ることができないままです。この語は罪に関する対処を述べてはいますが、問題の解消という意味の赦しでなく、罰執行の放免や撤回が念頭にある語です[24]。罪の赦しと罪の放免との実質的な違いに関する議論は他所に譲ることにします[25]。もっともパウロがこのレアな語を用いた背景を考える際に、やはり私たちは本ペリコペをローマ書前半における論理の流れのなかに位置づけて考えることが必要となるでしょう。

　パウロは人類の窮状を語り始める際に〈神が人をその思いに任せて放免した（パレドーケン。名詞形はパラドーシス）〉（ロマ1.24, 26）と述べましたが、おそらく彼はこの栄光喪失という主題を念頭に置いて、今度は栄光の回復について語っているのでしょう。栄光喪失と栄光回復という表裏一体の2つの主題をリンクさせるために、両方で「放免」をイメージさせる語を選んで用いたのでしょう。すなわちパウロは、不誠実な人類を罪の支配へ向けて放免すること（パラドーシス）による栄光喪失（窮状）と、その人類を諸罪過の罰から放免すること（パレシス）による栄光回復（解決）とを対比させているのです。こうしてパウロはこの導入部（ロマ3.21–26）において、神の救済史を凝縮して濃厚な要約文にまとめ上げているのだと考えられます[26]。

　　神的摂理は不当な扱いを受けてきたイスラエルを守られた」。

g)　聖書協会共同訳では従来の「罪を償う供え物」（新共同訳）から「贖いの座」へと変更されている。もっとも共同訳聖書の脚註の補足として挙げられている「なだめの供え物」は大贖罪の日の儀礼とは関係がない。

4.　犠牲メタファの意図的な仕様

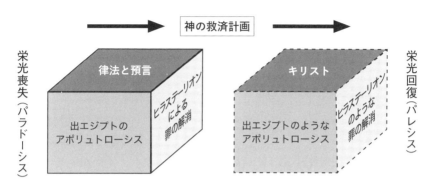

a.　犠牲メタファの俯瞰的解釈：再びローマ書前半の構造に注意を向けましょう。パウロはロマ1.18–3.20で人類の窮状を述べたあと、3.21–8.39においてその解決（救済）を開示しますが、その前半（3–5章）ではキリストによる救済を「律法と預言者ら」が伝える神の救済計画の代表例（アブラハムとアダム）と重ね合わせて提示します。本ペリコペはその導入部として、旧約聖書におけるより広範の救済史とキリストの救済とを意識的に並列させて要約しているようです。そのなかで神の救済の記憶としてイスラエルの民が脳裏に深く刻んでいた出エジプト物語（出15章、詩106.6–12参照）を念頭に置いてキリストによる「解放」に言及したあと、神がその民を創造秩序の回復へ繋ぎ止めるために制定した神殿犠牲 —— とくに大贖罪の日（レビ16章参照）—— を象徴する「贖いの座」としてキリストの死の救済意義に言及します。パウロが例外的にキリストの死を明らかな神殿犠牲と直接的に結びつけたのは、キリストによる救済を具体的に旧約聖書の伝統という意味での「律法と預言者ら」とリンクさせて神の救済史を要約する意図があったからでしょう。私たちはこのようなローマ書の構成に目を配るとき、パウロが神殿メタファを不承不承ここに挿入したというような消極的な解釈でなく、パウロが例外的に1度のみにせよ意識的にイエスの死に対して神殿犠牲のメタファを導入したことが分かります。

b.　パターンとしての旧約聖書：パウロはこの箇所以外でも、キリスト者の在り方を説明する際に旧約聖書の伝統を持ちだしています。その際にパウロが

しばしば用いる「模範／パターン（テュ一ポス）」（ロマ5.14, 6.17, I コリ10.6, 11）という語は、説明ツールとして有用な事柄を示すことはあっても[27]、それ以上に実体験と模範とを近づけるものではありません。したがって、たとえば本ペリコペでキリストの死を説明するのに神殿犠牲が用いられたとしても、これを根拠として〈キリストが神殿犠牲に取って替わった（代替論的）／キリストの死はまさに犠牲獣としての死だ（決定論的）〉という類の極端な論理展開[28]が示されることはありません[29]。この点でパウロが旧約聖書のモチーフを用いる仕方は、ヘブライ書がそれを〈実体〉と〈予型〉という概念でより代替論的で決定論的に用いる様子とは異なります。この点は本章で後述しましょ

う。パウロは本ペリコペにおいて、〈死にまで至ったイエスの運動をとおして多くの人が神の国に参与することになったが、それは旧約聖書において神殿犠牲がイスラエルの民に罪への悔い改めを啓発して創造秩序の回復へと導いたことを連想させる〉という仕方で、イエスの神の国運動と神殿犠牲とに共通する啓発主題を仲立ちとして、前者の説明に後者をメタファとして用いているのです[30]。

Aのポイント
●「この方（キリスト）を……贖いの座として」（ロマ3.25）はパウロが意識的に持ち込んだ伝承。
○ イエスの死が不誠実な多くの人を神へと向けたことは、「贖いの座」が象徴する大贖罪の日の意義と似ている。
● パウロはイエスの意義を救済史の延長に置く論考の導入として、神殿犠牲を明示した。
○ イエスと犠牲とは代替論的にも決定論的にも繋がっていない。

B.　パウロが用いるメタファとタイプ

1.　メタファ複合

a.　**複数のメタファ**：ロマ3.21-26さらに後述するI コリ5.1-7の考察において気がつくことは、イエスの死の救済意義を説明するために用いられるメタファが同時に複数登場することです。ロマ3.24の「解放（アポリュトローシス）」はイエスが用いた「身代金（リュトロン）」というメタファの同根語で、出エジプトの物語を連想させました。続く25節の「贖いの座」は神殿犠牲、

とくに大贖罪の日を連想させる至聖所の調度品を具体的に指す語でした。後述するIコリ5.7でも、歴史的記憶としての出エジプトとそれを記念する過越祭とを象徴するメタファが混在しているようです。

　一般にイエスの死の救済的意義を示すためのメタファが複数存在するのは、救済を求める人がどのような状況にあってどのような救済を望んでいるか、著者が様々な救済願望へ対応したことによると考えられます[31]。人の関心が罪の解消なら犠牲獣あるいはアザゼルのための山羊がキリストの死のメタファとして用いられるでしょうし、関心が邪悪な力といった厄災からの解放にあるなら過越や奴隷売買、さらに身代金というメタファが説得性を持つことでしょう。その他に和解という概念をメタファとして理解する註解者もいます[32]。

　b.　メタファの複合的用法：もっともパウロの手紙に限らず新約聖書においては、たんにメタファが複数存在するというだけでなく、複数のメタファが同じ文脈で（ロマ3.24-25;Iペト1.18-19参照）、あるいは1文（節）のうちに（ガラ3.13;ヨハ1.29,Iテモ2.6,テト2.14参照）同時に複合的に動員されている様子がしばしば見られます[h]。パウロを含めた原始教会がイエスの死の救済意義を理解しようとしたとき、彼らの思想世界にあるユダヤ教的あるいは古代地中海的な文化伝統を部分的に統合して新たなピクチャーを描きあげているように見えます[33]。その場合ロマ3.24-25のように、イエスに充てられるメタファが出エジプトの解放（とリンクする身代金）と（大贖罪の日の）贖いの座であるとすると、イエスの死は身代金と贖いの座の諸要素の公約数（次頁のベン図の重なり部分）でしょうか、公倍数（ベン図の重なりをも含めた両方の全要素）でしょうか。おそらく厳密には、どちらも当てはまらないと思われます。むしろ原始教会やパウロの言説はよりファジーなイメージを想定しており、〈イエスの死には身代金のような面もありつつ、贖いの座のような面もある〉という意味合いを持たせているように思われます（灰色部）。

　c.　メタファ理解の注意①：この場合に留意すべき重要な点が2つあります。

---

h)　たとえばガラ3.13：「キリストは私たちのために呪いとなり、私たちを律法の呪いから買い取った」は、「呪いとなり」という部分がアザゼルの山羊を念頭に置いており、「買い取った」という部分が奴隷市場を念頭に置いていると考えられ、1文のうちに2つのメタファが示唆され用いられていると一般に理解される。救済に関する教えでないがメタファ複合の他の顕著な例として、IIテモ2.3-6をも見よ。

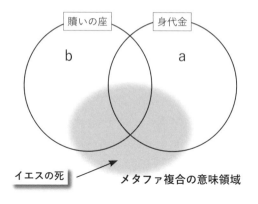

まず、身代金や贖いの座があくまでもメタファであって、それ以上でもそれ以下でもないことを忘れないということです。メタファを突き詰めすぎると、テクスト理解に近づくのでなく、かえって遠ざかる恐れもあります[34]。ロマ3.24やとくにマコ10.45がイエスの死を身代金というメタファで表現する場合、それは〈イエスの死が結果として多くの人を神の国の統治に入るよう促すので、その死はあたかも奴隷や捕虜を自由な場へと解放するときに支払われる身代金のようだ〉ということのみを語っており、誰にいくら代価が支払われるか（たとえば空白a）を気にしてはいません。あるいはロマ3.25がイエスの死を贖いの座というメタファで表現する場合、それは〈イエスが死に至った神の国運動は誠実に神を求めるよう多くの人を啓発したので、それはあたかもイスラエルの民を悔い改めへと啓発し導く大贖罪の日の中心にある贖いの座のようだ〉ということのみを語っており、〈ケルビムの役割は何か〉とか〈大贖罪の日の2頭の山羊の違いは何か〉（たとえば空白b）を気にしていません。

　これらのメタファの空白部分を突き詰めすぎると、身代金が「永遠の命」を買い取ったり（『ポリュ殉』2.3異本）、罪人の買い取り代金としてイエスの死をサタンに差し出す神が出現する（オリゲネス『ロマ書註解』2.13）といった仕方で、あるいは大贖罪の日の山羊の犠牲がイエスを処刑した者の罪を取り除くバラバの死を指す（オリゲネス『レビ記説教集』10.2.2）といった仕方で、救済論のみならずキリスト論や神論まであらぬ方向へ歪められていくことになりかねません[35]。メタファ自体は有用ですが、その誤解は避けなければなりません。

　d.　メタファ理解の注意②：もう1つの留意点は自明なことですが、メタファが複合的に用いられているということは、〈あれかこれか〉の議論がされていないということです。〈ある意味で身代金のようでもあり、贖いの座のようでもあり、追放儀礼のようでもあり、犠牲の動物のようでもあり〉です。さ

らに、パウロにとってどのメタファがより重要かという議論は、おうおうにして徒労に終わります。とくに一般のキリスト教解説書等には、犠牲の動物がイエスの死ともっとも直接的に結びつくメタファだという印象を読者に与える傾向が見られるものもあるようですが、これはたんなる誤解です。上述のとおり、パウロが具体的に神殿犠牲のメタファを用いるのは1回（あるいは2回）のみです。またパウロが犠牲のメタファを示唆する場合はかならず他のメタファが関わっています。私たちは一文中あるいは同じ文脈中でメタファ複合が起こっていることの意義を十分に考慮しなくてはいけません。この傾向を看過することは、パウロの理解を誤ることに繋がりかねません[36]。

　e.　**メタファはメタファ**：いずれにせよ聖書を読む者は、〈メタファはメタファであって、それ以上でもそれ以下でもない〉と毎朝鏡の前に立って自分に言い諭すくらいの用心があると良いと思われます[37]。しかしパウロを含めた原始教会がファジーな仕方でメタファを用いたからといって、それぞれのメタファの区別がつかないのではいけません。メタファの実体化傾向を察知するためには、そしてメタファ複合という現象を認識してその意義を考察するためには、それぞれのメタファの内容と違いとを知っている必要があります。メタファ複合はメタファの混同ではないからです[i]。

2.　死のタイプ

　a.　**説明ツールとしてのメタファ（比喩）**：本書がイエスの死に関して「メタファ」という語を用いる場合、それはイエスの死の意義を説明するために有効な連想を促す比喩を指します。そしてパウロは彼の書簡群において、神殿至聖所の調度品である「贖いの座」と過越祭のために屠られる「小羊」とを、具体的なメタファとしてそれぞれ1度のみ明示しています。これに加えて、パウロがアザゼルの山羊や奴隷市場というメタファを示唆していると思われる箇所が幾つか指摘されますが（ガラ3.13, IIコリ5.21）、これらのなかには本当に示

---

i)　したがって私たちは〈犠牲（獣）〉と〈スケープゴート（アザゼルのための山羊）〉とをけっして混同してはならない。この2つはともに大贖罪の日の儀礼であり、ともに神殿とイスラエルに神の臨在をふたたび保証するための儀礼であるが、その行為と論理とはまったく異なる。この2つの儀礼が融合される（エゼ45.18-22参照）ことの意味を測るためにも、本来これらが異なる2つの儀礼だったことを認識していなければならない。

唆されているか疑わしい箇所もあります[j]。私たちは、パウロがこれらのメタファを用いることが著しく少なかったこと、そしてこれらがイエスの死の実体でなく、イエスの死を説明するツールであるということを忘れてはいけません。

　b.　実体としてのタイプ（型／種類）：一方で、〈殉教者〉（厳密には、殉教した預言者）はイエスの死を説明するツールとしてのメタファとは異なります。本書1章と2章で扱った苦難の僕やマカバイ殉教者の場合は、（宗教的）大義のために苦難を受けて死んだという意味でいずれの場合も殉教者であって〈殉教者のよう〉ではありません。本書3章で述べたとおり、神の国運動において苦難を受け死を予期した聖典預言者イエスは、自らの活動を苦難の僕やマカバイ殉教者と同じ範疇に入れました。さらに本書4章では、原始教会がその記憶をもとにしてイエスの死をこれらの殉教者と同じ範疇に入れて理解しました。そうだとするとパウロを含めた原始教会において、イエスは確かに殉教者と理解されていたのであり、〈殉教者のようなイエス〉と説明されていたのではありません。すなわち原始教会にとって、〈殉教者〉はイエスの死の意義を説明するために有効な連想を促すメタファではなく、イエスの死がいかなる種類の死だったか、その死の実体を表現するための死のタイプ（型／種類）です[38]。

	犠牲獣	殉教者
メタファ	○　犠牲のようなイエスの死	×　~~殉教者のようなイエス~~
タイプ	×　~~犠牲であるイエスの死~~	○　殉教者であるイエス

　c.　実体あってのメタファ：私は本書4章（131–33頁）で、原始教会がイエスの死を何よりもまず苦難の僕やマカバイ殉教者らの運命と重ね、その後に各種のメタファを用い始めただろうことを、常識とテクストの証拠から示しました。本項で私は、改めてメタファの機能を確認した上で、説明ツールとしてのメタファに実体であるタイプが先行することが論理的により確からしいという点もここで補足して述べておきます。

---

j)　Iコリ4.13がアザゼルの山羊を示唆しているとの理解が従来あったが、これが誤りであることに関しては補論を参照。

d.　実体とメタファの一体化：もっともイエスの生き様の鮮明な記憶が薄れていくなかにあって、その死の実体を指すタイプとそれを説明するメタファとが一体化して、〈イエスは犠牲（そのもの）である〉という類の文言が、早く

は新約聖書の後期の文献において出現し始めます。すなわち、メタファという頭巾がタイプという実体を侵食し始めます。私たちはこの傾向を本章の後半で確認しましょう。ただその前に、パウロがイエスの死に関して動物犠牲をメタファとして用いるもう1つの例を考察しておきましょう。

Bのポイント
● 〈あれのようでもこれのようでもある〉というファジーな意味でのメタファ複合。
○ メタファを字義どおりに突き詰めると解釈を誤りかねない。
● 〈殉教者〉や〈預言者〉はメタファでなく、イエスの活動内容を示すタイプ。
○ 早ければ新約聖書の後期文献で、メタファがタイプを侵食して、一体化が生じる。

C.　もう1つの死のメタファ

1.　Iコリ5.7：「過越の小羊」

「新鮮なパン生地になるために古いパン種を清め除きなさい、じつにあなた方が種なし［パン］であるとおりに。そして［それは］キリストが私たちの過越［の小羊］として犠牲にされたからです」（Iコリ5.7）。

a.　「パン種」とは：イエスの死のメタファとして動物の死が明示される例がもう1つだけあります。パウロはIコリ5.1-8で、おそらく明らかな不道徳をキリストにある自由ととり違えてむしろ奢っている人達へ警告を発しているのだと思われますが[39]、ここでは幾つもの比喩表現が折り重なっています。まず2節でコリントのキリスト者らが「尊大に振る舞っている」様子を述べる際に、パウロは「膨れあがらせる（フュシオオー）」——実体よりも大きく見せる——という動詞を用います[k]。おそらく〈膨れあがるという高慢の罪〉と

---

k)　新約聖書ではパウロのみがこの語を用いるが、その際にはいつも奢りや高慢というニュアンスである（Iコリ4.6, 18, 5.2, 8.1, 13.4, コロ2.18）。七十人訳（フュシアオー：イザ54.16, シラ28.12,

いうイメージがパン生地を膨らませる発酵触媒（「パン種」）を連想させ（5.6）、そこからさらに家のなかから「パン種」を排除して「種なしパン」を食べるユダヤ教の過越祭へと連想が進んだのでしょう。

　「パン種」が明らかに罪の象徴として用いられる例はユダヤ教聖典に見られませんが、祭儀の（清い）食物として「種なしパン」を食べる指示（出12.15, 13.6）は「パン種」と罪とを連結させるに十分でしょう。ちなみに、「パン種」に関するこのようなイメージ連関は古代地中海世界に広く見られます[40]。こうして新約聖書でもＩコリ5.7のみならずガラ5.9、さらにマコ8.15（／マタ16.6）において「パン種」が倫理的汚れを象徴しています。

　b.　「過越の小羊」とは？：パウロは過越祭の文脈に沿って「新鮮なパン生地になるために古いパン種を清め除きなさい、じつにあなた方が種なしパンであるとおりに」（Ｉコリ5.7a）と述べて、高慢の罪を改めるよう諭します。ちなみに「古いパン種」という表現は、パンを焼く度にいちいちイースト菌のような発酵触媒を新しく入れ直さずに、パン生地の一部を触媒として使い回す（ヨーグルトの株分けのような）料理法を前提としています。したがって「古いパン種」とは、時間の経過とともに使い回しが繰り返されて古くなり、雑菌が混じった発酵触媒を指しています[41]。

　「清め除きなさい」というこの訓告の重要性を強調するために、パウロは「私たちの過越［の小羊］（パスカ）であるキリストが献げられた（エテュセー）からです」（Ｉコリ5.7b）と続けます。本書3章（109–12頁）では、主の晩餐の定型句（Ｉコリ11.24–25, マコ14.22–24と並行箇所）として記憶された過越週の別れの言葉から、私たちはイエスが自らの大義と運命とを出エジプト物語に重ねたことを確認しました。もしパウロがイエスを出エジプト前夜に家々で屠られた小羊と喩えていたとすると、「過越の小羊」は家々で屠られた犠牲であって、Ｉコリ5.7bの描写にあるような神殿に「献げられた」供物とはなりません。この場合の小羊の屠殺は「滅ぼす者」（出12.23）を家に入れないために家々で行った厄払い的な行為であって、「［罪を］清め除」くことと直接関係ありません[42]。パウロが歴史上の過越の小羊を念頭に置いていないとすると、それは

43.4, 知11.18）では、火に息を吹きかける行為を表す語として用いられている。

毎年の過越祭に神殿で屠られる小羊を指していることになります。この後者の小羊は確かに神殿において「献げられた」小羊です[43]。もっともこの後者の場合も献げられた小羊は、厳密には贖いや清めを目的にしておらず、歴史的な過越の厄除けを象徴して屠殺され、過越の食卓に乗せられるものだったようです。なぜなら民数記28章は、過越祭で屠る小羊に言及したあと、それとは別の「贖いをするために、清めのいけにえとして」献げる雄山羊（民28.22．エゼ45.18-22参照）に言及しているからです[44]。

　ここまでの考察を総合するとIコリ5.7bの「過越の小羊［であるキリスト］」について以下の結論が導かれます。すなわちIコリ5.7bの「過越の小羊」は、毎年過越祭において神殿で献げられる小羊を指します。もっともこの小羊には「［罪を］清め除」く犠牲としての役割がありません。つまりパウロがIコリ5.7の「清め除きなさい」という訓告を支持する目的で「過越の小羊［であるキリスト］」に言及したのは、それに清めの効果があるからでなく、それがやはりIコリ5.7で言及される「種なしパン」とセットになって解放を象徴する過越祭を連想させるからでしょう。

　c.　「過越の小羊」であるキリスト：過越週のニサン第14日の昼間に小羊が献げられて屠られると、いよいよその晩に過越の食事が始まります。神殿で献げられた小羊はそれぞれの家庭に持ち帰って調理され、種なしパンとともに食べられます。すなわち種なしパンと過越の小羊とは過越祭という文脈でセットになっています[1]。そうするとIコリ5.7におけるパウロの論理は以下のとおりでしょう。

　　ⅰ．イエスの大義とその延長にある死が出エジプト物語に喩えられるなら、（死に向かう）イエスは出エジプトを記念して過越週に神殿で屠られる小羊のようだ。

　　ⅱ．この過越祭の小羊は、その晩に過越の食事において食される。

　　ⅲ．過越の食事では、やはり出エジプト物語を象徴する種なしパンが食される。

---

1)　本来は過越の祭と種なしパンの祭という2つの個別の祭が、のちに過越祭において融合された。

iv. 出エジプトにおける神の解放を記念する過越の食事では、種なしパンと小羊とがセットになっている。

v. イエスが出エジプトを象徴する小羊のようなら、イエスの死を契機に開始した教会は過越の小羊とのセットである種なしパンのようだ。

vi. 種なしパンが汚れのない清い状態なら、それを連想させる教会も清いことが期待される。

d. 小羊と贖罪：本書3章（112頁）で確認したとおり、過越週の晩餐におけるイエスの言葉は、神の国の到来のために民を備える彼の大義とイスラエルを解放した出エジプト物語とを結びつけました。イエスの死に直面した原始教会はその死を出エジプトの際の小羊の死と重ねて、イエスの死のうちに解放（救済）の真意を見出しました。上で展開した〈イエスが過越の小羊なら、教会は過越の種なしパンだ〉という関連は、パウロ自身の発想に依拠しているのかも知れません。いずれにせよIコリ5.7でイエスに過越の小羊というメタファが用いられる場合、それ自体は罪の解消と直接的に関係がありません。しかしイエスの死を「罪のため」と理解した原始教会の伝統が〈過越の小羊のようなイエス〉と結びつくと、のちの教会は「見よ、世の罪を取り除く神の小羊だ」（ヨハ1.29）というキリスト理解を展開させます[45]。この場合は「小羊」が（生前の）イエスを直接指す呼称として用いられており、イエスの死という実体とそれを説明するメタファとが直線的に結ばれた、パウロが意図しないメタファの実体化が起こり始めていると言えるでしょう（Iヨハ1.7, 2.2, 黙5.9参照）。この現象は、パウロ以降の初期文献において散見され始めます。以下ではその様子を概観しますが、その前に同じIコリント書でイエスと過越とが連結される晩餐定型句をパウロがいかに用いているかをも確認しておきましょう。

2. 共同体の食事と主の晩餐 (Iコリ11.17–34)

主イエスは、引き渡される夜、パンを取り、感謝の祈りを献げてそれを裂き、言われました。「これは、<u>あなた方のための私の体</u>である。私の記念としてこのように行いなさい」。食事の後、杯も同じようにして言われま

した。「この杯は、私の血による新しい契約である。飲む度に、私の記念としてこれを行いなさい」。だからあなた方は、このパンを食べ、この杯を飲む度に、主が来られるときまで、主の死を告げ知らせるのです（Iコリ 11.23-26）。

　a.　分裂という文脈：このペリコペの中心には本書3章の最後にも取り上げた主の晩餐の言葉（Iコリ 11.23-25）がありますから、どうしても最後の晩餐という歴史的文脈に私たちの注意が向きがちですし、実際に教会での聖餐式で読まれるのはこの部分のみです。しかしパウロがこの原始教会によって継承された晩餐の言葉をここに挿入した理由は、コリントの教会に見られた分裂の問題が教会の食事において顕著だったからです（11.18参照）。パウロはこの手紙をコリント教会に書き送っているので、当然のことながら問題を承知している受信者に対して具体的な事情を説明してはいません。したがって私たちとしては具体的な問題を曖昧な表現から推測するのみです。興味深いことに、パウロ以降の初期教会が晩餐の主題を用いる場合、そのほとんどが分裂の警告と一致の奨励という文脈に置かれています（219頁参照）。

　b.　食事における分裂：パウロはIコリ 11.20-21で〈空腹の人もいれば酔っ払う人もいるのだから、そんなものは主の晩餐じゃないでしょう〉という内容を記しています。当時の教会では、食事が共有される最中に、その一部として〈主の晩餐〉という儀礼が行われていたのだと思われます[46]。21節が「それぞれ（エスカトス）」で始まることから、コリントでの問題が利己的な個人主義だという解釈もかつてありましたが[47]、むしろコリントの問題は、食事が分配共有されずに富裕層のみが充たされて、他の者が空腹のまま取り残されるといった不公平と差別意識だったことでしょう（Iコリ 11.22参照）[48]。パウロはこれらの問題に対処するため、コリントのキリスト者らに馴染み深い晩餐定型文を引用しています。そしてこの定型文のなかには、イエスの体と血への言及があります。

　c.　体と血：歴史上の最後の晩餐は実際の過越祭の食事より1-2日前だったので、過越の食事のメイン・ディッシュである小羊はありません。したがってイエスは、パンとワインとを差し迫る自らの死を象徴する「体／血」と称して

弟子たちに分配しました。この言説に神殿犠牲は関わっていません。むしろ、晩餐の料理が過越の小羊でないものの、イエスの歴史上の晩餐が過越週の食事だったので、この晩餐の言葉は過越を想起させます。イエスはその死を象徴する「血」を「新たな契約」と述べ、過越祭が祝う出エジプトの解放が神と民との契約の刷新という救済計画の実行であることを弟子らに想起させ（出2.24, 24.8参照）、自らの死が神の国運動の破綻でなく、その死を契機としてむしろ弟子らが神の国運動を継続する希望を示しました。

　イエスがやはりその死を象徴する「体」に言及する時、それは過越の小羊を屠ることが出エジプトの開始に繋がったように、自らの死が多くの人を神の国に備えるという啓発の機会となり、彼らの解放に繋がる希望を訴えていました。定型文が「あなた方のための私の体」と述べる場合[49]、本書4章で説明した「私たち／あなた方のため［のイエスの死］」（129–30頁参照）と同様に、死に至るイエスの奉仕の対象が「あなた方（私たち）」であるという自覚を「記憶」させており[50]、イエスの奉仕の生き様が「あなた方」に引き継がれることを促しています。もっともパウロは、この定型文を分裂という文脈に置きつつ特有の適用を導き出しています。

　d. 教会としてのキリストの体：「あなた方のための（ヒュペル・ヒュモーン）」は文法的には「あなた方によって代表（あるいは象徴）される」とも訳し得る表現です[51]。おそらくパウロは、この定型文にそのようなニュアンスがあることも意識していたのでしょう。それならばIコリ11.24に示唆される「これはあなた方に代表／象徴される私の体」というニュアンスは、パウロが直後で展開する教会論——教会（であるあなた方）はキリストの体——と符合します（Iコリ12.12–14）[52]。彼は、主の晩餐をも含む食事における差別と分裂が、晩餐で宣言される「キリストの体」の分裂、つまり教会の分裂であると述べています。

　さらに晩餐において「キリストの死を告げ知らせる」ことが定型句によって命じられていることは、晩餐が死に至るイエスの生き様を教会が記憶し体現する（宣教する）ための装置として機能すべきことを教えています。しかし分裂と差別とが特徴的なコリント教会は、このイエスの生き様を体現することができずにいたのでしょう。それゆえに後51年頃の飢饉の影響を直接受けたコ

リントにおいて[53]、教会が一致して貧者の救済活動の責務を担うことができず、結果として多くの者が病に倒れ、死者が出る事態となったのでしょう（Iコリ11.30：「このためあなた方の多くが病弱となり、ある者らは死んでしまいました」）。この節はときとして相応しくない仕方の晩餐（Iコリ11.27）が魔術的に病人や死人をもたらすかのように捉えられますが、むしろ一致のない教会が飢饉という非常事態に対応できずに病人や死者の増加に歯止めをかけることができなかったことを指しているのだと考えられます。

　e.　**メタファの連関**：Iコリ5章では、イエスとセットと見なされる教会が、過越の小羊とセットである種なしパンに喩えられました。Iコリ11–12章では、パンが象徴するキリストの体が教会のメタファとして機能しています。そうすると私たちは〈いったいイエスは小羊なのかパンなのか〉と迷いがちです。上述したとおりメタファの連関にはじつにこのようなファジーな側面があります。パウロはメタファをそのように扱ったからこそ、主の晩餐の定型句にある「私（キリスト）の体」を柔軟に用いて、教会内の分裂や差別の問題に対処できたのです。

> **Cのポイント**
> - 出エジプトの解放物語を象徴する過越の小羊は、解放をもたらすイエスのメタファとして用いられる。
> ○ 過越祭で小羊とセットである種なしパンは清さの象徴なので、キリストとセットである教会も種なしパンのように清い必要がある。
> - 主の晩餐のパンが象徴するキリストの体は、教会（あなた方）をも象徴して、教会を分裂と差別から守る。

D.　ヘブライ書とイエスの死

1.　ヘブライ書の特徴

　a.　**イエスの死から半世紀後のヘブライ書**：かりに新約聖書神学の中核にパウロ書簡群を位置づけたとしても、ヘブライ書やヨハネ文書をはじめとする他の初期文献が非常に重要な神学的貢献をこれに加えていることに疑いの余地はありません。本章の残りの部分では、これらの書においてイエスの死がどのように理解されているかを概観しましょう。ヘブライ書の緒論的情報──いつ、どこで、誰が、誰に宛てて書いたか？──に関しては無数の推論が提案され

てきましたが、結局のところ私たちが知り得ることはほとんどありません[54]。アレクサンドリアのクレメンス（後2世紀後半）を筆頭に、パウロがヘブライ書の著者であると考えられていた時代も初期にありましたが、すくなくともそうでないという点に関しては現代の研究者らのあいだで見解の一致があります。著作年代に関しては、ドミティアヌス帝かネルウァ帝治世（後1世紀最後の20年間）に執筆された[55]と考えられる『Ⅰクレメンス書簡[m]』のなかにヘブライ書の表現を彷彿とさせる箇所（17.1はヘブ11.37; 36.2-5はヘブ1.3, 4, 5, 7, 13）が見られることから、早ければ後70年代後半あるいは80-90年代に書かれたと考えられます[56]。そうするとヘブライ書が記されたのは、パウロが筆を擱いてから10-25年が過ぎた頃、原始教会が開始してから半世紀が経った時期ということになります。これは2000年のキリスト教史と較べるとほんの一瞬のことのようでも、パウロを含めた原始教会の伝承が独自の特徴をもって変化し始めるには十分な時間です。

　b.　**〈高いキリスト論〉**：私たちがヘブライ書を開けてすぐ気づくことは、イエス・キリストの神的特徴が明らかな仕方で強調されていることです。世界は御子によって創造され（1.2）、御子は神の栄光や本質を反映し（1.3）、御子は天で神の右に座し（1.4）、したがって天使らはこのキリストを礼拝するよう促されます（1.6）。さらにヘブライ書著者は「御子（神の子）」というキリストの呼称を繰り返したあと、「あなたは私の子」という詩2.7を引用しつつ、イエスこそがダビデ王の子孫としてのキリストであるというメシア信仰を強調しています（1.5）。そしてヘブライ書は、「永遠にメルキゼデクにつらなる大祭司」という特徴的なイエス理解を提示します。これはこの報復する裁き司、天的祭司、そして究極の解放者である祭司王メルキゼデクをメシアと見なすユダヤ教伝統とも符合します[57]。

　c.　**代替主義への移行**：ヘブライ書にはもう1つ著しい特徴があります。それは、すでに過ぎ去って効力がない神殿宗教に新しく優ったキリスト信仰が取って替わった――「第2のもの（大祭司キリストの勤め）を立てるために、［神が］最初のもの（神殿犠牲）を廃止される」（ヘブ10.9）――という、いわゆる

---

m)　上のアレクサンドリアのクレメンスとは無関係。

代替主義が明示されているという点です。幕屋（を継承した神殿）で毎年流される犠牲獣の血は、天の幕屋で大祭司キリストが執り行う犠牲のように良心を清め完全にすることはできません（9.9-10, 10.1-4）。エルサレムの神殿体制によって保証された契約は「古びたもの……間もなく消え失せる」（8.13）ものとして「さらに優った契約の仲介者」（8.6）であるキリストと比較されます。既述のとおり（103頁）、ユダヤ戦争（後66-70年）の結果としてエルサレム神殿が破壊され、ユダヤ人にとっての都であるエルサレムが消滅したという歴史的事実に対する1つの応答として、ヘブライ書ではパウロ書簡群に見られなかった仕方で代替主義がハッキリと打ち出されたのでしょう。このような特徴を備えたヘブライ書には、イエスの死に関するいくつかの興味深い理解が見られます。

2.　大贖罪の日の大祭司

　a.　「贖いの座」から大祭司へ：本章前半で述べたとおり、パウロはイエスの死の救済的意義を説明する際に大贖罪の日における犠牲を連想させる「贖いの座」というメタファを用いました（ロマ3.25）。ヘブライ書記者は、このような仕方でイエスの死が説明されたという原始教会とパウロの伝統をもとに、今度はその犠牲を執り行う大祭司としてイエスを提示しつつその死の救済的意義を説明するという論理展開へと踏み込んだようです[58]。このような論理展開には、イエスの一回性の死のみならず復活の命にも焦点を置くことによって、高挙したキリスト（ヘブ1.4）の継続的な役割がより適切に説明できるという判断が関わっているように思われます[59]。キリストが祭司一般でなく大祭司であるのは、後者が年に一度執り行われる大贖罪の日の執行人だからでしょう。そして〈（祭司一般はもとより）年に一度民全体の罪の解決に関わる地上の大祭司にさえ優る大祭司キリストは、ただ1度その身を献げて人類全体の罪を解決する〉という仕方の対比が示されました。

　罪の解消が「ただ1度のみ」（ヘブ7.27, 9.12, 26, 10.10）と強調される背景には、罪を個々の諸罪過でなく支配力である悪として捉えるというパウロ的な理解の影響があるとも考えられます[60]。すなわち、唯一無二の犠牲によって諸罪過の根源である罪支配が解消される、という仕方で救済が行われることが想定さ

れたのかも知れません（ヘブ2.14-15参照）。ちなみにパウロが「［キリストは］1度死に」（ロマ6.10）と記す場合、イエスの歴史的で不可逆的な死を述べつつ新たな時代の始まりを印象づける意図はありましたが、そこには他の死を相対化する唯一無二の死という意味合いはありませんでした[61]。

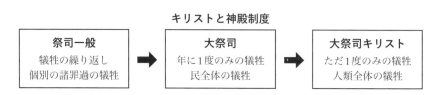

キリストと神殿制度

祭司一般	大祭司	大祭司キリスト
犠牲の繰り返し 個別の諸罪過の犠牲	年に1度のみの犠牲 民全体の犠牲	ただ1度のみの犠牲 人類全体の犠牲

　b.　祭司王メルキゼデクとキリスト：ヘブライ書記者はキリストを大祭司として説明するために、とくに1つ大きな壁を乗り越えようと苦労しています。それは、イエスがダビデ王につらなるユダ族の出身であって、祭司職を輩出するレビ族に属していないという伝承があったからです。ヘブライ書記者はこの問題を解決するため、レビ族に属さない大祭司メルキゼデクの例を持ちだします。すなわち〈イエスはレビ人ではないが「永遠にメルキゼデクにつらなる祭司である」（詩110.4）〉という論理です（ヘブ7.17）[62]。さらにこの論理は、上述のように「メルキゼデクにつらなる祭司王」がメシアと見なされるユダヤ教伝統によっても補強されます。すなわち〈メルキゼデクにつらなる祭司王がメシア（キリスト）なので、キリストであるイエスは当然メルキゼデクにつらなる大祭司だ〉というわけです。

　c.　大祭司キリストの死：ヘブライ書記者は、パウロをも含めた原始教会の伝統に則って、イエスの死の救済的意義を神殿犠牲と重ね合わせて説明します（ヘブ7.27, 9.12, 26, 10.10）。しかしイエスは今、この神殿犠牲を執り行う大祭司と重ね合わされたので、その苦難と死には特徴的な意義が加わります。すなわちそれは、民を神へと執り成す永遠の大祭司に相応しい資質である謙遜と慈愛と同情を身につけるという意義です（2.17：「神の前で憐れみ深い、忠実な大祭司となって」／2.18：「ご自身、試練を受けて苦しまれたからこそ、試練を受けている人達を助けることがおできになる」／4.15：「この大祭司は、私たちの弱さに同情できない方ではなく」）。このような意味づけにおいては、フィリ2.6-11でパウロが引

用している原始教会のキリスト賛歌が参考にされているのかも知れません[63]。すなわち〈神と同様だったキリストが人として謙り、十字架の死にまで従順にしたがった〉という「高いキリスト論」に見られる謙遜の論理です。

d.　高いキリスト論と低いキリスト論：キリストを天の大祭司と見なすヘブライ書は、この論理を特徴的な方向へと進めます。つまりヘブライ書は〈天高き大祭司は、それでもなお私たちを顧みられる〉という「高いキリスト論」からの視点を散りばめる一方で、「人として生きておられたとき、深く嘆き、涙を流しながら」(5.7) 奉仕したという仕方でイエスの苦難と死に焦点をあてることによって、あたかも大祭司キリストの成長譚のような「低いキリスト論」からの視点をも覗かせています (12.2参照)。「高いキリスト論」を前提とするヘブライ書においても、イエスの苦難と死に関する記憶は大祭司キリストが民のいかなる代表者か——謙遜、慈愛、同情——を規定しています。このような大祭司の務めと、その務めとして執行される犠牲とに思いを巡らせることは、「私たちの良心を死んだ業から清め」(9.14)、「信頼しきって……神に近づく」(10.22)——すなわち悔い改めをとおして神との和解を受ける——機会となります。さらにヘブライ書記者は、苦難と死（恥と忍耐）がイエスを「信仰の創始者また完成者」(12.2) とする機会であると教え、それがキリスト者の信仰の在り方を方向づける模範となる (12.3) という理解を示します。それならばヘブライ書においても、イエスの苦難と死はキリスト者に責任回避を促すのでなく、むしろ謙遜、慈愛、同情という生き様の指針を提供しています。

e.　生きる模範としての苦難：したがってヘブライ書は、死に至るイエスの生き様がキリスト者の在り方を規定するという原始教会の理解を受け継いでいます。キリスト者はイエスの地上における奉仕の姿に倣って、互いに愛し合い、他者をもてなし、窮地にある人々を親身になって思いやるよう促されます (13.1-3)。さらにヘブライ書は、イエスの苦難と死が彼の大祭司としての永遠の務めをも規定するという新たな論理展開を示しました。したがって同情者であり理解者である大祭司キリストをとおして、キリスト者は神礼拝を継続するよう促されます (10.22-25)。

f.　死の美化？：「高いキリスト論」を前提とするヘブライ書は、しかしキリストの死を美化する方向には進みません。唯一「死の苦しみのゆえに、栄

光と栄誉の冠を授けられた」（2.9）という言説がかろうじて死の美化を仄めかすとも思えますが、おそらく「栄光と栄誉の冠」は復活を指しているでしょう（Iペト1.21参照）[64]。むしろヘブライ書は、上述のとおりイエスの死を呻き苦しむほどの苦難として繰り返し描きます。イエスの死が美化される傾向は、このあとヨハネ文書において探ることにしましょう。

3. 唯一の犠牲としてのイエス

　ヘブライ書では上に挙げた大祭司キリスト論が目立っています。その代替主義的な議論によって、神殿体制を相対化しつつキリストを唯一真なる大祭司として提示しています。その議論のなかに私たちは目を見はる表現を見出します。すなわち「この方（神）の御心によって、ただ1度のイエス・キリストの体という献げ物（プロスフォラス）をとおして私たちは聖とされています」（ヘブ10.10）。ここでイエスは、唯一の真なる神殿犠牲として、あらゆる神殿犠牲を相対化しています。パウロをはじめとする原始教会においてイエスの死を説明するメタファであった犠牲がヘブライ書では実体化しており、こうしてイエスと犠牲とが直接的で直線的に結ばれました。

4. メタファから「写し」へ

　a.　代替主義と二元論：上で述べたヘブライ書の特徴である代替主義は、原型と模型との二元論的な対比によってもっとも明らかに示されています。とくに人の手による地上の幕屋は天にある真の聖所の「写し／雛型（ヒュポデイグマ）」、「影（スキア）」あるいは「模型（アンティテュポス）」として対比されます（8.2, 5, 9.23, 24）[65]。さらに律法は「のちに来る良き物の影」（10.1）とされます。真の聖所とそこで務めを行う真の大祭司が現れたので、その写しであり影である地上の幕屋とその神殿体制は「間もなく消え失せ」（8.13）、「廃止する」（10.9）運命にあります[66]。

　b.　原型と模型：従来はイエスの死の救済的意義を説明するツールであった神殿犠牲のメタファは、ヘブライ書において明らかに実体を得ました。そしてその実体化は、原型と模型との対比に意味を与えました。すなわち、原型であるキリストが現れると、やがて模型はその必要性を失います。こうしてヘブラ

イ書においては、キリスト（とその死）と神殿犠牲とが、原型とその模型として直接的――〈犠牲のようだ〉でなく〈犠牲の原型と模型〉――に、また決定論的――模型が原型を指すために予め示されていた――に関連づけられました。すると、〈エルサレム神殿が実際に消滅したことによって《原型−模型》という関係性が証明された今、原型としてのキリストの救いの確かさが証明された〉（13.14–15）という弁証が成立します。

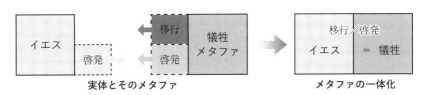

c.　**犠牲メタファの実体化**：本書1章（44–45頁）で予告したとおり、神殿犠牲のメタファが実体を取って直接的に〈イエス＝犠牲〉との認識が浸透し始めると、イエスの死と神殿犠牲とが共有する啓発主題と、神殿犠牲に特有の移行主題との区別がもはや意味を失います。神殿犠牲であるイエスはキリスト者の生き様を規定するように啓発を続ける一方で（ヘブ13.1–3）、神殿犠牲であるイエスはその死をとおして人の罪の汚れを清める（ヘブ9.14; テト2.14, 黙7.14参照）という移行主題をもともない始めたようです。

d.　**代替主義の影響**：この代替主義によるキリストと神殿犠牲との連関は、後130年頃に執筆された初期キリスト教文献の『バルナバ書簡』に受け継がれ、反ユダヤ的な弁証論として用いられるようになります。すなわち、〈真の神殿犠牲（と大祭司）としてのキリストがエルサレム神殿の二義性を証明したので、人の手で建てられた神殿に対するユダヤ人の固執はもはや異邦人の偶像崇拝と変わら

> **Dのポイント**
> - ヘブライ書は神的なキリストによる神殿犠牲の代替を教える。
> ○ 歴史的なイエスの1度の死というパウロの表現は、ヘブライ書で唯一無二の死となる。
> - 唯一の大祭司として完成するために地上で苦難を受けたイエスの在り方は、キリスト者の生き様を規定する。
> ○ イエスは唯一の犠牲として神殿犠牲を相対化する。
> - 神殿とその犠牲はメタファでなく原型に対する模型としての実体を得る。

ない〉という驚くべき論理の方向性を示しました（『バル』16.2）。そして「模型」である地上の神殿が指し示したのは、じつに「神の宿る場（カトイケーテーリオン）」（16.8）すなわちキリスト者であると論じます[67]。

E.　ヨハネ文書とイエスの死

1.　ヨハネ文書の特徴

　ヨハネ文書の緒論的情報についても断定することは困難ですが、後100年頃にいわゆるヨハネ共同体内で執筆されたという点に関しては、多くの研究者のあいだに合意があります[68]。そうするとこの文書は、上のヘブライ書よりさらに20年ほどのち、イエスの死から約70年が過ぎた頃の教会がその死をいかに理解したかを知る1つの重要な手がかりを提供していることになります。

　ヨハネ文書、とくにヨハネ福音書、が「高いキリスト論」を反映していることはいわゆるロゴス・キリスト論（ヨハ1.1–18）にハッキリと見てとれます（ヨハ1.1：「言葉は神であった」）。このようなキリスト論を前提としてヨハネ福音書記者は、イエスに「天から降ってきた」（3.13, 6.41）あるいは「神のもとから来た」（8.42）という自覚を持たせています。さらに同記者は、「アブラハムが生まれる前から『私はある』」（8.58）や「イザヤはイエスの栄光を見たので」（12.41）という言説をとおして、イエス・キリストの永遠性あるいは先在性を明らかにしています[69]。

2.　イエスの死と栄光

　a.　栄光としての死：ヘブライ書と同様に「栄光」という文脈で死と復活に言及するヨハネ福音書は、しかし具体的に「死」を栄光化するという方向へ神学を進めています。したがってイエスは「人の子が栄光を受ける時が来た。……一粒の麦は地に落ちて死ななければ一粒のままである。だが死ねば多くの実を結ぶ」（ヨハ12.23–24）と述べます。ここでは死が「多くの実を結ぶ」救済と直結しており、したがってそれが「栄光」だとされています（マコ8.34–38参照）[70]。

　b.　十字架：イエスの死に関するこのような理解は十字架の描写にも影響

を与え、福音書記者はイエスの十字架での死を「上げられる」（ヨハ3.14, 8.28, 12.32-34）と表現します。この「上げる（ヒュプソオー）」という動詞は何よりも「（地位を）高める／高く上げる」というニュアンスを持っており、「栄光」という概念と密接に繋がっています。じつに研究者によっては、新約聖書におけるこの語のもっとも主要なニュアンスは最後の「栄光」だと主張します[71]。しかしここでの「上げられる」は明らかに十字架での死を指しており、それに続く復活ではありません。ヨハ3.14は「モーセが荒野で（竿に架けられた青銅の）蛇を上げたように」（民21.4-9参照）イエスが上げられることを述べますが、これは十字架に架かるイエスをイメージしています。ヨハ8.28ではユダヤ人によってイエスが上げられますが、これはユダヤ人指導者がイエスの死を画策したことと繋がります（ヨハ11.45-53）。そしてヨハ12.32で「上げられる」という表現が用いられる場合、それは「自分（イエス）がどのような死を遂げるか」（12.33）を示していると明言されています。ヨハネ福音書は、キリスト賛歌（フィリ2.9）が示すような〈苦難と死がやがて栄光に繋がる〉という原始教会やパウロの理解から一歩踏み込んで、恥ずべき十字架の死を栄光と見なしつつ、神の決定論的な救済計画のうちにイエスの死を位置づけているようです[72]。

c. 死の美化：天から遣わされた栄光のキリストが前提となるこの福音書において[73]、私たちは新約聖書のなかで死がもっとも美化された様子を見出します。もっとも、死の救済意義の決定論的な理解から生じたこのような死の栄光化あるいは美化は、死を厭わない――したがってときとして命を軽んずる――方向に教会の思考を進めることはなかったようです。ましてや〈神がその子の死を好ましいものとして要求する〉という加虐性を反映していません。むしろこのように美化された「死」は、後述するように、キリスト者がいかに生きるかを規定しています。

d. 殉教と死の美化：ちなみにヨハネ文書における死の美化は、マカバイ抵抗運動の記憶が200年にわたって継承された結果としての『IVマカバイ記』が示す殉教死の美化とは様子が異なります。殉教を目前にした無名母子の次男は「我々の父祖の敬虔をとおして、あらゆるかたちの死は何と喜ばしいことか」（『IVマカ』9.29）と叫び、四男は「私の兄弟らの幸いなる死」（『IVマカ』10.15）と述べます。さらに同書は、迫害の苦しみとそれがもたらす死への恐れ

を繰り返し「軽蔑」します（『IVマカ』1.9, 6.9, 7.16, 8.28, 9.6, 13.1, 9, 14.1, 11, 16.2）。このような仕方で死が美化され、死の恐怖が軽視された背景には、極限状態における避けられない殉教へのせめてもの抵抗という文脈があったことでしょう。

　そして既述のとおり（63-64頁）、このような仕方で美化された殉教者の死は、しかしのちのユダヤ教社会において殉教志願を促す結果に繋がりませんでした。その点を十分に理解しない研究者らは、マカバイ殉教思想が初期教会の殉教観に直接的な影響を与えたと主張してきました。この解釈が誤りであることに関しては、本書7章で明らかにしたいと思います。

3. 兄弟姉妹愛

a. パウロの「死」：本書5章（170頁）では、罪の支配下にある古いエポックから神の統治下にある新たなエポックへの移動、あるいは古いエポックからすでに移動した状態をパウロが述べる際に、「死」というメタファが用いられる様子を見ました。このように比喩的に死んだキリスト者は、「命の新しさ」（ロマ6.4）すなわち「キリストと共に生きる」（6.8）信仰の営みを続けることになります。すなわちこの「死」は、〈私たちがいかに生きるか〉という問題と直接的に繋がっています。

b. 「命を与える」ということ：それではヨハネ文書は「死」をどのように扱っているでしょうか。Iヨハ3.16は以下のように教えます：「このことにおいて私たちは愛を知りました。すなわちあの方（イエス）がその命を私たちのために与えられたのです。私たちも兄弟のために命を与える（ティセーミ）べきです」。一般には「ティセーミ」が「捨てる」と訳されて読者に不必要な誤解を与えがちですが[n]、この動詞は本来「置く、与える」を意味します。そこから派生する「捨てる」という訳がまったく不可能ではないにせよ、私はあたかも命を価値のないものとして粗末に廃棄処分するかのような表現をわざわざ訳語として選ぶことに同意しかねます。もっとも「与える」と適切に訳したとしても、この言説は非常に印象的です。このように印象的な言説には、共同体のために個人へ死を強要する意図が隠れてはいないでしょうか。

---

n）　口語訳の伝統の新共同訳と聖書協会共同訳、新改訳を継承する新改訳2017を参照。

　ヨハネ共同体は、〈「命を与える」という表現が他者に仕えることを指す〉という常識・良識を共有していたようです。したがって「私たちも兄弟のために命を与えるべきです」という衝撃的な訓告は、むしろ貧者や困窮者の援助・救援というもっとも身近で具体的な生き生きとした命への関与へと読者を直接に向けています（Ⅰヨハ3.17）[74]。さらに、救済のためのイエスの死を愛であると特定した直後で（Ⅰヨハ4.10）、著者は「互いに愛し合う」（4.11）ことをその死に対する応答として明示しています。イエスの死を愛と表現するヨハネ共同体の焦点は、いかに互いを愛して支え合うか、キリスト者が日々の営みにおいていかに愛を実践するかにあります。つまり〈生かし尽くす〉というイエス理解が（105-06頁）、ヨハネ共同体にも確実に継承されていたのです。

　c.　他者への死の強要？：ヨハネ共同体がこのような良識を共有していたという判断には、〈時代錯誤的で楽観的で護教的な解釈だ〉という批判が向けられがちです。したがってこの私の判断が、ヨハネ文書のテクスト自体によって裏打ちされていることを端的に示しておきましょう。ヨハネ福音書は、ラザロの甦りを契機にイエスの人気が高まったことを妬んだ宗教指導者によるイエス殺害計画を伝えます（ヨハ11.45-53）。民族的熱狂に対するローマの軍事介入を怖れる指導者は、その中心人物であるイエスを殺害することによって現行の体制を維持しようと画策します。ここでは、指導者がその地位を守るために一人の男を〈犠牲〉として殺す意図が暴露されています。福音書はこれを、〈保身を動機とする指導者が知らずに神の救済計画を公言している〉という辛辣な諷刺的ストーリーとして描いています。つまりこの物語においては〈他者を犠牲にして保身を図ることは悪である〉という共同体の良識が前提となっているのです。これは、〈世の支配者は仕えられることを欲するが、神の国の指導者は仕えることを欲する〉というマコ10.35-45が示す価値観と符合します。したがって、ヨハネ文書の文脈を看過して意識的に極端な解釈を試みなければ、「命を与えるべきです」という句のうちに自らの利益のため他者に〈犠牲〉を強要するレトリックを読みとることはできません。

　この点は既出（106-07頁）の英雄死伝説にも見られるものです。オルコメノス人が侵略の危機に瀕したときの託宣によると、もっとも高貴な市民の死によって民は守られるとのことです。しかしもっとも良い家柄のアンティポイ

ノスが民のために死ぬことを嫌がったため、彼の2人の娘アンドロクレイアと
アルキダがその命を献げて民を守ります。父は汚名を、娘は名誉を受けます
（パウサニアス『ギリシャ案内記』

9.17.1)。ここでも共同体の指導者
が〈他者を犠牲にして保身を図る
ことは悪である〉という良識が物
語のうちに編み込まれ、物語を前
に進める原動力となっています。

F.　その他の初期文献とイエスの死

　上ではヘブライ書とヨハネ文書におけるイエスの死に関する特徴的な理解を
概観しました。本章後半の最後に、私たちはパウロ以降の新約聖書の書簡、ま
たそれと時代的に重なり後2世紀中盤にまで至る使徒教父文献が、イエスの死
に関して何か神学的に踏み込んだことを述べているかを確認しておきましょう。

1.　パウロなきあとの新約聖書[75)]
　結論から述べると、私たちはパウロ以降の新約聖書書簡（書簡の体裁をとる
黙示録も含む）において、イエスの死に関する著しい理解の展開をほとんど見
出すことはできません。それでも特記すべき幾つかの点を以下に述べましょう。
　a.　**イエスの死と犠牲の血による清め／赦し**：上述したようにパウロはイエ
スの死と諸罪過の清めとを結びつけませんでしたが、テトス書はイエスの死の
目的を民の解放と清めだと述べます。「（イエスは）自らを私たちのために献げ
ましたが、それは私たちをあらゆる不法から解放し（リュトロオー）……自ら
のために選ばれた民として清めるためでした」（テト2.14）。ここにも私たちは、
（出エジプトの）解放と神殿犠牲のメタファ複合が稼働している様子を発見しま
す。黙7.14においても、やはり出エジプトを連想させる「小羊の血」が天の群
衆の衣を洗い清めるので、同様のメタファ複合が起こっているようです[76)]。さ
らに神殿犠牲のメタファはエフェ5.2とIヨハ4.10でも用いられています。前者
は「キリストが私たちを愛し、ご自身を私たちのために、神への献げ物また芳

しい香りとしての犠牲（スシアン）として引き渡された」と記しています。さ
らに後者は「この方（神）こそが私たちを愛し、その子を私たちの諸罪過のた
めの贖い［の犠牲］（ヒラスモス）として遣わされた」と記します。これらの文
献において、神殿犠牲はつねにメタファとして扱われています。とくに前者の
場合は、「犠牲（のようなキリスト）」が自らを引き渡す時点で、すでに（自ら
を引き渡さない）実際の動物犠牲の在り方から著しく乖離しています。さらに、
同時に用いられる曖昧な「献げ物」は動物である必要もなく、ここでは神の国
運動へのイエスの献身に焦点があるように思われます[77]。Ⅰヨハ1.7, 2.2, 黙5.9
が犠牲メタファの実体化の方向性を示唆しますが、イエスを真の犠牲と明示す
る仕方のメタファの実体化はヘブライ書にほぼ限られています。

　パウロが用いなかった「赦し」という表現は、Ⅰヨハ1.9, 2.12, ヤコ5.15に3
度のみ登場します。イエスが罪の赦しを説いたという記憶にもかかわらず（マ
コ2.9）、そしてこの記憶に依拠して使徒言行録がイエスの死と罪の赦しをしば
しば直結させているにもかかわらず（「諸罪過の赦し」使2.38, 5.31, 10.43, 13.38,
26.18）、パウロ以降の書簡が赦しについてほとんど言及しないのはなぜでしょ
うか。これを偶然で済ますこともできますが、イエスの死と罪の赦しとを直接
的に繋げないパウロ神学の影響をも考える必要があるかも知れません。

　b.　イエスの十字架：パウロ書簡群において、十字架は救済的に寡黙でした。
一方でパウロ以降の書簡では十字架自体について言及がほとんど見られず、ヘ
ブ12.2と黙11.8がイエスの「十字架」について短く触れている程度です。例外
としてⅠペト2.24が第4詩のイザ53.11–12を語り直しつつ、十字架と諸罪過と
を結びつけています。「この方はその体において、木の上で私たちの諸罪過を
背負い上げて下さった……」。

　c.　身代金：マコ10.45においてイエスは、その死を「多くの人のための身
代金（リュトロン）」と述べました。おそらくこの伝統を継承したⅠテモ2.6は
これに少しだけ修正を加えて、「すべての人のための身代金（アンティリュトロ
ン）」と表現します。Ⅰテモテ書の著者は、パウロがイエスによる救済を「［身
代金による］解放」（ロマ3.24）というメタファによって説明したことをも意識
していることでしょう。Ⅰペト1.18–19も同根語を用いつつ「あなた方は［身代
金により］解放された……傷のない小羊のような高価な血によって」と述べま

す。さらに黙5.9は「あなた（小羊）が……聖徒らを買い取った」と記します。これらの箇所に見られる解放主題と小羊への言及からは、イエスの死の意義を出エジプトのモチーフによって説明しようとする様子がうかがわれます。これは、イエス自身が聖典預言者としてその運命をモーセの出エジプト物語と重ねたこと、さらには原始教会のメシア信仰における解放者メシアによる救済という伝統に依拠していると思われます。ヘブライ書記者は直接「解放者」（2.10）に言及した直後で、この解放者が「奴隷の身分……を解放する」（2.15）と説明しています。

　d.　第4詩の伝統：本書3章（91頁）では、聖典預言者としてのイエス自身が苦難の僕を意識しつつ、その活動が死に至ることを予期しただろうと述べ、パウロを含めた原始教会がその伝統を継承したと説明しました。使徒言行録は、イザ52.13-53.12の僕の正体を尋ねるエチオピア人高官に対して〈それはイエスを指す〉とフィリポに証しさせることで、この伝統を明らかな仕方で継承しています（使8.30-35）。さらにIペトロ書の著者はこの第4詩を要約し敷衍しつつ、イエスの苦難の生き様をキリスト者が生きる模範として示しています（Iペト2.21-25）。ちなみにIペト2.21は、「あなた方／私たちのため」という表現が責任転嫁に結びつかないことを明示しています。なぜなら著者は、イエスの苦しみが「あなた方のため」であると述べたあと、それがキリスト者が倣うための模範であると明言するからです。すなわち「あなた方／私たちのため」という表現は、他者に苦しみを押し付けて楽をするという類のニュアンスを仄めかしさえせず、むしろ「あなた方／私たち」が責任を内面化してそれを継承するように促す原始教会の伝統を引き継いでいます。

2.　使徒教父文献

　使徒教父がどのような文献かに関しては、使徒教父所収のイグナティオス書簡群と『ポリュカルポス殉教物語』を中心に扱う本書7章の導入部に譲りましょう。ここでは使徒教父文献でイエスの死がどのように説明されているかをいくつかの側面から概観しましょう。

　a.　「私たち／あなた方のため」のイエスの死：使徒教父文献においても原始教会の伝統を継承する仕方で、イエスの死が「私たち／あなた方のため」と

説明されます。したがってイエスの血は「私たちのため」です（『Ⅰクレ』21.6）。
キリストの苦難は「私たちのため」（『イグ・ポリュ』3.2）および「私たちの罪
のため」（『ポリュ・フィリ』1.2）であり、さらに「全世界のため」（『ポリュ殉』
17.2）でもあります。『イグ・スミュ』6.2もイエスが「私たちの罪のため」に
苦しんだことを教えています。そしてイエスの苦難がキリスト者の生き様の模
範であり、キリスト者がイエスの苦しみへの応答として苦難をも耐えるという
行動原理が提示されています（『Ⅱクレ』1.2-3）。すなわち使徒教父文献におい
ても「私たち／あなた方のため」という表現は、責任転嫁でなく責任の自認と
内面化を促す目的で用いられていることが分かります。

　b.　第4詩の伝統：ポリュカルポスはフィリピ教会への手紙において、上
述のⅠペト2.21-22を引用しつつ、キリスト者がイエスの生き様に倣って苦難
をも耐えるよう教えます（『ポリュ・フィリ』8.1-2）。さらにクレメンスもイザ
53.1-12のほぼ全体を引用しつつ、これをキリストの謙りの姿の描写として用
い（『Ⅰクレ』16.3-14）、キリスト者がそのような謙遜の生き様を倣うよう促し
ます。

　c.　晩餐主題：使徒教父ではこの儀礼に対して「晩餐／感謝（エウカリス
ティア）」という専門用語が用いられ始めます（『イグ・フィラ』4章）[78]。『ディ
ダケー』9章ではやはり同じ用語を用いつつも、新約聖書とは異なる晩餐定型
文を引用しています。『Ⅰクレ』49.6、『イグ・トラ』8.1-2、『イグ・スミュ』
6.1-2はイエスの血と体とに言及しつつ、主の晩餐を読者に対して示唆してい
ます（『イグ・スミュ』6.2は「晩餐」に言及）。興味深いことに晩餐が言及される
文脈では、神殿犠牲による罪の赦しに一切言及がなく、共通して分裂への警告
と一致への勧告が明らかな仕方で提示されています。これはパウロがⅠコリ11
章で晩餐定型句を用いた意図と符合します（200-02頁参照）。

　d.　ヘブライ書の伝統：新約聖書においてヘブライ書が明らかに代替主義を
示しているのと同じように、使徒教父では『バルナバ書簡』が明らかな代替主
義によって特徴的な役割を示しています。したがって『バル』2.4-6では、神
が神殿犠牲の代わりにキリストの律法を与えたと教えます。さらに『バル』7
章はレビ16章を要約しつつ、大贖罪の日の2頭の山羊がキリストの2回のアド
ベントを指し示す予型（テュポス）であると教えます。さらに上述したとおり

(211頁)、キリスト者自身が「神の宿る場」として神殿を代替します（『バル』16.8）。ちなみに他書においてイエスが大祭司として紹介されている様子に鑑みると（『ポリュ殉』14.3では永遠の大祭司、『Iクレ』36.1-2では仲介者としての大祭司）、ヘブライ書の影響が使徒教父文献の他所にもおよんでいることが分かります。

```
Fのポイント
```
● 新約聖書の書簡はパウロ以降、犠牲、赦し、十字架についてほとんど言及しない。
○ パウロ以降の新約聖書の書簡は、解放主題と第4詩の伝統を継承している。
● 使徒教父では、『バルナバ書』がヘブライ書の代替主義を継承している。
○ 使徒教父に散見される晩餐主題は、分派の警告と一致の勧告という適用においてパウロと符合する。

G.　パウロ以降の神学的深化？

1.　観察の要約

a.　例外的なヘブライ書と『バルナバ書』：私たちは〈パウロ以降の新約聖書においてイエスの死の意義に関する表現が何らかの変化を遂げたか？〉という点に関心を持って、本章の後半で論考を続けました。その結論として、唯一ヘブライ書において、パウロ神学からの注目に値する展開 ―― これを進展あるいは深化と呼ぶかは別として ―― が見られました。これはヘブライ書が、歴史的なエルサレム崩壊の衝撃に依拠した代替主義をその特徴としているからだと思われます。パウロを含めた原始教会がイエスの死の意義を説明するために神殿犠牲をメタファとして用いることがあったとしても（ロマ3.24）、〈神殿犠牲に替わるイエスの死〉という代替的で直接的な理解へと踏み込んだのはほぼヘブライ書のみと言えるでしょう。さらに原始教会がイエスの死を（預言者の）殉教というタイプによって捉えたのに対し、ヘブライ書はイエスに天の大祭司としての地位を与えました。そしてヘブライ書の代替主義を継承する『バルナバ書』は、殉教者ステファノと同様の論理で神殿を相対化したあと（16.1-2）、やはりイエス（の律法）を神殿犠牲の代替として定めました（16.8）。

b.　神学的足踏み状態：これら2書以外は、神殿犠牲に関してほぼ言及しません。唯一ヨハネ文書群がイエスの死と贖罪（の犠牲）とを結びつけますから

（ヨハ1.29, Iヨハ1.7, 2.2; 4.10, 黙5.9）、ここにヘブライ書に近いメタファ実体化の傾向を見出すことも可能でしょう。パウロに反映された原始教会に特徴的な十字架の神学が継承される様子はほとんど見られません。もっともパウロが僅かな頻度で十字架を救済論的に言及したように、彼以降の文献でもイエスの十字架に関する救済論的な言及が僅かばかり見られます（Iペト2.24,『イグ・エフェ』18.1）。興味深いことに後者の『イグ・エフェ』18.1は「私の霊は十字架に架かる布切れです[79]。（この十字架は）非信者にとって躓きでも、私たちにとっては救いであり永遠の命です」と述べ、一般に十字架の神学を反映すると考えられるIコリ1.23を意識しつつも、その十字架を救いと永遠の命とに直結させています。その他、パウロ以降にも頻出する「私たち／あなた方のため」のイエスの死という原始教会の理解に、何か新たな神学的深まりが加わった様子は見出されません。そして使徒教父に散見される主の晩餐は、その適用がパウロの場合と同様であり、やはりここでも神学的進展や深化は見られません。

　たとえばキリスト論については、イグナティオス書簡群がイエスを「神」と明言して（「神の血」：『イグ・エフェ』1.1、「神の苦難」：『イグ・ロマ』6.3）、パウロの知恵キリスト論やヘブライ書の神的キリストを軽々と乗り越え、私たち読者を驚かせます。一方でイエスの死に関する理解は、神殿メタファが実体化する兆しが散見される程度で、ヘブライ書と『バルナバ書』の代替主義以外の点では、神学的足踏み状態と表現することが適切なようです。その足踏みにおいて1つ看過できない特徴は、パウロを含めた原始教会のメシア信仰を反映する解放という主題が各所で確認されることでしょう。

2.　観察結果

　本章全体の具体的な適用はエピローグに譲るとして、ここでは本章での観察から得られた結果のみをリストアップしておきましょう。

ⅰ．パウロはイエスの死の意義を説明するために、神殿犠牲のメタファを多くても2度のみしか用いなかった。

ⅱ．新約聖書はイエスの死の意義を説明するために、しばしばメタファ複合を用いた。

iii.　新約聖書（と使徒教父）はイエスの死と犠牲とをほとんど直接的に関
連させなかった。

iv.　〈イエスは神殿犠牲に取って替わった〉―― あるいは〈イエスは唯一
の真なる犠牲〉―― という代替主義を明言するのはヘブライ書（と『バ
ルナバ書』）の特徴である。

もしキリスト教贖罪論を論ずる
場合にその議論が新約聖書に依拠
していなければならない、という
理解が教会のあいだで共有されて
いるとすれば、上の結果からどの
ような適用が導き出されるかに関
してはエピローグで後述しましょう。

Gのポイント
● ヘブライ書と『バルナバ書』は代替主義の立場から、イエスの死と神殿犠牲とを直結させる。
○ その他の文献はパウロ以降、イエスの死に関して神学的足踏み状態にある。

結　論

　イエスの死を神の救済史の延長に位置づけて語るパウロは、ローマ書の導入
部においてこの位置づけを印象的に述べる目的で、イエスの死の救済的意義を
大贖罪の日に準えて、これをメタファとして用いました（ロマ3.25）。そしてパ
ウロを含めた原始教会がイエスの死をいかに理解したかを把握しようとすると
き、パウロが動物犠牲のメタファを用いてイエスの死を説明しているのが、Ⅰ
コリ5.7を加えても2度のみであることを留意する必要があることを確認しま
した。その上で私たちは、メタファ複合という観点からメタファの機能を分析
し、それがより直接的な実体の叙述でないことを明らかにしました。

　本章後半ではパウロ以降の新約聖書の書簡と使徒教父文献とを観察し、パウ
ロを含めた原始教会によるイエスの死に関する理解が、その後どのように展開
したかを確認しました。その結果として、ヘブライ書においてメタファという
仮面が実体化して実体を覆い、移行主題と啓発主題との区別がなくなる様子を
見出しました。しかしこのように特徴的な展開はヘブライ書と『バルナバ書』
以外ではみられず、むしろ全体としては神学的な足踏み状態にあることが明ら

かとなりました。次章では、本章のヨハネ文書の論考において注意喚起をした
殉教思想の適用について、使徒教父文献から考察しましょう。

A. 以下の三択問題に答えよ。

  1. 著者はなぜロマ3.24で犠牲メタファが例外的に明示されたと考えるか？

    a. 神の救済史を要約する特別な箇所なので、パウロが例外的に犠牲メタファを用いた。

    b. この節は前パウロ伝承であってパウロの意図と関係なく犠牲のメタファが記されている。

    c. パウロにおいて犠牲メタファはすでに実体化しており、メタファとして扱われていない。

  2. 著者は英雄死伝説を本章でどのように評価しているか？

    a. 支配者によって死が美化され、他者に犠牲を強いるレトリックとして用いられ易い。

    b. 支配者が他者に犠牲を強いる歯止めとしての良識が前提として組み込まれている場合がある。

    c. 英雄死伝説は迷信なので古代人に影響を与えることがなかった。

  3. 著者がヘブライ書の特徴として挙げていないものは何か？

    a. イエスが神殿に取って替わったという代替主義。

    b. イエスを神的に表現する高いキリスト論。

    c. イエス・キリストの先在性を示唆する知恵キリスト論。

B. 以下の問いについてそれぞれ100字程度で答えよ。

  1. 「ヒラステーリオン」の訳とその意味は何か？

  2. メタファ複合の意味と意義は何か？

  3. パウロは晩餐の言葉（Ⅰコリ11.23-26）をどのような意図で用いたか？

  4. パウロ以降の初期文献におけるイエスの死理解の特徴は何か？

  5. ヨハネ文書は信仰者に殉教を促しているか？

2世紀殉教者の証言

「福音はそのように教えない」

　本章が扱う使徒教父文献の1つ『ポリュカルポス殉教物語』には、著者が「福音はそのように教えない」と教え諭す場面があります（『ポリュ殉』4）。あるときフリュギア出身のクィントゥスなる人物が仲間を集め、迫害が厳しい最中にあってキリスト者を公言し、結果的に殉教を志願します。しかし猛獣を目にした彼は恐れをなし、結局棄教を宣言して偶像に犠牲を献げます。『ポリュカルポス殉教物語』の著者はこの男らの愚行を批判して、「私たちは自らを［殉教のために］差し出す者らを称賛しません、なぜなら福音はそのように教えないからです」と述べて、そのような仕方で命を粗末にすることがないようにと注意を喚起しています。

　私たちが殉教伝を読むとき、〈物語が当時の読者を殉教者の勇気によって触発し、殉教へと促すことになりはしないか〉と心配します。さらに〈為政者がこの類の物語を利用して信仰者の命を支配することになりはしまいか〉と心配します。もちろん為政者の邪悪な意図の責任を著者に追わせることがナンセンスであることは明らかです。一方で「福音はそのように教えない」という殉教物語冒頭の文言は、著者の手を離れた著書があらぬ方向へ一人歩きしないように制御する装置として機能しています。これは後2世紀の教会の宗教性を垣間見るのぞき窓のような言葉です。本章では、こうして覗き込んだ後2世紀前半のテクストが、殉教者の死の意義について何を教えているか、教えていないかを考察します。

　それでは以下に本章における中心テクストを記し、解決すべき中心課題を列挙してから、本題に移りましょう。

導　入

a.　殉教思想：本書6章の後半（214-16頁）では「［キリストが］その命を私たちのために与えられたのです。［ですから］私たちも兄弟のために命を与えるべきです」（I ヨハ3.16）という勧告について考察しました。そして、これが個人に対して共同体のために文字どおりに死ぬことを強要する教えではなく、キリスト者を他者への奉仕へと促す訓告であることを確認しました。

　一方で私たちは、後1世紀終盤から2世紀にかけてローマ帝国における教会への迫害が強まり、キリスト信仰ゆえに殉教する者が続出するという報告を、ヨハネ黙示録の記述のみならず、後2世紀の教会文献のなかに見出します。このような事態において、教会はキリスト者に対し、殉教についてどのように教えたでしょうか。イエスの（殉教）死と救済が強く結びつけられる方向へ教会の神学が進んだとすると、そのような殉教観は「兄弟のために命を与えるべきです」という類の文言と相まって、キリスト者を殉教へと促す結果とならなかったでしょうか。

b.　本章のながれ：したがって私たちがこの最終章で考察する課題はただ1点だけ、しかし重要な1点です。それは〈キリストの死に救済的意義を見出した教会は、一般の殉教者の死にも救済意義を見出し、それがキリスト者をさらに殉教へと促したか〉という問いです。この問いに対する答えを探るにあたっ

て、教会が殉教に言及するもっとも早い時期の2つの文献（群）に目を向けましょう。私たちはまず、【A】あまり馴染みのない使徒教父文献が何で、本章が扱うイグナティオス書簡群と『ポリュカルポス殉教物語』が何かを明らかにしましょう。その上で【B】イグナティオス書簡群、そして【C】『ポリュカルポス殉教物語』をとおして、初期教会の殉教観を理解したいと思います。

A.　使徒教父とは？

a.　人ではない使徒教父：読者の皆さんのなかには『使徒教父』という書名を聞いてもピンと来ない方もいらっしゃるでしょう。使徒教父というのは特定の人物としての教父を指すのでなく、新約聖書各書の執筆時期の後半と重なる、だいたい後70-150年頃に執筆された初期教会文献の集合体です。これは使徒らが没したあと彼らの伝統を継承しつつ、新たな時代へと向かう過渡期の教会の様子を今に伝える資料です。したがって使徒教父は、新約聖書の神学がいかに次世代に受け継がれたかを判断するためのもっとも重要な資料の1つと見なされています[1]。私たちはここに、初期教会の殉教理解を発見します。

b.　イグナティオス書簡群[2]：使徒教父を構成する11書の1つがイグナティオス書簡群です[3]。この書簡群は、シリア属州のアンティオキア教会の監督であったイグナティオスが逮捕されてローマへと連行される途上で、小アジアの諸教会とローマ教会と監督ポリュカルポスに宛てて書いた7通の短い手紙によって構成されています。おもに教会の一致と異端への警告を促すこれらの手紙には、イグナティオスがこれから殉教に向かう心模様が描かれていますが、彼がなぜ逮捕され処刑されなければならなかったかという理由は記されていません。4世紀の教会歴史家エウセビオスによると（『教会史』3.36）、イグナティオスはローマ皇帝トラヤヌス治世（98-117年）の半ばに殉教しています。この記述を信頼するなら、書簡群の執筆時期は105-10年辺りだと思われます。

c.　『ポリュカルポス殉教物語』[4]：イグナティオス書簡群が殉教を目前にする著者によって書かれた手紙なら、『ポリュカルポス殉教物語』は新約聖書以降の最初に執筆された殉教伝です。小アジア西海岸に位置するスミュルナ（現在のイズミール）の教会監督ポリュカルポスは、おそらく属州総督スタティ

ウス・コドゥラトゥスのもとで86年の人生を殉教によって閉じました（『ポリュ殉』9.3）。そうであれば、エウァレストゥスをはじめとする処刑の目撃者（15.1, 20.2）らは処刑から間もない時期（155-60年頃）に、ポリュカルポスの最

後の日々を福音伝承と意識的に重ねつつ、「福音にのっとった殉教」（1.1, 19.1）として描いたことでしょう[5]。私たちはこの書のうちに、大きな敬意の対象であった教会指導者の殉教を当時のキリスト者がいかに理解し伝えたかをうかがい知ることができます。

Aのポイント
● 使徒教父は人でなく後2世紀前半の文書群。
○ イグナティオス書簡群は後2世紀初頭に、アンティオキア教会監督のイグナティオスにより執筆された。
● 『ポリュカルポス殉教物語』は後2世紀中半に執筆された、新約聖書以降最初の殉教伝。

B. イグナティオス書簡群と殉教

1. マカバイ殉教思想とのリンク

a. **再びマカバイ殉教思想**：少し話しが遠回りになりますが、マカバイ殉教思想にもう一度立ち戻りましょう。前2世紀のマカバイ抵抗運動をとおして〈信仰の英雄である殉教者の死が民のあいだに悔い改めを促して神との和解をもたらす〉というある種の救済期待が生まれました（IIマカ6-7章）（60-61頁）。マカバイ殉教者の記憶を約200年継承したユダヤ人らは、殉教者の救済意義を神殿犠牲に準えて直接的に表現しました。したがって『IVマカ』6.29では、殉教者エレアザルが「私の血を彼らの清めとなし、私の命を彼らの身代わり（アンティプシュコン）としてお受け下さい」と訴え、さらに『IVマカ』17.21は無名母子の殉教に関して「彼らが同胞の罪の身代わり（アンティプシュコン）となることによって祖国が清められる」と記しています。さらに直後の22節は「敬虔な者の血と彼らの死という贖いの座（ヒラステーリオン）をとおして、神意はこれまで虐待されてきたイスラエルを救われた」と述べます。殉教者の死を大贖罪の日の犠牲に準える様子は、まさにパウロがロマ3.25でイエスの死の救済意義を説明する様子と重なります。

　しかし、やはり本書2章（63-64頁）で述べたとおり、後2世紀以降のラビ・ユダヤ教文献における殉教に関する記述を見わたすと、殉教者一般の意義は民の贖罪を代わりに達成するという移行でなく、むしろ民を敬神へと向けるという啓発でした。この敬神が結果として神との和解を民にもたらすという意味で殉教が救済的に語られたとしても、これを〈殉教者の死が民の罪を贖う〉というより直接的な救済理解とは区別しておく必要があります。すなわち後2世紀以降のユダヤ人は、迫害のために命を落とした殉教者を記憶しつつ、〈彼らの敬神の姿に倣っていかに信仰の営みを続けるか〉と問うたのです。激しい迫害という極限状態において敬神が死に繋がる場合があったにせよ、殉教者は民のあいだに死を促さず、むしろ積極的にその信仰の営みを続けることを促したのです。おそらく『IVマカ』の殉教と救済とをより直接的に繋げるような言説も、同様の思想を印象的で誇張した表現で伝えているのだと思われます。

　b.　シリア発の「アンティプシュコン」？：上述したようにイグナティオスは、ローマへと連行される以前にシリア州アンティオキアで教会監督を務めていました。したがって、彼の書簡群にはアンティオキアを中心とするシリア地方の教会の思想が反映されていることが予想されます。一方で研究者らのあいだには、『IVマカバイ記』がシリア地方で執筆されたという考えが根強くあります。それは、アンティオキアを中心とするシリア地方において、マカバイ殉教者を含む殉教者の遺物が尊崇の対象となったという伝承があるからです[6)]。〈シリア地方で殉教者尊崇がとくに盛んになったのは、『IVマカバイ記』がシリア地方で書かれたからに違いない〉という推論です。もっともこのような殉教者尊崇が実際に行われた様子を伝えるのは後4世紀以降の資料ですから、『IVマカバイ記』がほんとうにシリア地方（ましてやアンティオキア）で書かれたかは不明です[7)]。

　興味深いことに、殉教を前にしたイグナティオスはその書簡群において、自らを指すために「アンティプシュコン」という語を用いています。ちなみにこの語は新約聖書では用いられていませんし、ユダヤ教の伝統においては『IVマカバイ記』が用いるのみです。研究者らは、イグナティオスと『IVマカバイ記』がアンティオキアを中心とするシリア地方と深い関係があること、そして両者がともに「アンティプシュコン」というレアな語を用いていること、こ

れらのあいだに偶然の一致以上のリンクを想定してきました。そして彼らは、
〈『IVマカバイ記』の殉教思想が大きな影響力を及ぼすアンティオキアの出身で
あるイグナティオスは、こと殉教の救済的意義に関してはパウロ神学の伝統よ
りもむしろ『IVマカバイ記』の神学に影響されている〉と結論づけました[8]。こ
のような議論が積み重ねられてきた結果として、イグナティオスが自らを「ア
ンティプシュコン」と表現する場合、それは一貫して「贖い」と訳されてきま
した[9]。

　そして研究者らは、これを（マカバイ殉教思想において殉教が代理贖罪と捉え
られていたように）2世紀の教会が一般の殉教者の死に代理贖罪の意義を認めて
いた証拠と見なしました。もちろん私たちは本書の議論から、〈『IVマカバイ
記』に見られる殉教理解が単純で直接的な代理贖罪を反映しておらず、殉教者
の死が民にもたらすのは敬神の模範である。そしてマカバイ的な殉教理解の影
響をイグナティオスが受けていたとしても、その殉教思想を単純で直接的な代
理贖罪と結論づけることはできない〉と反論することもできるでしょう。しか
し本章では、もう一歩踏み込んでイグナティオスの殉教理解を考察してみたい
と思います。

　c.　**手順**：聖書学を生業とする者はこのようなときに、使用されている単語
の用法を徹底的に調べ上げて、そこに見られる用法のパターンから何らかの結
論を導き出そうと努めます。詳細な分析は他所に譲るとして[10]、ここではそ
の用語分析の結果の概要を示したいと思います。したがって以下の項では、イ
グナティオスを含めた6世紀辺りまでの教会著作家がどのように「アンティプ
シュコン」という語を用いたかという分析の結果を紹介します（B.2）。さらに、
イグナティオスが殉教一般をどのように理解したか、そして彼がキリストの
死の意義をどのように説明したか、を彼の書簡群をとおして概観します（B.3）。
そこまで考察すると私たちは、イグナティオスを含めた教会著作家がイエスの
死を特別な救済的意義を持つ死として捉えていたこと、さらにイグナティオス
が一般の殉教者の死に代理贖罪という意義を見出していなかったことを、かな
りの自信をもって述べることができることでしょう。

2.　「アンティプシュコン」の意味

a.　辞書的な意味：後6世紀に至るまでの文献において、「アンティプシュコン」がユダヤ教とキリスト教の文書以外で用いられた形跡はほとんどありません。例外的に後2–3世紀のルキアノスやディオン・カッシオスの作品に各1回のみ登場するくらいです。辞書的な概念としては〈他者あるいは自らの益を期待して差し出す物事〉であり、それがお金の場合は「身代金／保釈金」となります。これがより救済的な意義を含む文脈で用いられる場合、「命のための命（身代わりの贖い）」などの訳を充てることが可能でしょう。教会著作家としては、エウセビオス、アタナシウス、ヨアンネス・クリュソストモスの用法が目立ちますが、彼らはやはり上に挙げた理解を基にして、この語をもっぱらキリストの死の救済意義に関する議論において用いています。以下ではまず、イグナティオス以外の教会著作家の用法をまず概観しましょう。

b.　イグナティオス以外の初期キリスト教文献：3 4世紀のエウセビオスは『教会史』の著者として有名ですが、彼はとくに『福音の論証』という別の著書のなかでキリストの死の救済意義について述べています。ここでエウセビオスは、キリストの血がイスラエル宗教の犠牲の血を代替して全世界の清めと贖いをもたらすという救済史観を示しますが、そこでキリストの死は〈他者の命の代わりとなる命〉という意味で「アンティプシュコン」と表現されます（『論証』1.10.14, 18, 21, 10.1.20, 23）。4世紀の教父アタナシウスも『ロゴスの受肉』のなかで、キリストの死が他者に救済をもたらすという同様の理解を示すために「アンティプシュコン」を用いています（9.2, 37.7）。「アンティプシュコン」がこのような意味で用いられるかぎりにおいては、「命のための命（身代わりの贖い）」という訳が相応しいように思われます。

　当時の教会著作家がこの語をキリスト者への道徳的な訓告において用いる例も僅かですがあります。その場合も、キリストの死という贖いの業が他者に対する奉仕へキリスト者を向かわせるよう啓発するという文脈で、〈キリストの死が「アンティプシュコン」ならばキリスト者の生き様―― 殉教でなく――もある意味で「アンティプシュコン」だ〉という論理が展開されます（クリュソストモス『ユダヤ人駁論』48,『講話集』63参照）。この場合には「奉仕（者）／援助（者）」という訳がより相応しいように思われます。

数量的には、この期間の教会著作家が「アンティプシュコン」を用いたことが分かっている24回のなかで、20回（85%）までがイエスの死の救済的意義を示し、他の4回に関してはイエスに倣うキリスト者の生き様等を指しています。興味深いことに、イエス以外の殉教者あるいはその殉教死を指して「アンティプシュコン」という語が用いられた形跡はありません。つまりこれらの文献は、〈殉教者＝アンティプシュコン〉という『IVマカバイ記』に見られる用法を継承していないことが分かります。

　c.　**イグナティオス書簡群**：それではイグナティオスの場合はどうでしょう。彼は以下の4つの箇所で「アンティプシュコン」という語を用いています。

　　　『イグ・エフェ』21.1──「私はあなた方、また神の誉れのためにあなた方がスミュルナへ遣わした方々のアンティプシュコン、主への感謝と、ポリュカルポス及びあなた方にも愛を抱く者です」。
　　　『イグ・スミュ』10.2──「私の魂と鎖とはあなた方のアンティプシュコンです。あなた方はこれらを侮蔑しませんでした」。
　　　『イグ・ポリュ』2.3──「神の競技者として目を覚ましていなさい。あなた方がすでに確信しているとおり不滅と永遠の命がその報いです。私と、あなたが愛した私の鎖とはアンティプシュコンです」。
　　　『イグ・ポリュ』6.1──「監督に気を留めなさい。神があなた方に気を留められるためです。私は、監督と長老らと執事らにしたがう方々のアンティプシュコンです」。

　これらの箇所の文脈には殉教という主題が見られないだけでなく、救済に関する議論も見当たりません。このような箇所で「アンティプシュコン」を「贖い」と機械的に訳す従来の日本語訳[11]を読むと、周りの文脈と上手く有機的に繋がっておらず、その唐突感が否めません。有り体に言えばヘンな日本語です。

　イグナティオスがこれらの文脈で共通して、宛先の教会や個人に対する連帯感および支持を表明していることを考慮に入れるなら、この語を含む〈私はあなた方のアンティプシュコン〉という句を、挨拶の文脈での定型句（／常套

句）と捉えるのが適切なように思われます[12]。すなわちこれらの句は〈私はあなた方に差し出される者（I am at your disposal）〉という意味で「私はあなた方のために／側におります」、あるいはそれに準ずる表現だと理解するのがもっとも適切な判断だと思われます。

3.　イグナティオスの殉教理解

a.　キリストへの誠実さの証明：結論から述べると、イグナティオスが自らの殉教について述べる場合、彼はそれが自分自身のキリストに対する誠実さを表明する結果となるという一貫した理解を示しています。じつに彼はその不可避的な殉教の死によって、彼自身がキリストの真の弟子であることが明らかとなり（『イグ・エフェ』1.2, 3.1,『イグ・ロマ』4.2）、（誠実さへの報いとしての）復活が希望となり（『イグ・エフェ』11.2）、じつにキリストへの信仰の純粋さが証明される（『イグ・ロマ』3.2）と述べます。これらの言説はある意味で、為政者による迫害という極限状態において、キリストへ誠実さを表明することには命の危険がともなうということを教えています。そしてイグナティオスがもっとも懸念したのは、彼が恐怖ゆえに為政者の圧力に屈して棄教するか譲歩するかして、処刑を回避する結果となることです（『イグ・ロマ』2-3章参照）。

b.　キリスト者への模範：処刑が不可避的に決定しているイグナティオスは、彼自身の誠実な態度が他のキリスト者に与える影響を承知しており、おそらくある程度期待してもいたでしょう。その場合に彼は、自らの殉教によって証明されるキリストへの誠実さが他者へ促すのは殉教でなく、むしろ謙遜や祈りや人道的振る舞いによってキリストへの誠実さを表明することだと強調します（『イグ・エフェ』10.2-3, 14.2）。彼は十字架がキリスト者の死に方を規定するのでなく、むしろ生き方を規定すると教えています（『イグ・スミュ』1.1,『イグ・マグ』5.2,『イグ・トラ』1.2参照）。この点においてイグナティオスの殉教観は、本書2章（63-64頁）で概観した後2世紀以降のユダヤ教文献における殉教観と符合します。

c.　キリスト者の救済的意義：このような論理は、イエスの死に関してイエス自身が期待し原始教会が体験した、救済の現実と重なるものだと思われます。イエスは神の国の到来に備えるため多くの人を神に対する誠実な生き方へと促

しました。そしてその運動の先に死が待ち受けていることを予期したとき、今度はその死が人々の思いを神へと向ける契機となることを願いました。イエスの死を契機として、弟子らを含めた多くの人がその不誠実を悔い改め、神の公正と憐れみとを体現し体験する共同体（原始教会）が形成されました。これが地上における神の国の到来の開始であり、これが救済の開始であると言うのであれば、イエスの死は多くの人の救いのためでした。そして極限状態においてキリスト者が神への誠実を示すことが不可避的に死を意味するとき、その死にはやはり他者を神への誠実へと促すかも知れないという意味において ―― そしてこの意味においてのみ ―― 救済的意義があると言えるでしょう。

　d.　再び啓発と移行：繰り返しになりますが、殉教者一般の死には形而上の消罪効果はなく、他者を神への誠実な生き方へと促すという啓発の意味での救済的意義が見られるのみです。このような限定的な意味においてのみ、殉教一般は救済的に意義深かったのだと思われます。本書1章から繰り返してきた表現を用いるなら、イエスの生き様に倣うキリスト者の苦難にはこうして啓発主題が引き継がれていったのです。そしてそれは啓発主題であって移行主題ではありません。

　e.　一回性のキリストの死：初期の教会において、殉教者の死が他者の救済に作用するという殉教思想は、ここまでであってそれ以上（あるいは以外）ではありませんでした。一方で本書6章（206頁）で述べたとおり、イエスの死がより直接的で直線的に、決定論的に移行主題を含む救済と結びついたのは、パウロ以降の新約聖書文献、とくにヘブライ書においてでした。このヘブライ書において、不可逆的な歴史上の死を意味するイエスの「ただ1度［の死］」（ロマ6.10）は、救済論的に唯一無二の死を意味するキリストの「ただ1度［の死］」（ヘブ7.27, 9.12, 26, 10.10）と解釈され、メシア王による解放という救済史における決定的な出来事というのみならず、この救済史において重要な役割を果たしてきたユダヤ教神殿を代替する根拠 ―― 天の幕屋とその大祭司という本質によって地上の神殿と祭司職という影の廃止 ―― と見なされました。そしてヘブ9.26や上述したエウセビオス著『福音の論証』が示すとおり（231頁）、1世紀終盤に始まり3–4世紀までには〈イエス＝犠牲〉という仕方で犠牲メタファの実体化が確立し、神殿犠牲に付随する移行主題がイエスの死に付加され

るようになりました。こうして教会において、キリストの代理贖罪という理解が定着していったのです。

f.　信仰の対象と信仰の模範：このようにしてイエスの殉教（の救済的意義）とキリスト者の殉教（の救済的意義）とは明確に区別されました。したがってイグナティオスが「アンティプシュコン」という語を用いるとき、それはキリストの生き様に倣い、キリストの生き様を他者へ促す「奉仕者」という意味に限定されていました。一方で彼は「アンティプシュコン」という語をキリストに対して用いませんでした。このような仕方で「アンティプシュコン」を限定的に用いたイグナティオスは、キリストの一回性の救済の業としての死の意義を彼自身を含めた殉教者に適用することはけっしてありませんでした。

　一方で他の初期教会著作家が「アンティプシュコン」を用いる場合、それはキリストの死の一回性の救済の業にほぼ限定的に用いられたので、この語がキリスト者の殉教に対して用いられることはありませんでした。すなわち、キリストと同様の救済意義が殉教者一般に付与されることはありませんでした。こうして死に至るキリストはキリスト者の信仰の模範であったと同時にキリスト者の信仰の対象となりましたが、死に至るキリスト者（殉教者）はキリスト者の信仰の営みの模範という限定的な意義に留まりました。この神学的傾向は、このあとで扱うことになる『ポリュカルポス殉教物語』にも見られます。

g.　マカバイ殉教思想と初期教会の殉教観：私たちはすでに、マカバイ殉教思想というユダヤ人の伝統において、殉教者の死の意義が「アンティプシュコン（命のための命）」や「ヒラステーリオン（贖いの座）」という語によって表現されたとしても、この場合の殉教者の死の意義が民に敬神を促すという効果に限定されているということを確認しました。私たちは初期教会による一般の殉教観もこれと同様だということを上で確認しました。一方で初期教会の場合は、イエスの死が神殿犠牲と一体化して〈犠牲であるイエスの死〉という移行主題が強調されたために、イエスの死の意義と一般の殉教者の意義とがハッキリと分けられました。こうして初期教会による「アンティプシュコン」の用法が、『IVマカバイ記』の場合と異なってしまいました。これらの違いを以下の表で確認しましょう。

文献	対象	意味
『IVマカバイ記』	殉教者一般	模範という意味での「命のための命」
イグナティオス書簡群	イグナティオスのみ	「奉仕者」
初期教会著作家	ほぼキリストのみ	贖いという意味での「命のための命」

　ちなみに、宗教を民族内にほぼ限定して異邦人の宣教を意識的に考えていなかったユダヤ教において[13]、殉教者の死の意義は契約の民が神とその契約への誠実さを再認識するよう促すという意味での救済意義に留まりました。一方で異邦人への宣教を意識的に行ったキリスト教会にとって、殉教者の死の意義はキリスト者が神への誠実さを再認識するよう促すという意味での救済意義であるのみならず、非キリスト者がキリストを信仰するよう促すという宣教的な意味での救済意義ともなりました。したがって「マルテュス」というギリシャ語は、初期教会において「殉教者」を指す語であると同時に、「（キリストの）証し人」を指す語としても用いられました（後述）。殉教と宣教とがこのようにして強く結びついたので、後2世紀後半から3世紀前半に執筆した教会神学者テルトゥリアヌスはおそらく『イグ・ロマ』3.3（「キリスト教は世に嫌われるとき、はるかに優れている」）を意識しつつ、「あなた方が我々を刈り取るたびに我々の信者は倍増する。キリスト者の血は種子なのだ」（『護教論』50.13）と述べたようです。

Bのポイント

- イグナティオスはマカバイ殉教思想の影響から殉教者に贖罪効果を見出していた、という誤った理解が根強くある。
- イグナティオス以外の初期キリスト教文献は「身代わりの贖い（アンティプシュコン）」という語をキリストにのみ用いる。
- イグナティオスは同語を「〜のため（の奉仕）」という意味で自分のみに用いる。
- イグナティオスは自らの殉教をキリストへの誠実の結果と捉え、キリスト者が誠実に生き続ける模範となることを望んだ。
- イグナティオスを含む初期の教会著作家らは、キリストの殉教死のみに贖罪意義を見出した。

C.　『ポリュカルポス殉教物語』

　私は使徒教父を研究する者として、以前から『ポリュカルポス殉教物語』の構造自体がこの殉教伝を理解する鍵を提供していると考えていました[14]。この殉教伝では、「福音にのっとった殉教」という句と「殉教の姿に倣う者」という句が物語全体の最初と最後に繰り返されており、文学批評でいうところのインクルーシオ（枠組み構造）をなしています。この特徴的な構造は、「福音」と「倣う」というキーワードを手がかりにして物語を読み進めるように、私たち読者を促していると思われます。

『ポリュカルポス殉教物語』の構造

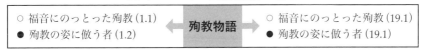

　ここではまず「殉教（マルテュリオン）／殉教者（マルテュス）」（「倣う」は自明として）、そしてもう1つの重要語句である「福音（エヴァンゲリオン）」とがどのような意味で用いられているかを確認しましょう。

1.　用語

a.「殉教（マルテュリオン）／殉教者（マルテュス）」：新約聖書では「マルテュリオン」はもっぱら「証言／証し」という意味で用いられており（19回）、いまだ「殉教」を指す専門用語とはなっていませんでした。したがって同根語の「マルテュス」も「証言者／証し人」という意味で用いられていました（ルカ24.48, ヨハ1.15, 使1.22, 黙1.2）。もっとも例外的に、黙2.13において迫害の文脈で殺害されたアンティパスが「マルテュス」と呼ばれており、これは従来「証人」と訳されてきていますが（新共同訳、聖書協会共同訳、新改訳2017）、「殉教者」と訳すことも可能でしょう。

　黙示録の執筆時期と重なる1世紀終盤に執筆されたと思われる[15]、やはり使徒教父所収の『Iクレメンス』5章はペトロとパウロの殉教に言及しつつ、彼らが「証言した」と記しています。キリストへの信仰を告白する（証言する）

237

ことが迫害と死とに直結するような極限の社会情勢にあって、「証言／証言者」と「殉教／殉教者」との意味が非常に接近し、こうして「マルテュリオン／マルテュス」が殉教の専門用語となったようです。興味深いことに、殉教を目前にひかえたイグナティオスはこの語を迫害や殉教の文脈で使用することはなく、いずれの場合も「証言／証言者」という意味で自らに対して用いています（『イグ・トラ』12.3、『イグ・フィラ』6.3, 7.2）。おそらく私たちは、後1世紀から2世紀への変わり目にあって、この語がキリスト者らのあいだで殉教の専門用語として定着し始める様子を、これらの文書において垣間見ているのでしょう。

　b. 「**福音（エヴァンゲリオン）**」：「神の国が近づいた……福音（エヴァンゲリオン）を信じなさい」（マコ1.14）という宣言から分かるとおり、イエスにとって「エヴァンゲリオン」は何よりも〈神の国が到来しつつある〉という告知内容でした。もっとも、マルコ福音書の冒頭で「イエス・キリストの福音」（1.1; 14.9参照）と記されているのは、マルコ福音書にイエスが述べた福音が記されているというに留まらず、イエスという福音が記されていることを述べていると思われます。パウロはこの後者の意味で「エヴァンゲリオン」という語を用いており、それはイエスの受難、死、復活（ロマ1.3–4, Iコリ15.1–4）を中心としたイエスの生き様全体（イエスに関する伝承）を指しました。この意味でイエスは福音を伝える使者から福音の内容へと変化するのですが、これは彼が告知内容としての福音を体現したことに一因があるのでしょう[16]。

　2世紀後半になると「エヴァンゲリオン」が書物としての四福音書を指すようになります（エイレナイオス『異端反駁』3.2.7–8）。イグナティオスは書物としての四福音書（とくにマタイ福音書）を知っていたようですが、それでも彼はイエスの教え、十字架、死、復活、再臨に関する教えに対して「エヴァンゲリオン」という語を用いました（『イグ・フィラ』8.2, 9.2）。この語は2世紀半ばには〈イエスに関する伝承〉というニュアンスを経て、徐々に記述された福音書という意味へと固定されていったようです。そのような過程にあって、『ポリュカルポス殉教物語』が「エヴァンゲリオン」という語を用いる場合、それは四福音書（あるいはそのうちの幾つかの書）に反映される福音伝承全体を指したことと思われます。

2. 「福音にのっとった殉教」によるインクルーシオ

a.　福音の連想：「福音にのっとった殉教」そして「殉教の姿に倣う」とい
う句によって前後から囲まれた殉教伝を読み進めると、読者は四福音書の内容
を連想させる記述を幾つも発見することでしょう。以下はその一例です。

『ポリュカルポス殉教物語』と福音書の対比

ポリュカルポス	福音書
○ポリュカルポスは少数の友とともに祈りのために籠もり（5.1）、	ゲッセマネ
●いかに自分がとらえられて死に至るかを預言する（5.2）。	受難告知
○ポリュカルポスの居場所を奴隷の1人が白状し（6.1-2）、	ユダの裏切り
●それによってポリュカルポスを捉える警備兵の名は「ヘロデ」と言う、	「ヘロデ」
そして裏切り者は「ユダ自身の罰を受けた」（6.2）。	「ユダ」
○警備隊は強盗でも捉えるように武装して夜中に訪れ（7.1）、	イエス捕縛
●ポリュカルポスは逃げることもできたが神の摂理を受け入れる（7.1）。	イエス捕縛
○ポリュカルポスはロバに乗せられて町に着く（8.1）。	エルサレム入城
●ポリュカルポスは群衆の機嫌を伺うローマ人総督と対峙し（9.2-12.1）、	ピラトの裁判
○群衆は彼の死を望む（12.2-3）。	群衆の声
●ポリュカルポスを突いた剣の刺し痕から鳩と多くの血が出る（16.1）。	水と血
○ポリュカルポスの死後、彼の友人が遺体を引き取ろうとする（17.1）。	アリマタヤのヨセフ

　従来から研究者らは、これらの箇所が実際に福音書に依拠しているか、そう
だとするとどの福音書のどの箇所に依拠しているか、といういわゆる資料批評
的な分析に終始し ―― その分析自体はある程度有用ですが[17] ―― 、なぜ著者
が四福音書の記述を明示したり示唆したり仄めかしたりするような仕方で物語
を進めるか、その文学的意図を汲みとることを怠ってきました。しかし近年で
は、社会史や思想史の資料としてのみならず、1つの文学として物語を扱うと
いうことが古代のキリスト教文献において試みられており、この傾向はたとえ
ば新約聖書の文芸批評として周知されつつあります[18]。その際に物語のイン
クルーシオ構造に注目して、著者がどのような意図をもって読者を物語に誘い

込んでいるかが問われるケースもしばしばあります[19]。

b. **インクルーシオの意図**：上の表に挙げた福音伝承との類似表現は、その
ほとんどが表面的な一致にすぎませんが、ここではその関連性が比較的に明
らかな『ポリュ殉』6.1-2を例にとって解釈の方向性を探りましょう。6.2に
は「[彼は]ヘロデというちょうど同じ名前を持っているが」、さらに「彼を裏
切った者たちはユダ自身の罰を受けた」という文言があります。前者は警備隊
長であり、ポリュカルポスを野外劇場へと連行する人物に関する説明で、後者
は警備隊の拷問にあってポリュカルポスの居場所を白状した奴隷に下る罰に言
及しています。

『ポリュカルポス殉教物語』の著者が隊長ヘロデについて「ちょうど同じ名
前」と述べて較べる対象は、おそらくルカ文書に登場するガリラヤ領主ヘロ
デ・アンティパス（ルカ23.6-12, 使4.27）だと思われます[20]。一方は警備隊長
で、他方はガリラヤ地方の四分領主です。つまり著者は、文脈が異なり立場も
異にする人物をルカ福音書に登場する主要人物と同名だと断っています。〈は
からずも同名のヘロデが、異なる仕方でポリュカルポスとイエスとに苦しみ
を加えたのだ〉とでも言いたいのでしょうか。奴隷の行為に関しても、弟子ユ
ダがイエスを裏切った状況と著しく異なります。それでもイエスのもとへ（神
殿）警備隊を導いた「裏切り」（ルカ23.52; ヨハ18.3参照）という行為によって、
奴隷とユダとが結びつけられています。

著者は『ポリュ殉』6章において、表面上の些細な類似性を手がかりとして
意識的に読者の注意を福音伝承へと向けているようです。それならば、福音伝
承との関連が6章ほど明確でない他の箇所についても、著者はこれらを、同様
に読者が福音伝承を意識しながら殉教物語を読み進めるための道標として配
置していると考えられます。そしてこれらの示唆された、あるいは仄めかされ
た道標をも読者が見逃さずに読み進むことができるようにとの配慮から、著者
は物語の開始部と最後尾に「福音にのっとった殉教」というキーワードを配置
して物語全体を囲み込み、読者の注意を喚起（／条件づけ）していると思われ
ます。このようにして読まれる殉教伝は、そのクライマックスをポリュカルポ
スの処刑場面に置きながらも、それがいかにイエスの生き様という福音にのっ
とった信仰の営みの延長にあった殉教だったかを印象的に伝えています。

240

3. 「[殉教の姿に] 倣う者」によるインクルーシオ

　上述のとおり、「福音にのっとった殉教」という主題に付随するもう1つの主題として「[殉教の姿に] 倣う」(『ポリュ殉』1.2, 19.1) という句も物語全体を囲んでいます。この場合に読者が模倣すべき対象は、当然ながらポリュカルポスです。ここで重要なのは〈何を模範とすべきか〉ということです。この点に関する答えは明らかであり、著者はポリュカルポスの最期から読者が「高潔、忍耐、忠誠」(2.2) を学びとるように促しています。さらに著者はクイントゥスという殉教志願者をことさらに悪例として取り上げて、「私たちは自らを [殉教のために] 差し出す者らを称賛しません、なぜなら福音はそのように教えないからです」(4章) と警告します。すなわちこの殉教伝の目的が、読者を殉教へと促すことでないことが福音の権威によって明示されているのです。

　それならばポリュカルポスの殉教を記念する目的が「来たるべき (苦闘者の) 訓育と準備」(18.3) であるとは、当然ながら、それが将来の殉教者を募る意図で開かれた記念日でないことも明らかです。むしろその目的は、迫害という不可抗力的な極限状態においてさらなる殉教が予想されるなかでも (「来たるべき苦闘者」)、ポリュカルポスの生き様とその背後にあるイエスの生き様を回想することによって、記念日に参加する者に「高潔、忍耐、忠誠」に加えて「真実で信頼できる愛」(1.2) が促されることです。したがって彼らがスミュルナ地方の12人の殉教者ら (19.1) と「ともに [キリストの] 同労者また弟子となる」(18.3) ことが望まれる場合も、彼らが志願するように促されるのは「殉教者 (マルテュス)」でなく福音の「証言者 (マルテュス)」です。

> **Cのポイント**
> - 「証言者 (マルテュス)」は極限状態において殺される場合に「殉教者 (マルテュス)」という意味で用いられ始めた。
> ○ 「福音にのっとった殉教」とはイエスの生き様を想起させる殉教物語を意味する。
> - この殉教物語は殉教志願を促しておらず、「証言者」として誠実な信仰の営みを続けることを促す。

結　論

　従来から多くの研究者らのあいだで、イグナティオス書簡群に代表されるア

ンティオキアのキリスト教会が、マカバイ殉教思想に倣って殉教者一般の死に贖罪効果（移行主題）を見出していたと理解されてきました。しかし本章では「命のための命（アンティプシュコン）」という語の用法に焦点を置いて分析をした結果、そのような殉教理解が教会にあった形跡がないことを確認しました。後2世紀以降の教会では、実体化した犠牲メタファがイエスと一体化し、その死が犠牲として罪を清め去るという特別な意味を得て、他の殉教者の意義と明確に区別されました。したがって一般の殉教者に贖罪効果を見出すという神学的方向性は見られません。

　もっとも死に至ったイエスの生き様が多くの人を神に対して誠実に生きるよう促したように、証言者（マルテュス）がその誠実さと敬虔ゆえに極限状態において殉教者（マルテュス）となるとき、その死は他のキリスト者に対していかに生き続けるべきかの模範を示した、という限定的な意味（啓発主題）において救済的だと言えるでしょう。そして殉教伝が読者に促すことは、殉教者（マルテュス）になることでなく、証言者（マルテュス）になることです。

■第 7 章の課題■

A.　以下の三択問題に答えよ。

　1.　研究者らはなぜ『Ⅳマカバイ記』とイグナティオスを結びつけたか？

　　a.　イグナティオス書簡群が『Ⅳマカバイ記』に言及しているから。

　　b.　両書ともに殉教に言及しており、アンティオキアという地名と関係が深いと考えられたから。

　　c.　両書ともに「アンティプシュコン」という語を用い、アンティオキアという地名と関係が深いと考えられたから。

　2.　著者はイグナティオスが「マルテュス」をいかに用いたと考えているか？

　　a.　イグナティオスはこの語を「殉教者」という意味で自らに宛てて用いた。

　　b.　イグナティオスはこの語を「証言者」という意味で自らに宛てて用いた。

　　c.　イグナティオスはこの語を両方の意味で用いた。

　3.　著者は一般の殉教者の死の救済意義についてどのように考えているか？

　　a.　一般の殉教者の死は他者が神に対して誠実に生きるよう促すという意味で救済的だと考える。

　　b.　一般の殉教者の死に贖罪的な意義が認められていたと考える。

　　c.　一般の殉教者の死と救済とは一切関係がないと考える。

B.　以下の問いについてそれぞれ 100 字程度で答えよ。

　1.　『Ⅳマカバイ記』と使徒教父に共通する殉教の意義は何か？

　2.　『Ⅳマカバイ記』と初期教会著作家は「アンティプシュコン」をどのように用いているか？

　3.　「福音にのっとった殉教」という句は、読者にどのような殉教理解を促すか？

　4.　「マルテュス」に「証言者」と「殉教者」の両方の意味があることの意義は何か？

　5.　初期教会の殉教伝は信仰者を殉教へと促すか？

畑を耕す

「『お話しは結構ですが』カンディードは答えた。『とにかく、ぼくたち、
自分の畑を耕さなきゃ』」（ヴォルテール『カンディード[1]』）。

導　入

　本書プロローグは、リスボン大震災の際に提唱された最善説や天罰説に対す
るヴォルテールの批判からスタートしました。エピローグもヴォルテールか
ら引用して始めましょう。上の文言は、彼がその批判の一貫として著した小説
『カンディード』の終結部分です。波乱の旅の末、小さな安住の地を得たカン
ディード一行は早々とそこで耕作に精を出します。カンディードは旅路の苦難
を最後まで最善説 ―― すべては最善の神の御手のなかにある ―― によって押
し通そうとする哲学者パングロスを諌めて、〈もうご託は良いから世のなかに
関わろう〉と励まします。「庭（畑）の教訓」と称される『カンディード』巻
末の言葉は多様に解釈されますが、現行の不条理な社会への何らかのアクティ
ブな関わりを促しているようです。そういう訳で私たちもエピローグでは、聖
典のお話しをこれくらいにして、キリスト教贖罪論を視野に入れつつ本書1-7
章の現代的な適用、すなわち畑を耕す作業に移りましょう。

　したがってエピローグ前半【A】では、まず本書で展開したイエスの死に関
する聖的理解を基にして、キリスト教贖罪論に関する教理的言説を評価しま
しょう。そして後半【B】では、現代の贖罪論に関する議論に参加して、いく
らかの提案を最後に示したいと思います。

A.　新約聖書から見たキリスト教贖罪論

　本項では、本書1-7章の内容を受けてイエスの死に関する本書なりの理解を
まず明示したいと思います。それに続いて『ハイデルベルク信仰問答』および

『ウェストミンスター大教理問答書』に反映されるいわゆるキリスト教贖罪論の形成に至る議論を概観したのち、これに対していくばくかの応答を試みます。

1. 本書が明らかにしたこと

　本書各章の要約は各章の章末を参照していただくのが良いと思います。ここではまず（A.1）、各章における論考によって私たちが明らかにした事実や真実を箇条書きにしてみましょう。箇条書きにすると各章の論考における細かなニュアンスがこぼれ落ちる恐れは否めませんが、内容の整理という意味では箇条書きにしてみるのも良いでしょう。それに続いて（A.2）、これらの箇条書きの内容をいくつかの主題にまとめて文章化してみたいと思います。

　　a.　神殿犠牲には犠牲獣が民の罪の結果を引き受けるという移行主題と、象徴的に民に敬神を促すという啓発主題がある。苦難の僕およびマカバイ殉教者の死は、民に敬神を促すというその啓発主題が、神殿犠牲の移行主題でなく啓発主題と結びついたので、後者がメタファとして用いられた。

　　b.　移行主題でなく啓発主題によって示された僕や殉教者の苦難や死は、民に責任転嫁でなく責任の自覚を促す。

　　c.　社会的記憶において、死の栄光化／美化は死を正当化するレトリックとなりうるし、〈（神が）死を喜ぶ／死に満足する〉というような加虐性へと曲解されうる。

　　d.　社会的記憶において暴力の忘却は、加害的暴力とその煽動への抑止力を弱体化する危険性がある。

　　e.　聖典預言者としてのイエスは、過去の預言者らの運命と自らの運命とを重ねつつ、自らの死を予期した。

　　f.　神の正義と憐れみとを体現する神の国運動の延長にあって起こったイエスの死は、この世の不条理と邪悪さの結果であり、その死によってこれらが露呈した。

　　g.　神の正義と憐れみとを体現する神の国運動のなかで自らの死を予期したイエスは、その死に至る生き様を「多くの人のための身代金」と要約

した。

h.　イエスの生き様は人々を敬神へと啓発したので、「多くの人のための身代金」とは追従者に責任転嫁でなく責任の自覚を促す言説だと考えられる。

i.　イエスの神殿事件は神殿制度の廃止を予告するものでなく、原始教会はこの事件によって代替主義的な思考を開始しなかった。

j.　死を悼むとは、死を忘却することでも死の意味づけを拒否することでもなく、むしろ遺族が故人の記憶を意味深いものとしてその生の営みにおいて内面化する作業である。

k.　原始教会がイエスの死を「私たち／あなた方のため」と表現したのは、そこに移行主題でなくむしろ啓発主題を見出したからである。つまりこの定型句は責任転嫁でなく責任の自覚を原始教会に促した。

l.　原始教会はイエスの死と神殿犠牲とを直結させなかった。

m.　パウロを含めた原始教会は、そのメシア信仰によって救いを決定づけたのであって、死を決定づけたのではない。したがって決定論（予定論）的に死を正当化したり美化したりはしなかった。

n.　パウロはイエスと神殿犠牲とをほとんど結びつけることがなく、また例外的に結びつける場合、神殿犠牲という主題は複数のメタファのうちの1つ以上には扱われなかった。

o.　新約聖書においてイエスの死と神殿犠牲や神殿制度とをメタファ等による示唆でなく直結させるのは、代替主義的な神学を明示するヘブライ書にほぼ限定されている。

p.　ヨハネ文書は、イエスの死の栄光化／美化が濫用されないように、イエスの死に関する解釈の方針を示している。

q.　ユダヤ教でも初期教会でも、殉教者の死は他者を敬虔な生き方へと啓発するが、他者を殉教へと促さず、ましてやその死に贖罪の機能はない。

2.　聖書が教えるイエスの死の意味

次に上のリストを手がかりとして、本書で私がイエスの死をいかに理解し、それがキリスト教贖罪論といかに関わると考えるかを要約してみたいと思いま

す。

　a.　**イエス**：イエスは神の国の価値を体現するその正義と憐れみの活動の末に、その活動のために、死を迎えました。こうしてその死は、正義と憐れみが暴力的に阻まれるという仕方でこの世界の邪悪さと不条理を露わにしました。イエスはその死を予期するにあたり、ちょうど苦難の僕の死が「私たち／多くの人」を敬神へと促したように、自らの苦難と死が追従者をさらに敬神へ促すことを希望しました。

　b.　**「私たちのため」**：原始教会はイエスの死を悼む過程でその死の意味を求めました。彼らの復活信仰は確かに彼らに希望を与えましたが、彼らはそれでも〈イエスがなぜ死んだか〉と問い続けました。彼らはその過程で、イエスの奉仕の延長にあった死が、その奉仕の対象である彼ら自身を神へと立ち返らせる契機になったと認識し、その意味でイエスの死を「私たち／あなた方のため」の死と表現しました。したがってその奉仕の末の死は、〈私たちの代わり（He died in our place）〉でなく言わば〈私たちのせい（He died for our sake）〉という意味の、責任転嫁でなく責任の自覚を促しました。原始教会もイエスの死の意義を模索する際には、苦難の僕やマカバイ殉教者らの苦難と死との啓発主題（「多くの人のため／民のため」）を意識していました。

　c.　**「罪のため」と犠牲メタファ**：神に対して不誠実な「私たち」に敬神を促すイエスの死を、原始教会はそのユダヤ教的な言語感性によってさらに「私たちの罪のため」と表現しました。これは、神殿犠牲が民に罪を悔い改めさせて敬神へと促すという啓発主題と繋がり、こうしてイエスの死を説明するために犠牲がメタファとして用いられるようになりました。もっとも、パウロをはじめとする原始教会がこの犠牲メタファを頻用した様子は見られません。

　d.　**メシア信仰と救いの確実さ**：パウロがキリストの死と人の救いとを直結させる特徴的な表現は、原始教会のメシア信仰を反映しています。この表現における救いの確実さは、キリスト（メシア）による救いが確かであるという、イエスの生前にすでに広く知られたユダヤ教の伝統に依拠するものです。ここで確かなのは、死が救いをもたらすことでなく、メシアが救いをもたらすことです。

　e.　**英雄死と救いの確実さ**：救いを確実にもたらすメシアが死んだとき、原

始教会は英雄死——共同体を英雄が命を賭して救う——という概念を用いて、〈なぜメシアなのに死ぬのか〉という厄介な問題にある程度の解決を見出しました。その際、メシアによる救いの確信は〈メシアが必ず救うなら、それはメシアが促す敬神が必ず成就するからだ〉という理解の上に成り立っています。「私たち」が敬神を試みたとしても、実際にその敬神が成就するかは不確定です。しかしこの敬神がメシアによって導かれるという理由で、「私たち」の敬神は必ず救いの実を結ぶのです。こうして「私たち」の不確実性はメシアによって確実性に変わりました。救いはイエスが死んだから確実になるのでなく、イエスがメシアだから確実になります。それが原始教会における救いの確信です。パウロをはじめとする原始教会において、犠牲死はあくまで救いを説明するメタファの1つに過ぎず、救いを決定づける論理とは言えません。

　f.　救いの確信と倫理：メシア信仰が救いを決定論的に確証しても、原始教会は敬神の試みと営みとを見失いません。メシアによる解放が、私たちの敬神を促し、その敬神を成就させることだからです。〈メシアが代表として敬神を示したから、私たちに敬神は必要ない〉という責任転嫁は、メシア信仰と異質なものです。したがってパウロを含めた原始教会は、キリスト者が敬虔であるよう促します。

　g.　ヘブライ書と犠牲：新約聖書において唯一ヘブライ書が、イエスと犠牲とを明らかな仕方で直結させます。したがってキリスト教贖罪論において、イエスを犠牲として表現することは可能です。しかしこの場合、ヘブライ書がその代替主義的な解釈によってイエスを神殿犠牲と特定するその背景には、〈最近エルサレム神殿が消滅したなかでいかに信仰を表現するか〉という時代的・社会的に独特な事情が関わっていることを忘れてはいけません。さらに、イエスと犠牲とを直結させるヘブライ書においても、イエスの苦難と死とがキリスト者に責任転嫁でなく、倫理的生活の責任を自覚させていることを忘れてはいけません。

　h.　教会と移行主題：後1世紀後期にイエスの死と神殿犠牲とが直結すると、イエスの死のうちに移行主題が見出されるようになり、こうしてのちの教会のあいだでいわゆる代理贖罪という理解が生じました。

3. キリスト教贖罪論の形成に至る教会の神学議論

a. 神学議論：プロローグで概観したとおり、後2世紀の初期教父に始まり宗教改革に至る神学者らによるイエスの死に関する議論においては、〈イエスの死＝犠牲〉あるいは〈イエスの死＝身代金〉という直接的で直線的な関係性 ── メタファによる間接的な繋がりでなく ── が前提となっており、犠牲であるイエスの死の移行性に焦点が置かれました。さらにアンセルムスの満足説においては、神が人の不誠実による損害をイエスの死によって満足させるので、〈神はその子の死を喜び満足する〉という類の言説を通して加虐性が示唆されました。こうして後2世紀から16世紀に至る議論においては、イエスの死について語る際に移行主題と加虐主題とが包含されていました。

b. 問答集：このような神学議論の文脈のなかで、たとえば『ハイデルベルク信仰問答』および『ウェストミンスター大教理問答書』が成立しました。プロローグで紹介した贖罪論に関する問答を再びここに記しましょう。

i. 『ハイデルベルク信仰問答』

　「このお方（キリスト）は、ご自分の貴い血によって、わたしのすべての罪の代償を、完全に支払って下さいました。そしてわたしを、悪魔のすべての力から、救い出し……」（『ハイデルベルク信仰問答』第1問）。

ii. 『ウェストミンスター大教理問答書』

　「キリストは、ご自身を傷のないいけにえとして1度だけ神にささげて彼の民の罪のための和解となる」（第44問）

　「［キリストは］罪のための供え物として、十字架の苦しい・恥ずかしい・呪われた死を耐え忍んでその命を捨てた」（第49問）。

　これらの文言には、悪魔への身代金としての死、犠牲、苦難と死の甘受という主題が明示されており、教会による神学的議論の歴史において継承された移行性と加虐性が、あるいは明示され、あるいは示唆されているように読みとられます。

4.　新約聖書学からの応答

〈キリスト教贖罪論は聖書に依拠すべし〉あるいは〈キリスト教贖罪論の議論は聖書から遊離してはいけない〉という共通認識があるならば、本書1-7章が明らかにした事柄を基にして、新約聖書の視点からキリスト教贖罪論に応答することには意味があると思われます。ここでは移行性と加虐性に焦点を置いて応答しましょう。

a.　イエスの死を直接的に犠牲や身代金と断言すること：歴史のイエスは、自らの死を予期したとしても、それを神殿犠牲と重ねて語ることはありませんでした。かろうじてマコ10.45（と並行箇所）で1度だけ「多くの人のための身代金」として死ぬことを予期したようですが、これはもちろん神殿犠牲ではありません。この場合、イエスを死に向かわせる神の国運動が彼の関わった多くの人を敬神へと促し、それが彼らの解放に繋がるという意味で、「身代金」がメタファとして用いられたのだと思われます。イエスと原始教会はこのメタファを突き詰めて、〈誰に支払われる身代金か、神か、悪魔か〉といった方向へと議論を進めていません。

パウロを含めた原始教会は、イエスの死を神殿犠牲と直結させませんでした。イエスの死が敬神 —— 罪の悔い改め —— を啓発するという理解をもとにして原始教会のあいだで「罪のため（の死）」という表現が生まれました。そこから〈それならばイエスの死は神殿犠牲が罪を解消するのと似ている〉という発想が派生したようです。パウロがこの発想をその書簡群で明示するのは多くとも2度のみであり、さらに彼はそれを他のメタファと複合的に用いています。すなわちパウロは、イエスの死と犠牲とを直結させるような発想からかなり遠いところにいたことになります。

新約聖書においてイエスの死と神殿犠牲とを直結させたのはヘブライ書のみです。私たちがこの点を断言できるのは、ヘブライ書の記者がイエスとユダヤ教聖典のモチーフとの関係を真の実体とその予型（あるいは原型と模型）として、メタファによるたんなる連想とは異なる直接的な関連性として見なしているからです。そしてヘブライ書の代替主義的解釈によると、イエスという実体が現れたので予型である神殿犠牲はその役目を終えたのです。ヘブライ書はその代替主義的な解釈によってイエスの死と神殿犠牲とを直結させたので、イエ

スの死に初めて明らかに移行主題——〈イエスは犠牲として死んで人の罪の責任を引き受けた〉——が付与されたようです。

　キリスト教贖罪論において、イエスの死を直接的に犠牲であると断言することは、イエスの死に関する新約聖書の理解をヘブライ書の神学に代表させることになりかねません。ヘブライ書が新約聖書神学に大きな貢献を成していることは間違いないですが、これをパウロや他の新約聖書記者の神学の到達点あるいは完成形と見なす聖書へのアプローチは適切でしょうか。さらに、このような証拠テクスト的な聖書の用い方は「聖書は……すべての栄光を神に帰する全部分の一致と全体の視野……によって、自ら神の御言葉であることを示す」（『ウェストミンスター大教理問答書』第4問）という包括的な正典の扱いを促す正典理解に耐えうるでしょうか。すなわちこの『教理問答書』が教える正典論は、『教理問答書』の贖罪論に反映される正典テクストの扱い方に問題があることを指摘していると言えないでしょうか。

　キリスト教会がこの問答集に依拠して「いけにえ／供え物として」という表現をイエスの死の説明に用いるならば、すくなくともパウロをはじめとする原始教会はこれをメタファとしてのみ用いたという事実を看過しない仕方で表現するのが良いように思われます。つまり〈イエスはもちろん犠牲獣でないが、その死はある意味で犠牲が持つ多くの機能の一側面と重なる〉という理解をパウロをはじめとする原始教会が持っていたことを十分に配慮した表現を選択する必要があると思われます。さらに私たちは、ホセ6.6を引用しつつ「私が求めるのは慈しみであって、いけにえではない」（マタ9.13, 12.7）と述べた歴史のイエス自身が、のちの教会によって〈イエスはいけにえ〉と称されるようになった事実をどのように受けとめているだろうかと想像してみることも必要でしょう。

　b.　イエスの死を神の要求と断言すること：まず第1に、アンセルムスが述べるような〈人の罪によって栄誉を損失した神がその損失を埋め合わせるためにイエスの死を要求した〉という思考は新約聖書に見当たりません。さらに、〈イエスの死が神の怒りを宥める〉という類の直接表現も見当たりません。新約聖書で「怒り（オルゲー）」が用いられる場合、その多くが終末の裁きを指す黙示的な表現です。この擬人化された裁きからの救いがイエスと関係する

ロマ5.9でさえ、それは「彼（キリスト）による」救いであって〈彼の死による〉救いではありません。

　ロマ5章には、キリストの死と救いとを直線的で決定論的に繋ぐという非常に特徴的な表現が3箇所に見られます（5.9, 10, 19）。しかしこの決定論的な表現は、原始教会が共有したメシア信仰を反映しています。すなわち〈救済者メシアはかならず解放することになっている〉という決定論的な信仰は、イエスが十字架で死ぬより以前からユダヤ人が共有していた理解です。必ず解放するメシアが死んだという難題を解決するために、原始教会は英雄死という概念を用いてメシアの死を可能としました。〈解放することが決定しているメシアが死んだ〉ことと〈解放するメシアの死が決定している〉ことでは、決定している内容が異なります。パウロを含めた原始教会の理解は前者です。したがってそこには〈イエスの死が決定しており、つまりそれは神がイエスの死を必要あるいは善として要求した〉という発想は見当たりません。すなわち〈神はその子の死を喜んでいる〉という加虐性は、新約聖書に不在です。かろうじて「屠られた子羊こそ……誉れ、栄光、讃美を受けるにふさわしい」（黙5.12）という天の賛歌が死の美化として曲解されると、加虐的な神が表出することもありうるでしょう。神の加虐性でなくとも死を促すことに関して、私たちは『ポリュカルポス殉教物語』（4）がそのような曲解を防ぐ目的で、殉教伝が殉教を促すという曲解について「福音はそのように教えない」と述べていることを重く受けとめるべきです。キリスト教贖罪論を表現する場合に私たちは、神が加虐的に曲解される余地を可能なかぎり残さない文言を慎重に選択すべきでしょう。

　c.　責任転嫁：本書で私たちは、苦難の僕やマカバイ殉教者に始まりイエスの死に至るまで、それらが「私たち／多くの人のため」であるという理解が責任転嫁という発想とはるかにかけ離れている点を強調してきました。「私たち／多くの人のため」という句は、〈僕／マカバイ殉教者／イエスが私の罪の責任と結果とを引き受けたので、私はあらゆる責任を免れて楽をした〉――私の代わり――という類の責任の転嫁でなく、むしろ〈僕／マカバイ殉教者／イエスが苦しんで死ぬ原因となったその奉仕と模範は私に向けられていた〉――私のため――という責任の自覚を表現しています。責任の自覚だからこ

そ、私たちはイエスの死に至る生き様を私たちの生の営みの範とします。したがって私たちがキリスト教贖罪論を表現する場合、たとえ人が無力であることを強調して自覚させる目的があったとしても、それによって人の責任への自覚が看過されるような仕方でイエスの死の意味が描かれることがないように気を配るべきでしょう。

B.　現代日本の議論へ参加する #1：『犠牲のシステム』

　上では聖書の視点からキリスト教贖罪論に対して応答しました。エピローグ後半で私たちは、より具体的な適用を行いましょう。近年国内でもキリスト教贖罪論に関する議論が散見されますので、そのうちの特徴的な2つの議論に私たちも参加することにしましょう。

1.　概略

a.　構造的暴力としての犠牲のシステム：プロローグと本章の最初に言及したリスボン大震災から約250年後の日本が未曾有の震災を体験した翌年には、本書の〈はじめに〉でも紹介したように高橋哲哉氏が『犠牲のシステム：福島・沖縄[2]』を著しました。この著は、少数他者に苦痛を負わせて大多数が利益を享受するというスケープゴート的な国家政策の例として福島原発問題と沖縄基地問題を挙げ、これを批判します。これは〈平和学の父〉と呼ばれるヨハン・ガルトゥングがかつて〈構造的暴力〉と名付けた社会構造への視点を焼き直したものと言えるでしょう[3]。その際に高橋氏は、このような構造が〈キリストの犠牲の上にキリスト者の救いが成立する〉という贖罪思想によって支持され繰り返されているとして、キリスト教贖罪論をその著書の20％にも及ぶ紙面（110-49頁）を費やして批判します。

b.　天罰説、燔祭説：この新書にリスボン大震災への言及はないものの、やはり人が大災害——天災、人災にかかわらず——に意味を見出そうとして、天罰説／天譴論（と最善説）を繰り返す様子が報告されています。石原慎太郎元都知事、カトリック歴史家ロベルト・デ・マティ、ヨイド純福音教会チョ・ヨンギ牧師が異口同音に東日本大震災を天罰あるいは摂理として語ったこと

について短く言及したあと、高橋氏は無教会を開始した内村鑑三が関東大震災に際して説いた天譴論（「天災と天罰及び天恵」、『主婦之友』1923年10月）——自然災害が被害者によっては恩恵にも刑罰にもなりうる——を批判します（114-38頁）。さらに永井隆著『長崎の鐘』に見られるいわゆる〈浦上燔祭説〉——天主堂が建つ浦上の原爆被害を平和のためのいけにえとする理解[4]——が、加害者の責任を封じ込めることに寄与している点を指摘します（138-45頁）。

　c.　同意すること：高橋氏が〈犠牲のシステム〉と称する構造的暴力は、私自身もその存在を認識して、それに強く反対し抵抗します。高橋氏が福島県出身者であると同時に東京に在住する東京電力株式会社の電力消費者であるという微妙な当事者としての意識を抱いているなら、私は日本で唯一県庁所在市に原子力発電所を置く島根県松江市の出身であると同時に（愚かにも）原発推進政策に固執する日本国で電力を消費するという微妙な当事者意識を持っています[a]。また私は、沖縄県に3年間居住し、普天間基地に発着する哨戒機やヘリコプタが日常的に頭上をかすめるのに肝を冷やし、不発弾撤去のために心細い避難を余儀なくされるといった仕方で、沖縄に生きることが何を意味するかもそれなりに体験しました[b]。そして私は、辺野古基地建設に反対することが県外者としての介入でなく、日本が一地方自治体——それがどこの自治体であれ[5]——に甚大な苦痛を強要する暴力に対する一国民としての当然の意思表示であると認識しています[c]。このような意識を研ぎ澄ませることが、健全なるナショナリズムの陶冶に繋がるのだと考えます[6]。私はこの点において、高橋氏の大義と主張に同意します。

---

a)　広島市内に本社を置く中国電力株式会社が所管する島根原子力発電所が建つ鹿島町は、平成の大合併の結果として隣接する松江市の一部となった。これは島根県民にとっては、〈松江市は過疎地だから県庁所在地だろうが原発を置いて良い〉という仕方で、二重の差別——究極の周縁化と犠牲の暴力——を押し付けられる象徴的な出来事となった。

b)　もっとも、3年間住んだだけで沖縄県民の方々の苦悩を十分に理解したなどとは当然ながら考えていない。

c)　辺野古基地建設に関する県民投票で県民の70%超が反対を表明したとき、当時（2019.2.26）の岩屋毅防衛相が「沖縄には沖縄の民主主義があり、日本には日本の民主主義がある」という驚くべき発言をしたことは記憶に新しい。このような民主主義に対する冒瀆に、日本国の市民は人ごとでいられない。

2. 『犠牲のシステム』への応答

a. 贖罪論と天罰説：一方で、この〈犠牲のシステム〉を直線的にキリスト教神学へとスライドさせることができるかについては、注意深く検証する必要があります。第1に内村、マティ、ヨンギらによる天罰説、また永井による燔祭説がキリスト教贖罪論と直結するとは思えません。たとえ彼らがキリスト教教理としての贖罪論を意識していたとしても、震災を天罰あるいは犠牲と見なす理解は、単純に誤った適用として退けられるべきものです。すなわち高橋氏はここで、特定のキリスト者による極論や邪論を動員してそれを贖罪論と直結させるという、いわゆる〈負との関連〉なる論法を用いています[7]。つまり批判のための批判です。そして私たちは、〈人の死が他者の厄災を取り除く〉という天罰説・天譴論に含まれる責任転嫁が、すくなくとも聖書的な贖罪論の理解にないことを本書で確認してきました。

ちなみに氏は、私の本務校での講演会（2021.5.14）の際の質疑応答において、〈象徴的言語が盛んに用いられた当時の世界にあってパウロがメタファであれ犠牲に関する表現を用いたことの責任は問われるべきだ〉という主旨の発言をしました。この点に関して私は、象徴言語が盛んに用いられていた世界においては、読者がメタファの意義を明確に捉えてパウロの真意を理解したことが期待される、と応答しておきたいと思います。さらに、のちの歴史における曲解の責任を古典一次文献の著者に求める姿勢が不適切であることも加えておきましょう。

b. 死の意味づけ：第2に私たちは、死への意味づけに否定的な高橋氏の姿勢（『犠牲のシステム』133–36頁）について応答する必要があります。氏が長らく靖国問題を扱っていることに鑑みると、戦没者に肯定的な意味づけをすることの危険性という問題への関心が背景にあることは想像に難くありません[8]。しかし死への意味づけは、かならずしも加害者の責任回避や、強者が弱者に犠牲を強いるといった支配構造の強化に繋がりません。本書4章で紹介したとおり、哀悼に関する社会学／心理学的分析によると、遺族という集団が故人を悼むプロセスにおいて、死への意味づけはかならずしも否定的なものでなく、ましてや暴力的なものでなく、むしろそのような意味づけを否定することが社会病理に繋がることすらあるのです。私たちは本書4章で、原始教会がイエスの

死をいかに理解したか——その死にどのような意味を見出したか——という
問題を、原始教会による悼みのプロセスとして適切に考察しました。そしてこ
の悼みのプロセスをとおして原始教会が到達した「私たち／多くの人のため」
というイエスの死理解が、高橋氏がガルトゥングの〈構造的暴力〉という概念
を焼き直して提示する〈犠牲のシステム〉とはほど遠いことを確認しました。

　c.　個人と共同体：第3の問題は第2の問題と関連しますが、高橋氏は個人
の信念としての死の意味づけを許容しつつも、集団による意味づけはこれを否
定します（148-50頁）。この場合氏は、後者を全体主義的な力学によって他者
の死に身勝手な意義を押し付けることと同視しています。ここで氏は、信仰を
個人の信念という視点で捉え、そうでない集団的な信仰の在り方を即全体主義
と見なしているようです。これは、哲学者が宗教を扱うときに陥りがちな過ち
なのかも知れませんが、信仰を個人の信条と同視すること、また教会という共
同体を全体主義と直結させるためには、キリスト教教会論を極端に歪曲化する
必要があります。

　しかしここには、さらに大きな問題があります。高橋氏は人が教理を個人の
信念として受容することを許容しますが、あらゆる教理は共同体の集団的な営
みのなかで意味づけられて育まれたという点を看過しています。個人が受容
する信念は個人的な信念でなく、共同体による産物です。〈個人の信念は良く
て共同体の教理はダメだ〉という高橋氏の論理は個人と集団との可分性を前
提としています。しかしこの前提が誤りであるために、氏は論理矛盾をきたし
ています。私たちは本書6章で、ヨハネ共同体が〈他者を犠牲にして益を得る
ことは悪だ〉という共同体的良識を共有していること、同様の良識が英雄死思
想を伝えるパウサニアス著『ギリシャ案内記』にも見られることに触れました。
〈集団＝全体主義〉という思考に囚われ過ぎると、個が搾取されないための配
慮が共同体の思想に組み込まれているという事実に目を向けられないという事
態が起こるようです。

　d.　『犠牲のシステム』が内包する犠牲のシステム：私は前出の書『犠牲の
システム』の欠陥が〈悪〉（キリスト教的には罪）の問題に直面しない点にある
と考えます。国家による暴力の根本にある人に内在する悪、つまり他者の善意
を逆手にとって支配のレトリックとして悪用する罪という根本的で普遍的な問

257

題に目を背けつつ、むしろ数名のキリスト者による極論を利用してキリスト教贖罪論の問題を極大化し、教会共同体＝全体主義という前提でこれをさらにスティグマ化し、そこに批判を集中することで犠牲のシステムという暴力的構造の責任を押し付けるような議論は、じつに著者自身の議論のうちにこそ犠牲のシステムが稼働していることを露呈してしまっています。

3. 『犠牲のシステム』への応答への応答

遅ればせながら『犠牲のシステム』に応答する仕方で、新教出版社は『福音と世界』（2018年3月号）にて「キリスト教と犠牲のシステム」と題する特集を組みました。私も新約聖書学の立場から寄稿し、イエスの死に関する原始教会の理解をそれが置かれた歴史のなかで論じられなければならないことを述べました。その際に複数の寄稿者が、イエスの死を犠牲の終わりと理解しつつ〈イエスの死がじつは犠牲のシステムを支持するのでなく、むしろ廃止したのだ〉という視点から高橋氏の贖罪論批判に対して応答を試みました[9]。私たちは本書3–6章で、このような代替主義的視点が唯一ヘブライ書に明示されている特徴的な思想——既述の通り四福音書の受難物語にも示唆されているが——である点を繰り返し述べてきました。歴史のイエスは自ら予期しただろう死を神殿犠牲の代替と捉えていませんでした。パウロをはじめとする原始教会も然りです。するとこれらの寄稿者は、パウロを含めた原始教会がイエスの死をいかに捉えたかを素通りして、（おそらくジラール経由で）ヘブライ書独自の神学に新約聖書神学を代表させて論じていることになりかねません。繰り返しになりますが、贖罪論批判に対し代替主義的解釈によって応答することに関しては慎重になるべきでしょう。ちなみに、ジラールの論理的破綻に関してはプロローグで述べたとおりです。

C. 現代日本の議論へ参加する #2：贖罪論に関する〈対論〉

以下に挙げる2名の学者は、実際に対論をしたのではありませんが、前者の贖罪論批判に応答する仕方で後者が贖罪論を擁護しています。私たちはこれら2名の議論から多くの有益な視点を得ることができますが、ここでは2名の議

論の内容を概観してから、その議論における問題点を幾つか挙げることで〈対論〉に参加しましょう。なお〈十字架の神学〉に対する私のより一般的な応答に関しては、本書4章（F.　イエスの十字架、144-49頁）ですでに述べました。

1. 〈対論〉の概要

a.　十字架の神学：日本の聖書学界あるいはキリスト教界において〈十字架の神学〉を周知させることに貢献した青野太潮氏は、〈犠牲のシステム〉がキリスト教贖罪論のうちに稼働していることを批判する高橋氏に対して高い親和性を示しています[10]。なぜなら青野氏は〈イエスの死に犠牲としての救済的意義がある〉という仕方で犠牲を正当化する贖罪論をパウロの神学の中心とは見なさず、むしろ〈苦難と恥を象徴するイエスの十字架を栄光と見なす神のうちに苦難と恥を体験する人は逆説的に救いを見出す〉という十字架の神学こそがパウロの主要な貢献と考えるからです。したがって青野氏にとって贖罪論を批判する〈犠牲のシステム〉は、行為義認へと人を閉じ込める「ユダヤ教以来の贖罪論の危険性[11]」を暴露するという意味で、彼が提唱する十字架の神学を支持し、補強さえする概念です。さらに青野氏は、（高橋氏の研究領域である）靖国問題に取り組む、そしてその構造的暴力を批判するキリスト者のうちには贖罪論を前提とするがゆえに「ヤスクニと同じ構造を持つ思考が潜んでいる[12]」という皮肉な事態を警告します。

b.　贖罪論の擁護：これに対して芳賀力氏が対論を試み、青野氏の提案に対していくつかの疑問を呈しています[13]。その1つは、新約聖書神学とパウロ神学との関係性です。すなわち〈パウロの論点の中心に贖罪論でなく十字架の神学があったとしても、新約聖書全体に目を配るなら贖罪論はたしかに重要な教理だ〉と論じます。また、そもそも「キリストの死は事実として十字架の死以外のものではない」のでパウロの独自性はどれほど独自なのか、すると十字架の神学を強調することは贖罪論を否定することになるかと問うて、贖罪論と十字架の神学を対極に据えることに疑問を呈します。さらに芳賀氏は、〈無力と弱さにある者を救う無条件の神の愛は逆説的にのみ稼働する〉という青野氏の救済理解が、本当に無力な者にとっての救いとなるかと問うて、障がいや病からの解放の希望を十字架に見出します[14]。

2. 対論への応答

a. イエスの死と十字架：第1の問題は、死と十字架との区別についてです。確かにイエスの死が十字架刑であったことを考えると、この区別が曖昧になるようにも思えます。しかし本書4章でも取り上げたとおり、パウロはじつに死を救済論的議論の文脈で用いる一方で、十字架を救済論的議論の文脈で用いることが（ほぼ）ありません。この点は、青野氏（や私）のような聖書学者にとっては看過しがたい事実です。そしてパウロ以降の新約聖書文献においてさえ――福音書における十字架刑への言及を除けば――十字架への言及ことの外まばらです。もっとも、これは十字架の神学と贖罪論とを対極に据える必要があるという議論とは別です。ましてや〈原始教会の贖罪論vsパウロの十字架の神学〉というある意味での対立構造を正当化する証拠にもなりません。

b. ユダヤ教理解：青野氏がパウロに特徴的な十字架の神学の対極に贖罪論を据えるのは、上述したように、ユダヤ教の神殿犠牲に内包された行為義認的傾向が犠牲と直結する贖罪論において継承されていると考えられるからでしょう。ここで私たちはとくに以下の1点を確認しておく必要があります。つまりそれは、ユダヤ教の神殿犠牲が行為義認と直結するという理解がすでに論破されているという点です。ユダヤ教は神の慈愛に依拠した神信仰であり、犠牲は契約共同体において違犯者の立場が回復される手だて及び象徴であることが、〈契約維持の律法制〉という仕方で表現されています[15]。

c. 正典と贖罪：パウロ神学が新約聖書神学において重要な位置を占めていることは確かです。しかし正典論的に言えば、キリスト教救済論をパウロによる十字架の神学に代表させることには慎重になるべきでしょう。本書6章で確認したとおり、パウロにおいてイエスの死と神殿犠牲が直結しなくても、ヘブライ書においては直結しました。一般に知られているキリスト教贖罪論は、すくなくともヘブライ書の思想を反映しています。むしろ問題は、キリスト教贖罪論がヘブライ書の思想に重心をやや置き過ぎている点でしょう。この傾向は「『身代わり＝代理』は……狭い律法・祭祀体系を打ち破る神の愛の別名[16]」という芳賀氏の言説にも見られます。本書6章以降述べてきたように、このような代替主義はヘブライ書において明らかになる思想です。「（狭い）律法・祭祀体系」と「神の愛」とを対極に置くという思想は、ユダヤ教のみならずパウ

ロを含めた原始教会にとって異質なものです。

　もちろんいまだ正典という概念が希薄な後1−2世紀の初期教会において、パウロ神学に重点を置いたいわゆるパウロ主義的な教会が存在したことは十分に考えられます。そのような教会においては、パウロ神学がそのまま彼らの救済論だったことでしょう。しかし正典に依拠した信仰共同体として教会がそのアイデンティティを確立する過程を全体的に捉えるなら、教会にとっての救済をパウロ書簡群のみによって語ることは、神学的に視野を狭めることになりかねません。

　d.　逆説と順接：〈十字架の神学〉にまつわる逆説という論理について、ここではただ1点だけ述べておきたいと思います。おそらく上述した高橋氏の観点からは、それが死であれ十字架であれ、またそれを犠牲と呼ぼうと呼ぶまいと、1人の苦難が多くの人々の希望に繋がるという意味づけは〈スケープゴート〉的でしょう。さらに逆説的な弱さの受容という論理は、弱者を周縁に押し留めておくという意味での〈犠牲のシステム〉におけるレトリック以外の何ものでもないでしょう。すなわち〈否〉を〈是〉とする力学は、全体主義的に弱者に対して強要され得るのです。たとえば一生病気と共存せねばならない人々の中には、〈逆説の論理によって弱さのうちに押し留められたくはない〉と考えるケースが（私を含めて）少なからずあると推測されます。〈否〉を〈是〉としてしまうことは、〈否〉を〈何故〉と問い続ける自由を封じ込めてしまうことに繋がりかねません。この意味で私は、高橋氏の批判を〈十字架の神学〉によって回避できると思えませんし、ましてや高橋氏の立場が〈十字架の神学〉を支持するとは思えません。

D.　私たちはどこへ向かうか

　最後に私たちは本書での議論を終えるにあたって、いくつかの提言を添えておきたいと思います。

　a.　贖罪論を語り直す：私たちは新約聖書に、〈人を罪から解放する〉という限定的な意味での贖罪論を見出します。そして例外的にヘブライ書が、イエスの死を神殿犠牲と直結させているのは事実です。しかし神殿犠牲の移行主題

と連動しがちな責任転嫁は、キリスト者に倫理的営みを一貫して促す新約聖書にとって異質な要素です。さらにヘブライ書においても、〈神がその子の死を喜び満足する〉という主旨の加虐性は見当たりません。教会が聖書に依拠した贖罪論的表現を選択するのであれば、加虐性を示唆する表現を用いず、さらに例外的な移行性が過度に強調されない仕方で、メシアであるイエスの死の救済的意義を語り直してみることが必要だと思われます。

　b.　死と命のメタファの模索：パウロやヘブライ書記者を含めた新約聖書記者はその伝道と牧会の試みにおいて、イエスの死をもっとも効果的に説明するために、彼らの歴史と文化に根ざした表現方法を選択したことでしょう。その数ある表現方法の1つが神殿メタファでした。もっともイエスの死を説明する表現方法は新約聖書各書によって異なり、新約聖書で用いられるメタファも時間軸に沿って変化しています。それならば現代の教会にも、日常における伝道と牧会においていかに有効にイエスの死を表現すべきか —— いかに時代的で文化的に意味ある仕方で表現すべきか —— を問い続ける必要があると思われます。メタファが有用な説明ツールであることは明らかです。それならば正典の理解に則り、しかし正典が執筆された時代と文化の制限に囚われない仕方で、他者を生かすイエスの死に至る生き様を表現する新たなメタファ —— 死と命のメタファ —— の模索は、現代の教会に開かれた特権であり責任ではないでしょうか。

　c.　罪の問題に直面する：自分の時間や能力や財産を用いて他者の幸せのために仕えることを、誰も悪として批判しないでしょう。まさにこれこそがイエスの行ったことであり、パウロを含めた原始教会やその後の初期教会が推奨したことであり、現代を生きる教会が日々試みていることです。一方で私たちは、このような信仰の営みを示す表現が時として悪用され、弱者を抑圧し搾取するレトリックとして用いられることを知っています。したがって私たちは、そのような誤用や悪用に耐えうる仕方でイエスの死の意義を語る方法を慎重に模索します。同時に私たちには、善意を曲解し悪用して暴力の手段とする性向が私たちの肉のうちにあることを重く受けとめて、この罪という問題に対して福音がいかなる答えを持っているかを言語化し、その福音を体現することが求められています。

　d.　「畑を耕す」：最後に私は、靖国問題への抵抗活動（あるいは被災地での
救援活動）といった仕方で神の国の正義と憐れみとを体現することに日々関
わっておられる方々が「ヤスクニと同じ構造を持つ」（259頁参照）蓋然性を指
摘するのでなく、むしろ彼らの生き様こそが贖罪論をいわゆる〈スケープゴー
ト〉的な責任転嫁として歪める力に抗うことに何よりも大きな貢献となってい
るだろうことを繰り返し指摘すべきだと考えます。それは本書5章でロマ6章
を解釈した際に確認したとおり、他者を生かすイエスの死に至る生き様に啓発
されてこれに参与することが、イエスの死の意義をもっとも適切に理解し、こ
れを発信することに繋がると思われるからです。適切な行為実践が適切に神学
を刺激するという側面があることを重視するなら、私たち神学するキリスト
者は大地に踏ん張って「畑を耕す」── イエスの生き様をこの社会で体現する
── ことの尊さ、とりわけ日々「畑を耕す」方々の尊さを看過できません。

巻末註とさらなる議論

文献に関する略語表

AB	Anchor Bible (Commentary)
ABD	*Anchor Bible Dictionary*
BDAG	*A Greek-English Lexicon of the New Testament and Other Early Christian Literature*
BibInt	*Biblical Interpretation*
BN	*Biblische Notizen*
BNTC	Black New Testament Commentary
CUP	Cambridge University Press
DNTT	*Dictionary of New Testament Theology*
EvT	*Evangelische Theologie*
ExpT	*The Expository Times*
HALOT	*The Hebrew and Aramaic Lexicon of the Old Testament*
HSCP	*Harvard Studies in Classical Philology*
HUP	Harvard University Press
ICC	International Critical Commetary
IJP-A	*The International Journal of Psycho-Analysis*
JBL	*Journal of Biblical Literature*
JE	*Jewish Ensyclopedia*
JSNT	*Journal for the Study of the New Testament*
LSJ	*A Greek-English Lexicon (Oxford)*
LXX	七十人訳聖書（Septuagint）
MS	*Memory Studies*
NICNT	The New International Commetary of the New Testament
NIGTC	The New International Greek Testament Commentary
NIV	New International Version
NRSV	New Revised Standard Version
NTS	*New Testament Studies*
OTS	*Oudtestamentische Studiën*
OUP	Oxford University Press
SE	*Studia Evangelica*
SSM	*Social Science & Medicine*
TDNT	*Theological Dictionary of the New Testament*
TTZ	*Trierer Theologische Zeitschrift*
VT	*Vetus Testamentum*
WBC	Word Biblical Commentary
WUNT	Wissenschaftliche Untersuchengen zum Neuen Testament
YUP	Yale University Press
ZNW	*Zeitschrift für die neutestamentliche Wissenschaft*
ZK	*Zeitschrift für Kirchengeschichte*

巻末註

プロローグ：移行性と加虐性

1）　A.ポウプ『人間論』上田勤訳、岩波文庫、1990年、33-34頁参照。

2）　J.-J.ルソー『ルソー・コレクション：文明』白水社、2012年所収、「ヴォルテール氏への手紙：1755年のリスボン大震災を巡る摂理論争」浜名優美訳、295頁。

3）　イエズス会派のマラグリダによる「地震の真の原因についての意見」（1756年）。川出良枝「リスボン地震がヨーロッパ社会へ与えた知的影響」、ひょうご震災記念21世紀研究機構『リスボン地震とその文明史的意義の考察』2015年、94-102頁（とくに94頁）参照。

4）　ヴォルテール『カンディード』齋藤悦則訳、光文社、2015年所収（231-49頁）。

5）　カントは1756年に「地震原因論」、「地震におけるきわめて注目すべき出来事」、「続地震論」を発表している。

6）　I.カント『カント全集10：たんなる理性の限界内の宗教』北岡武司訳、岩波書店、2017年（原初版1793年）、96頁。155, 325頁も見よ。

7）　J.C. Brown and R. Parker, 'For God So Loved the World?', J.C. Brown and C.R. Bohn (eds.), *Christianity, Patriarchy, and Abuse* (1989), 5 (1-24).

8）　A.E. McGrath, *Historical Theology* (Oxford: Blackwell, 2nd edn, 2013), 108-09参照。

9）　M. Luther, *A Commentary on St. Paul's Epistle to the Galatians* (Bristol: Burleigh Press, 1953), 269.

10）　Luther, *Galatians*, 412.

11）　ルネ・ジラール『サタンが稲妻のように落ちるのが見える』岩切正一郎訳、新教出版社、2008年、116-32頁参照。

12）　ルネ・ジラール『世の初めから隠されていること』小池健男訳、法政大学出版局、1984年、295-304頁参照。

13）　ジラール『サタン』209-32頁参照。

14）　Brown and Parker, 'For God So Loved', 20.

15）　Brown and Parker, 'For God So Loved', 7.

16）　Cynthia Crysdale, *Embracing Travail: Retrieving the Cross Today* (New York & London: Continuum, 1999), 124, 138.

17）　S. Finlan, *Problems with Atonement: The Origins of, and Controversy about, the Atonement Doctrine* (Collegeville: Liturgical Press, 2005), 112.

18) Finlan, *Problems*, 113.

19) U. Luz, *Matthew 8-22* (Hermeneia; Minneapolis: Fortress, 2001), 33-34.

第1章：苦難の僕と移行性（移行主題か啓発主題か）

1) 以降本著では一貫して「第4詩」とする。他書では「第4歌」と表される場合もある。

2) D.P. Bailey, 'Concept of *Stellvertretung* in the Interpretation of Isaiah 53', in W.H. Bellinger and W.R. Farmer (eds.), *Jesus and the Suffering Servant: Isaiah 53 and Christian Origin* (Philadelphia: Trinity, 1998), 223-50. Bailey は Stellvertretung (Place-Taking) の定義を 'One person takes the place of another in such a way that the other is replaced or shut out (exkludierende)' (238) とする。本書では Stellvertretung を「移行」と表現する。

3) 本著3章と4章において詳述するが、たとえば N.T. Wright, 'The Servant and Jesus: The Relevance of the Colloquy for the Current Quest for Jesus', in W.H. Bellinger and W.R. Farmer (eds.), *Jesus and the Suffering Servant: Isaiah 53 and Christian Origin* (Philadelphia: Trinity, 1998), 281-97, esp. 294-96 参照。同著でイエスを含めた原始教会において苦難の僕の影響を積極的に考える研究者としては、Wright 以外にも Otto Bettz, 'Jesus and Isaiah 53', 70-87 を、またやや消極的ながらもパウロ書簡においてその影響を確認する研究者としては M. Hooker, 'Did the Use of Isaiah 53 to Interpret His Mission Begin with Jesus', 88-103 を見よ。

4) K. Koch, 'Sühne und Sündenvergebung um die Wende von der exilischen zur nachexilischen Zeit', *EvT* 26 (1966), 217-39. Koch がこの旧約聖書における特異な概念を ein erratischer Block (p.237) と表現して以来、そのように周知された。

5) M. ヴェーバー『古代ユダヤ教（下）』内田芳明訳、岩波文庫、1996年、872頁；関根清三『旧約における超越と象徴：解釈学的経験の系譜』東京大学出版会、1994年、479, 481頁参照。関根はこれを「人議論」と称する。

6) 大島力『イザヤ書は一冊の書物か？：イザヤ書の最終形態と黙示的テキスト』教文館、2004年、157-61頁（「イザヤ書の最終形態の枠組み」）参照。

7) J.J. Collins, *Introduction to the Hebrew Bible* (Minneapolis: Fortress, 3rd edn, 2018), 335-37 参照。

8) Martin Hengel and Daniel P. Bailey, 'The Effective History of Isaiah 53 in the Pre-Christian Period', in B. Janowski and P. Stuhlmacher (eds.), *The Suffering Servant: Isaiah 53 in Jewish and Christian Sources* (Grand Rapids & Cambridge: Eerdmans,

2004), 82-84.

9) Joseph Blenkinsopp, *Isaiah 40-55* (AB 19A; New Haven & London: YUP, 2002), 51-54; Collins, *Introduction to the Hebrew Bible*, 406-09.

10) James H. Charlesworth, 'The Influence of Isaiah on Paul's Romans and the Intra-Canonical Gospels' in J.C. Charlesworth (ed.), *The Unperceived Continuity of Isaiah* (London & New York: Bloomsbury T. & T. Clark, 2019), 151-85 参照。

11) B. Duhm (*Das Buch Jesaja* [Göttinger Handkommentar zum Alten Testament III.1; Göttingen: Vandenhoeck u. Ruprecht, 1892]) がこれらの僕の詩を最初に特定した。

12) J. Goldingay and D. Payne, *Isaiah 40-55* (vol. 2/3, ICC; London et al.: T. & T. Clark, 2006), 276. それぞれの僕の詩の関係性については諸説あるものの、#1 と #2 とが諸国への光について、#2 と #3 とがイスラエルの不平と信頼の奨励について、#3 と #4 とが開始部に贖いと救いとについて「見る」という、主題の重なりによる推移の様子を示している。Bernard Janowski, 'He Bore Our Sins: Isaiah 53 and the Drama of Taking Another's Place', in B. Janowski and P. Stuhlmacher (eds.), *The Suffering Servant: Isaiah 53 in Jewish and Christian Sources* (Grand Rapids & Cambridge: Eerdmans, 2004), 55-56 参照。

13) 第4詩がキアスムス構造として適切に理解される点は、大島力「苦難のメシアと共同体：イザヤ書における贖罪論の背景と展開」、青山学院大学総合研究所・キリスト教文化研究部編『贖罪信仰の社会的影響：旧約から現代の人権法制化へ』教文館、2019年、28-34頁をも見よ。大島はA（本書のa）, B1（本書のb, c）, B2（本書のd）, B3（本書のc', d'）, C（本書のa'）という区分でキアスムス構造を捉えている。

14) Arnold van Gennep, *The Rites of Passage* (trans. M.B. Vizedom and G.L. Caffee; Chicago: Univ. of Chicago, 1960); Victor Turner, *The Ritual Process: Structure and Anti-Structure* (Chicago: Aldine, 1969) 参照。境界性（liminality）を示す通過儀礼には、身近なものとして成人式や葬式などの儀礼や婚約の期間などがある。境界性は通常の状態の箍が一旦外された状態となりそれがまた通常の状態に戻るあいだの、ある意味で「異常」な期間を指す。この境界性においては、通常の価値観や社会的通念が逆転したり取りはらわれたりする。境界性から通常に戻ると、通常の状態が改めて認められ喜んで受容されたり、以前の通常がより強化される。van Gennep はいくつかの種族の成人儀礼において、子供という通常から大人という通常への移行期間に、「非人間」としての境界性を示す儀礼を見出す。この期間に男子らは服を着ないで過ごしたり、適切な食事が制限されたりする。「子供→非人間→成人」というプロセスは、境界性を挟んだ立場降下と立場上昇を印象的に象徴する。

15) もっとも第1の僕の詩の「僕」はキュロス王と特定される場合もある。Blenkinsopp,

Isaiah 40-50, 118-20 参照。

16)　G. von Rad, *Old Testament Theology* (vol. 2; New York: Harper, 1965), 261 参照。もっとも第4詩はモーセを彷彿とさせる「モーセのような僕」について述べており、モーセ自身に言及しているのでない。この点で私は僕をモーセと特定する註解者ら、たとえば Klaus Balzer (*Deutero-Isaiah* [trans. M. Kohl; Minneapolis: Fortress, 2001], 20) に同意しかねる。Balzer は第4詩の様々な描写をモーセの生き様と重ねる。たとえばイザ53.7の「雌羊のように口を開かない」をモーセの従順とするが (pp.414-15)、読み込みすぎの感を否めず説得力に欠ける。ちなみに Balzer は「私たち／多くの人」を出エジプトを体験したモーセ時代のイスラエルと考える (p.404)。

17)　Wayne A. Meeks, *The Prophet-King: Moses Traditions and the Johannine Christology* (Leiden: E.J. Brill, 1967), 163-64.「私は、他の人のようではない彼の姿に油を注いだ」(1QIsa[a] 52.14)、「私の僕メシアは栄える」(『タルグム』イザ52.13)、「彼らはメシアの王国を仰ぎ見る」(53.10)。Hengel and Bailey, 'The Effective History of Isaiah 53', 103-04 参照。もっともこの「メシア」挿入は、「あなた方の油を注がれた者」であるダビデ王の子孫を「あなたは捨てて退け、怒りに満ちている」(詩89.39) という言説の影響を受けて、ダビデ王の子孫であるメシアを僕と特定し、それを苦難の僕と結びつけたとも考え得る。

18)　H. -J. Hermisson, 'Der Lohn des Knechts', in Jörg Jeremias u. L. Perlitt (hrsg.), *Die Botschaft und die Boten* (FS H.W. Wolff; Neukirchen-Vluyn, 1981), 269-87, esp. 283.

19)　Blenkinsopp, *Isaiah 40-55*, 349, 356.

20)　大島（「苦難のメシア」25頁）は第3の詩にある「我々は共に立とう」(イザ50.8)の複数形動詞が示唆する弟子集団を第4詩の「私たち」と同視して、1度崩壊した僕の共同体が「私たち」の回心によってふたたび形成されたと考える。この際にイザ50.4で「弟子 (למד)」が用いられていることにも注目する。

21)　Otfried Hofius, 'The Fourth Servant Song in the New Testament Letters', B. Janowski and P. Stuhlmacher (eds.), *The Suffering Servant: Isaiah 53 in Jewish and Christian Sources* (Grand Rapids & Cambridge: Eerdmans, 2004), 166. Hofius はこの因果関係を Tun-Ergehen-Zusammenhang（行為と結果の因果関係）と称する。

22)　P.D. Hanson, 'The World of the Servant of the Lord in Isaiah 40-55', in W.H. Bellinger and W.R. Farmer (eds.), *Jesus and the Suffering Servant: Isaiah 53 and Christian Origin* (Philadelphia: Trinity, 1998), 18-20 参照。

23)　Blenkinsopp, *Isaiah 40-55*, 355; Goldingay and Payne, *Isaiah 40-55*, 321-22 参照。後者は「子孫」を来たるべきメシア時代のイスラエルと見なす。関根（『超越と象徴』、482頁）はここにユダヤ教文献における最初の復活思想を読みとる。

24)　Collins, *Introduction*, 413-14; 大島「苦難のメシア」36, 38頁参照。「多くの人」が第2イザヤ書においてより広い意味で用いられる「僕」——すなわちイスラエル一般——を指すとも考えられよう。その場合、「多く（の人）」という語が詩3.2–3や31.12–14でイスラエル一般に対して用いられるという事実がこれを支持しよう。Janowski, 'He Bore Our Sins', 62参照。

25)　大島（「苦難のメシア」38–39頁）は、第3イザヤへと引き継がれるこの思想が神殿再建を通して民族アイデンティティを強化しようとするエズラ／ネヘミヤ主導の共同体とは異質の新たな共同体の黙示的ヴィジョンを反映しているとする。

26)　この「移行」という主題が〈厳密には代理なのか代表なのか〉という議論は以前からながらく続いている。神学用語としてのStellvertretungは一般に「代理」と訳される。「代理」においては、ある行為の責任とそれにともなう結果とを他者が負う。責任と結果とを引き受けた代理者から当事者は完全に引き離される。一方で「代表」においては、行為の当事者が属する集団の誰かが代表者となって、当事者の負うべき責任と結果を代表として引き受ける。この場合はその代表という性格上、代表者が属する当事者集団が厳密には行為の責任と結果から完全に無縁となるわけではない。つまり厳密には、当事者と代理／代表者との関係性、また責任の所在がこの2つを分けると言える。現代の新約聖書神学において贖罪を論ずる場合、本書著者も含めてキリストを「代理」でなく「代表」として捉える者（Morna Hooker, 'Did the Use of Isaiah 53 to Interpret His Mission Begin with Jesus', in W.H. Bellinger and W.R. Farmer [eds.], *Jesus and the Suffering Servant: Isaiah 53 and Christian Origin* [Philadelphia: Trinity, 1998], 88-103参照）は、おうおうにして贖罪論がキリスト者倫理の問題へ与える影響を気にしている。つまり〈「代理」という概念では自分の罪をキリストになすりつけるだけで終わってしまわないか。当事者が罪から離れるという動機は蔑ろにならないか〉という心配をする。もっとも代理にせよ代表にせよ、〈私のために他人が死ぬ〉という問題が消えるわけではなく、プロローグで紹介したカントの罪の負い目の「移譲（移行）」に関する究極的な批判はそこにある。したがって我々は、この問題を念頭に置きつつ本書での考察を前に進める。これ以降本書では、代理と代表とを含めた語としてカントの「移行」という表現を用いる。その場合に、代理は「排他的移行」、代表は「内包的移行」として区別することも可能である。

　　内包的移行を支持する例としてはたとえば以下がある。キリストが死んだことにより「すべての人が死んだ」（IIコリ5.14）は、イエスの身体的な死がキリスト者の古い生き方から新しい生き方への移行という意味での死を促し、キリスト者がそれに応答していることを教えているので、ここでパウロはキリストの死を「代表」と

して捉えているように思われる。もしキリストの死が「代理」なら、「すべての人」は死ぬ必要がなかろう。「(神がキリストの死ゆえに)人々に罪の責任を問うことなく」(IIコリ5.19) という表現からは、パウロが代理死による責任の完全な放免を教えているようにも見えるが、ここで問われない「責任」は身体的な死を指していよう。身体的な死は要請されないが、この直後で「(神が) 和解の言葉を私たちに委ねられた」(IIコリ5.19) とあるように、キリストを死に至らせた和解の業へ参与するというキリスト者の新たな倫理的生活を方向づけているという意味で、贖罪の死は「代表」として適切に理解されるべきだろう。

　それならば本書の問題意識である〈犠牲による責任転嫁〉という批判は、「代表」という概念で突っぱねることも不可能ではないが、前述した〈私たちのために他者が死ぬ〉という問題への応答をより慎重に進めるために、ここでは「移行」というやや中立的な表現を用いつつ、イエスの死の救済的意義について論考する。

27)　この「アーシャーム」を宗教用語でなく法廷用語の「責務／債務」と理解して、僕の死と神殿儀礼とが関連づけられていないと主張する註解者もいる。Janowski, 'He Bore Our Sins', 68; Hofius, 'The Fourth Servant Song in the New Testament Letters', 167参照。

28)　僕をとおして神がその意志を遂行する様子に、イザ53.10は「(僕を) 弱めて砕く」という苦しみを「喜ぶ／願う」という加虐的とも受けとめられる表現が用いられる。Goldingay and Payne (*Isaiah 40-55*, 318)はこれを、「多くの人」の贖いを見据えた予定的な意図と説明する。のちの読者は確かにこの神観に違和感を覚えたようで、七十人訳聖書ではこの箇所が「主は彼 (僕) を疫病から清めることを良しとした (κύριος βούλεται καθαρίσαι αὐτὸν τῆς πληγῆς)」というまったく異なる文章へと変更されている。

29)　נשׂא と סבל とが同義語であることに関しては *HALOT*, 724を見よ。LXXはこれらの動詞の目的語を一様に ἁμαρτία としている。

30)　Blenkinsopp, *Isaiah 40-55*, 351.

31)　Blenkinsopp, *Isaiah 40-55*, 118-19参照。

32)　一説によると、ユダヤ教における幼児犠牲 (人身御供) の禁忌 (レビ18.21, 20.3, 申12.30−31, 18.10) が、(他者の) 死のうちに救済意義を認めるという思想を妨げたと言われる。Hengel and Bailey, 'The Effective History of Isaiah 53', 93参照。それならば、イスラエルのために預言をして殺されたゼカルヤの例のように、殺害された預言者が聖人化されたり、その死が美化されることがないことも、このような救済思想に対する躊躇と考えることもできようか。

33)　G.フォン・ラート (『旧約聖書神学II』荒井章三訳、日本キリスト教団出版局

2006年、347頁）は「『罰が彼の上にあった』。これはすべての主の僕（モーセをも含む預言者）において生起する特質ではないだろうか」と述べる。

34) 関根『旧約における超越と象徴』486頁。関根は続けて「それは批判者自身がその批判する頽落的キリスト者と同様、代償の俗流のドグマとしていかにも通り一遍にしか解さなかったことを示す」（487頁）と述べるが、私はこの点において心から同意する。

35) イスラエル宗教における犠牲（祭儀）の発展プロセスに関しては、A. ベルレユング／C. フレーフェル編『旧約新約聖書神学辞典』山吉智久訳、教文館、2016年、16−21, 363頁を見よ。

36) Milgrom (*Leviticus 1-16* [AB 3; New York et al.: Doubleday, 1991], 250) は犠牲の「なだめ」という目的を「稀少な化石」だと評価する。

37) L. Morris (*The Apostolic Preaching of the Cross* [Grand Rapids: Eerdmans, 3rd edn, 1965], 167-69) は旧約聖書（と新約聖書）において「なだめ」という意味が主要であると主張する。

38) S. Finlan, *The Background and Content of Paul's Cultic Atonement Metaphors* (Atlanta: Society of Biblical Literature, 2004), 12-29参照。J. Wellhausen (*Prolegomena to the History of Israel* [New York: Meridian Books, 1957], 76-77参照) は、原初的な犠牲の目的として地域限定的な神を中心とした会食を挙げる。

39) Finlan, *The Background and Content*, 31-35参照。Wellhausen (*Prolegomena to the History of Israel*, 76-82) は祭司文書において犠牲の目的が贖罪に集約された理由として捕囚後の体制化を挙げる。もっとも贖罪の概念は他の資料にも見られるので、ここでは帰還期から捕囚後にかけてこれら2つの犠牲が重視された点を確認するだけで十分だろう。S. Finlan (*Problems with Atonement: The Origins of, and Controversy about, the Atonement Doctrine* [Collegeville: Liturgical Press, 2005], 12-14) は資料仮説に則って犠牲理解の時代的展開を説明し、ヤハウィストに最古の犠牲理解の痕跡があり、祭司文書に犠牲の精神化傾向が見られ、神聖法集において新たな意義を得た儀礼の再評価があるとする（とくにp.13）。J. Milgrom, *Studies in Cultic Theology and Terminology* (Leiden: E.J. Brill, 1983), 67-69 (Sin-Offering or Purification-Offering) をも見よ。

40) G.A. Anderson, 'Sacrifice' in *ABD* 5.870-86参照。Andersonの犠牲理解はJ. Milgrom (*Studies in Cultic Theology and Terminology* [SJLA; Leiden: Brill, 1983]) に大いに依拠しつつ、それに自分なりの見解を加えている。したがってMilgromのようにאשםを完全に贖いから引き離すことはしていない。N. Kiuchi, *The Purification Offering in the Priestly Literature* (JSOT Sup 56; Sheffield: Sheffield Academic, 1987), 35参照。Milgromはאשםを分類上「聖域侵犯」とするが、一般には無意識の過ちの贖いがこれにあたる。これが

「償い」と訳されるのには、他の犠牲と異なり אשׁם が「献げる」のみならず「支払う」とも表現され、じつに銀貨での支払で代用され得ることも影響していよう。

41）　Finlan, *Problems*, 15-16; D.P. Wright, 'Day of Atonement', in *ABD* 2.72-76 参照。J. Milgrom, *Studies in Cultic Theology*, 81-84; *Leviticus 1-16*, 51. M. ノート『ATD旧約聖書註解：レビ記』山我哲雄訳、2005年、246頁参照。Milgrom（pp.78-79）は大贖罪の日の清めの犠牲の機能を以下のダイアグラムによって説明する。意図しない儀礼的な汚れの汚染よりも、意図的で悪意ある罪による汚染の浸潤力が甚大である。

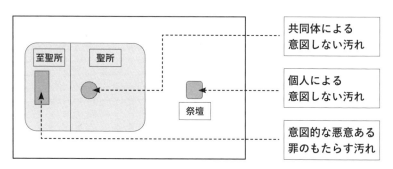

42）　J.E. Hartley, *Leviticus* (WBC 4; Dallas: Word Books, 1992), 235, 43.

43）　ここで私たちは贖罪の条件に関する旧約聖書の神学に注意を向ける必要がある。Walter Eichrodt (*Theology of the Old Testament* [trans. J.A. Baker; vol. 2/2; Philadelphia: The Westminster Press, 1967], 465-74) は「贖罪という神の行為に対する人の個人的な働きかけなしに、赦しが人との交わりを回復する神の一方的な行為であると見なすことはできない。人によって害された神の側の働きかけである間は、魔術的な清浄が法的な罰の消滅とは考え難い。ここで人はその本質のもっとも深い部分で応答せねばならない……」(p.465) と述べる。

44）　ウェーバー『古代ユダヤ教I』の「犠牲と贖罪」（261-71頁）を見よ。

45）　W. McKane, 'Prophet and Institution', *Zeitschrift für die alttestamentliche Wissenschaft* 94.2 (1982), 251-66（とくに p.253）.

46）　Finlan (*Problems*, 20-29) はこの犠牲に対する批判あるいは精神化を、(1) 代替による儀礼の変容、(2) 道徳的解釈による新たな意味の挿入、(3) 動機の重要性を強調する宗教の内面化、(4) 儀礼言語の比喩的使用、(5) 儀礼の拒絶、(6) 変更としての精神化、とに分類する。

47）　Wellhausen以来の預言者と体制とを対極に据える視点へのリアクションとして、預言者を儀礼的敬虔という慣習の一部と見なす ('to reduce the prophets to ordinariness

by making them conform to somewhat conventional ideas of piety', p.253）か、あるい
は預言者と神殿との関係性をより慎重に捉えつつも真理に基づく改革者かという議論
に関しては、W. McKane, 'Prophet and Insitution', 251-66 を見よ。B. Childs (*Old Testamet
Theology in a Canonical Context* [Philadelphia: Fortress, 1986], 168-71) は、人の罪への対処
として、通常の違反に対する犠牲を想定する祭司文書（とくにレビ1–25章）と著し
く邪悪な契約離反に対する預言者的警告という2つの方策が正典において互換的に関
連しているとする。この場合、後者は前者を否定するものではなく、さらにこの後
者はレビ26章にも見られる。この場合も、「『これは主の神殿、主の神殿、主の神
殿』という偽りの言葉を信頼してはならない」（エレ7.4）に代表されるように、こ
の警告がたんにもっとも邪悪な契約放棄者にのみ向けられたものとは考えがたい。
Anderson ('Sacrifice', in *ABD* 5.870-86) のこの件に関する評価をも参照。神殿批判の
社会的背景に関しては、樋口進『古代イスラエル預言者の特質：伝承史的・社会史
的研究』新教出版社、2013年、76–97頁（「預言者の社会的告発」）を見よ。

48)　直前のChildsやAndersonの議論を踏まえると、正当性が問題となるのが犠牲自
体か犠牲を献げる者の行為かという区別を意識しておく必要があろう。R.S. Hendel,
'Prophets, Priests, and the Efficacy of Ritual', D.P. Wright, D.N. Freedman and A.
Hurvitz (eds.), *Pomegranates and Golden Bells: Studies in Biblical, Jewish, and Near Eastern
Ritual, Law, and Literature in Honor of Jacob Milgrom* (Winona Lake: Eisenbrauns, 1995),
190-93. Hendel は「祭司らが儀礼と倫理とのあいだに関係性と相互作用を見出すのに
対し、古典的預言者らは倫理と儀礼とを対立させる」（p.191）と述べる。関係を見出
そうが対立させようが、両者ともに儀礼を語る際に倫理を考えている点を重視する
必要がある。

49)　「契約維持の（ための）律法制（covenantal nomism）」については、E.P. Sanders,
Paul and Palestinian Judaism (Minneapolis: Fortress, 1977) を見よ。なお邦訳の『パウロ
とパレスチナ・ユダヤ教』（教文館）が2023年発刊予定。律法が契約共同体の「道し
るべ」であるとの説明については、浅野淳博『NTJ新約聖書注解：ガラテヤ書簡』日
本キリスト教団出版局、2017年、250–56頁（「律法とユダヤ人の律法観」）を見よ。

50)　J. Milgrom (*Cult and Conscience: Asham and the Priestly Doctrine of Repentance* [Leiden:
Brill, 1976], 1-12, 84-128) は「清めのいけにえ（アーシャーム）」の同根語を「罪責に
対する悔悛の念を抱く」と理解して、罪の赦しが犠牲によってもたらされる道徳的
姿勢に依拠すると説明する。したがってMilgrom (pp.12, 84) によると、「彼は罪責の
念を抱いたそのときに、その所有者に支払わなければならない」（レビ5.24b）とす
る（聖書協会共同訳：「償いのいけにえを献げる日に」参照）。

51)　このような理解は、預言者らの批判を契約刷新の祝いの際の祝福と呪い（申11.29

−30. ヨシュ8.30−35参照）の枠組みでとらえ、契約という既存の構造によってトーラーを実践的に解釈している（アモ1.2−2.16, 4.6−11, 9.13−15／アモ5.12, イザ1.17, 23, 26, 5.23, 10.1参照）というノート以来の理解においても、より預言者と神殿との距離を離した視点においても同様に成立すると思われる。前者の議論に関してはA. Bentzen, 'The Ritual Background of Amos i 2-ii 16', *OTS* 8 (1950), 85-99を見よ。さらにW. McKane, 'Prophecy and Prophetic Literature', in G.W. Anderson (ed.), *Tradition and Interpretation* (Oxford: Clarendon Press, 1979), 163-88参照。

52) ちなみに、預言者らによる犠牲への批判は、犠牲が動物の血に飢える神という神学を促すことへの批判でもなければ、追放儀礼としてのアザゼルのための山羊の放逐がいわゆる「スケープゴート」という搾取の構造を促すことへの批判でもない。犠牲の血は汚れを清めるための儀礼上の洗浄剤（ritual detergent）であって血に飢えた神の飲み物ではない。Milgrom, *Studies in Cultic Theology*, 73-74参照。アザゼルのための山羊の上にイスラエルの民の罪が置かれるのは、置かれた罪によって民の代わりに苦悶する山羊を見て神が喜ぶためでなく、その罪を共同体の外へ運び出す運搬係を山羊に引き受けてもらうためである。J. Milgrom, *Leviticus 1-16* (AB 3; New York et al.: Doubleday, 1991), 44, 1020-24参照。本質的に追放儀礼の場合とは目的が異なるが、犠牲に手を置くことに関する論考についてはJ.D.G. ダン『使徒パウロの神学』浅野淳博訳、教文館、2019年、309−10頁を参照。

古代地中海世界に広く見られた追放儀礼において、儀礼的なドラマ設定としての暴力が被追放者に加えられたとしても、本来アザゼルのための山羊には暴力が加えられることはなかった。古代地中海世界に広く見られた追放儀礼に関しては、被追放者に対して暴力が加えられる様子が読みとられる文献もあるが、一般にこれらの資料の描写は曖昧であり、また儀式行為であって実際の暴力がどれほど加えられたかは不明だ。そのうちもっとも詳細な様子が明瞭に記されているのは、レフカダ島で後1世紀以前に行われていた追放儀礼についてである。ストラボンによると、年に1度のアポロン祭に犯罪者が被追放者として選ばれ、その者は

追放儀礼の舞台のレフカダ島南端の
アポロン神殿跡から見下ろしたアドリア海

体に鳥の羽を巻き付けられて崖から突き落とされる。その者は海面で待ち受ける船に揚げられて、対岸へ追放される（『地誌』10.2.9）。D.D. Hughes (*Human Sacrifice in Ancient Greece* [London: Routledge, 1991], 161-62)は島南端の崖に建つアポロン神殿のわきから海面までの40メートルを落下した者でも、体に巻き付けられた鳥の羽がクッションになって命を守る可能性を述べるが、おそらくその想定は誤っている。本書著者は現地を訪れて実際に崖から下を覗き込んだが（50メートル以上あるように思われる）、真下は岩場で落下者が命を取りとめることは考え難い。また岩場に船で近づき、被追放者を船に引き上げることも困難である。おそらく被追放者はアポロン神殿から海面まで緩やかに傾斜した崖の淵を歩かされ、海面に向かって飛び込んでも安全なところで「突き落とされ」、船で対岸にあるイスモス島へ運ばれたと考えることが、儀礼としてのシナリオとしてもっとも確からしいと思われる。ちなみにHughesの著作は、古代文献に見られる「人身御供（human sacrifice）」が実際にそこまで暴力的でないことを論じている。

53）　本書は、人の死に関する犠牲／代贖的理解をある意味での脱メタファ化により解体することでカント的な批判に応答を試みるが、その一方で関根（『超越と象徴』475–89頁：「代贖再考」）は第4詩の代贖思想のうちに見られる神義論／人義論の真髄を指し示すことでカント的批判を退けようとしている。したがって後者は、僕の事態に関して「その根は未だ動物の犠牲に留まっていたのに対し、この茎は人の犠牲へと一段の成長を示していると言うことが出来る」（483頁）というふうに、積極的に人の「犠牲」を前提として議論を進めている。

54）　Balzer (*Deutero-Isaiah*, 423-29)は「僕の生き様が模範を促す」と述べる。

55）　詩51.7は「私は過ちのうちに生まれ、母は罪のうちに私を身ごもり」として、罪が生来のもっとも個人的なものであることを印象的に述べている。しかしこの詩51編の後半は、罪の問題の解決として清い心の創造と新たな霊の授与について述べる。「神よ、私のために清い心を造り、私の内に新しく確かな霊を授けて下さい」（51.12）。これを新たな創造や聖霊の授与といったキリスト教的救済モチーフ（ロマ6.4, 8.1, IIコリ5.17）として読みとる者は、（排他的）移行でない別の救済のヴィジョンによってカント的な批判を乗り越えようと試みる。Hofius, 'The Fourth Servant Song', 170-73参照。

56）　Bailey, 'Concept of Stellvertretung', 248. '... too long after the fact for us to do anything to change it other than to change ourselves in response'.

57）　Blenkinsopp (*Isaiah 40-55*, 120)は「（神殿が崩壊したあと）犠牲的メタファは最初となる洞察を提供し、僕の命運を理解する最も早い段階での鍵となっている。しかしそれは民と人類に対する神の在り方に関する全網羅的な神学的説明ではない」と

述べる。

58）Paul D. Hanson, 'The World of the Servant of the Lord in Isaiah 40-55', in W.H. Bellinger and W.R. Farmer (eds.), *Jesus and the Suffering Servant: Isaiah 53 and Christian Origin* (Philadelphia: Trinity, 1998), 18-20. Hansonはこの回心の出来事を「衝撃によって我に立ち戻った（shock to their senses）」また「衝撃を受けて認識に至った（shocked into recognizing）」と2度繰り返して、その衝撃を強調する。

59）「不可解な苦難を負い、理不尽な死を遂げた義人の義を回復する」という意味での義人論が過去の具体的な人物と僕とを重ね合わせることで成立する（関根『超越と象徴』481頁）のみならず、（神義論も含めて）その死という事態に至った過程が何を生み出すか（たとえばウリヤの死を経たダビデ王、関根『超越と象徴』480頁）を見極めることで前に進むとするならば、「私たち」の回心とその僕への参与とが第4詩のドラマにとって看過できない重要な出来事であると思われる。

60）Hengel and Bailey, 'The Effective History of Isaiah 53 in the Pre-Christian Period', 75-146参照。

61）その他に、知恵の書2, 5章、『エチオピア語エノク書』62, 63章、イザヤ書巻物（1QIsaᵃ）、レビ・アポクリュフォン（4Q541）、『ベニヤミンの遺訓』3.8等があるが、これらのテクストにおいて強調されるのは移行主題というよりも、むしろ僕の高挙や裁き司としての役割である。

62）H.L. Ginsberg, 'The Oldest Interpretation of the Suffering Servant', *VT* (1953), 400-04, esp. 402; Hengel and Bailey, 'The Effective History of Isaiah 53', 92. *HALOT*, 1328 参照。ヘブライ語のישׂכיל עבדי をLXXイザ52.13はσυνήσει ὁ παῖς μου（私の僕は悟りを持ち）とする。聖書協会共同訳と新改訳2017はともに「わが僕は栄える」と訳す。

63）ダニ12.3に先行する12.2は旧約聖書には希有な肯定的な死後の生（「永遠の命」）に言及するが、これは移行主題が明らかなⅡマカの殉教者らの甦りの希望に通ずる。大島「苦難のメシア」41-43頁参照。

64）R.L. Smith, *Micah - Malachi* (WBC 32; Waco: Word Books, 1984), 277; M.J. Boda, *The Book of Zechariah* (NICOT; Grand Rapids: Eerdmans, 2016), 716-17; K. エリガー『ATD十二小預言書下』古泉仰他訳、ATD/NTD聖書註解刊行会、366-67頁参照。ゼカ12.10の「私」が神か「刺しとおされた者」か議論が分かれる（Bodaは神、エリガーは「刺しとおされた者」と同一人物を想定する）。さらにこの場合の「刺しとおされた者」が直接的にもたらすのは、救いでなく嘆きである。

65）Hengel and Bailey, 'The Effective History of Isaiah 53', 93.

66）Ernst Haag ('Stellvertretung und Sühne nach Jesaja 53', *TTZ* 105 [1996], 1-20)は、この第4詩をダニエル書やⅡマカバイ書が執筆された時代の思想がイザヤ書にのち

に挿入されたもの、と述べる。そのような想定が困難だとしても、この提案は第4詩とダニ11-12章、Ⅱマカとの密接な主題的繋がりを印象づける。

67） Janowski, 'He Bore Our Sins', 72; Collins, *Introduction*, 412.

68） Janowski, 'He Bore Our Sins', 63-64.

69） J.R. Wagner, 'The Heralds of Isaiah and the Mission of Paul: An Investigation of Paul's Use of Isaiah 51-55 in Romans', in W.H. Bellinger and W.R. Farmer (eds.), *Jesus and the Suffering Servant: Isaiah 53 and Christian Origin* (Philadelphia: Trinity, 1998), 201.

70） Blenkinsopp, *Isaiah 40-55*, 335.

71） 浅野淳博『NTJ ガラテヤ』132頁参照。

第2章：マカバイ殉教者の記憶

1） Ⅰマカは、ヨアンネス・ヒュルカノスの大祭司在職期間（前134-104年）終了が前提となっているので（Ⅰマカ16.24）、執筆は前2世紀終盤から前1世紀初頭にかけてか。Ⅱマカは「第188の年」（Ⅱマカ1.9）がセレウコス朝の開始（前311年）からの年代だとすると前124-23年頃。『Ⅳマカ』は神殿への言及がなく、使徒教父の語彙との近似性をも考慮に入れると後100年頃。もっとも『Ⅳマカ』に関しては、パウロ以前の後1世紀初期との想定もなされることがある。J.W. van Henten, *The Maccabean Martyrs as Saviours of the Jewish People: A Study of 2 and 4 Maccabees* (Leiden: Brill, 1997), 50-53, 73-77. G.W.E. Nickelsburg, *Jewish Literature between the Bible and the Mishnah* (Philadelphia: Fortress, 1981), 114-21 参照。マカバイ戦争とその後のハスモン家支配の凋落に関する歴史を概観するためには、秦剛平『マカベア戦争：ユダヤの栄光と凋落　上・下』京都大学学術出版会、2015, 2016年を見よ。

2） 前167年に「憎むべき破壊者」（偶像）が神殿内に建てられ（Ⅰマカ1.54）、前164年に神殿が再度清められる（『古誌』12.237-45参照）。

3） ラジスの死は殉教というよりも自死と見なされ得る。ラジスの自死がニカノルとその兵士らの殲滅に繋がったことから、Henten (*The Maccabean Martyrs*, 150) は彼の死をむしろ *devotio* と見なされる英雄死と同視する。

4） U. Kellermann, 'Zum traditionsgeschichtlichen Problem des stellvertretenden Sühnetodes in 2 Makk 7,37f', *BN* 13 (1980), 77-79.

5） Henten, *The Maccabean Martyrs*, 137.

6） David Seeley (*The Noble Death: Graeco-Roman Martyrology and Paul's Concept of Salvation* [JSNTS 28; Sheffield: Univ. of Sheffield, 1990], 88-89) によると、エレアザル

と（とくに）母子は過去から積み重ねられてきたイスラエルの義なる苦しみが彼ら
の死において満ちたために神との和解が成立したと理解した、と解釈する。

7）　中世には、ハドリアヌス帝治世に殺害された殉教者10名に関する物語が編纂され
た。G. Reeg, *Die Geschichte von den zehn Märtyrern* (Texte und Studien zum Antiken
Judentum 10; Mohr Siebeck, 1985).

8）　ラビらは死を前にして自らの罪を告白するが、これは殉教記事の定型表現であっ
て、罪の罰としての殉教という理解ではなかろう。J.W. van Henten and F. Avemarie,
Martyrdom and Noble Death (London & New York: Routledge, 2002), 145 n.64 を見よ。ユ
ダヤ教黙示文献においては、タクソと7人の息子の義なる死が神の国をもたらすとの
希望を述べる『モーセの遺訓』9.1-10.10 が例外として挙げられようが、ここに犠牲
のメタファは用いられていない。むしろ神がこの父子の血の仇を取るというニュア
ンスが強い。

9）　ラビ文献における悔い改めの贖罪意義に関しては、A. コーヘン『タルムード入門
I』村岡崇光訳、教文館、1997年、241-51頁参照。

10）　1QS 8.1-4 における選ばれた15名の苦難による代表的贖罪の蓋然性に関しては意
見が分かれる。サンダース『パウロとパレスチナ・ユダヤ教』の補遺 #3「1QS 8.3-
4」を見よ。

11）　D. Joslyn-Siemiatkoski, *Christian Memories of the Maccabean Martyrs* (New York:
Macmillan, 2009), 17. これはまた、たとえば『ソロモンの詩編』においても顕著な
思想である。義人が栄えて悪人が滅ぶという単純な対比でなく、義人は悪人のよう
に滅びはしないが、神の懲らしめを受ける結果として命を授かる。

12）　聖書協会共同訳では「命と霊の主である方にこれらを再びお返しします」とあり、
神に対して返すのであって、神が人に返すのでない。原語では ἐπικαλεσάμενος τὸν
δεσπόζοντα τῆς ζωῆς καὶ τοῦ πνεύματος ταῦτα αὐτῷ πάλιν ἀποδοῦναι とあり、ἐπικαλέω の
目的語として ἀποδίδωμι の不定法が用いられていることに鑑みると、神に返してくれ
るよう願い求めているという意味の方が自然のように思われる。R. Doran, *2 Maccabees*
(Hermeneia; Minneapolis: Fortress, 2012), 277 参照。

13）　C.C. Rowland, *Christian Origins: The Setting and Character of the Most Important
Messianic Sect of Judaism* (London: SPCK, 2nd edn, 2002), 54-61 参照。

14）　J.S. Pobee, *Persecution and Martyrdom in the Theology of Paul* (JSNTSup. 6; Sheffield:
JSOT, 1985), 40.

15）　W. Eichrodt, *Theology of the Old Testament* (vol. 2/2; trans. J.A. Baker; Philadelphia:
The Westminster Press, 1967), 509-17.

16）　Pobee, *Persecution and Martyrdom*, 14-19.

17)　N.T. Wright, *The New Testament and the People of God* (London: SPCK, 1992), 297-300.

18)　『IVマカ』が後100年頃の執筆だとしても、その思想がそれ以前に周知されていたことは考え得る。『IVマカ』の執筆場所はシリアのアンティオキアと考えられがちだが（E. Lohse, *Märtyrer und Gottesknecht. Untersuchungen zur urchristlichen Verkündigung vom Sühnetod Jesu Christi* [FRLANT 46; Göttingen: Vandenhoeck u. Ruprecht, 1956], 208; Heinrich Rathke, *Ignatius von Antiochien und die Paulsbriefe* [Berlin: Akademie-Verlag, 1967], 73-74)、その根拠となるキリスト教会による殉教者尊崇の慣習が始まったのは早くて後4世紀のことであり、これを論拠として『IVマカ』の執筆場所を特定することには慎重にならざるを得ない。Henten, *The Maccabean Martyrs*, 79 n.95参照。もっとも最近に『IVマカ』をアンティオキアでの執筆と判断する議論はTessa Rajak, 'The Fourth Maccabees in a Multi-Cultural City', in Yair Furstenburg (ed.), *Jewish and Christian Identities in the Roman World* (Leiden & Boston: Brill, 2016), 134-50を参照。

19)　Henten, *The Maccabean Martyrs*, 231-32. 共同体記憶の形成と維持に関しては、P. Connerton, *How Societies Remember* (Cambridge et al.: CUP, 1989), 41-71 参照。

20)　『IVマカバイ記』においてアケダーが言及される場合（『IVマカ』13.12, 16.20に加えて18.11参照）、それはダニエルの3名の友人の苦難と共に語られ、神と律法への従順の模範として用いられている。ラビ文献におけるアケダー伝承の関心は、敬神と従順、そしてそれらに対する報いである（『PTタアニート』2.4,『タルグム・ネオフィティ』創22.1-19,『創世記ラッバー』55, ヨセフス『古誌』1.233, フィロン『アブラハムについて』167-207, 偽フィロン『聖書古代誌』32.1-4参照）。ちなみに関根清三（『アブラハムのイサク献供物語』日本キリスト教団出版局、2012年）は、贈与を贈与として語ると取引に貶められて純粋な「賜物」でなくなるというデリダの批判によって、神の約束の賜物を神に戻すことができるかという試練だとのフォン・ラートの解釈を批判しつつ、「人が私物化したいほど愛惜する者も元来、人を越えた、存在の超越的根拠からの贈り物であるという根源的事実を、ともすればそれを忘却しがちな人の罪にまで下る神からの働きかけを通して洞見させられた」（328頁；322-29頁参照）と評する。イサクを献げることは子孫繁栄という報いが絶たれることだとアブラハムは承知していた。それでもなお神の要求に応じてイサクを献げようとするアブラハムの姿は、報いを期待しない敬神であり、無償の恩寵へのもっとも純粋な応答を表現している。すなわちそこには、本来的な敬神の在り様が示されていると思われる。

21)　記憶は、心理学のみならず歴史学や社会学においても関心が向けられてきた。本

書は、心理学でいう「長期記憶」（episodic / semantic）を扱い、特定の共同体にお
いてその記憶がいかに形成され継承されるかに注目する。ちなみに社会的記憶と
いう概念は、近年聖書学において注目されている目撃者の記憶（ボウカム『イエス
とその目撃者たち』2011年）とは実質的に異なる。もっとも、目撃者記憶がいか
に共同体記憶の形成に制限を提供するかについて、社会的記憶の理論が示唆を与
えることはあり得る。この点で、社会的記憶形成において社会的、文化的、歴史的
要因を考慮に入れながら、記憶が「純粋な歴史」と異なるとする立場の「解釈的ア
プローチ」が有効のように思われる。「社会的記憶」という句を用いる場合、その
焦点は記憶形成（と継承）の社会的側面に焦点が置かれる。Mourice Halbwachs,
The Collective Memory (New York: Harper-Colophon, 1950)参照。近年では、公的記
憶あるいは規範的物語の形成において、歴史的項目のどの部分を留めるかのみな
らずどの部分を排除するか、すなわち社会的忘却にも注目が向けられている。Paul
Connerton, 'Seven Types of Forgetting', *Memory Studies* 1.1 (2008), 59-71; Cindy
Minarova-Banjac, 'Collective Memory and Forgetting: A Theoretical Discussion',
CEWCES Research Paper 16 (2018), 3-39. このような考察が、戦争犯罪や国境紛争
等の外交的問題に対する国家の施策を評価する上で有用であることから、最近で
は記憶研究が政治学の分野でも注目されている。Thomas U. Berger, *War, Guilt, and
World Politics after World War II* (Cambridge et al.: CUP, 2012); Matteo Dian, *Contested
Memories in Chinese and Japanese Foreign Policy* (Cambridge & Kidlington: Elsevier,
2017). マカバイ諸書がある意味での民族間紛争の文脈に置かれ、その紛争に関する
記憶を形成して維持することを目的として執筆されていることから、これらの文献
とその影響を受けた文献とを解釈するツールとして、社会的記憶という概念が有用
であろうことが考えられる。

　一般に、社会的記憶の形成と継承に関して4つの接近法が提案されている。すな
わち、歴史決定主義（Historical Determinism）、道具主義（Instrumentalism）、文
化的接近（Culturist's Approach）、解釈的接近（Interpretive Approach）である。
Berger, *War*, 31 (Table 1.1)とDian, *Contested Memories*, 14 (Table 1.1)を見よ。歴史決
定主義は、歴史的出来事が記憶を「決定」するという立場をとる。すなわち、歴史
が記憶を生む。一般に記憶は社会状況に対して比較的に硬直的だと考えられる。著
しく悲劇的あるいは不都合な記憶が抑圧され隠蔽される場合もあるが、その場合は
しばしば社会的に大きな犠牲がともなう。一方で道具主義は、社会やそのなかの諸
集団の利害によって社会的記憶が形成されがちだとの立場をとる。すなわち、政治
が記憶を生む。基本的に記憶は、外社会との関係において政治的あるいは経済的な
優位性を確保する手段と見なされる。文化的接近は、社会的記憶の創出において文

化がおおかた決定的な要因であることを前提とする。すなわち、歴史的体験は文化
的に条件づけられた社会の風潮／傾向にしたがって解釈される。解釈的接近におい
ては、社会的記憶を構成する事柄は社会的な、文化的な、および歴史的な諸要素に
よって条件づけられ、しかもこれらの諸要素のいずれも原初的でない。すなわちこ
の接近法は、「純粋な歴史」が特定され、それが社会的記憶を決定するとの歴史決定
主義の立場を否定し、さらに文化が他の干渉を受けず硬直的だとする文化的接近の
前提を批判する。解釈的接近はまた、合理的な利潤追求のみに社会的記憶の形成が
動機付けられるとする道具主義の理解にも同意しない。本論文は、解釈的接近が社
会記憶を分析するのにもっとも均衡のとれた、したがって適切な接近法として、こ
れを基にして以下で議論を進める。すなわち、社会的、宗教・文化的、歴史的諸要
素のいずれも原初的で決定的だとの前提を避け、これらをすべて考察の対象として
社会的記憶の形成過程を捉えることとする。

　社会的記憶に関するさらに2つの特徴をも勘考すべきだろう。いずれも、なぜ社
会的記憶がある場合は著しく変更され、ある場合は長期間にわたって維持されて継
承されるかを説明する。第1に解釈的接近は、窮地／葛藤（dilemma）が規範的記
憶の修正と抵抗記憶の創出を促す、と説明する。規範的（あるいは公的）記憶と抵
抗記憶との弁証論的関係性は、必ずしも苛烈な覇権争いとして理解される必要は
ないが、抵抗記憶という概念は記憶継承過程における内容修正や再定義を支える
動機やエネルギーを理解する助けとなる。Merthold Molden, 'Resistant Past Versus
Mnemonic Hegemony: On the Power Relations of Collective Memory', *MS* 9.2 (2016),
139を見よ。Dianは抵抗記憶について「規範的な価値判断に基づく信条、価値、過
去に関する物語の再交渉（renegotiation）と、現行の政治的選択を正当化するため
に必要な理想的背景として利用可能な過去（の物語）の探究」に支えられていると
する。Dian, *Contested Memories*, 27. この意味で、パウロ神学の中心に位置するアブ
ラハム物語――契約締結と契約維持の歴史――の再話は、ダマスコ途上での顕現
体験の起因となる窮地／葛藤の結果として、彼が同時代の規範的記憶に対して構築
した抵抗記憶と理解し得よう。第2は、歴史的体験を記念する（宗教）儀式が社会
的記憶の継承を保証し促すための重要な役割を果たすという点だ。Paul Connerton,
How Societies Remember (Cambridge et al.: CUP, 1989), 41-71.

22)　この記憶形成過程の特徴を、精神化（spiritualization）という表現で概観すること
　　もできようが（Finlan, *Problems with Atonement*, 20-29参照）、本書は記憶と忘却をとお
　　して物語の一貫性を強化するための戦略（理想型）に関するDianの分類を参考する。
　　Dian, *Contested Memories*, 24-25. M.R. Sommers, 'The Narrative Constitution of Identity:
　　A Relational and Network Approach', *Theory and Society* 23.5 (1994), 605-49参照。Dian

は3つの範疇以外に、認知と悔恨をも提唱している。

23) 『IVマカ』では καταφρονέω, ὑπερφρονέω, περιφρονέω, ὑπεροράω が繰り返し用いられる（1.9, 6.9, 7.16, 8.28, 13.1, 9, 14.1, 11, 16.2）一方で、IIマカでは同根語が3度のみ迫害とは異なる文脈で用いられる（3.18, 4.14, 7.24, καταφρονέω, καταφρόνησις）。

24) *HALOT*, 340.

25) もっとも私は、理性と感情の問題を論ずるのに殉教が最適とは考えない。たとえば『IVマカバイ記』にはまったく言及のないヨセフとポティファルの妻の逸話や、3度言及されるイサクの縛め等が、より相応しい題材のように思われる。『IVマカバイ記』を、哲学議論を装った殉教物語という視点で読むことも可能かも知れない。

26) 『プスィクタ・ラッバティ』43をも見よ。ちなみに『BTギッティーン』では、7人の息子は殉教するものの母親は殉教しない。息子の喪失を悲嘆した母は高所から飛び降りて自死する。殉教しない母は英雄でないか、むしろ悲劇の英雄かは解釈の分かれるところだ。

27) ヨセフスの説明は、ローマ人読者に向けた政治的な判断を含んでいるので、これを額面どおりに捉えることには慎重になるべきだ。ユダヤ戦争勃発に関しては複雑な力学が絡んでおり、ここではユダヤ人の暴力性が主因であるとも大きな要因の1つであるとも述べていない。S.メイソン『ヨセフスと新約聖書』浅野淳博訳、リトン、2007年、64, 95-137, 260頁参照。「あらゆる種類の不幸をわが民族にもたらすことになった」第4の哲学（叛乱首謀者）については、『古誌』18.6-8を見よ。

28) G. タイセン『パウロの弁護人』大貫隆訳、教文館、2018年、155-91頁参照。「熱狂者（ζηλωτής, Fanatiker）」あるいは「熱心者」。

第3章：イエスと神の国

1) たとえば、荒井献（『イエスとその時代』岩波新書、1974年、205頁）はイエスをまさに純朴の奉仕者として総括するが、それでも洗礼者ヨハネの影響下にあって「神の国」という終末論的な視点からもその行動の少なくとも一部は説明されると考える（74-75頁）。

2) S. McKnight, *Jesus and His Death: Historiography, the Historical Jesus, and Atonement Theory* (Waco: Baylor Univ., 2005), 230, 238.

3) 史的イエス研究における真正性の判断基準については、たとえばJ.H. チャールスワース『これだけは知っておきたい史的イエス』中野実訳、教文館、2012年、86-111頁を見よ。一般的に知られる5つの重要な基準として、「つまずきを与える（不都合な？）事柄（embarrassment）」、「非類似性（dissimilarity）」、「多様な証言

（multiple attestation）」、「一貫性（coherence）」、「パレスチナ・ユダヤ教的背景」があ
る。チャールスワースはこれらに加えて10の基準を端的に紹介している。

4）　R. Bultmann, *Theology of the New Testament* (trans. K. Grobel; Waco: Baylor Univ.,
2007[1], 1951, 1955), 1.4.

5）　J. Jeremias, *New Testament Theology* (trans. J.S. Bowden; London: SCM, 1971), 96;
J.P. Meier, *A Marginal Jew* (vol. 2/4; New York et al.: Doubleday, 1994), 37-43. N.
Perrin (*Rediscoverying the Teaching of Jesus* [New York: Harper & Row, 1967]) は「イエ
スの教えの中心的側面は神の国に関するものであった。……これを疑う研究者はい
ない。……イエスの教えと行いのすべてがその宣教とかかわって機能しており、そ
れらはすべてこの宣教から意味が引き出される」（p.54）と述べる。

6）　「神の国」の解釈史に関しては、山口希生『「神の国」を求めて：近代以降の研
究史』ヨベル、2020年を見よ。著者は古典的研究として5名のドイツ語圏の研究者
を紹介する。ヴァイスは王国を人の倫理的完成と理解する自由主義神学的な楽観論
を批判して、古代ユダヤ教という宗教／歴史的文脈に議論を引き戻すことに貢献し
たが、ダルマンはこの王国を「領土」でなく「支配」という観点で捉え、その視野
が民族的垣根を越境する可能性を拓いた。シュヴァイツァーはイエス運動に王国到
来を具体的にもたらす役割を見出すことで、王国と終末とが不可分であることを印
象づけたが、クルマンはこの終末的王国を空間でなく時間軸的に捉えて、終末の開
始と完成とのあいだのタイムラグに光をあてた。ブルトマンは非神話的解釈によっ
て王国を「神の裁きと恵み」の告知へと還元させた。こうして著者は前半部を、イ
エスの王国理解を歴史から遊離させずに、しかしその意義を普遍的に開く過程とし
て描いた。後半部は現代に至るとくに英語圏の研究者に焦点をあて、王国の輪郭が
より具体化される過程を示す。したがってドッドやケアードは「開始された」王国
という視点から、教会が置かれたキリストの時代の倫理性を重視し、フランスは王
国の成長という概念に注目しつつその開始の実体性を明らかにした。ボルグが社会
規範のラディカルな修正を要請する王国の価値観に注目して神殿事件の重要性を
訴えると、ホースレーはこの価値観の具現化をローマ帝国支配への批判として捉え
る。クロッサンがこの価値改革を知恵文学の思想という文脈（ベッツの「反マカリ
ズム」参照）で解釈する一方、タイセンはこれを「千年王国主義」という社会現象
として説明を試みる。さらに著者はライトの解釈に紙面の多くを割き、「イスラエ
ルのストーリー」を完結する王の帰還として王国の到来を理解するある種のグラン
ド・セオリーを提示する。そしてアブラハムの契約成就というパウロの主題と王国
とを同義語として捉えるライト、王国を二元論的に捉えないヘブライ書理解を提示
するモフィット、そして黙示録に王国の世界的拡がりという主題を見出すボウカム

が、新約聖書内での解釈史を提示する仕方で帰結する（『週刊読書人』2021.2.12の書評抜粋）。

7） これは「非類似性」という基準と見なされ、神の国の宣教の真正性を支持する。

8） B. Chilton, *God in Strength: Jesus' Announcement of the Kingdom* (Sheffield: JSOT, 1979), 283-88; N.T. Wright, *Jesus and the Victory of God* (Minneapolis: Fortress, 1996), 615-16.

9） L.ショットロフとW.シュテーゲマン（『ナザレのイエス：貧しい者の希望』大貫隆訳、日本基督教団出版局、1989年、52, 79頁）はこれを最古のイエス伝承に挙げる。史的イエスについて述べることに慎重な彼らではあるが、それでもこの最古層の伝承がイエスに関する歴史的推論の根拠になると考える（20-21頁）。マタ5.3-10と対比してルカ福音書がより現実問題としての貧困に言及していることに関しては、嶺重淑『NTJ注解：ルカ福音書1章-9章50節』日本キリスト教団出版局、2018年、269-70頁を見よ。

10） 「罪人」の正体に関する論考は、ショットロフ／シュテーゲマン『ナザレのイエス』、41-44頁を見よ。「罪人」をいわゆる「地の民」と同視することへの反論はH. Jeremias, 'Zöllner und Sünder', *ZNW* 30 (1931), 293-300を見よ。

11） A.Y. Collins, *Mark* (Hermeneia; Minneapolis: Fortress, 2007), 185. 罪の赦し自体はキリスト論的な編集ではなかろう。罪の赦しはメシアの業でない（『タルグム』イザ53.5b）。R.H. Gundry, *Mark* (Grand Rapids: Eerdmans, 1993), 113参照。上述の至福説教における地位逆転の論理に見られる体制批判に関してはW.D. Davies and D.C. Allison, *Matthew 1-7* (ICC, 1/3 vols; London & New York: T&T Clark, 1988), 448を見よ。神義論的に癒しを罪の赦しと同視するなら、「罪が赦される」という宣言は癒しの宣言となるだろう。大貫隆『マルコによる福音書I』日本キリスト教団出版局、1993年、101-02頁参照。もっともこの視点によると、イエスによる安息日の癒し（マコ3.1-6）に関するファリサイ派からの批判が、もはや安息日である必要はなくなる。癒しが神のみに権威がある罪の赦しであれば、安息日でなくともイエスによる癒しは批判の対象となりうる。

12） 神の国運動を「主の恵みの年」（ヨベルの年）の体現と見なすことが多分にルカによる編集意図であったとしても（ルカ4.16-21）、周縁者へ慰めを届けるという預言者イザヤの大義（イザ61.1-4）がイエスの神の国運動を動機づけた蓋然性を否定することはできない。

13） 神の国到来の内容に関しては、W.D. Davies and D.C. Allison, *Matthew 1-7* (London & NY: T. & T. Clark, 1988), 605-12を見よ。

14） McKnight, *Jesus and His Death*, 177.

15) C.K. Barrett, *Jesus and the Gospel Tradition* (London: SPCK, 1967), 35-67; J.D.G. Dunn, *Jesus Remembered* (Grand Rapids & Cambridge: Eerdmans, 2003), 805-18. 両者は神の子の死を主張するために、苦難の僕の可能性を論破しようとする傾向がある。同様のことは Hooker, *Mark* も見よ。より融合的な視点は、Collins, *Mark*, 430-31 を見よ。

16) A.J.M. Wedderburn, *The Death of Jesus: Some Reflections on Jesus-Traditions and Paul* (WUNT 299; Tübingen: Mohr Siebeck, 2013), 49.

17) ヨセフス（『古誌』18.116-19）による洗礼者ヨハネの言説に終末的色合いが薄いのは、おそらくローマの読者に向けてこの集団が急進的で危険な思想を有しているかのような描写を避けたことによるだろう。S. メイソン『ヨセフスと新約聖書』浅野淳博訳、リトン、2007年、294-80頁参照。

18) マタイによる編集に関しては Davies and Allison, *Matthew 1-7*, 292; U. Luz, *Matthew 1-7* (Hermeneia; Minneapolis: Fortress, 2007), 135 参照。マタ4.17におけるイエスの言説を見よ。

19) C. Myers, *Binding the Strong Man: A Political Reading of Mark's Story of Jesus* (New York: Orbis, 2006), 126.

20) U. Luz, *Matthew 21-28* (Hermeneia; Philadelphia: Fortress, 2005), 132.

21) 『預言者の書』の執筆年代に関しては、D.R.A. Hare, 'The Lives of the Prophets', in J.H. Charlesworth (ed.), *The Old Testament Pseudepigrapha* (2/2 vols.; New York et al.: Doubleday, 1985), 380-81 を見よ。より幅の広い年代設定として、土岐健治「預言者の書」、日本聖書学研究所編『聖書外典偽典別巻補遺I』教文館、1979年、98頁参照。

22) J. Fitzmyer, *The Gospel According to Luke X-XXIV* (AB 28A; New York et al.: Doubleday, 1985), 1036.

23) C.H. Dodd, *The Founder of Christianity* (London: Collins, 1971), 103-10; V. Taylor, *Jesus and His Sacrifice* (London: Macmillan, 2nd edn, 1955), 270-71; T.W. Manson, *The Servant-Messiah* (Cambridge: CUP, 1953), 80; R.H. Fuller, *The Mission and Achievement of Jesus* (London: SCM, 1954) 他。

24) R.T. France, *The Gospel of Mark* (NIGTC; Grand Rapids & Cambridge: Eerdmans, 2002), 358-59. A.Y. Collins (*Mark* [Hermeneia; Philadelphia: Fortress, 2007], 432) は旧約聖書の預言者一般の苦難を指していると考える。

25) より詳細なチャートは、McKnight, *Jesus and His Death*, 227 を見よ。

26) Bultmann (*Theology of the New Testament*, 1.29-30) はこれをのちの教会によると考えるが、一般には少なくとも部分的な真正性が認められている。M.D. Hooker (*The Gospel According to St Mark* [London: A&C Black, 1991], 204) は、のちの教会がユダヤ

教聖典をもとに受難告知を編纂できたなら、イエス自身がその聖典からすくなくとも拒絶体験を予測して弟子に伝えることはできただろうと述べる。十字架への言及に関しても、十字架で死んだ男がメシアかとの批判に応答しなければならない教会が、わざわざイエスの十字架での死への言及を捏造する蓋然性が低いことを指摘する。D.E.H. Whiteley, 'Christ's Foreknowledge of His Crucifixion', *SE* 1 (1959), 100-14, とくに108参照。

27）　ダニエルはアンティオコス4世の圧政下での迫害の期限を「聖者たちは、一年、二年と、半年のあいだ、彼の手に渡される（παραδοθήσεται）」（LXX ダニ 7.25）と述べる。マコ 9.31 と 10.33 は同じ動詞（παραδίδωμι）を用いている。

28）　A.C. Thiselton, *The First Epistle to the Corinthians* (NIGTC; Grand Rapids & Cambridge: Eerdmans, 2000), 1195; J.A. Fitzmyer, *First Corinthians* (ABC 32; New Haven & London: Yale Univ., 2008), 548-49.

29）　W.D. Davies and D.C. Allison, *Matthew 8-18* (ICC, 2/3 vols; London & New York: T&T Clark, 1991), 660.

30）　J. Moltmann (*The Crucified God: The Cross of Christ as the Foundation and Criticism of Chritian Theology* [London: SCM, 1974], 245) は 'The Son suffers in his love being forsaken by the Father as he dies. The Father suffers in his love the grief of the death of the Son' と述べる。

31）　J. Jeremias, *The Prayers of Jesus* (London: SCM, 1967), 105-06; R. Brown (*New Testament Essays* [Garden City: Doubleday, 1968], 314) は「最後の時を導く神とサタンの全面的な衝突」と説明して、終末的な「試練」の意味を強調する。もっともこれは、道徳的意味での試練がないことを意味しない。*BDAG*, 793 を見よ。

32）　神の国の宣教が喜ばしい知らせなら、それが「福音」と呼ばれることと符合するが（マコ 1.14-15 参照）、「福音」という語はパウロによる造語とも考えられ、それならばイエスに由来しないかも知れない。浅野淳博『NTJ 新約聖書注解：ガラテヤ書簡』日本キリスト教団出版局、2017年、104-09 頁参照。

33）　R. Pesch, *Das Markusevangelium* (HTKNT; Freiburg: Herder, 1977), 1.171-76.

34）　France, *Mark*, 139-40; Collins, *Mark*, 199.

35）　「特等席」を与える権威をイエスが持っていないこと、またゼベダイの子ヨハネが死なないことは、教会にとって「つまずきを与える（不都合な）事柄」という基準にあたり、この箇所の真正性を裏づける。

36）　D.A. Hagner, *Matthew 1-13* (WBC 33A; Dallas: Word Books, 1993), 306-07; U. Luz, *Matthew 8-20* (Hermeneia; Philadelphia: Fortress, 2001), 140-41.

37）　J. Becker (*Jesus of Nazareth* [trans. J.E. Crouch; New York: Walter de Gruyter, 1998],

341）は、「イエスのすべての活動が神の国のために行われたものなので、自らの死を
この神の国と関連して予期していたに違いない」と述べる。

38） Dan Bahat, 'Jesus and the Herodian Temple Mount', in J.H. Charlesworth (ed.),
Jesus and Archaeology (Grand Rapids & Cambridge: Eerdmans, 2006), 300-08 参照。

39） A. Edersheim, *The Life and Times of Jesus the Messiah* (vol.1/2; London: Pickering &
Inglis, 1959, original 1886), 370-71.

40） もっとも Collins (*Mark*, 528) によると、これらの商業行為は異邦人の庭の外側、神
殿の建つ丘のすぐ外でも行われていたようである。そうすると、イエスは商売を
そちらに集中させることを意図しただろうか。Jeremias (*Jerusalem*, 48-49) さらに V.
Eppstein ('The Historicity of the Gospel Account of the Cleansing of the Temple',
ZNW 55 [1964], 42-58) によると、本来犠牲の動物はオリーブ山で売り買いがされて
いたが、後30年頃に大祭司カイアファがサンヘドリンの反対を押し切って異邦人の
庭へと移した。イエスがこの暴挙に対する抵抗運動として神殿事件を起こしたとす
ると、多くの住民にとってそれは「宮清め」と映ったことだろうし、それを支持す
る者が多かったことも想像される。

41） Sanders, *Jesus*, 64.

42） S.J. Joseph (*Jesus and the Temple: The Crucifixion in Its Jews Context* [Cambridge:
CUP, 2016], 133-209) は、神殿自体への批判ではなく神殿で執り行われる動物の殺害
の停止を象徴すると主張する。確かにユダヤ教伝統には、終末における屠殺回避や
菜食を示唆するテクストはあるが（たとえばイザ11.2-9, 65.25）、福音書のみならず
新約聖書をとおして菜食が促される箇所はなく（後2世紀後半の『エビオン人の福
音書』にはある）、原始教会が神殿での犠牲に関与し続けたこと（使2.46, 3.1）、イ
エスが魚を食した伝統もあることに鑑みると（ヨハ21.13）、神殿事件自体にそのよ
うな意図があったとは考えがたい。

43） Sanders (*Jesus*, 70-71) はイザ56.1-8, 60.3-7, 10.14, 66.18-24, トビ14.5,『エチ・エノ』
91.13,『ヨベ』1.15-17, 1.28,『ベン遺』9.2, 4QpPs 37 3.11, 11QTemple 29.8-11 等を挙げつ
つ、神殿破壊とその再建という主題が一貫していると主張するが（pp.86-87 も参照）、
これらのテクストに神殿破壊が一貫して明示されているわけではない。L. Gaston,
No Stone on Another: Studies in the Significance of the Fall of Jerusalem in the Synoptic Gospels
(NovT.Sup.; Leiden: Brill, 1970), 119. Gaston は新たなエルサレムと比較して神殿の再建
はそれほど重要でないと結論づける。現行の神殿と終末の神殿との関係が二元論的な
対比でない点に関しては、A. Lincoln, *Paradise Now and Not Yet: Studies in the Role of the
Heavenly Dimension in Paul's Thought with Special Reference to his Eschatology* (SNTSMS 43;
Cambridge: CUP, 1981), 18-22 を見よ。

44) Wright, *Jesus*, 414; G. Theissen and A. Merz, *The Historical Jesus: A Comprehensive Guide* (Philadelphia: Fortress, 1998), 423-26.

45) J. Neusner, 'Money-Changers in the Temple: The Mishnah's Explanation', *NTS* 35 (1989), 287-90. Theissen and Merz, *The Historical Jesus*, 432-36; B. Chilton, *Rabbi Jesus* (New York: Doubleday, 2000), 255 をも見よ。Chilton は神殿事件によって神殿を清めることに失敗したイエスが、晩餐で消費される食物を神に喜ばれる犠牲と捉え直した、と考える。

46) Sanders (*Jesus*, 76) は、神殿破壊の予告を想定しながらも現行の神殿が不浄なわけではないのでイエスの弟子らが神殿参拝を続けたとする。Wright (*Jesus*, 410) はたんに神の臨在が離れた神殿を参拝することに問題はないとする。おそらく神殿の指導体制への神の裁きと、神殿自体へのユダヤ人の敬意とを分けている。これらの説明が十分とは思われない。M. Bockmuehl (*This Jesus: Martyr, Lord, Messiah* [London & NY: T. & T. Clark, 1994], 75) は原始教会が神殿参拝を継続したことを根拠として、イエスの神殿事件を神の裁きとして捉えない。

47) J.D.G. Dunn (*Beginning from Jerusalem* [Grand Rapids & Cambridge: Eerdmans, 2009], 232-33) はこれをたんなる交流や祈りのためでなく、犠牲をともなう礼拝だったと考える。J.T. Sanders (*The Jews in Luke-Acts* [Philadelphia: Fortress, 1987], 235-36) は原始教会の神殿参拝を、外社会との調和を保つ教会を描くルカの編集と理解するが、そのルカはたとえばステファノにはユダヤ社会と激しい対峙をさせている（使6.8-8.1）。

48) ルカの記述と実際のナジル人の誓願の規定とのあいだの齟齬については、R.I. Pervo, *Acts* (Hermeneia; Minneapolis: Fortress, 2009), 545-47; 荒井献『使徒行伝下巻』現代新約注解全書、新教出版社、2016年、146-50頁を見よ。

49) P. Fredriksen (*Jesus of Nazareth: King of the Jews* [New York: Vintage, 2000], 94-96) は原始教会が、終末において神の栄光がエルサレムに顕現し諸国民が参集する（イザ2.2-4, 11.11-12, 56.6-8）ことへの期待からエルサレムを教会の拠点としたと考えており、したがってイエスの神殿事件を神殿とエルサレムに対する神の裁きとは考えていない。

50) じつに W.D. Davies (*The Gospel and the Land: Early Christianity and Jewish Territorial Doctrine* [Berkley: Univ. of California, 1979], 185-94) は、パウロ書簡群にエルサレム神殿に関する批判的な言説を見出すことができないと評価する。

51) J. Klawans, 'Interpreting the Last Supper: Sacrifice, Spiritualization, and Anti-Sacrifice' *NTS* 48 (2002), 13, 17. Klawans はハブラーが儀礼的な聖さを求められたり（1QS）、犠牲を含まない礼拝において儀礼的聖さが求められたり（トビ2.9, ユディ

12.7,『アリ手』305)、さらにユダヤ人会堂が神殿の聖性と繋がる様子から、これを「犠牲を含まない礼拝行為の犠牲化（sacrificialization of non-sacrificial worship）」あるいは「イミタティオ・テンプリ（*imitatio templi*）」と表現する（p.14）。

52)　本書1章で述べたとおり、預言者による神殿批判や、神殿指導者らの主導による預言者殺害は厳然として存在するが、預言者はいつも神殿体制の外にあったわけでも、両者が対立関係にあったわけでもない。預言者は神殿内でも機能し、健全な神殿機能を願って預言し、祭司と預言者との境が曖昧な場合さえもある。預言者エレミヤは祭司の子だった。L.L. Grabbe, 'Introduction and Overview', in L.L. Grabbe and A.O. Bellis (eds.) *The Priests in the Prophets: The Portrayal of Priests, Prophets and Other Religious Specialists in the Later Prophets* (JSOTSup 408; London: T&T Clark, 2004), 1-18; G.A. Klingbeil, *Bridging the Gap: Ritual and Ritual Texts in the Bible* (Winona Lake: Eisenbrauns, 2007), 77-78; Martti Nissinen, *Ancient Prophecy: Near Eastern, Biblical, and Greek Perspectives* (Oxford: OUP, 2018), 242-56参照。

53)　マルコ福音書の神殿事件に関する解釈については、J.D.クロッサン／M.J.ボーグ『イエス最後の一週間：マルコ福音書による受難物語』浅野淳博訳、教文館、2008年、87–90頁を見よ。

54)　Martin Goodman, *The Ruling Class of Judaea: The Origins of the Jewish Revolt against Rome A.D. 66-70* (Cambridge: CUP, 1987), 56-57, 154を見よ。Goodmanは、神殿への巡礼者に対するサービスで富を得た者らも赤貧の小作農や小規模農耕者の融資者となり、これが経済格差を拡大する原因となったと論ずる。

55)　主の晩餐については後述するが、教会とその儀礼と、神殿と犠牲とのあいだに著しい断絶を想定して、この前者が後者を代替したと理解するR.G. Hamerton-Kelly (*The Gospel of the Sacred: Poetics of Violence in Mark* [Minneapolis: Fortress, 1994], 43-45 [The Inversion of Sacrifice])には同意できない。このHamerton-Kellyの議論をKlawans ('Interpreting the Last Supper', 8, n.31)は「サルデスのメリトンの説教（おそらく*peri pascha*のこと）と恐ろしいほど似ている」と評するが、この点について本書著者は同意する。

56)　廣石望（『新約聖書のイエス：福音書を読む（下）』NHK出版、2019年、110–11頁）は、「三日のうちに人手によらない別の［神殿］を建造するであろう」（マコ14.58）が歴史のイエスに遡る可能性を指摘して、神殿事件の代替主義的な解釈を提案する。もっともこの事件を、神の国の到来を「アピールするために、神殿の祭儀執行を一時的に混乱させた」と述べるが、「一時的に混乱」がいったい何か具体的に説明しない。

57)　Joseph, *Jesus and the Temple*, 138を見よ。もちろんこれには別の解釈もある。福音

書はイエスが反社会的人物であると映るような描写を避けるため、神殿破壊の意図を「偽証」とした、というものだ。この場合、ルカ福音書はこの件について完全に沈黙している。Sanders, *Jesus*, 71-72を見よ。

58）　たとえば、廣石望「マルコによる福音書」；大貫隆・山内眞監修『新版総説新約聖書』日本キリスト教団出版局、2003年、58-59頁；W.G. Kümmel, *Einleitung in das Neue Testament* (Heidelberg: Quelle & Meyer, 21e Aufl., 1983), 70参照。

59）　いちじくの木に関する預言者的行為とマコ13.2の史実性をかならずしも疑うということではない。マコ13.2に関しては、成就しなかった預言（神殿崩壊後に石がすべて重ならないように崩れたわけではない）という教会に不都合な証言は、それ故に信憑性が高い。

60）　マタ27.51とルカ23.45をも参照。両福音書の記者も、垂れ幕が裂ける場面をマコ15.38から継承しつつ、神殿の代替としてイエスの死を理解するという方向へ神学を進めているようだ。

61）　真正性を否定する研究者としては、Bultmann, *The History of the Synoptic Gospels*, 24; R. Pesch, *Das Markusevangelium II Teil: Kommentar zu Kap. 8,27-16,20* (HTK 2.2; Freiburg: Herder, 1977), 2.162; Wedderburn, *The Death of Jesus*, 60を見よ。真正性を主張する研究者としては、Peter Stuhlmacher, *Reconciliation, Law and Righteousness: Essays in Biblical Theology* (Philadelphia: Fortress, 1986), 16-29; R.H. Gundry, *Mark: A Commentary on His Apology for the Cross* (Grand Rapids: Eerdmans, 1993), 592; McKnight, *Jesus and His Death*, 161-71を見よ。

62）　V. Taylor, *Jesus and His Sacrifice: A Study of the Passion-Sayings* (London: MacMillan, 1937), 105.

63）　ルカ福音書には「身代金」を含むゼベダイの子らへの叱責物語はない。一般にルカ福音書がイエスを模範的殉教者として提示しており贖罪（の犠牲）として提示していないと言われることと、「身代金」がこの福音書に不在であることとは無関係でない。

64）　C. Brown, *DNTT*, 3.189-200参照。

65）　人口登録により兵役に服する者が何らかの禁忌を犯して疫病になることを避けるためか。P.K. McCarter, Jr., *II Samuel* (AB 9; Garden City: Doubleday, 1984), 512-14を見よ。

66）　大祭司カイアファの尋問に対するイエスの応答（マタ26.63-64／マコ14.61-62／ルカ22.67-68）の解釈に関して、またイエスのメシアとしての自覚に関する議論の概要は、J.D.G. Dunn, *Jesus Remembered* (Grand Rapids & Cambridge: Eerdmans, 2003), 647-54を見よ。さらにJ.M. ロビンソン『イエスの福音』加山久夫・中野実訳、新教出版社、2020年、8章を見よ。

67）　これらの英雄死伝説が、やはり古代地中海世界に広く見られる追放儀礼の実施

を正当化するための起源神話とも考えられる場合がある。W. Burkert, *Structure and History in Greek Mythology and Ritual* (Berkeley: Univ. of California Press, 1979), 59-77; J. Bremmer, 'Scapegoat Ritual in Ancient Greece', *HSCP* 87 (1983), 299-320. M. Hengel, *The Atonement* (trans. J. Bowden; London: SCM, 1981), 1981, 1-32参照。上に挙げた『I クレメンス』55章の英雄死に関する記述を念頭に置いて、オリゲネス（後2-3世紀、『ヨハネ福音書注解』6.54）がこれを追放儀礼と結びつけていることも、この理解を支持する。ユダヤ教の追放儀礼である大贖罪の日のアザゼルのための山羊は殺されることはないが、他所の追放儀礼では被放逐者が暴力を受けたり殺されたりする（役を演じる）ことがある。数ある追放儀礼における行為については、補論を見よ。

68）　その他にリウィウス『ローマ建国史』8巻9章、パルテニウス『ポリュクリテース』9、プルタルコス『ギリシアに関する諸問題』297、ポリュアイノス『戦術書』8巻42章を見よ。

69）　たとえばHooker (*Mark*, 249)はこの問題について、〈イエスの死の対象が「皆」でなく「多くの人」だ〉という対比でなく、〈「1人の人」が「多くの人」のために死ぬ〉という対比がマコ10.45の関心だとして、イエスの死の対象が「皆」でないという問題を回避しようとするが、むしろ結果的に「皆」でないことの問題に読者の注意を向けることになっている。リュクルゴス『レオクラテス弾劾』1.84-87、リウィウス『ローマ建国史』7.7, 8.8、プルタルコス『モラリア』297 B-C、『I クレメンス』55.1、エウセビオス『神の顕現について』断片3参照。

70）　「〜のため」と訳されるἀντίという前置詞には、「〜の代わり (instead of, in the place of)」という意味もあれば、「〜のため (for the sake of)」という意味もあり、ここでは後者だと思われる。LSJ, 153参照。

71）　France, *The Gospel of Mark*, 420-21; Collins, *Mark*, 500参照。これには反論もある。たしかに「僕 (παῖς)」という語にはイエスが用いるδικαιόωの同根語が用いられているわけではない。あるいは「身代金（リュトロン）」という語もイザ52.13-53.12には見当たらない。またイエスが能動的に命を献げるのに対し、「僕」は受動的に（神の摂理により）死に引き渡される。Gundry, *Mark*, 588-590; Hooker, *Mark*, 248-49参照。しかし用いられる動詞が受動態か能動態かという相違によって関連性に疑問を呈する姿勢は、予型論的な議論やメタファの機能に対して十分な配慮を怠っているように思われる。

72）　O. Cullmann, *The Christology of the New Testament* (Louisville: Westminster John Knox, 1980). Cullmann (p.65)は「『人の子はヤハウェのエベド（僕）の業を成就するために来た』とイエスが言っているようだ」とまで大胆にマコ10.45とイザ52.13-53.12との関連性を支持する。

291

73) タイミングは別として、最後の晩餐の真正性は一般に認められている。Sanders, *Jesus and Judaism*, 307.

74) J.P. Meier, *A Marginal Jew* (1/4 vols.; New Haven & London: Yale Univ., 2009), 396. 過越祭に十字架刑が執り行われたことに関しては、これがローマ人指導者による処刑なので可能であったとの説明がなされる場合もある。

75) R. de Vaux, *Ancient Israel: Its Life and Institutions* (trans. J. McHugh; Grand Rapids: Eerdmans, 1961), 484-92 を見よ。

76) 廣石『新約聖書のイエス（下）』84-85頁参照。ヨハネ福音書の想定が優先される理由が、沈黙からの議論をも含めて複数挙げられている。

77) 共観福音書とヨハネ福音書との矛盾を解決するために、両者が異なるユダヤ教の暦を用いていたとの説明がなされることもあるが、H.L. Strack u. P. Billerbeck (*Kommentar zum neuen Testament aus Talmud und Midrasch* [München: C.H. Beck'sche, 1924], 2.874-53)が主張するようにファリサイ派とサドカイ派が異なる暦を用いた証拠はなく、また A. Jaubert (*The Date of the Last Supper* [Alba House, 1965], 24-25)が述べるように福音書記者が一般の暦でなくクムラン共同体の暦を用いる必要性が不明である。共観福音書の最後の晩餐のタイミングを主張する主要な研究者としては、J.エレミアス『イエスの聖餐の言葉』田部明子訳、日本キリスト教団出版局、1974年、13-134頁を見よ。エレミアスの方法論の問題点は Meier (*A Marginal Jew*, 1.395)が紙面を費やして指摘している。ヨハネ福音書のタイミングを重視する研究者としては、R.E. Brown, *The Gospel According to John*, (ABC 29A, 2/2 vols.; New York: Doubleday, 1970), 2.555-58; Meier, *A Marginal Jew*, 1.386-401 を見よ。

78) Wedderburn, *The Death of Jesus*, 81.

79) Bultmann (*The History of the Synoptic Tradition*, 265, 276)は前後とのあいだに文章スタイルや流れといった観点から繋がりの悪さを指摘する。Marshall (*Commentary on Luke*, 801)が指摘するように、当該箇所がのちの創作でなくとも聖餐式定型句として独立して文章が整えられたために、まわりの物語伝承から浮き上がった印象を与えている可能性はある。ルカとパウロの定型句には「記念としてこのように行いなさい」という命令が挿入されているが、これは聖餐定型句のより確立された定型化と見なされる。もっとも、申16.3は過越を「生涯にわたって思い起こす」ために、過越の食事をするように命じており、本来的に過越の食事の文脈に「記憶する」という行為が含まれていたことがイエスの記憶命令（*memento imperative*）の背後にあるとも考えられる。L.T. Johnson, *The Gospel of Luke* (SP; Collegeville: Liturgical, 1991), 338 参照。Collins, *Mark*, 654; Davies and Allison, *Matthew*, 3.469; Marshall, *Luke*, 801 は真正性を支持する。Fitzmyer (*I Corinthians*, 430)もいくつかの観点から最後の晩餐の真

正性を支持する。(1) 多様な証言：上の4件の証言のみならず、ヨハネ福音書13章も、定型句を欠くものの、晩餐を証言している。(2) 一貫性：この晩餐はイエスが追従者らとともにした数々の会食と符合する。(3) 一貫性：それぞれの記事でイエスの言葉と行為が細かな点で異なるものの、それらは伝承過程の出来事として説明可能であり、各記事のイエスの言葉と行為に矛盾や大きな違いはない。(4) ヨハ6.51, 54-55のイエスの言説とIコリ11.23-25の伝承の表現が符合する。

80) ルカ版の一部はIコリ版と近似している —— もっともいずれかが他方の修正とは考えられない —— が、Marshall (*Luke*, 800) は前者が後者より古いと考える。Fitzmyer (*I Corinthians* [ABC 32; New Haven & London: Yale Univ., 2008], 430) はパウロの伝承がルカ伝承よりも早いと考える。

81) E. Flessemann-van Leer, 'Die Interpretation der Passionsgeschichte vom Alten Testament aus', in H. Conzelmann et al. (eds.), *Zur Bedeutung des Todes Jesu: Exegetische Beiträge* (Gütersloh: Mohn, 1967), 86. ヨハ1.29, 黙5.6をも見よ。

82) Iコリ11.25とルカ22.20はおそらくエレミヤ31.31を意識して「新しい契約」とする。この句は死海文書（CD 6.19, 1QpHab 2.4-6）でも新たな共同体という意味で用いられている。J.A.Fitzmyer, *The Gospel According to Luke* (*X-XXIV*) (ABC; New York et al.: Doubleday, 1985), 1402; Marshall, *Luke*, 806-07参照。クムラン共同体が排他的であったにせよ、この句自体に代替主義的なニュアンスがあるとは考えられない。

83) ここでの「血によって」が犠牲を指すかは疑問である（使22.20のステファノ殉教への言及を参照）。C.K. Barrett, *Acts 15-28* (ICC; London et al.: T. & T. Clark, 1998), 977参照。

第4章：原始教会の伝承

1) M. Hengel, *The Pre-Christian Paul* (trans. J. Bowden; London: SCM / Philadelphia: Trinity Press Int'l, 1991), xiii-xiv.

2) M.ヘンゲル『イエスとパウロの間』土岐健治訳、教文館、2005年、83, 98頁。ヘンゲルはこの間（18年間）に、そののちの700年間における神学的発展よりも多くのことが起こったと言ってはばからないが、それはパウロ書簡群のうちにキリスト論的発展が見られないこと、パウロがキリスト論に言及する際に読者がその内容を十分に知っていることを前提としている点を根拠としている。

3) A.J.M. Wedderburn, *The Death of Jesus: Some Reflections on Jesus-Traditions and Paul* (WUNT 299; Tübingen: Mohr Siebeck, 2013), 42.

4) V.H. Neufeld, *The Earliest Christian Confessions* (NTTS 5; Leiden; Brill, 1963), 34-47.

シェマアに関する詳しい論考とテクストは、E.シューラー『イエス・キリスト時代のユダヤ民族史Ⅳ』上村静・大庭昭博・小河陽訳、教文館、2015年、151-60頁を見よ。原始教会の時代に、シェマアを唱えることは律法を読むことと同等と考えられていたかも知れない（『Mブラ』1.2）。犠牲の代替としてのシェマアに関してはH.L. Strack u. P. Billerbeck, *Kommentar zum neuen Testament aus Talmud und Midrasch* (München: C.H. Beck'sche, 1961), 4.1.190 を見よ。

5)　O. Cullmann, *The Earliest Christian Confessions* (trans. J.K.S. Reid; Eugene: Wipf and Stock, 2018, French original in 1943), 18-19. このCullmannの小冊子は、とくに初期教会において形成された三一論的告白の発展段階を想定して提案することを目的としており、キリスト論的告白がいくつかの生活の座において発展を遂げ、キリスト、キリストと神、キリストと神と霊との関係性を明言化していく発展過程を追っている。バプテスマ式のみを生活の座として想定する古い議論については、R. Seeberg, 'Zur Geschichte der Entstehung des apostolischen Symbols', *ZK* (1922), 8を見よ。

6)　G.ゴーラー『死と悲しみの社会学』宇都宮輝夫訳、ヨルダン社、1986年、174-82頁。ゴーラーはこの社会の病理的傾向が、人の痛みに冷淡な社会、暴力の一般大衆化傾向を生み出すとも述べる。

7)　J. Bowlby ('Processes of Mourning', *IJP-A* 42 [1961], 317-40)は、「故人との関係性において築いてきた価値観や目標を維持し追求することは、その故人との関係性を保つことであり、現実を歪曲することなしに、その個人の記憶との関連でこれらは維持し追求され続けうる。この過程においてこそ、故人との意義深い愛に満ちた関係性が新たに築かれる」（337頁、傍点は本書著者による）と述べる。

8)　T. Attig「世界を学び直す：意味を創りだし、見出す」、ロバートA.ニーマイアー編『喪失と悲嘆の心理療法』富田・菊田監訳、金剛出版、2007年、42-67頁。著者はこの高次元の現実体験を「魂の生活」（63頁）あるいは「スピリットの生活」（64頁）と呼んで、近年の「スピリチュアル・ケア」という概念と結びつけようとしているようだ。

9)　M. S. Stroebel and H. Schut「死別体験へのコーピング（対処）の二重過程モデルから見た意味の構成」、ロバートA.ニーマイアー編『喪失と悲嘆の心理療法』富田・菊田監訳、金剛出版、2007年、68-82頁。「否定的意味の再構成」と「肯定的意味の再構成」とが「二重過程モデル」における認知メカニズムの内容である（80頁）。

10)　「死の意味づけ」という作業の肯定的評価については、S. Folkman, 'Positive Psychological States and Coping with Severe Stress', *SSM* 45.8 (1997), 1207-21を見よ。

11)　J.D.G.ダン『使徒パウロの神学』浅野淳博訳、教文館、2019年、251-55頁；Neufeld, *Confession*, 46.

12）　Neufeld, *Confessions*, 48.

13）　十字架が血と直接的に結びつく場合は、十字架での受刑者が一般に放置されて獣や猛禽に食い荒らされるままにされた様子を描いていよう（マルティアリス『見世物の詩』7参照）。この描写の解説は、M.ヘンゲル『十字架その歴史的探究』土岐正策・土岐健治訳、ヨルダン社、1983年、49-50頁を見よ。

14）　代喩（*synecdoche*）に関してはE.W. Bullinger, *Figures of Speech Used in the Bible* (Grand Rapids: Baker, 1968), 613-56を見よ。

15）　青野太潮『パウロ：十字架の使徒』岩波新書、2016年、128-31頁。

16）　N.T. Wright (*The Ressurection of the Son of God* [Philadelphia: Fortress, 2003]) は原始教会の復活信仰について700頁を越える論考を展開している。以下にその結論部を要約する。

 A.　古代における死後の概念

  1.　異教世界

   a.　ホメロス：よみがえりを欲したが、それが不可能だと考えた。

   b.　プラトン：体を欲しない。体から解放された存在がより良い選択。

   c.　死は一方通行で、回避できない。

   d.　霊やゴーストは信じたが、体のよみがえりとしての復活は信じない。

  2.　ユダヤ教世界

   a.　サドカイ派：異教世界と同様に復活を信じない。

   b.　大半のユダヤ人：復活を信じた。神が新たな世界を創るときまで魂は留め置かれ、そして新たな体が与えられる。

 B.　キリスト教における死後の概念の極端な変更（最初の2世紀）

  一般に人は死の悲しみに直面する場合、保守的になって伝統的な考えに縛られがちだが、キリスト教に関してはイエスの死後、極端に新たな考えが生まれる。これに関して、歴史家は「なぜか」と問わなければならない。

  1.　復活に関してはほぼ統一した見解があり、一時的に「すでに復活が自分たちに起こった」という誤解も生じたが長続きせず、復活に関しては理解が一致していた。

  2.　ユダヤ教では復活が信じられていてもそれが中心的な思想でなかったが、キリスト教では復活が中心に躍り出た。ガレノスという異教徒の医師は、キリスト教に関して、復活信仰と性的品行方正が特徴的だと理解した。

  3.　ユダヤ教ではどのような復活の体かは議論されない。キリスト教ではこの点が具体的になる。古い体から新たな体が創りかえられ、その体は朽ちることがない。

4. ユダヤ教では世の終わりに皆が一度復活するが、キリスト教では二度に分かれ、まずイエスの復活があり、世の終わりに人類の復活がある。

5. イエスの復活から最後の復活までのあいだには「協働終末論（開始した終末論？）」があり、信者は聖霊の力によって神の国の建設に関する新たな創造に向けて協同作業を行う。

6. ユダヤ教ではメシアは死なないので復活しないが、キリスト教では復活ゆえにイエスがメシアであるという確信にいたる。

C. 復活物語の編集史

　復活物語の伝承は非常に古く、パウロ以前のものであり、福音書への大幅な編集が行われる前の姿を残している。復活描写は長年の神学的作業の結果として生まれたのではなく、初期の弟子たちのあいだに何か尋常でないことが起きたから生まれたと考えられる。

1. 四福音書は、イエスの死に至るまでのところでは旧約聖書の引用に頼って重要性を強調しようとする。これは伝承に対する深い考察による編集である。しかし復活物語においては旧約聖書の引用がない。すなわち、復活と旧約聖書の関係を考察する以前の口述伝承がそのまま記されている。

2. 古代においては女性の証言は信憑性が低い。四福音書において復活の第一目撃者は女性である。パウロのIコリント書15章では男性が復活の目撃者となっている。つまり、信憑性の低い女性の目撃者が排除されている。したがって復活物語はパウロによって編集される以前の伝承を残している。

3. 後の福音書記者が復活したイエスを作りあげたとしたら、ダニエル書7章の「人の子」のように栄光に包まれた存在を描きそうなものであるのに、四福音書では、園の管理人や旅人と見間違えられるような普通の人として復活のイエスを描いている。

4. 復活物語には将来の希望が語られていない。パウロが復活を語る場合は将来の希望にも言及するが、四福音書ではそれがない。

D. 懐疑派への応答

1. 認識不調和（Cognitive Dissonance）：何かの期待に対して強い思いを持ちながら、状況がその逆である場合に、すべての逆行する証拠を看過して、以前以上の期待に関して確信を抱くこと。

　応答：弟子たちはイエスが復活することを期待していなかった。ユダヤ人の弟子たちが復活という概念を持っていたとしても、死んだイエスが即座に復活するという期待を持っていたのではない。そのなかで特異な復活信仰が生まれたことは異常なことである。

2. イエスは十字架で死なず、気絶したまま墓に入れられ、その後自力で出て来た。

応答：ローマ兵は殺人のプロであって、処刑囚は必ず殺す。十字架にかかって体力がないなかで、何トンもある墓石を動かして外に出ることは不可能。もし出たとしても、傷だらけでよろめくイエスを見た弟子は、そのイエスが復活によって神の国を力強く始めたとは思わなかっただろう。

3. イエスの復活は幻体験であって、弟子たちはイエスが霊的に生きていると確信した。

応答：これはプラトン的な魂の不死を再定義したものにすぎない。復活は死の克服であって死の美化ではない。

E. イエスの復活を支持する歴史的証拠

1. ユダヤ社会では殉教者の墓を聖域として、人はそこに行って祈りを捧げたりする。イエスの墓が原始教会によって聖域とされたと思われる証拠はない。

2. 原始教会による主日の早い制定はユダヤ教文脈においては考え難い。もし復活信仰が徐々に広がったものであったならば、主日という考えが急に生まれることはない。

3. 神の王国到来を先導するはずのリーダーが死に、弟子たちにとっては大義自体が消え失せて失意のどん底にあった。その弟子たちが急に死の危険を顧みずに教会を作り、福音を宣べ伝えたという心理は考え難い。

4. イエスに前後してユダヤ教ではメシア運動がいくつもあったが、中心人物が死んでしまうと運動が衰えるか、あるいは他のメシアを擁立するかのどちらかであった。イエスの死後は、運動が衰えるどころか教会が勢いよく発生した。そして他のメシアとして擁立するのに都合の良いイエスの兄弟ヤコブがメシアとなることはけっしてなかった。

F. 空の墓とイエスとの遭遇

空の墓とイエスとの遭遇の2つの事件が揃って復活は成立する。そのどちらかでも復活の確信には至らなかった。

1. 空の墓のみの場合：当時は墓泥棒が横行していた。だからマリアは園の管理人がイエスの遺体を持ちだしたと考えた。マタイ福音書では、弟子たちがイエスを持ちだしたことにしようと当局側が画策した。空の墓だけでは復活の確信には至らない。

2. イエスとの遭遇のみの場合：弟子たちはイエスの死に対する悲しみのあまり、幻を見たと考えるであろう。復活という現象を期待していなかった弟子は、イエスとの遭遇だけでは、復活の確信には至らなかった。

3. 弟子たちのあいだに復活の確信が形成されるためには、墓が空でなくてはな

らないし、イエスであると確信が持てる人物が肉体をもって弟子の前に現れる
必要があった。

G. 歴史と復活

　　キリスト教独特の復活信仰が非常に早い時期に形成されたこと、そして教会と
いう集団が力強く活動したこと、この2つは歴史的に明らかなことである。これ
らの歴史的現象の説明としてもっとも確からしいと思われることは、〈イエスが
体をもって復活し、したがってその墓が空であった〉と弟子たちが確信する何ら
かの尋常でない事態が発生したことである。

17)　Werner Kramer, *Christ, Lord, Son of God* (SBT 50; trans. B. Hardy; London: SCM, 1966,
German original 1963), 34-35. Kramer は伝統的な信仰告白定型句（pistis-formula）の
なかにある「彼は起こされた／甦らされた」の部分がもっとも古く、「彼は死んだ」
の部分はイエスの死という事実を知らない異邦人の宣教において付加された新しい部
分であると考える。しかしパウロが「起こす（ἐγείρω）」を用いる38回中、死への言
及がないのは2回のみで、その1回（I コリ 6.14）は文脈から死への言及がまったく要
請されず、もう1回（II コリ 4.14）は「主イエスを起こされた方」という神に関する
定型句である。ここでは「死んで起きた／甦った」という句を二分して、一方を他方
より古いと想定する必要はなかろう。

18)　C.H. Dodd (*According to the Scriptures: The Sub-Structure of the New Testament
Theology* [London: Nisbet, 1952], 123) は「十字架を復活によってのみ償われた災難と
しか教会が考えられなかった時期があった。その後教会はイエスの死に肯定的な意
味を見出した。これを否定することは不可能だが、同時にこの時期について知り得
ることはない」と述べる。後述するように十字架は復活によっても解決できないの
で、ここでは「十字架」でなく「死」の方が適切だろう。さらに、原始教会のある
時期は死を復活のみで解消しようと試みたのでなく、死の肯定的な意味をも模索し
つつ、復活によってイエスの死の衝撃を軽減しようと試みたかとも考え得る。

19)　C.K. Barrett, *The Epistle to the Romans* (London: A&C Black, 2nd edn, 1991), 163 を
見よ。Neufeld (*Confessions*, 46) は II コリ 13.4 ――「［キリストは］弱さゆえに十字架
につけられた、しかし神の力ゆえに生きている」―― をもロマ 8.34 と同様の論理と
考えるが、この場合は十字架という事態において弱さと力とが対比されている。

20)　J.D.G. Dunn, *Beginning from Jerusalem* (Grand Rapids & Cambridge: Eerdmans,
2009), 237.

21)　Cullmann, *Confessions*, 32.

22)　後1世紀終盤。この仮現主義的な思想に対する応答は、たとえば I ヨハ 4.2（「（キ
リストは）肉において来られた」）にも反映されていよう。S.S. Smalley, *1, 2, 3 John*

(WBC 36; Waco: Word, 1984), 222-23; 三浦望『NTJ新約聖書注解：第1、第2、第3ヨ
ハネ書簡』日本キリスト教団出版局、2020年、270-71頁参照。

23) Cullmann, *Confessions*, 30-32.

24) Scot McKnight, *Jesus and His Death: Historiography, the Historical Jesus, and Atonement Theory* (Waco: Baylor, 2005), 278-79; I.H. Marshall, *The Gospel of Luke* (NIGTC; Grand Rapids: Eerdmans, 1978), 803-04. Marshallはとくにイザ53章の苦難の僕という主題をここに見出し、原型の「多くの人のため」をルカが「私たちのため」と編集したと論ずる。

25) G.D. Fee (*The First Epistle to the Corinthians* [NICNT; Grand Rapids: Eerdmans, 1987], 388)はこれを「死に至るキリストの愛」の表象とし、A.C. Thiselton (*The First Epistle to the Corinthians* [NIGTC; Grand Rapids: Eerdmans, 2000], 654)は「他者のための献身的愛の行為」の表象とする。R. Jewett (*Romans* [Hermeneia; Minneapolis: Fortress, 2007], 862)は「あらゆる信仰者の命に至高の価値」を認めて仕える動機付けとしている。

26) M. Thrall (*2 Corinthians 1-7* [ICC: London: T & T Clark, 1994], 409)はキリストが「すべてのために死んだ」ことの帰結として「すべての人が死ぬ」のは、アダムの時代からキリストの時代への移動を教えていると正しく理解する。この場合、イエスの死はイエスの奉仕の生き様へとキリスト者を参与させる。R.P. Martin (*2 Corintians* [WBC 40; Waco: Word, 1986], 131)は「すべての人のため」がイザ53, 5, 10, 11にある「多くの人のため」を念頭に置いていると考える。

27) Kramer (*Christ, Lord, Son of God*, 26)は「私たちのため」が「私たちの罪のため」より古い伝承であり、それはマコ14.24bからマタ26.28bへと解釈が進む様子と同様であると論ずる。K.C. Barrett (*The Second Epistle to the Corinthians* [BNC; London: A & C Black, 1973], 168-69)は「すべての人のため」のイエスの死がIコリ15.3bに繋がると考える。

28) Neufeld (*Confessions*, 48)は、パウロが好んで用いる「イエス・キリスト／キリスト・イエス」でなく、「キ・リ・ス・ト・が死んだ」という表現は、この箇所がメシアであるイエスが死んだことを説明するユダヤ人教会の試みを反映しているとする。G. Strecker, *Theology of the New Testament* (trans. M.E. Boring; New York & Berlin: de Gruyter / Louisville: WJKP, 2000, German original 1996), 74-78をも見よ。J.D.G. Dunn (*Beginning*, 230)はこれを原始教会最初の1-2年のうちに形成された定型句と推測する。

29) Thiselton, *1 Corinthians*, 1190. この場合、複数形の「聖典」が旧約聖書全体を指すと考えられる（マタ21.42, マコ14.49, ルカ24.32, 45, ヨハ5.39, 使17.2, 11, 18.24, 28, ロマ1.2, 15.4参照）。もっともマタ21.42, マコ12.24／マタ22.29に関しては、複数形の

「聖典」が特定の聖書箇所を指しているようだ。Wedderburn (*The Death of Jesus*, 112) は、メシアの死を正当化する具体的な箇所が見出せないので、「聖典」という曖昧な表現を用いていると説明する。

30）　Dunn, *Beginning*, 230.

31）　Fee, *1 Corinthians*, 725; O. Hofius, 'The Fourth Servant Song in the New Testament Letters', B. Janowski and P. Stuhlmacher (eds.), *The Suffering Servant: Isaiah 53 in Jewish and Christian Sources* (trans. D.P. Bailey; Grand Rapids: Eerdmans, 2004, German original 1996), 177-80; J.A. Fitzmyer, *First Corinthians* (AB 32; New Haven & London: YUP, 2009), 546. Wedderburn (*The Death of Jesus*, 112-13) は、LXX イザ 53.12 が「罪のため」に前置詞の διά（あるいは 53.10 の περί）を用いるのに対し I コリ 15.3 が ὑπέρ を用いることを根拠にして両者の関係を否定するが、これが決定的な根拠となるとは思えない。むしろイザ 53 章にある他者の罪のための苦しみという、旧約聖書において異質な表現に注目すべきだろう。

32）　本書著者は「『私たちの罪のため』という句が、罪のための献げ物と大贖罪の日の聖書的指示へ確実に私たちを向ける」とする Dunn (*Beginning*, 230) には同意できない。イザ 53.5, 6, 11, 12（4, 8 も参照）にはより明らかに「私たちの罪のため」という表現と主題が示されている。Hofius, 'The Fourth Servant Song', 177, n.55 のイザ 53 章と I コリ 15 章との比較を見よ。

33）　Dunn, *Beginning*, 230 参照。

34）　F. ハーン『新約聖書神学 I　上』大貫隆・大友陽子訳、日本キリスト教団出版局、2006 年、221 頁。

35）　M. Hengel and A.M. Schwemer, *Paul between Damascus and Antioch* (trans. J. Bowden; London: SCM, 1997), 182, 199 を参照。ここではギリシャ語を話すユダヤ人キリスト者の思想から派生して、アンティオキア教会の神学の形成が論じられており、その神学はパウロに見られる以上にユダヤ教から距離を置く傾向にあるとされる。

36）　私はこのディアスポラ・ユダヤ人の神殿税に関する理解が、パウロによる異邦人宣教におけるエルサレムのための献金と関連しているのでないかと考える（ロマ 15.26–28）。

37）　J.M. Barclay, *Jews in the Mediterranean Diaspora: From Alexander to Trajan* (323 BCE - 117 CE) (Edinburgh: T&T Clark, 1996), 417-18. E. シューラー『イエス・キリスト時代のユダヤ民族史 V』木村和良訳、教文館、2017 年、206 頁も参照。

38）　Barclay, *Jews in the Mediterranean Diaspora*, 417-18, 22 を見よ。ディアスポラ・ユダヤ人が大贖罪の日を重視したことはデロス出土の碑文（*CIJ* 725）にも見られる。

39）　L.T. Johnson, *Constructing Paul: The Canonical Paul* (vol. 1/2; Grand Rapids:

Eerdmans, 2020), 246.

40）　ここではイエスの死を説明する際のメタファを字義的に捉えて、そこから適用を
引き出すことの問題を述べており、メタファ自体の文学的有用性に疑念を示してい
るのでない。この点は、メタファと象徴とを同位置において議論する点で現代的適
用に難しさを感じるものの、J.M. ソスキース（『メタファーと宗教言語』小松加代子
訳、玉川大学出版部、1992年）から多くの示唆を得ることができる。ソスキースの
説明によるなら、イエスを「子羊」や「贖いの座」というメタファで表現すること
について考える場合、付加理論によるメタファの理解（「語り得ないものについて語
る」、72–84頁）が助けとなろう。

41）　直喩がメタファから奪い取るのはその文学的効果ではない、というソスキースの
理解（115–19頁）に私は同意する。直喩であれメタファであれ、比喩が安易なら
ばその文学的効果は制限される。同時にイエスの死の説明を直喩に換言する行為は、
メタファの文学的あるいは神学解釈上の深みを軽視することではない。

42）　あるいは神殿崩壊とその後の神殿再建の期待（『バル』16.4）によるユダヤ教再興
の危機感。S.G. Wilson, *Related Strangers: Jews and Christians 70-170 C.E.* (Minneapolis:
Fortress, 1995), 126–27参照。ヘブライ書の執筆年代に関してはH.W. Attridge, *The
Epistle to the Hebrews* (Hermeneia; Philadelphia: Fortess, 1989), 6-9を見よ。

43）　この箇所ではフィリピ信徒の「礼拝（λειτουργία）」が「犠牲（θυσία）」というメタ
ファで補強されており、それは神に捧げるものが死でなく信徒の奉仕の生き様であ
ることを示している。そこに注がれるパウロの「献酒（σπονδή）」は、やはりパウロ
の宣教におけるフィリピ教会への奉仕の生き様（それが死を予期させるものであっ
ても）を指している。P.T. O'Brien, *The Epistle to the Philippians* (NIGTC; Grand Rapids:
Eerdmans, 1991), 310参照。この箇所のメタファの意義についてはP.A. Holloway,
Philippians (Hermeneia; Minneapolis: Fortress, 2017), 136-37を見よ。

44）　新約聖書におけるメシア王としてのキリスト信仰に関してはA.Y. Collins and J.J.
Collins, *King and Messiah as Son of God: Divine, Human, and Angelic Messianic Figures
in Biblical and Related Literature* (Grand Rapids & Cambridge: Eerdmans, 2008)を見よ。

45）　この復活が一般の復活かキリストの復活かに関する議論はLongenecker, *Romans*,
75-76を見よ。またἐξ ἀναστάσεωςが「復活ゆえに」か「復活のおりに」かで議論が
分かれるが、いずれにせよメシア信仰が復活によって強化されることに違いはない。
前者はMoo, *Romans*, 48-49; Jewett, *Romans*, 95；後者はKäsemann, *Romans*, 12; Barrett,
Romans, 17を見よ。

46）　Longenecker, *Romans*, 76.

47）　Stuhlmacher, *Romans*, 19; Dunn, *Romans*, 16; Longenecker, *Romans*, 75-76参照；ダ

ン『使徒パウロの神学』337-39頁参照。

48)　R. Eisenmanは4Q285の断片5においてメシアの死が言及されていると理解したが、これは研究者らのあいだでメシアによって死がもたらされるメシアの勝利への言及とおおかた理解されている。J. VanderKam and P. Flint, *The Meaning of the Dead Sea Scrolls* (New York: HarperCollins, 2002), 341-42.

49)　Collins and Collins, *King and Missiah*, 118-19参照。

50)　研究者のあいだでは、パウロの論理が〈窮状から解決へ〉進んだか、あるいは〈解決から窮状へ〉進んだかという点で議論されている。前者は、〈罪という問題を突き詰めたら、キリストという解決に至った〉という神学的論理の流れであり、後者は〈啓示されたキリストを突き詰めたら、それが罪の解決だと分かった〉という神学的論理の流れである。パウロの啓示体験を考慮に入れるなら、後者が確からしいと思われる。E.P. Sanders, *Paul and Palestinian Judaism* (Minneapolis: Fortress, 1977), 431-523参照。かりにそうだとしても、原始教会がイエスの死という窮状から神学を開始した（窮状から解決へ）という事実も忘れてはいけない。それならば、すくなくとも原始教会の救済に関する神学には、イエスの死を悼んでその意味を模索する〈窮状から解決へ〉という論理的方向性と、イエスがメシア王であるという前提から始まる〈解決から窮状へ〉という論理的方向性とが共存しているとも言えるのではないか。そしてこれが、部分的にパウロの神学にも継承されたようだ。この議論を換言すると、イエスの死の意義を模索するという「低いキリスト論」と、イエスがメシアであるという前提から始まる「高いキリスト論」とが、上と下から遭遇した産物とも言えよう。そしてこのメシア信仰という視点から救済が論じられるロマ5章において、イエスの死と救済とがより直線的に結ばれる略記表現が集中していることは偶然ではなかろう。すなわち；

「私たちは彼（キリスト）の血によって義とされた」（5.9）、

「私たちは彼（神）の子の死によって和解された」（5.10）、

「1人の人（キリスト）の従順によって多くの人が義とされる」（5.19）。

とくにロマ5.9と5.10では死が救済と非常に直線的で直接的に繋がっている。ロマ5.19の「従順」は、死を含めてイエスが死に至るまでの生かし尽くす生き様全体を指していることだろう（フィリ2.9参照）。

51)　日本で十字架の神学を周知することに貢献した学者として青野太潮氏が挙げられる。青野太潮『パウロ』128-31頁（「『十字架』と『死』の区別」）を見よ。

52)　もっともこれに関する青野氏の反論は、青野太潮『「十字架の神学」の成立』ヨルダン社、1989年、194-96頁を見よ。

53)　浅野『ガラテヤ書簡』432-33頁。

54) I.U. Dalferth, *Der auferweckte Gekreuzigte: Zur Grammatik der Christologie* (Tübingen: J.C.B. Mohr, 1994), 44. この言説は、十字架を復活という救いに至るステップとして捉える傾向（stoische 'per aspera ad astra', p.43参照）へ反論する文脈で述べられている。これは「十字架は復活と救いの諸事情の蔭に留まることになる」として十字架の神学を平板化し相対化する傾向を批判するケーゼマンの議論を意識していようか。E.ケーゼマン『パウロ神学の核心』佐竹明・梅本直人訳、ヨルダン社、1980年、80-81頁参照。十字架の「救済論的沈黙」に準ずる表現は、ケーゼマン『パウロ神学の核心』70-71, 82-83頁；Wedderburn, *The Death of Jesus*, 1 も見よ。

55) ケーゼマン（『パウロ神学の核心』78頁）は「パウロ神学は十字架の神学以外ではあり得ない」としてその重要性を強調する。ダン（『使徒パウロの神学』295-300頁参照）もこれに同意しつつ、しかし十字架と死とを厳密に区別しない。

56) IIコリ4.6-10における死／殺害（νέκρωσιν）が十字架をとくに示唆していることについては、青野太潮『「十字架の神学」をめぐって』新教出版社、2011年、44-47頁；『パウロ』117-19頁を見よ。読者はまた、IIコリ4.10ではνέκρωσιςが用いられながら直後ではθάνατοςが用いられているという事態を、パウロが2回のみ用いるνέκρωσιςのもう一度の用法と同根語のνεκρόω（ロマ4.19）がアブラハムとサラの高齢の状態（子を宿すことができないという身体的環境）を指すこと、またこの夫婦は殺害されていないことを考慮に入れて、この語が「殺害」と訳されるべきか、また十字架を意味するかを判断する必要がある。

57) 浅野『ガラテヤ書簡』272-73頁。

58) もっともこの箇所において「解放（あるいは贖い）」が十字架のキリストと結びつくことは、「十字架の救済論的沈黙」を否定する論拠となりうる。Fitzmyer, *First Corinthians*, 164を見よ。

59) ケーゼマン『パウロ神学の核心』64頁。

60) ケーゼマン『パウロ神学の核心』72-73, 76頁；青野『パウロ』132-33頁。

61) ケーゼマン『パウロ神学の核心』70頁。

62) Wedderburn, *The Death of Jesus*, 123.

63) ケーゼマン『パウロ神学の核心』79, 80-81頁；W. Schrage, *Der erste Brief an die Korinther* (Neukirchen-Vluyn: Neukirchener, 1991), 1.192-93参照。

64) 浅野『ガラテヤ書簡』270-74頁；M. Hengel, *Paulus und Jakobus* (WUNT; Tübingen: Mohr Siebeck, 2002), 178-79; 青野『パウロ』106頁；ケーゼマン『パウロ神学の核心』95頁；朴憲郁『パウロの生涯と神学』増補改訂版、教文館、2021年、40頁。朴は十字架の呪い以外に、イエスの神殿事件が「聖所での贖罪犠牲をはじめから無効なものにしてしまう」ことも、ユダヤ人による教会迫害の理由とする。この代替主義的な理

解がイエスと原始教会になかったことについては、本書3章ですでに述べた。

65)　青野『パウロ』129頁。

66)　たとえばリュクルゴス『レオクラテス告発弁論』1.84–87、リウィウス『ローマ建国史』7.7, 8.9を見よ。

67)　ユダヤ社会を含む古代地中海世界における十字架の理解に関しては、ヘンゲル『十字架』54–80頁を見よ。ヘンゲルは英雄が磔刑に処される例を発見できなかったと述べている（81頁）。朴『パウロの生涯』185頁も参照。

68)　十字架刑が肯定的な意味で用いられる古代ローマの文献が見あたらないことに関しては、その例外としてローマ将軍のマルクス・マティリウス・レブルスが挙げられるが、これはカルタゴ人のローマ兵に対する残虐行為として創作されており、そのために将軍レブルスの名誉が傷つけられることはない。ヘンゲル『十字架』81–84頁を見よ。

69)　ヘンゲル（『十字架』106頁）は、前4年のユダヤ人捕虜2000人の磔刑を経てさえ十字架がユダヤ人受難のシンボルにならなかったことを、申21.23において磔刑と神の呪いとが結びつけられているからだと述べる。

70)　J.B. Green, *The Death of Jesus: Tradition and Interpretation in the Passion Narrative* (Tübingen: Mohr Siebeck, 1988), 164–69参照。D.J. Juel (*Messianic Exegesis* [Philadelphia: Fortress, 1988], 89-133)は神の報いを象徴する復活さえも、十字架の呪いの説明に十分でないとする。

71)　キケロ『ウェッレス弾劾演説』2.5.169。「奴隷の刑罰」としての十字架に関してはヘンゲル『十字架』66–80頁（第8章）を見よ。

72)　十字架の逆説をイエスの生に求めるさらなる例は、青野『パウロ』154–56頁を見よ。

73)　J.D.G. ダン『使徒パウロの神学』浅野淳博訳、教文館、2019年、15章参照。パウロの参与論については第6章で詳しく論考する。

第5章：パウロの回心とその神学的特徴

1)　社会科学的批評がテクストへ時代錯誤的な理論の援用を行うことは注意深く避けられなければならない一方で、常識的な解釈の常識が何かを社会学や心理学などの言語を用いて明らかにするとき、それは持ち込まれた主観性を言語化して種明かしをすることに繋がり、客観性を偽る誤りを回避する助けとなる。浅野淳博他『新約聖書解釈の手引き』日本キリスト教団出版局、2016年、97–122頁参照。

2)　近年戦闘ストレスとそれによるトラウマに関する報告は多く発刊されている。たとえば、反戦イラク帰還兵の会／アーロン・グランツ『冬の兵士：イラク・アフガ

ン帰還米兵が語る戦場の真実』TUP訳、岩波書店、2009年；デイヴィッド・フィンケル『帰還兵はなぜ自殺するか』古屋美登里訳、亜紀書房、2015年；中村江里『戦争とトラウマ：不可視化された日本兵の戦争神経症』吉川弘文館、2018年を見よ。

3） S.L.A. Marshall, *Men Against Fire: The Problem of Battle Command* (New York: William Morrow & Co., 1947), 56-57.

4） Roy L. Swank and Walter E. Marchand, 'Combat Neuroses: Development of Combat Exhaustion,' *Archives of Neurology and Psychiatry* 55.3 (Mar., 1946), 243-44.

5） Dave Grossman, *On Killing: The Psychological Cost of Learning to Kill in War and Society* (New York et al.: Back Bay Books, rev. edn, 2009), 25, 253, 285.

6） Grossman, *On Killing*, 251-52.

7） C.K. Barrett, *Acts 1-14* (ICC; London & New York: T. & T. Clark Continuum, 1994), 381, 86.

8） B.S. Easton, 'The Purpose of Acts', in F.C. Grant (ed.), *Early Christianity: The Purpose of Acts, and Other Papers* (Greenwich; Seabury, 1954), 31-118を見よ。教会を合法宗教として認めさせるという具体的な意図については同意しかねるが、少なくとも教会は弾圧されるべきでないという外へ向かった主張と、教会に安心して留まるべきという内に向かった主張を目的とした弁証的な著書として使徒言行録を捉えるべきだろう。P. Walaskay, *And So We Came to Rome: The Political Perspective of St. Luke* (Cambridge: CUP, 1983)参照。

9） J.D.G Dunn, *Beginning from Jerusalem*, Christianity in the Making (Grand Rapids & Cambridge: Eerdmans, 2009), 274-78. Dunnは原始キリスト教を、ヘブライ語を話す集団とギリシャ語を話す集団という、2つの非常に異なる傾向をもつ集団に分けて捉えている。したがってヘブライ語を話す集団の指導者である使徒たちは、この迫害にあってもエルサレムを離れることはない。

10） H.サイドボトム（『ギリシャ・ローマの戦争』岩波書店）は古代の野蛮性がキリスト教の博愛主義により変化を遂げた可能性を論ずるが、同時に著者はキリスト教会が戦争を正当化した様子をも記している。近現代の「キリスト教諸国」がもっとも多くの殺戮を犯したことを考えると、著者の想定にはあまり説得力がない。

11） P. Meineck and D. Konstan (eds.), *Combat Trauma and the Ancient Greeks* (NY: MacMillan, 2014)参照。

12） E. Boase and C.G. Frechette, *Bible through the Lens of Trauma* (Atlanta: SBL Press, 2016), とくにP.Y. Clark, 'Toward a Pastoral Reading of 2 Corinthians as a Memoir of PTSD and Healing', 231-47を見よ。

13） 「テロリストは僕だった：基地建設反対に立ち上がる元米兵」（テレビ朝日

2016/11/20放送『テレメンタリー2016』）は、イラク戦争へ派遣された元海兵隊員マーク・ヘインズ氏が辺野古基地移転へ反対する抗議行動に参加した様子を伝えた。イラク市民を助ける目的で派兵した自分がイラク市民にとってテロリストだった（'Terrorist that I had become'）という自覚が、ヘインズ氏のその後の生き方を変えた。彼にもパウロと同様の〈英雄（hero）は恐怖（terror）だった〉というパラダイム転換が生じ、反戦の使徒となった。

14）　たとえばG. Lüdemann (*Paul: The Founder of Christianity* [NY: Prometheus, 2002], 187-91) は、原始教会を迫害する回心前のパウロの葛藤が回心へと導いたと結論づける。これについてHengel & Schwemerは、非凡な現象に対して凡庸な説明しか与えない不適切な心理学的分析だと批判する。M. Hengel u. A.M Schwemer, *Paulus zwischen Damaskus und Antiochien* (WUNT; Tübingen: Mohr, 1998), 68, n.246.

15）　浅野淳博「パウロの『回心』：その過程と体験に関する議論の概観と考察」、『神學研究』57（2010年3月）、24-26頁。C.C. Rowland, *Open Heaven: A Study in Judaism and Early Christianity* (London: SPCK, 1982), 369-71; A.E. Segal, *Paul the Convert: The Apostolate and Apostasy of Saul the Pharisee* (New Haven & London: YUP, 1990), 34-71参照。

16）　R.N.Longenecker, *The Epistle to the Romans* (NIGTC; Grand Rapids: Eerdmans, 2016), 563-64.

17）　R. Jewett, *Romans* (Hermeneia; Philadelphia: Fortress, 2007), 359-40.

18）　C.E.B. Cranfield *Romans 1-8* (ICC; London & New York: T. & T. Clark, 1975), 1.263-64; J.D.G. Dunn, *Romans* (WBC; Waco: Word, 1988), 1.267.

19）　D.G. Powers (*Salvation through Participation: An Examination of the Notion of the Believers' Corporate Unity with Christ in Early Christian Soteriology* [Leuven: Peeters, 2001], 108)は「神は私たちにご自身の愛を証ししています」（ロマ5.8）という現在時制の表現が、主の晩餐等の共同体的行為においてこの物語が追体験され、イエスの生き様への参与と連帯が促され続けていることを示していると考える。

20）　LSJ, 4参照。「あぁ友よ（ὦ ἀγαθέ）、私たちはまだそこへは行かない。時が早すぎるのだ……」（『プロタゴラス』331a）。

21）　S. Finlan, *Problems with Atonement: The Origins of, and Controversy about, the Atonement Doctrine* (Collegeville: Liturgical, 2005), 55.

22）　J.D.G.ダン『使徒パウロの神学』浅野淳博訳、教文館、2019年、320-22頁参照。この語を原始教会で用い始めたのがパウロかどうかは不明である。なぜならκαταλλα-言語が集中する箇所であるIIコリ5.18-21はしばしば原始教会の使信的伝承と見なされるからである。R.P. Martin, *2 Corinthians* (WBC 40; Waco: Word), 138; Longenecker, *Romans*, 568参照。

23)　LXXでは後述するIIマカ以外、イザ9.4 (5)のみがκαταλλαγήを人同志の和解に、エレ48.29 (31.39)がκαταλλάσσωを「寝返る」という意味で用いる。同根語のδιαλλαγήとδιαλλάσσωは、士19.3, サム下29.4, エズ・ギ4.31 (διαλλάσσω) とシラ22.22, 27.21 (διαλλαγή) が人同士の和解について用いている。その他、ヨブ5.12, 12.20, 36.28, IIマカ6.27, 知15.4, 19.18は「違える」という意味で用いる。語源は「他、他の（ἄλλος）」。この語は、おうおうにパックス・ロマーナに象徴される勝者の弱者支配のレトリックにも用いられ、アレクサンドロス大王は自らを「全世界の和解者（διαλλάκτης τῶν ὅλων）」と称したとされる（プルタルコス『モラリア』329c）。このような力関係は「右手を差し出す（δεξιὰς δίδοναι）」という和睦の握手としても表現される（Iマカ6.58–59, 11.50, 62, 66, 13.45, 50, IIマカ4.34, 11.26, 12.11, 13.22, 14.19; ガラ2.9参照）。したがってこの握手は対等者の合意を必ずしも意味しない。P.F. Esler, 'Making and Breaking an Agreement Mediterranean Style: A New Reading of Galatians 2.1-14', *BibInt* 3:3 (1995), 299-300 参照。

24)　J.W. van Henten, *The Maccabean Martyrs as Saviours of the Jewish People: A Study of 2 and 4 Maccabees* (Leiden et al: Brill, 1997), 156-63.

25)　M. Wolter, *Rechtfertigung und zukünftiges Heil. Untersuchungen zu Röm 5,1-11* (BZNW 43; Berlin: de Gruyter, 1978), 44-45.

26)　S. Kim, *The Origin of Paul's Gospel* (WUNT 2.4; Tübingen: Mohr, 1981), 13.20, 312-15参照。

27)　M. Molden, 'Resistant Past Versus Mnemonic Hegemony: On the Power Relations of Collective Memory', *Memory Studies* 9.2 (2016), 125-42; M. Dian, *Contested Momories in Chinese and Japanese Foreign Policy* (Cambridge & Kindlington: Elsevier, 2017), 27. 抵抗記憶はまったく新たな物語の創出でなく、過去の確信や価値観や物語との再折衝を行い、使用可能な過去（の記憶）を探究して新たな状況への順応を正当化する仕方で刷新された記憶である。

28)　Henten, *The Maccabean Martyrs*, 156-63; J.J. Williams (*Christ Died for Our Sins: Representation and Substitution in Romans and their Jewish Martyrological Background* [Eugene: WIPF&STOCK, 2015], 169-70).

29)　ロマ5.9–10における血（死）と命との組み合わせが、レビ17.11（「肉なるものの命、それは血にある。私はあなた方の命の贖いをするために、祭壇でそれをあなた方に与えた。血、それは［その］命にあって贖う」）での犠牲の動物に関する教えと関係していると理解される場合がある。H. Schlier, *Römerbrief* (HKNT; Freiburg: Herder, 1977), 156参照。すなわち、血のなかに命があるので、血が象徴するイエスの死に至る生き様自体が「血」（ロマ5.9）とも「命」（ロマ5.10）とも表現されている、と言

う推論である。ちなみに「血、それは（その）命にあって贖う（הדם הוא בנפש יכפר）」が、聖書協会共同訳では「血が命に代わって贖う」となっている。しかしこの訳はむしろLXXレビ17.11の τὸ γὰρ αἷμα αὐτοῦ ἀντὶ τῆς ψυχῆς ἐξιλάσεται に近い。

30）　厳密には、キリスト者は死というメタファで示される回心ののちの生き様において、実際の死を前にしたイエスの生き様に倣う。

31）　Cranfield, *Romans*, 1.291; J. Fitzmyer, *Romans* (ABC 33; New York et al.: Doubleday, 1992), 421. これを十字架のみと捉える立場は Dunn, *Romans*, 1.284; Jewett, *Romans*, 386 を見よ。Jewett はイエスの ὑπακοή がアダムの παρακοή と対応しており、アダムの場合が1回の不従順を指しているなら、イエスの場合も1回の従順である十字架を指していると論ずる。しかし、アダムの場合も知恵の木の実を食べたのちに、エデンの園追放までのあいだ、夫婦間の隠し合い、神の回避、エバへの罪のなすりつけ、と多くの不従順を繰り返している。

32）　Dunn, *Romans*, 1.268-69. この「今」は終末的緊張のプロセスを指す。

33）　J.D.G. ダン『使徒パウロの神学』浅野淳博訳、教文館、2019年、591-635頁（「終末的緊張」）。

34）　N.T. ライト『新約聖書と神の民　上巻』山口希生訳、新教出版社、2015年、541-43頁参照。ここでライトは、神の国に関する二元論的な理解の誤りを指摘している。

35）　Dunn (*Romans*, 1.285) は「新たな時代を代表する一人の人物とすべて／多くの人の連帯」と表現する。

36）　Cranfield, *Romans*, 1.306-07 参照。

37）　〈キリストへの参与〉という神学概念については、ダン『使徒パウロの神学』508-34頁に詳しい。A. Schweitzer, *The Mysticism of Paul the Apostle* (trans. W. Montgomery; London: A&C Black, 1931), 125 参照。

38）　C.C. Rowland, *The Open Heaven: A Study of Apocalyptic in Judaism and Early Christianity* (London: SPCK, 1982), 374-86 参照。

39）　ダン『使徒パウロの神学』284-89頁の「アダム」を見よ。

40）　神殿への誤解を恵みへの誤解へとスライドさせたパウロは、神殿の移行主題と啓発主題との区別が曖昧になるなかで、恵みの移行主題と啓発主題も曖昧になることを危惧しているとも言えよう。パウロは、恵みによってアダムのエポックからキリストのエポックへと移動した者が、その恵みによってキリストの在り方へと促されるという側面を看過する事態を想定していると言えよう。

41）　パウロの〈恵み過信症〉への批判は、ヤコ2.14-26における実践のない信仰への批判と通底しているかも知れない。もっとも、辻学（「ヤコブの手紙」、大貫隆・山内眞編『総説新約聖書　新版』日本キリスト教団出版局、2003年、374-76頁）が主

張するようにヤコブが律法全体の実施を意図していたとすれば、これをパウロ批判と捉えることができよう。しかし、辻（376頁）が述べるようにヤコブが律法全体を念頭に置いていたとすれば、「律法の行い」でなく「行い」と言ったというよりも、むしろ「律法」と言うように思われる。

42) ダン『使徒パウロの神学』575-77頁を見よ。

43) ダン『使徒パウロの神学』579頁；Longenecker, *Romans*, 613.

44) ダン『使徒パウロの神学』603頁。ダンはここで、この移動の結果として罪の性質が完全に消滅したというような完成した終末論でなく、その完成が未来のことである開始した終末論を強調するために、これらの未来形を重視する。

第6章：パウロからその後の初期文献へ

1) 「赦し／赦す（ἀφέσις / ἀφίημι）」は以上だが、ロマ3.25では「見過ごし（πάρεσις）」が用いられている。πάρεσις は基本的に「告訴の取り消し」や「負債の帳消し」を意味する。これが罪との関連で用いられる4件を見ると、違反が罰せられずに猶予されること、放免されることを意味し、赦されることを意味しない。パウロが赦しを意味する ἀφέσις をここで用いないのはそのためか。例：「ヘロデはこうしてアレクサンドラを捕らえたが、その罪は大目に見て見逃してやった（παρῆκεν δὲ τὴν ἁμαρτίαν）」（『古誌』15.48）「誰が、わたしの考えを鞭打ちに委ね、私の心を知恵の訓練に委ねて下さるのか。私の過失から救わず、考えと心の罪を見逃さない（οὐ μὴ παρῇ τὰ ἁμαρτήματα）ために」（シラ23.2）。

2) 本書著者はコロサイ書をパウロによる手紙と考える。これら2書を第二パウロ書簡とする議論は、辻学『偽名書簡の謎を解く：パウロなき後のキリスト教』新教出版社、2013年を参照。

3) J.D.G. ダン『使徒パウロの神学』浅野淳博訳、教文館、2019年、170-98頁。

4) ちなみにパウロは、やはり神殿犠牲を連想させる「清める（καθαρίζω / ἁγιάζω）」（LXX詩51.9参照）という動詞とその同根語を罪に対して用いることもない。唯一の例外として彼は不品行を「洗う（ἀπολούω）」（Iコリ6.11）と表現するが、この場合の洗浄の手段は犠牲の血でなく「主イエス・キリストの名」である。Iコリ6.11（ἀπολούω）がバプテスマと関連するかに関する議論は、J.D.G. Dunn, *Baptism in the Holy Spirit: A Re-examination of the NT Teaching on the Gift of the Spirit in Relation to Pentecostalism Today* (London: SCM, 1970), 120-23を見よ。Dunn自身はこれをバプテスマへの言及とは考えない。

5) 前パウロ伝承が想定される箇所は、大きく分けて2つある。24節の「義とされ

る（δικαιούμενοι）」という動詞表現（受動態分詞形）が原語のギリシャ語の文章に
おいて違和感があること、さらに「贖い（ἀπολυτρώσεως）」およびロマ5.25の「贖
いの座（ἱλαστήριον）」や「見過ごし（πάρεσις）」という頻度が低い語が用いられ
ていること等から、ロマ3.24-26aはパウロ以前の原始教会に由来するイエス伝承
（前パウロ伝承）であろうとの見解が、多くの研究者によって支持されている。R.
Bultmann, *The New Testament Theology* (trans. K. Grobel; Waco: Baylor Univ., 2007), 1.46;
E. Käsemann, *Commentary on Romans* (trans. G.W. Bromiley; Grand Rapids: Eerdmans,
1980), 95; J.D.G. Dunn, *Romans* (WBC; Waco: Word, 1988), 1.164; R.N. Longenecker,
The Epistle to the Romans (NIGTC; Grand Rapids: Eerdmans, 2016), 420-22. 一方でロマ
5.25の冒頭にある「この方は（ὅν)」という関係代名詞が引用句を開始する合図とし
て用いられることがしばしばあるので、前パウロ伝承をロマ5.25-26aに限定する研
究者もいる。E. Lohse, *Der Brief an die Römer* (MeyerK; Göttingen: Vandenhoeck u.
Ruprecht, 2003), 133; W. Krause, *Der Tod Jesu als Heiligtumsweihe. Eine Untersuchung
zum Umfeld der Sühnevorstellung in Römer 3,25-26a* (WMANT 66; Neukirchen-Vluyn:
Neukirchener, 1991), 92. また近年では、ロマ3.22b-24aをパウロ自身による補足説
明として捉え、ロマ3.22aと24bが意味的に直結しているとの提案がなされている。
D.A. Campbell, *Rhetoric of Righteousness in Romans 3.21-26* (JSNTSup 65; Sheffield:
Sheffield Academic, 1992), 86-92. すなわちギリシャ語の構造にしたがって逐語訳す
るなら、「神の義は、イエス・キリストの誠実さをとおして、信じるすべての者ら
へ向けられる、キリスト・イエスにおける解放をとおして」となる。この場合、ロ
マ3.24aはパウロ自身による補足説明の一部なので前パウロ伝承たりえない。本書
著者はこのCampbellの提案を採用して、前パウロ伝承をロマ3.25-26aへと限定す
る意見に傾くが、さらにパウロの全体的議論に鑑みて（後述）、3.25の終結部が伝
承であるとは考えない。なおその場合、ロマ3.25の「（彼の）誠実さによる（διὰ
πίστεως）」はパウロによる編集と思われる。

6） R. Jewett, *Romans* (Hermeneia; Philadelphia: Fortress, 2007), 268-71 参照。

7） 青野『「十字架の神学」をめぐって』150-51頁参照。

8） 註解者らのあいだではロマ3.21-8.39までを1つの大きな区切りとして、ロマ1.18
-3.20に提示される人類の窮状に対する解決（神の義）部分と見なす理解が一般で
ある。その際にこの大きな区切りを3-5章と6-8章と分けるか、3-4章と5-8章と
分けるかに関しては議論が分かれる。ロマ3.21が「律法と預言者らによって証言さ
れています」と述べて開始していることに鑑みると、4章でのアブラハムという例
証と5章でのアダムとキリストとの比較をこの大きな区分の前半部として捉えるこ
とが適切なように思われる。この理解を反映する註解書としてJ.D.G. Dunn, *Romans*

(WBC 38, 2 vols.; Waco: Word, 1988); P. Stuhlmacher, *Paul's Letter to the Romans* (Louisville: WJK, 1994); M. Wolter, *Der Brief and die Römer* (EKK 2 vols.; Neukirchen-Vlyun, 2014) がある。

9) E.P. Sanders, *Paul and Palestinian Judaism* (Minneapolis: Fortress, 1977) 参照。

10) ロマ 3.21 の「律法とは別に」がユダヤ律法への批判でなく、神の救済をユダヤ民族に限定する民族主義的宗教観に対する批判であるという点に関しては、浅野淳博『NTJ 新約聖書注解：ガラテヤ書簡』日本キリスト教団出版局、2017 年、250-56 頁の「律法とユダヤ人の律法観」を見よ。

11) C.E.B. Cranfield (*Romans 1-8* [ICC; London & New York: T. & T. Clark, 1975], 1.204-05) はこの栄光の欠如がキリスト者の窮状でもあり、この完全な回復は終末的な未来であると述べる。Dunn, *Romans*, 1.168 参照。

12) S. Finlan, *The Background and Content of Paul's Cultic Atonement Metaphors* (Atlanta: SBL, 2004), 36-37. 罪と栄光の喪失とを結ぶ同様の理解は後 1 世紀に至るまで続き、たとえば『アダムとエバの生涯』のギリシャ語（『モーセ黙示録』26.1）において、アダムはエバに対して「あぁ邪悪な女よ、私が私たちの間に何をしたというのだ。お前が私を神の栄光から引き離すとは！」と非難する。ここにも罪によって人が神の栄光を喪失する様子が描かれている。『モーセ黙示録』の起源は前 100 年から後 100 年とされている。その他、『モーセ黙』39.2、『エチ・エノ』50.1、『IV エズ』7.122-25 を見よ。

13) Käsemann (*Romans*, 94-95) は栄光と義とを比較して、「神の栄光は終末の完成を視野に入れた義であり、義はこの世の誘惑との闘いを視野に入れた神の栄光である」と表現する。

14) 「キリスト・イエスにおける」という句はパウロ文書に 80 回以上登場するが、それ以外では新約聖書で 3 回（I ペト 3.16, 5.10, 14）登場するのみである。Lohse, *Römer*, 132.

15) LXX では ἀπολύτρωσις が 1 度（ダニ 4.34）と ἀπολυτρόω が 2 度（出 21.8, ゼファ 3.1）のみ用いられ、聖書以外でも前 2 世紀頃になって初めて使用された形跡が見られる。BDAG, ἀπολύτρωσις, 117 を見よ。

16) Dunn, *Romans*, 1.169; Stuhlmacher, *Romans*, 60; Kertelge, ἀπολύτρωσις, 175 頁 を 見 よ。Longenecker (*Romans*, 423) はこの語を「神の民のための救済行為とその結果としての神と民との関係性」を示す専門用語と見なすが、そのように断言するには頻度が少なすぎるように思われる。

17) H.L. Strack u. P. Billerbeck, *Kommentar zum neuen Testament aus Talmud und Midrasch* (München: C.H. Beck'sche, 1961), 3.172-73; Käsemann, *Romans*, 97 参照。

18) Jewett, *Romans*, 285.

19) この訳を支持する註解者の代表としてLohse, *Römer*, 134-35を見よ。彼はここで「贖いの座」という訳を充てることに対する反論を4つの観点から説明している。第1に、パウロは異邦人の読者に対してこれがユダヤ教の儀礼に関する調度品である説明をしていない。第2に、新約聖書で2度のみ用いられているἱλαστήριονの定義が出25.16との関連で詳しく説明されることが期待されるが、それがなされていない。第3に、至聖所の隠されている贖いの蓋と十字架で啓示されたキリストとの意識的な対比が期待されるが、それがなされていない。第4に、血を振りかけられる贖いの蓋がキリストのメタファならば、キリストの血がキリスト自体に降りかかることになる。この場合、贖いの蓋と対応するのはキリストでなく十字架のはずだ。

20) LXXでἐξιλάσκομαιが105回用いられるうち75回がכפר の訳となっている。「贖罪日」はレビ25.9でτῇ ἡμέρᾳ τοῦ ἱλασμοῦ（ביום הכפרים）であり、民5.8には「人がそれをとおして贖われる贖いの子羊（τοῦ κριοῦ τοῦ ἱλασμοῦ δι᾽ οὗ ἐξιλάσεται）」とある。さらにⅡマカ3.33は「大祭司が贖い［の行為］を為していると（ποιουμένου δὲ τοῦ ἀρχιερέως τὸν ἱλασμόν）、エゼ44.27は「彼らは贖い［のささげ物］をもたらす（προσοίσουσιν ἱλασμόν）」とする。ロマ3.25が「贖いの供え物」という意味なら、ἱλαστήριονよりもむしろἱλασμόςが適切だろう。ロマ3.25が前パウロ的賛歌なら、それが一般概念を示すἱλασμόςよりも、贖罪日をイメージしやすいἱλαστήριονを用いて詩的な効果を期待したとも考えられよう。そうすると、「この方を神は、彼の血において示された誠実さをとおした贖罪 —— いわゆる『贖罪の座』が指し示す —— として公示された」くらいか。

21) ἱλαστήριονを文字通りの「贖いの座」と訳出することへのさらなる反論は、Jewett, *Romans*, 285; Longenecker, *Romans*, 425-29を見よ。この内、前者は「贖いの座」で後者は「贖いの犠牲」という訳を採用している。

22) 「贖いの座」と「血」という重要な語句を共有していることに注目して、パウロが『Ⅳマカバイ記』の伝承を念頭に置いてロマ3.25を編集したという議論についてはJ.W. van Henten, 'The Tradition-Historical Background of Rom 3.25: A Search for Pagan and Jewish Parallels', in M.C. de Boer (ed.), *From Jesus to John: Essays on Jesus and New Testament Christology in Honour of Marinus de Jonge* (JSNT Sup 84; Sheffield: JSOT Press, 1993), 101-28; Lohse, *Römer*, 135を参照。さらにHenten ('Tradition-Historical Background', 125)は、ロマ3.25の「誠実さ」と『Ⅳマカ』14.7の「敬虔」との意味的な近さにも注目する。

23) ἱλαστήριονが具体的に何を指すかに関する議論はCranfield, *Romans*, 1.214-18を見よ。無冠詞のἱλαστήριονが調度品自体でなく儀礼が行われる場あるいは儀礼一般を指すという議論についてはT.W. Manson, 'ΙΛΑΣΤΗΡΙΟΝ', *JTS* 46 (1945), 1-10；G. フ

リートリッヒ『イエスの死：新約聖書におけるその宣教の限界と可能性』佐藤研訳、日本基督教団出版局、1987年、72頁を見よ。フリートリッヒはこれをクムラン神学由来とするが、その根拠は曖昧である。

24) παρέσιςの辞書的意味に関してはWolter, *Römer*, 1.260-61を見よ。Wolterはこれを一時的な延期措置でなく、完全な放免である点を強調する。Jewett (*Romans*, 289-90)はπαρέσιςが神殿犠牲性による罪の対処を指しており、より普遍的なキリストによる罪の解決と区別すると考える。Dunn (*Romans*, 1.174)は、ユダヤ教のメタファに対応するギリシャ語が未だ確定していなかったのではないかと推測する。

25) 刊行予定の『NTJ新約聖書注解書：ローマ書簡』（日本キリスト教団出版局）で本書著者は、Jewett（あるいはWolfgang Kraus）の代替／交替主義（supersessionism）の立場から離れて、キリストが神殿の代替であるという理解に依拠しない説明を試みる予定である。

26) Dunn (*Romans*, 1.173-74)やJewett (*Romans*, 289-90)は神殿儀礼を介さない異邦人の救いを示すための新たな語をパウロが求めたと考えるが、そのためにはπαρέσιςはあまりに曖昧な語である。

27) R.B. Hays, *Echoes of Scripture in the Letters of Paul* (New Haven & London: YUP, 1989), 95-102（とくに102）参照。

28) Stuhlmacher (*Romans*, 60)は「神はこうしてエルサレム神殿での贖いのための供儀を完成し、終わりとした。神は公にイエスを（ゴルゴタにおいて）信じるすべての者にとっての贖いの場とした。キリスト者の贖いの蓋（カポレット）はもはや神殿の至聖所に隠されておらず、十字架につけられたキリストという形で万人に対して示されている」と述べる。

29) Cranfield, *Romans*, 1.208-10参照。「公に示した（προέθετο）」という句に神の予定というニュアンスがあるかが議論されてきた。すなわち、〈イエスが殺されることは神の定めであって、神の意図する計画どおりにイエスは死んだか〉という問いである。この予定説を支持する学者は、後2-3世紀の教会教父らの解釈を根拠としている。例：「神が少なくともその好意と力とを示すためにあらかじめ定めておいた時［が来た］（ὁ καιρὸς ὃν θεὸς προέθετο λοιπὸν φανερῶσαι τὴν ἑαυτοῦ χρηστότητα καὶ δύναμιν）」（『ディオグネトス』9.2）。この場合、προτίθημιがπροορίζωとほぼ同視されていよう（ロマ8.29, 30, Iコリ2.7, エフェ1.5, 11参照）。これはまた、より神学的に進んだ救済史におけるキリストの十字架のあらかじめ定められた意義が強調されていることになる（神のδεῖ、使17.3参照）。しかしここではむしろ明示されたというニュアンスであって、「あなた方の目の前に、イエス・キリストが十字架につけられた姿ではっきりと示された」というガラ3.1における表現を連想させる。ロマ3.25

では神が主語となっており、神の全能性を考慮に入れるにしても、それは〈神が前もってイエスを死に定めていた〉（予定説）というよりも〈人は邪悪な思いからイエスを殺したが、神はそれをも救済の計画に用いた〉（超越性）という逆説的な意味が込められていると思われる。

30) S. Finlan (*Problems with Atonement* [Collegeville: Liturgical Press, 2005], 41)はこの「血」を平和の契約を指すと考える（創15.8–21、エレ34.18–20参照）。

31) C. Tuckett, 'Atonement in the New Testament', in *ABD* 1.518-22. 注意深い読者はメタファ複合（metaphor mix）という現象を吟味するために、まず各メタファの違い（たとえば犠牲と追放儀礼との違い）を十分に把握する必要がある。

32) 「和解」という語は新約聖書においてパウロのみが用いる。M. Hengel, 'Der Kreuzestod Jesu Christi als Gottes sourveräne Erlösungstat. Exegese über 2. Korinther 5, 11-21', in *Theologie und Kirche* (Stuttgart: Calwer, 1967), 75参照。アレクサンドロス大王が自らを「全世界の和解者（διαλλάκτης τῶν ὅλων）」と称した（プルタルコス『モラリア』329c）という例等を手がかりとして、ヘレニズム・ローマ社会の支配者崇拝を連想させるための特別な語と見なされる。もっともメタファとして成立するためには、パウロが好んで用いるκαταλλαγήでなくδιαλάκτηςでなければならないだろう。

33) Finlan, *Problems with Atonement*, 8-9.

34) G.B. Caird, *The Language and Imagery of the Bible* (Philadelphia: Westminster, 1980), 144-59, とくに145を見よ。

35) Finlan, *Problems with Atonement*, 79.

36) 廣石望（「〈贖罪の犠牲〉というメタファー：イエスの死の救済論的解釈によせて」、『無教会研究』15 [2012年]、8頁）は「複数ある解釈モデル」という表現を用いている。

37) これはJ.P. MeierのQ資料仮説に関するコメントに倣っている。J.P. Meier (*A Marginal Jew* [vol. 2/4; New York et. al.: Doubleday, 1994], 178)は以下のように述べている。「もしすべての解釈者が以下のことをマントラとして毎朝唱えるなら聖書学は大いに前進するだろうことを確信せずにはいられない。すなわち『Qは仮説上の資料であり、その具体的な範囲、語彙、発生共同体、編集の層やプロセスはどれ1つとして知りようがない』と」。

38) S. Finlan (*Problems with Atonement*, 55-56)はメタファと「様態（model）」とに区分している。

39) A.C. Thiselton, *The First Epistle to the Corinthians* (NIGTC; Grand Rapids & Cambridge: Eerdmans, 2000), 387-88参照。

40) 浅野『ガラテヤ書簡』394–95頁を見よ。

41）　すなわち年に1度「パン種」を家内から取り除く行為は、発酵プロセスをリセットすることであり、衛生上の配慮である。C.L. Mitton, 'New Wine in Old Wineskins: IV. Leaven', *ExpT* 84.11 (1973), 339-43（とくに339-40）参照。

42）　過越と犠牲とがエゼ45.18-22においてすでに重ね合わせられている点に関しては、ダン『使徒パウロの神学』305頁を見よ。

43）　J.Z. Lauterbach, 'Passover Sacrifice', *JE*, 1906, 9.556-57.

44）　J.A. Fitzmyer (*First Corinthians*, [ABC 32; New Haven & London: YUP, 2008], 242)による「過越の小羊」と贖罪とを直接的に関連させる解釈には慎重になるべきだ。過越祭と種なしパンの祭の詳細についてはE.P. Sanders, *Judaism: Practice & Belief 63 BCE-66 CE* (London: SCM, 1992), 132-38; R. de Vaux, *Ancient Israel: Its Life and Institutions* (trans. J. McHugh; Grand Rapids: Eerdmans, 1997; French original, 1958, 1960)を見よ。

45）　R.E. Brown (*The Gospel according to John*, [AB; New York: Doubleday, 1966], 62-63)はこの小羊を過越の小羊とともに第4詩の僕を連想させるメタファだと適切に論ずる。

46）　G.D. Fee, *The First Epistle to the Corinthians* (NICNT; Grand Rapids: Eerdmans, 1987), 541.

47）　H. Conzelmann, *1 Corinthians* (Hermeneia; Philadelphia: Fortress, 1975), 194.

48）　G. Theissen, *The Social Setting of Pauline Christianity* (trans. J.H. Schültz; Minneapolis: Fortress, 1982), 145-74.

49）　「私たちの」が本来の晩餐の言葉でなかったと考える例としてJ. エレミアス『イエスの聖餐の言葉』田辺明子訳、日本キリスト教団出版局、1974年、299-300頁を見よ。

50）　代理贖罪をここに読み込む註解者としてたとえばJ.A. Fitzmyer, *First Corinthians* (ABC 32; New Haven & London: Anchor, 2008), 440参照。

51）　LDJ, ὑπέρ のII.3 (p.1857)を見よ。

52）　Thiselton (*I Corintians*, 878)は「体」を教会とは見なさない。

53）　後51年のコリント市における飢饉に関してはB.W. Winter, 'Acts and Food Shortages', in D.W.J. Gill and C. Gempf, *The Book of Acts in Its First Century Setting* (vol. 2/6; Grand Rapids: Eerdmans, 1994), 59-78参照。

54）　笠原義久「ヘブライ人への手紙」、大貫隆・山内眞監修『新版総説新約聖書』日本キリスト教団出版局、2003年、345-52頁参照。

55）　M.W. Holmes (ed. & trans.), *The Apostolic Fathers: Greek Texts and English Translations* (Grand Rapids: Baker, 3rd edn, 2007), 35-36参照。

56）　笠原「ヘブライ人」353頁；W.G. Kümmel, *Einleitung in das Neue Testament* (Heidelberg: Quelle u. Meyer, 21.Aufl., 1983), 355参照。

57）　11QMelkizedek, 4Q 401断片11に関してCollins & Collins, *Son of God*, 79-86を見よ。

58）　H.W. Attridge, 'The Temple and Jesus the High Priest in the New Testament', in J.H. Charlesworth (ed.), *Jesus and Temple: Textual and Archaeological Explorations* (Minneapolis: Fortress, 2014), 228.

59）　Attridge ('The Temple and Jesus', 228) は、イエスの死が神殿犠牲なら論理的に大祭司が必要になると説明するが、この神学的発展はそれほど単純には説明しきれない。ヘブライ書において復活の役割が後退しているという従来の理解に対して、D.モフィット（「復活、高挙、そして献げもの」（山口希生訳）、『神学』78［2016年］、95-107頁）は血の内にある（復活の）命によるキリストの大祭司的奉仕をヘブライ書に読みとる。神殿犠牲の意義を動物の殺傷でなく、血のなかにある命の洗浄効果に置くレビ17.11（「血はそのなかにある命によって贖いをなす」）に注目し、モフィットはキリストの復活の命による神への祭司的奉仕というヘブライ書の神学的強調点を確認する。メルキゼデクにつらなる大祭司キリスト論を支持するためにそのミドラシュ的論理を長々と述べるヘブライ書記者が、レビ17.11に関してはたんに前提的な知識に留めてミドラシュを展開しないことには違和感が残るが、キリストの復活という視点を取り入れたヘブライ書理解を提示した点でモフィットの貢献は評価される。

60）　ヘブライ書で「罪」は一般に複数で用いられるが、ヘブ9.26において「彼はその犠牲をとおして罪が取り除かれるために現れた（εἰς ἀθέτησιν τῆς ἁμαρτίας διὰ τῆς θυσίας αὐτοῦ πεφανέρωται）」と述べられる場合、単数形が用いられている。G.L. Cockerill, *The Epistle to the Hebrews* (NICNT; Grand Rapids & Cambridge: Eerdmans, 2012), 423とn.19参照。

61）　Jewett, *Romans*, 407. これと異なる理解は*TDNT* (Stählin; ἅπαξ, ἐφάπαξ), 1.381-84を見よ。

62）　Attridge, 'The Temple and Jesus the High Priest', 228-29.

63）　H.W. Attridge, *The Epistle to the Hebrews* (Hermeneia; Philadelphia: Fortress, 1989), 95, n.182を見よ。

64）　P. Ellingworth, *The Epistle to the Hebrews* (Grand Rapids: Eerdmans, 1993), 153-57を見よ。

65）　フィロンが地上での事象を真実の影とするプラトン的二元論による議論を見よ（『移住』12, 『寓喩』3.96-99, 『夢』1.188, 206, 『栽培』27）。

66）　ヘブ8.13についてはCockerill, *Hebrews*, 369-70を見よ。

67）　S.G. Wilson, *Related Strangers: Jews and Christians 70-170 C.E.* (Minneapolis: Fortress, 1995), 131-36; 浅野淳博「『使徒教父文書』に見られるユダヤ教からの教会

分離：プロレゴメノン」、『古代・中世初期のユダヤ教とキリスト教』vol. 5、同志社大学一神教学際研究センター、2011年、40-53頁。

68）　R.E. Brown, *An Introduction to the New Testament* (AB; New York et al.: Doubleday, 1997), 334, 384; 三浦望『NTJ新約聖書注解書：第1、第2、第3ヨハネ書簡』日本キリスト教団出版局、2020年、36-43頁。『Iクレ』49.1（Iヨハ5.2-3, IIヨハ1.6）と『ポリュ・フィリ』7.1（Iヨハ3.8, 4.2-3）における表現依存に鑑みると、後110年あたりを執筆時期の最も遅い限界と考えることができよう。

69）　もっともキリストの先在性は、知恵キリスト論を根拠としてパウロ神学においてすでに言及されている（Iコリ8.6, フィリ2.6-11; コロ1.15-20参照）。ダン『使徒パウロの神学』366-96頁参照。

70）　F.F. Bruce, *The Gospel of John* (Grand Rapids: Eerdmans, 1983), 256; R.E. Brown, *The Gospe according to John (i-xii)* (ABC 29; New York: Doubleday, 1966), 471-74参照。

71）　J. Ashton, *Understanding the Fourth Gospel* (Oxford: Clarendon, 1991), 365.

72）　Ashton, *Understanding the Fourth Gospel*, 366.

73）　Ashton, *Understanding the Fourth Gospel*, 342-63を見よ。ダニ7章の天的人につらなる人の子は、ヨハネ福音書で地上における裁きを行う。

74）　三浦『ヨハネ書簡』224頁。

75）　辻学『偽名書簡の謎を解く』新教出版社、2013年の副題「パウロなき後のキリスト教」を拝借した。

76）　黙示文学であるヨハネの黙示録における「小羊」という表現を「メタファ」と捉えるかどうかに関しては議論の余地があるが、メタファとしての小羊を黙示的ヴィジョンとして表現していると考え得る。

77）　フリートリッヒ（『イエスの死』85頁）のように、これを「全焼の燔祭」と特定することには慎重になるべきだろう。

78）　「晩餐（εὐχαριστσία）」あるいは「晩餐を執り行う（εὐχαριστέω）」は、新約聖書ではより一般的な「感謝（を献げる）」という意味で用いられる（使24.3, フィリ4.6, Iテサ3.9）。

79）　「布切れ」はπερίψημαの訳。この訳語に関しては補論を見よ。

第7章：2世紀殉教者の証言

1 ）　M.W. Holmes (ed.), *The Apostolic Fathers* (trans. M.W. Holmes; Grand Rapids: Baker, 3rd edn, 2007), 3-20; W. Pratscher (ed.), *The Apostolic Fathers: An Introduction* (Waco: Baylor Univ., 2010), 1-6.

2）　本章で行うイグナティオス書簡群の論考は、浅野淳博「イグナティオスによる ἀντίψυχονの特徴的用法と殉教思想に関する一考察」、『新約学研究』48、2020年、45-65頁を基にしている。

3）　本章ではイグナティオス書簡群の中テクストのみを扱い、長テクストにおける ἀντίψυχοςは扱わない。

4）　本書で行う『ポリュカルポス殉教物語』の論考は、浅野淳博「『福音にのっとった殉教』によるインクルーシオ：『ポリュカルポス殉教物語』の文学的考察」、『聖書学論集』45号、2013年、99-120頁を基にしている。

5）　執筆年代に関する詳細な議論は、J.B. Lightfoot, *The Apostolic Fathers: Ignatius, and Polycarp* (vol. 1 of 2; Peabody: Hendrickson, 2nd edn, 1890), pp. 646-77を参照。猶予期間に関しては、C.A. Behr, *Aelius Aristides and the Sacred Tales* (Amsterdam: Adolf M. Hakkert, 1968), pp. 267-68を参照。Parvisはこの平均猶予期間に関する理解に疑問を呈し、2月23日が同様に金曜日にあたる156年（閏年のため）と特定する。Sara Parvis, 'The Martyrdom of Polycarp', in Paul Foster (ed.), *The Writings of the Apostolic Fathers* (London & New York: T. & T. Clark Continuum, 2007), pp. 127-32. R.M. Grant, *Augustus to Constantine* (New York: Harper & Row, 1970), pp. 86-87も156年を想定する。Bart D. Ehrman, *The Apostolic Fathers* (LCL, vol. 1 of 2; Cambridge: Harvard Univ. Press, 2003), pp. 361-62も参照。

6）　『IVマカバイ記』のアンティオキア起源をもっとも強く唱える例として、Margaret Schatkin, 'The Maccabean Martyrs', *Vigilae Christianae* 28 (1974): 97-113を参照。

7）　J.W. van Henten, *The Maccabean Martyrs as Saviours of the Jewish People* (Brill, 1997), 79, n.95参照。

8）　E. Lose, *Märtyrer und Gottesknecht* (Vandenhoeck, 2. Aufl., 1963), 208; W.H.C. Frend, *Martyrdom and Persecution in the Early Church* (Blackwell, 1965), ch.7.

9）　M.W. Holmes (ed.), *The Apostolic Fathers* (Baker, 3rd edn, 2007); A. Lindemann u. H. Paulsen (hrsg.), *Die Apostolischen Väter* (Mohr, 1992). B.D. Ehrman ([ed.], *The Apostolic Fathers* [1/2 vols; HUP, 2003]), vol. 1の 'in exchange for ...'（〜の代わりに）、講談社訳（1998年）の「身代金」（『イグ・エフェ』21.1）と「献げ物」（その他）も参照。

10）　浅野「イグナティオスによる ἀντίψυχον」45-64頁参照。

11）　荒井献編『使徒教父文書』講談社、1998年（イグナティオス書簡群の翻訳担当は八木誠一）は『イグ・エフェ』21.1では「身代金」、他所では「献げ物」とする。

12）　Schoedel (*Ignatius*, 99. T.Y. Mullins, 'Formulas in New Testament', *JBL* 91.3 [1972], 380-90)はこれを定型句的と評する。

13) ユダヤ教の宣教観に関しては、浅野淳博『ガラテヤ共同体のアイデンティティ形成』講談社、2012年、91-95頁；『NTJ新約聖書註解：ガラテヤ書簡』日本キリスト教団出版局、2017年、204-08頁を見よ。

14) このインクルーシオ構造の意義を十分に考慮した解釈は他に見られないが、S. Parvis ('The Martyrdom of Polycarp', 144) は重要な神学的主題として「倣う者となること（弟子性）」と福音宣教を挙げている（『ポリュ殉』9.2, 12.2, 19.1参照）。講談社訳ではそれぞれ「福音にかなった殉教」(1.1)、「福音にしたがって行われた御殉教」(19.1) と訳されている。

15) 小河陽「ヨハネの黙示録」、大貫隆・山内眞監修『新版総説新約聖書』日本キリスト教団出版局、2003年、421-22頁；Holmes, *The Apostolic Fathers*, 35-36参照。

16) 浅野『ガラテヤ書簡』104-09頁を見よ。

17) たとえばJ.B. Lightfoot, *The Apostolic Fathers: Ignatius, and Polycarp* (vol. 1/2; Peabody: Hendrickson, 2nd edn, 1890); H.F. von Campenhausen, *Aus der Frühzeit des Christentums: Studien zur Kirchengeschichte des ersten und zweiten Jahrhunderts* (Tübingen: J.C.B. Mohr, 1963); W.-D. Köhler, *Die Rezeption des Matthäusevangelium in der Zeit vor Irenäus* (WUNT 2.24; Tübingen: Mohr Siebeck, 1987) 参照。

18) 伊東寿泰「物語批評」、浅野淳博他『新約聖書解釈の手引き』日本キリスト教団出版局、2016年、173-206頁参照。

19) R. ボウカム『イエスとその目撃者たち』浅野淳博訳、新教出版社、2011年、125-45頁；M. Hengel, *The Four Gospels and the One Gospel of Jesus Christ: An Investigation of the Collection and Origin of the Canonical Gospels* (trans. J. Bowden; Harrisburg: Trinity Press Int'l, 2000), 82参照。

20) Lightfoot, *The Apostolic Fathers*, p. 2.3.372.

エピローグ：畑を耕す

1) ヴォルテール『カンディード』齋藤悦則訳、光文社、2015年、229頁。

2) 高橋哲哉『犠牲のシステム：福島・沖縄』集英社新書、2012年。

3) ヨハン・ガルトゥング『構造的暴力と平和』高柳先男・塩屋保・酒井由美子訳、中央大学出版部、1991年参照。

4) 永井隆『永井隆全集』第2巻、サン・パウロ、2003年、7-85頁（とくに77-80頁）参照。もっとも1948年からしばらくのあいだは、長崎の平和宣伝でも〈長崎はその原爆被害をもって先の戦争に終止符を打った〉という主旨の文言を毎年繰り返していた。

5) 阿部岳（『ルポ沖縄　国家の暴力』朝日文庫、2017年、6頁）が適切に述べるよう

に「きょうの沖縄は、あすの日本」である。

6）　藤田直央『ナショナリズムを陶冶する：ドイツから日本への問い』朝日選書、2021年参照。

7）　さらに言えば、内村鑑三の神学者としての世界的地位をことさらに高めることで、彼の天譴論をキリスト教の中心に位置づけようとする論法も感心できるものでない。たとえば *The Oxford Dictionary of the Christian Church* では、第4版になってはじめて内村に関する短い記事を本書著者が加えているに過ぎない。20世紀初頭に内村が世界的に知られていたわけではない。

8）　高橋哲哉『国家と犠牲』NHKブックス、2005年参照。

9）　『福音と世界』（2018.3）所収、小原克博「犠牲の論理とイエスの倫理」、10-11頁；松平功「十字架と模範的欲望の終焉：ルネ・ジラールによる十字架の意味」、23頁を見よ。

10）　青野太潮『パウロ：十字架の使徒』岩波新書、2016年、186頁。

11）　青野『パウロ』182-83頁。

12）　青野『パウロ』186-87頁。

13）　芳賀力「贖罪論」（2021年、日本キリスト教団教師養成制度検討委員会主催教師研修会）、1-12頁。

14）　青野太潮『「十字架の神学」の展開』新教出版社、2006年、124-25頁参照。

15）　E.P.サンダース『パウロとパレスチナ・ユダヤ教』教文館、2023年刊行予定。

16）　芳賀「贖罪論」6頁。

塵芥について（Ｉコリ4.13b）：
イエスの死を説明するメタファに関する一考察[1]

Ὡς περικαθάρματα τοῦ κόσμου ἐγενήθημεν, πάντων περίψημα ἕως ἄρτι.

　この補論では、パウロがＩコリ4.13bにおいてπερίψημαとπερικάθαρμαという語をどのような意図で用いているかを考察する。これらの新約聖書におけるハパクス・レゴメナは古代地中海世界で広くみられた追放儀礼に関わる用語だ、という見解が広く受け入れられている。この前提は贖罪論に関する議論に看過できない影響を与え[2]、これらの語を含む文書の翻訳に少なからぬ影響を与えてきた[3]。

　イエスの死を説明するメタファとしてパウロが追放儀礼を用いているという理解は多くの研究者が支持する。イエスが「呪いとなった」（ガラ3.13）あるいは「罪とされた」（Ⅱコリ5.21）という表現によって、パウロはイエスと追放儀礼の被追放者とを対比している、と考えられがちだ[4]。これらのテクストが追放儀礼のメカニズムを示唆する表現に留まるとしても、上記の2語は明らかに

---

1) この補論は浅野淳博「塵芥について（Ｉコリ4:13b）──イエス受難のメタファに関する一考察」、『新約学研究』第44号（2016年）、23-42頁に加筆したものである。

2) Stephen Finlan, *Problems with Atonement* (Collegeville: Liturgical, 2005), 33-34参照。

3) 本論考ではとくにLXX箴21.18とトビ5.19を扱う。

4) J.B. Lighthoot, *St. Paul's Epistles to the Galatians* (London: W.F. Draper, 1869), 138; J.H. Bernard, "The Second Epistle to the Corinthians," in *Expositor's Greek Testament*, ed. W. Nicolle (London: Hodder & Stoughton, 1903), 3.73; Hans Windisch, *Der zweite Korintherbrief*, 9th ed. (Göttingen: Vandenhoeck u. Ruprecht, 1924), 198; Hartwig Thyen, *Studien zur Sündenvergebung im Neuen Testament und seinen alttestamentlich und jüdischen Voraussetzungen*, FRLANT 96 (Göttingen: Vandenhoeck & Ruprecht, 1970), 190-91. Barrettは「われわれは世のスケープゴート（scapegoats）のようになった」と訳している。C.K. Barrett, *The First Epistle to the Corinthians*, BNTC (London: A & C Black, 1968), 112. 日本語の代表的な註解書ではガラ3.13の「呪いとなる」を追放儀礼と関連することはない。佐竹明『ガラテア人への手紙』新教出版社、1974年、290-92頁、山内眞『ガラテア人への手紙』日本基督教団出版局、2002年、190-91頁、原口尚彰『ガラテヤ人への手紙』新教出版社、2004年、145-46頁。

追放儀礼を指す専門用語だ、と説明される[5]。McLeanにいたっては、追放儀礼こそパウロがもっとも重視するイエスの死を説明するためのメタファだと論ずる[6]。これら2語と追放儀礼との関連性を主張する議論は、フォティオス（9世紀）の定義にその証拠を求めがちである。

Περίψημα：(I) 断片、あるいはサンダルの下のもの、あるいは身代金。(II) 蔓延る悪を取り除くため、毎年海に投げ込まれる若者に対して、彼らは「われわれのπερίψημαとなれ（περίψημα ἡμῶν γενοῦ）」と言った。すなわちそれは救いであり身代金である。彼らはポセイドンへ献げる犠牲のように（彼を）海に放り込む（『レキシコン』π /ΣB. フォティオス『書簡』256参照）[7]。

Stählinは、パウロが「われわれのπερίψημαとなれ」という儀礼定型句（「償いの祈り」）を意識しつつIコリ4.13を執筆しており、それによって読者はイエスの死と追放儀礼を直接結びつけた、と結論づける[8]。

この定義（I–II）とほぼ同じ表現はΣυναγωγὴ λέξεων χρησίμωνの写本B（ΣB）にも見られるが、同著の他の写本（ΣA, ΣC, ΣD）には、「定型句」を含む（II）の部分が欠けている[9]。この辞典（Συναγωγή）はフォティオスと同時代かそれよりもやや早い時期に編纂されたとされるが、ΣB写本は10世紀のものである[10]。したがって定義（I）に関してはフォティオスがΣυναγωγήに依存したと考えられるが、定義（II）の起源がフォティオスにあるか、あるいはΣυναγωγήにあるかは断定できない。定義（I–II）はフォティオスがその兄弟（タラシオス）へ宛てた手紙（『書簡』256）にも、多少表現は異なるが、含まれている。ここでは

---

5) Gustav Stählin, "περίψημα," *TDNT* 6.85.

6) B. Hudson McLean, *The Cursed Christ*, JSNTSup 126 (Sheffield: Sheffield Academic, 1996).

7) R. Porson, ed., *Φωτίου τοῦ πατριάρχου λέξεων συναγωγή* (Cambridge: CUP, 1822), 425; Christos Theodoridis, ed., *Photii Patriarchae Lexicon* (Vol. 3; Göttingen: De Gruyter, 2013), 222-23.

8) Stählin, *TDNT* 6.91.

9) Ian C. Cunningham, ed., *Συναγωγὴ λέξεων χρησίμων* (Berlin: de Gruyter, 2003), 401.

10) Eleanor Dickey, *Ancient Greek Scholarship* (Oxford: OUP, 2007), 100-102; Cunningham, *Συναγωγή*, 14-19.

定義（II）の起源がフォティオスにあるという前提で議論を進めるが、そうで
ない場合に関しても言及する。

　一方で、パウロがイエスの死を説明するために追放儀礼をメタファとして用
いたという理解に異論を唱える研究者もいる。しかし彼らの議論においては
十分な証拠が挙げられず[11]、また彼らが提供する追放儀礼に関する基本的な情
報——儀礼の場所、目的、行程、被追放者のプロファイル等——に著しい混
乱が見られるので[12]、議論全体が信憑性を欠く[13]。すくなくともこれらの混乱
の一部は、ヒッポナクス（前6世紀）の風刺詩に言及するツェツェス（12世紀、
『キリアデス』5.728–739, 743–758[14]）や、アリストファネスを解説するトゥリク
リニオス（14世紀）のスコリオン（$Schol.\ Eq.$ 1136c[15]）に対して、無批判に信頼
を置いたことが原因と思われる（註58参照）。

　本論考においては、9世紀のフォティオスにいたる文献（と碑文）において
περίψημα と (περι)κάθαρμα がいかに用いられたかを分析し、これらの語が追放
儀礼のための専門用語である、あるいは「われわれの περίψημα となれ」が追
放儀礼の定型句であったという理解が十分な証拠によって裏付けされている
かを検証する。そしてその結論はこの前提理解を否定する。その場合、I コリ
4.13b におけるこれら 2 語の用法の背景は何かが問題となるが、紙面の関係上
この疑問に関する詳細な論考は避け、結論部にその概要を述べるに留める。

---

11)　Ralph P. Martin, *2 Corinthians*, WBC 40 (Waco: Word Books, 1986), 157; Gordon D. Fee, *The First Epistle to the Corinthians*, NICNT (Grand Rapids: Eerdmans, 1987), 180 参照。

12)　Wolfgang Schrage, *Der erste Brief an die Korinther*, EKK 7 (Zürich: Benziger & Neukirchener, 1991), 1.349; H. Conzelmann, *1 Corinthians*, Hermeneia (Philadelphia: Fortress, 1975), 90, n.49; Le P. E.-B. Allo, *Saint Paul première épitre aux Corinthiens*, EBib (Paris: Librairie Lecoffre, 1935), 78 参照。

13)　この主題に関する議論は、Dennis D. Hughes, *Human Sacrifice in Ancient Greece* (London: Routledge, 1991), 139-65 参照。

14)　Ιωάννου τοῦ Τζέτζου, *Βιβλίον ἱστορικῆς τῆς διὰ στίχων πολιτικῶν Ἄλφα δὲ καλουμένης* (Leipzig: Sumplibus Fr. Chr. Guil. Volgelii, 1826), 185-86.

15)　D. Mervyn Jones and Nigel G. Wilson, eds., *Prolegomena de comoedia: Scholia in Acharnenses, Equites, Nubes* (Groningen: Wolters-Noordhoff, 1969), 1.2.243.

I. ΠΕΡΙΨΗΜΑ に関して

A. 一般的観察

Thesaurus Linguae Graecae やその他の検索方法によると、περίψημα はパウロ以外に 58 回用いられており、そのうちの 43 回に分析価値があると判断される。残りの 15 回は同テクストの異読であったり、狭い文脈における語の繰り返しである。43 回中の 28 回（65%）は I コリ 4.13 の直接引用か明らかな言及である。さらに同箇所への言及と思われる 7 回を加えると、81% の περίψημα の用法がパウロの影響を受けていることになる。またトビ 5.19 を例外として、この語はパウロ以前の文書に見られない。

Περίψημα の動詞形 περιψάω は「清掃によって拭き取る」を意味する[16]。したがって περίψημα の本来の意味は、「清掃の結果として拭き取られたゴミ、塵、汚れ」（ヘシュキオス『レキシコン』π）となろう。したがって I コリ 4.13b において περίψημα は「dirt / scum / refuse / Abschaum / Kehricht」（NRSV, REB, AV, LR, EÜ）等と訳される。ちなみにセウェリアヌス（4 世紀）は、この語を「汚れ」ではなく「汚れを取り除くための布（雑巾）」（『I コリント書断片』[17]、ブリクシアの浴場の碑文「PERIPSV MA SV[18]」をも参照）と定義する。「汚れ」という意味から、価値のないもの（『イソップの生涯』G35）、忌み嫌われるべきもの（イグナティオス・ディアコヌス『書簡』58。イグ『エフェ』18.1 参照）、あるいは災難（*P. Petaus* 29[19]）などの意味が派生する。

人について用いられる場合、この語は軽蔑や劣悪な扱いの対象を意味する。したがって I コリ 4.13 が引用される箇所で、περίψημα はイエスの苦しみ（オリゲネス『ヨハネ福音書注解』28.18）や信徒の苦しみ（モプスエスティア『I コリ

---

16) Cf. LSJ, 1394.

17) Severianus, *Fragmenta in epistulam i ad Corinthios*, in K. Staab, *Pauluskommentar aus der griechischen Kirche aus Katenenhandschriften gesammelt* (Münster: Aschendorff, 1933), 241.

18) これは περίψημα の字訳で、「汚れ」や「拭きタオル」を意味するのか。Theodor Mommsen, ed., *Inscriptiones galliae cisalpinae latinae, CIL* (Berlin: Georgium Reimerum, 1872), 1.479.

19) Roger S. Bagnall and Raffaella Cribiore, *Women's Letters from Ancient Egypt* (Ann Arbor: Univ. of Michigan, 2006), 276 は [π]ερίψημα ὑμῶν τὰ παρέλ[θ]οντα を "what happened has been *wiped away* (of us)" と文字どおりに訳し出すが、これが良い訳とは思われない。むしろ "what happened has been our misfortune" であろう。

ント書断片』）を象徴する語として用いられる。否定的な意味を持つこの語は、（キリスト教的）価値転換によって肯定的に用いられるようになる。したがって、περίψημα は「不信仰な者には躓きでもわれわれにとっては救いと永遠の命」（イグ『エフェ』18.1）などとキリスト者の敬虔を象徴し、敵を愛すること（アンティオコス・モナコス『聖典総覧』PG 89, hom. 40）、この世的な栄誉を放棄すること（シチリアのペトロス『有益な歴史』159[20]）、謙遜と貧困者への奉仕（キュロスのテオドレトス『カンティクム解説』PG 81.208）などの生き方を促すために用いられる。

　このような価値観に立って奉仕をする者もまた περίψημα と呼ばれるので、この場合は「（卑しい）奉仕者」と訳されよう。この用法は I コリ 4.13 と直接関連しない箇所に見られる（イグ『エフェ』8.1；『バルナバ』4.9, 6.5）。エウセビオスの時代（4世紀）には、この「奉仕者」という意味が定着していたようだ。アレクサンドリアのディオニュシオス（3世紀）に依拠しながら、エウセビオスは献身的に病人を看病するエジプト人キリスト者の様子を伝える。彼らは病人を看病し癒すが、ある者はその過程でみずからが病気に冒されて死にいたる。エウセビオスはこれについて、「ただの社交辞令と思われる表現を彼らはその行動によって成就し、彼らの περίψημα として逝ってしまった」（『教会史』7.22.7）と述べている。おそらくこれは、「私はあなたの僕（περίψημα）」というような表現が当時の挨拶代わりに用いられていたが、ここではこの語が文字どおりの意味で用いられた、ということだろう[21]。すなわち、エジプト人キリスト者の幾人かは、患者の汚れ（περίψημα）である病気を身を挺して取り除き（ヒッポクラテス『流行病』5.1.2 の κάθαρμα に関する理解を参照）、みずからが忌み嫌われる病となって死んだ。

　まとめ：パウロはイエスの十字架への応答としての使徒たちの謙虚な奉仕に言及しつつ、一部のコリント信徒に高慢な姿勢を改めるよう促す。パウロはキリストとともに苦しむ者（フィリ 1.29, 3.10）、また苦しみの奉仕者（II コリ 6.4, 11.23）という自己認識を持っているので、περίψημα（περικάθαρμα）によって

20）　D. Papachryssanthou, "Les sources grecques pour l'histoire des Pauliciens d'Asie Mineure: I. Pierre de Sicile. Histoire des Pauliciens," *Travaux et mémoires* 4 (1970), 59.

21）　Henricus Valesius, ed., *Evsebii Pamphili, Ecclesiasticae historiae* (Paris, 1659), 269.

表現される彼の生き様とキリストの受難とを結びつける。したがってパウロ直後の諸教会は、この語によってキリストの苦しみを示し、またキリストのような奉仕者を指すようになった。その後の教会は、キリストと使徒とが他者のために献身的に仕える姿に倣うよう信徒を促す目的で、この語をIコリ4章の文脈とともに用いた。9世紀までにπερίψημαは、キリスト者が自らを献げて他者に仕える敬虔さの象徴として定着したようだ。

　以上がフォティオス以前におけるπερίψημαの用法に関する分析結果である。περίψημαと追放儀礼とを直接的に結びつける資料は存在しない。セウェリアヌスがIコリント書におけるπερίψημαの意味を解説する箇所においてさえ、追放儀礼を例として用いることに思い至らなかったことは興味深い（『Iコリ断片』）[22]。また現存する9世紀以前の資料において、「われわれのπερίψημαとなれ」という表現が古代地中海世界における追放儀礼の定型句であることを証拠づける資料はなに1つない。

B.　Περίψημαに儀礼的あるいは救済的意味があると疑われるケース

　もっとも、Περίψημαと追放儀礼とを並記したり、περίψημαに「身代金／犠牲」という訳をあてる例が少数ある。厳密には身代金や犠牲が追放儀礼と直接関係するわけではないが、ここではそれをも含めて、考察が必要な4資料（オリゲネス、イグナティオス、オスティアの碑文、トビト記）の用法を分析する。

1.　オリゲネス（2-3世紀）
　オリゲネス以前にローマのクレメンスが、他者のために身を献げて仕えるイエスの姿勢がもつ意義を説明するために、みずからの都市を解放するため命を投げ出す王や指導者の例を挙げている（『Iクレメンス』55.1; cf. Alexander of Lycopolis, *Cont. Man.* 24）。これら英雄死の例を追放儀礼の起源神話と見なしたのか[23]、オリゲネスは、追放儀礼の救済的価値をとおして「犠牲的な」人類救

---

22)　K. Staab, *Pauluskommentare aus der griechischen Kirche aus Katenenhandschriften gesammelt* (Münster: Aschendorf, 1933), 241.

23)　Walter Burkert, *Structure and History in Greek Mythology and Ritual* (Berkeley: Univ. of California

済の正統性を議論した人物としてクレメンスを紹介する（『ヨハネ福音書註解』
6.54;『ケルソス駁論』1.31）。オリゲネスはこれに続けて、殉教者の死、被追放
者の死、使徒の献身的奉仕を列挙し、これらを「犠牲の仔羊」としてみずか
らを献げて死ぬイエスの姿と似た行為であると述べる（『ヨハ註』6.55）。その
際に、使徒の献身的奉仕が I コリ 4.13b を引用しつつ提示されている。これが、
フォティオス以前に、περίψημα と追放儀礼とが同じ文脈において登場する唯
一の資料だ。しかしこの資料によって、περίψημα と追放儀礼との関連が論証
されるわけではない。オリゲネスの論理は以下のとおりである：〈パウロと他
の使徒たちは辱めを受けつつみずからを他者への奉仕のために献げて福音を体
現し宣べ伝え、多くの人を救いへと導いた。殉教者はその英雄的な死によって
彼らの町に自由をもたらした。被追放者はその屈辱的な放逐の体験をとおして
彼らの共同体から厄災を取り除いた。これらはそれぞれイエスの死の救済的価
値を説明するのに適切な例である〉。オリゲネスはここで περίψημα を含む I コ
リ 4.13b を用いつつ使徒の奉仕が苦しみを伴うことを表現するが、彼はそれに
よって使徒たちの奉仕が献身的であることを述べているのであり、追放儀礼と
の関連で περίψημα（と περικάθαρμα）を用いてはいない。

2.　イグナティオス（1-2 世紀）

イグナティオスは彼がエフェソ教会へ宛てた手紙において、みずからを
περίψημα であると述べる。「わたしはあなたがたの περίψημα であり、エ
フェソ人であるあなたがたのためにわたし自身を聖別する（περίψημα ὑμῶν
καὶ ἁγίζομαι ὑμῶν Ἐφεσίων）」（*Eph.* 8.1）。Schoedel はこの語に「犠牲のイメー
ジ」が備わっていると述べ、Holmes はじつに「わたしは卑しい犠牲である
(humble sacrifice)」と訳している[24]。イグナティオスの書簡群に顕著な殉教主

Press, 1979), 59-77; Jan Brenner, "Scapegoat Ritual in Ancient Greece," *HSCP* 87 (1983), 299-320.
Cf. Martin Hengel, *The Atonement: The Origins of the Doctrine in the New Testament*, trans. John
Bowden (London: SCM, 1981), 1-32.

24)　William R. Schoedel, *Ignatius of Antioch*, Hermeneia (Philadelphia: Fortress, 1985), 63-64; Michael
W. Holmes, ed., *The Apostolic Fathers: Greek Texts and English Translations*, tarns. M.W. Holmes,
3rd ed. (Grand Rapids: Baker Academic, 2007), 189. Funk/Bihlmeyer/Whittaker/Lindemann/
Paulsen も同様に ein Sühnopfer bin ich für euch と訳している。Andreas Lindemann u. Henning
Paulsen, Die Apostolischen Väter (Tübingen: J.C.B. Mohr, 1992), 185.

題がこのような解釈の原因になっているかも知れない。しかしこの表現に直結
する文脈において犠牲やその他の儀礼は意識されておらず、イグナティオスは
たんに、権威ある教師としてエフェソ司教とイグナティオス自身とをそれぞ
れ「主自身のよう」(6.1) また「あなたがたの περίψημα」(8.1) と紹介しつつ、
誤った教えに注意するようエフェソ信徒を促しているにすぎない。『バルナバ
書』の著者がみずからの教師としての役割に言及する際にも περίψημα という
語が用いられるが、この場合に Holmes は「奉仕者」と訳している (4.9; 6.5 参
照)[25]。イグナティオスは περίψημα という語を用いてエフェソ信徒のため謙虚
に奉仕する自らの献身的役割を強調しているのであり、『エフェ』8.1 はむしろ
「あなたがたの僕」と訳されるべきであろう。この点で講談社訳「私はあなた
方のためのもの」は περίψημα を適切に捉えている[26]。

3. オスティアの碑文 (2-3世紀?)

　ローマ市の外港オスティアで発掘された家の壁には、「この家の婦人はあな
たがたの περίψημα である」と記されている。Van Buren はこの語を scape-goat
と訳し、「この家の女性は重荷 —— 他者の重荷 —— をみずから負い、そうして
アテネ人の κάθαρμα あるいはヘブライ人の scape-goat のように彼を［他者の重
荷から］解放した」と説明する[27]。しかし、この解説は唐突であり、περίψημα
が追放儀礼と直接関係するという前提に立った少々強引な説明のように思われ
る。この限られた文言からはむしろ、「婦人はあなたがたの僕である」がより
自然だ。おそらく他の碑文においてもこの意味で περίψημα が用いられている。
シリアのトラコニティスとカルタゴのアウグスタの教会敷地内で発掘された
墓碑、そしてスミュルナに近い村で発見された碑文は死去した人物を記念して、
それぞれ「あなたがたの僕 (περίψημα)」、「よき魂の僕」、「すべての者の僕」

25)　したがって Kraft は「献身的な奴隷 (devoted slave / slave devoted)」(4.9, 6.5) と訳す。 Robert A.
　　Kraft, *The Apostolic Fathers: A New Translation and Commentary*, trans. R.A. Kraft (NY: Thomas Nelson,
　　1965), 3.90, 97.

26)　もっとも同訳は補足として、περίψημα の原義として「あがない」を挙げている。荒井献編『使
　　徒教父文書』講談社文芸文庫、1998年、161頁。

27)　A.W. Van Buren, "Epigraphica," in *Classical Studies in Honor of John C. Rolfe*, ed. George D.
　　Hadzsits (Freeport: Books for Libraries, 1931), 318.

と刻んでいる[28]。

4. トビト記（前3-2世紀）

トビトは息子トビアに遺産を残そうと考え、トビアにラゲスの地に赴きガバエルに預けてある銀10タラントを回収するようにと告げる。一方で母ハンナは息子の旅の危険を心配し、「お金の上にお金を積み上げないで下さい。それが私たちの子の περίψημα となるように（περίψημα τοῦ παιδίου ἡμῶν γένοιτο）」（トビ5.19）と夫に訴える[29]。NRSVとNETSはいずれも περίψημα を「身代金（ransom）」と訳す。Moorはこの語が一般に「ゴミ（refuse）」を意味するがときとして「身代金」をも指すとし、NRSVとNETSの訳を支持する[30]。しかし上の分析によれば、ときとして περίψημα が身代金という救済的な意味で用いられているとは言いがたい。Περίψημα が「身代金」を意味する例は58回中1回（もし Συναγωγή がヘシュキオスに依拠しているならば2回）であり、しかもこれはトビト記執筆から800-1000年も後の事例なので、この用法は例外的と理解すべきだろう。七十人訳写本においては長テクスト（シナイ写本のG[II]in）も短テクスト（ヴァティカン写本のG[I]）も表現は同じで、ハパクス・レゴメノンである περίψημα の使用を不自然とは認めなかったようだ。クムラン写本に関しては、断片的すぎて分析不可能である[31]。

　トビト記の主要主題である「施し」が本節の救済的な理解を支持する、と考えられようか。守護天使ラファエルはトビトとトビアに対して、施しが人を死から救い、罪を清め、命を全うさせるのだと教える（トビ12.9）。身代金支払い

---

28) Philippe Le Bas and W.H. Waddington, eds., *Inscriptions grecques et latines recueillies en Grèce et en Asie Mineure* (Paris: Librairie Firmin Didot Frères, 1870), 569; Iohannes Schmidt, ed., *Inscriptionum Africae Proconsularis Latinarum Supplementum, CIL* (Berlin: Georgium Reimerum, 1891), 3.1320; Ernst Curtis and Adolph Kirchhoff, eds., *Inscriptionum graecarum* (Berlin: Officia Academia, 1777), 468. アウグスタの碑文に関する他の解釈については、I. Schmidt 参照。

29) 新共同訳は「それほどお金が大切なのですか。息子の命に代えられるものではありません」と大幅な意訳をしている。

30) Carey A. Moor, *Tobit*, AB 40A (NY: Doubleday, 1996), 182, 189.

31) 「私の息子を［金］にしがみつかせないで下さい、しかし（息子のためにそれを）［……］のように」——"Let my son not cling [to mon]ey, but (let it be for him) like [ ] ([ידבק בכסף ברי וכא אל[ ])" (*4QTob b*). Joseph A. Fitzmyer, "Tobit," in *DJD*, ed. Emanuel Tov (Oxford: Clarendon, 1995), 19.44-45.

と施しとは異なるが、解放や救いのために金を支払うという意味において共通性が見出せなくはない。この議論に沿って5章19節を解釈するならば、「あなたのお金が多くの貧者を助けてきたのだから、今度は私たちの息子をそのお金で救って下さい」とでもなろうか。しかし、もし救済的な意味合いがこの節に込められているとすれば、なぜ救済的な意味にほとんど用いられることがないこのハパクス・レゴメノンを用いて、七十人訳が救済的な意味で用いるλύτρονやἐξίλασμαを避けたのか理解しがたい。

　もっとも、この文脈における焦点は、銀10タラントがトビアの命を救うのではなく、むしろ危険に晒していることだ。この時点ですでに「銀10タラントは身代金のようだ」というメタファは不成立である。ハンナは現在の生活が神から与えられたもので、そのままで十分だと考えており（トビ5.20）、夫の銀10タラントに対する執着が息子を危険な旅路（1.15参照）へと追いやり息子の命を危険に晒すと考える。息子の安全を願う母は、夫に対して金に対する執着が息子を危険に晒す忌むべきものだと認識するよう望んで、「お金の上にお金を積み上げないで下さい。そのお金が私たちの息子に関してはゴミのように打ち捨てられますように」と述べていると理解すべきだろう[32]。

　エジプト出土のパピルス（2世紀、Karanis）にトビ5.19とやや似た表現が見られる。タベセウスなる母親は、息子が殺人を犯したために1200ドラクマの支払いを要求された。その際に彼女は、「わが息子のπερίψημα、それらは去ってしまえ（περ[ί]ψημ[ά] μου τοῦ υἱοῦ ἀπέλθωσιν）」（P. Mich. 8.473）と述べる。おそらくここでタベセウスが述べている事柄のニュアンスはハンナのそれと共通し、母親が愛する息子の命のために大金をも価値のないゴミのように手放す用意がある、ということだろう。トビ5.19にしてもミシガン・パピルス8.473にしても、この語に身代金という概念を見出すことは、8–9世紀以降のπερίψημα理解を持ち込む時代錯誤的な解釈ではなかろうか[33]。

---

32)　あるいは「その金が棄てられるべきゴミとなるように」。R.J. Littman, *The Book of Tobit in Codex Sinaiticus* (Leiden: Brill, 2008), 17, 105. 講談社訳も適切に「お金なんか、あの子にくらべるなら屑のようなものだと思わないのですか」とする。

33)　このテクストの解釈に関しては、Bagnall and Cribiore, *Women's Letters*, 136-37; Advanced Papyrological Information System (http://www.papyri.info) 参照。

C.　アザゼルのための山羊と Περίψημα

新約聖書は山羊による追放儀礼（一般に scapegoat）に言及しないが[34]、このユダヤ教追放儀礼のキリスト論的解釈が教父たちのあいだに散見される[35]。『バルナバ』は、のちにミシュナに記録されることになる口述伝承に依拠しつつ[36]、贖罪の日の2頭の山羊はその外見がそっくりでも運命は異なっており、キリストの2度の到来（Advents）を表していると述べる（Barn. 7.6–11）。つまり、最初の卑しい姿での到来と、のちの輝かしい姿での到来である（ユスティノス『対話』40.4–5; cf. テルトゥリアヌス『マルキオン』3.7）。アレクサンドリアのキュリロス（4–5世紀）は、2頭の山羊が教会を聖別すべく遣わされたキリストと、人類の罪を天へと移し去るために甦らされるキリストを指し示すと述べる（*Glaphyra on Leviticus* PG 69.588）。興味深いことに、オリゲネスはキリストを犠牲の山羊と見なしながら、アザゼルのための山羊はキリストを十字架につけた者の罪を取り除くため荒野へと追いやられたバラバだと理解する（『レビ記説教集』10.2.2）。ここでキリストとアザゼルのための山羊を結びつけないことからも、上述したオリゲネスによるイエス受難とギリシャ的追放儀礼の関連（『ヨハ註』6.54–55）が間接的で偶発的であることが分かる。

　アザゼルのための山羊に関するこれらの議論において、περίψημα が用いられることはない。この語がキリスト者の献身的奉仕を促すキーワードとして用いられているのに対し、アザゼルのための山羊はキリストの品性や機能を教えるメタファとして用いられたようだ[37]。

---

34)　ヘブ 13.12 が追放儀礼に言及すると考えられる場合もあるが、おそらくこの箇所は、赤毛の牝牛の犠牲か（民 19.3）、犠牲の動物の死体を神殿境内から外へ運び出す慣習か（レビ 16.27）、処刑を都城壁の外で行う慣習か（レビ 24.14）を念頭に置いていることであろう。C. Spicq, *L'Épitre aux Hébreux*, 2nd ed. (Paris: Librairie Lecoffre, 1953), 2.426; W.L. Lane, *Hebrews 9-13*, WBC 47B (Waco: Word, 1991), 541; C.R. Koester, *Hebrews*, AB 36 (NY: Doubleday, 2001), 570.

35)　Daniel Ben-Ezra, *The Impact of Yom Kippur on Early Christianity*, WUNT 163 (Tübingen: Mohr, 2003)参照。

36)　「贖罪の日の2頭の山羊は……外見と価値が同じであり、同時に購入されたものであるべし」（m. Yoma 6.1.A-C）。Jacob Neusner, *The Mishnah* (New Haven: YUP, 1988), 274.

37)　Stanislas Lyonnet and Léopold Sabourin, *Sin, Redemption, and Sacrifice* (Rome: Biblical Institute, 1970), 279-81.

D. 「追放儀礼定型句」とフォティオス／ $\Sigma v v \alpha \gamma \omega \gamma \acute{\eta}$ B

コンスタンティノープル総主教でありビザンティンの人文学者であるフォティオスがもたらした古代・古代末期理解への貢献を過小評価するのではないが[38]、περίψημα が追放儀礼と関連していない、あるいは「われわれの περίψημα となれ」という定型句がフォティオス以前の現存する資料に見当たらないという結論を踏まえて、この「定型句」が9世紀になっていかに生じたかを推測することは肝要であろう。

フォティオス以前に29人の著作家によって56回περίψημα が用いられているのに対し、フォティオス自身が14回にわたって同語を用いていることに鑑みると、περίψημα と I コリの文脈に対してフォティオスが並々ならぬ重要性を見出していたことが推測される。これはフォティオスが使徒パウロに対して格別な敬意を抱いていたこと以外に[39]、この使徒の言葉がキリスト者を他者への献身的奉仕へと促すために非常に有用であるとの判断がフォティオスにあったことによるだろう。タラシオスへ宛てた手紙において、フォティオスは περίψημα の定義に続けて、パウロとその模倣者たちの献身的奉仕を追放儀礼の被追放者の体験と較べつつ、逆境に耐えるように励ましている（*Ep.* 256）。フォティオスの περίψημα 理解は、この語の本来的意味から外れて、パウロの用法が教会史において遂げた神学的発展を反映しているのではなかろうか。

Amphilochia におけるフォティオスの説明によると、彼は辞典的著作を「若年期」が終わろうとしていた頃に著したことになっているが（840年頃か、*Quaest.* 21）、研究者によってはこれを現存する *Lexicon* と断定する[40]。これが事

---

38) フォティオスの貢献に関しては、Judith Herrin, *Byzantium* (London: Penguin, 2007), especially chps. 11 and 12参照。

39) フォティオスの使徒パウロに対する敬意に関しては、Despina Stratoudaki White, *Patriarch Photios of Constantinople: His Life, Scholarly Contributions, and Correspondence Together with a Translation of Fifty-Two of His Letters* (Brookline: Holy Cross Orthodox, 1981), 61; Staab, *Pauluskommentare*, 470-652 参照。

40) Paul Lemerle, *Le premier humanisme byzantin: Notes et remarques sur enseignement et culture à Byzance des origines au Xe siècle* (Paris: Presses universitaires de France, 1971), 185. Cf. Cunningham, $\Sigma v v \alpha \gamma \omega \gamma \acute{\eta}$, 20-21; Herbert Hunger, *Die hochsprachliche profane Literatur der Byzantiner* (München: C.H. Beck'sche Verlagsbuchhandlung, 1978), 2.40.

実ならば、*Lexicon* における περίψημα の定義はパウロ書簡に対するフォティオ
ス晩年の深い敬意と洞察を欠く若き日の思考に依拠していると判断されるか
も知れない。しかしフォティオスは *Amphilochia* において、この若き日の著作
は「もっぱら最近の頻繁に用いられる」語を限定的に扱っているが、それは包
括的辞典を執筆するにはそれ相当の年月を要するからだ、と続けている。現
存する *Lexicon* がかなりの大著であることから、他の研究者は晩年のフォティ
オスが若き日の思いを成就させてより完成度の高い辞典を執筆したのであって
(876–886 年頃)、これこそが現存する *Lexicon* だと考える[41]。Περίψημα という
単語自体がフォティオスの時代に現代的な語ではなく「古代の」(Photios, *Ep.*
256) 語であったこと、また使用頻度の低い語（ヘシュキオスの *Lexicon* は珍しい
語を扱う）であることから、現存する *Lexicon* がフォティオス晩年の著作であっ
たという判断がより確からしい。したがって、I コリ 4.13b がのちの教会へ与
えた影響に対するフォティオス晩年の評価が彼の περίψημα 理解を特徴づけた
とも考えられよう。

　フォティオスは、過去 800 年の教会著作家がこの語を献身的奉仕の象徴とし
て用いてきたこと、またユダヤ教の山羊追放儀礼をキリスト論的に解釈する
伝統を十分に認識していた。オリゲネスが追放儀礼と I コリ 4.13b を並列して
用いたことも承知していたかも知れない[42]。フォティオスはこれらの教会伝統
をすべて踏まえて、パウロによる献身的奉仕の教えをさらに印象づけるため、
περίψημα の定義において過去にない追放儀礼定型句を提示するという決定的
な行為に至ったのだろう。フォティオス研究者は、彼を高く評価する者もそう
でない者も、彼の学術的姿勢に関して同様の特徴を見出している[43]。Lemerle

---

41)　Κυριάκου Τσαντσάνογλου, *Τὸ Λεξικὸ τοῦ Φωτίου, Χρονολόγηση - Χειρόγραφη Παράδοση*
(Θεσσαλονίκη: Ζενο, 1967), 14, 34. White, *Patriarch Photios of Constantinople*, 16 も参照。

42)　フォティオスがオリゲネスの神学に対して容易に同意したかどうかは判断しがたい。フォティオ
スのオリゲネスに対する嫌悪はあからさまである（*Bibliotheca* cod. 8）。フォティオスはオリゲネ
ス著『諸原理について』を、冒瀆、愚か、不敬、論理崩壊などと評する。René Henry, *Photius
Bibliothèque*, Collection Byzantine (Paris: Société d'Édition, 1977), 8.9. これは部分的には、総主教
時代に深く関わったハンガリー宣教においてフィリオクェ問題がフォティオスを大いに悩ませ
たことと関係があるかも知れない。White, *Patriarch Photios*, 30-31 参照。

43)　否定的な評価に関しては、Warren T. Treadgold, *The Nature of the Bibliotheca of Photius* (Washington
D.C.: Dumbarton Oaks Center for Byzantine Studies, 1980), 66; Ferdinand F. W. Kattenbusch,
"Photius," in *The New Schaff-Herzog Encyclopedia of Religious Knowledge*, ed. Philip Schaff (NY: Funk &

によるとそれは、「新たな古典主義、すなわちキリスト教を基礎におくビザンティン古典主義であり、非キリスト教的であってももはや危険とは見なされないヘレニズムを拒絶するのではなく、むしろ部分的に同化させるものである[44]。」

　現存する資料は、Iコリ4.13bに見られる表現が当時広く知られていた追放儀礼の定型句に依存しており、パウロはそれを用いてみずからの使徒としての苦しみと追放儀礼の被追放者との関連性を読者に伝えたという定説を支持しない[45]。むしろ9世紀になってフォティオスがこの定型句をIコリ4.13bをもとに創作し、追放儀礼と関連させてパウロの使徒としての苦しみがいかに意義深いかを強調したと考えられる。これはあくまで仮説ではあるが、フォティオス以前の資料がまったく支持しない定型句の存在を受け入れるよりも確からしいと思われる。もしπερίψημαが追放儀礼の専門用語であるという前提をこれらの資料が支持しないのならば、800年にわたる教会内の神学的形成過程においてπερίψημαがそのように理解されていったという視点に立つことがより適切と思われる[46]。追放儀礼に関する遠い記憶は、さらなる不正確な記述を招いたようだ。フォティオスは「ポセイドンへ献げる犠牲のように（被追放者を）海に放り込む」（*Lex. π*）と記すが、追放儀礼と動物供儀とは本質的に異なる。もしフォティオスがレフカダ島の追放儀礼（*Geogr.* 10.2.9）を念頭において「海に放り込む」と述べているなら、それはアポロン神殿における儀礼である。ちなみにポセイドンには一般に雄牛（Apollodrus, *Libr.* 2.5.7; Homer, *Od.* 1.23; Strabo, *Geogr.* 8.7.2; Sophocles, *Oed. col.* 1485）か船（Diodorus Siculus, *Hist. Libr.* 12.48.1; Thucydides, *Hist.* 2.84）が犠牲として献げられる。これらの点に鑑みても、フォティオスの記述が古代史料に直接依拠しているとは考え難い。

　ここまでの議論は、「われわれのπερίψημαとなれ」という定型句がフォティ

　　　Wagnalls, 1911), 9.44-49参照。肯定的な評価に関しては、White, *Patriarch Photios of Constantinople*, 59参照。

44)　Lemerle, *Le premier humanisme byzantin*, 196. White, *Patriarch Photios*, 60-61 も参照。

45)　Stählin, *TDNT* 6.91.

46)　Alloは本来儀礼的な意味を備えていたこの語はパウロの時代までにその意味合いを失ったと述べるが、むしろそのまったく逆の展開がπερίψημαに関して起こったのであろう。Allo, *Première Épitre aux Corinthiens*, 76.

オスによって創作され、それが10世紀に*Συναγωγή*（*ΣB*）へ付加されたという前提に立っている。しかし、この定型句がフォティオス以前のものであろう*ΣB*のもととなる写本（*Σ*ⁱⁱⁱあるいは*Σ*ᵇ）にすでに存在していたという可能性を否定することはできない。この場合、定型句の形成は上で述べた神学的形成過程の結果であり、フォティオスの直接的介入によらない。*Περίψημα*が6世紀から8世紀にかけて救済的（redemptive）な意味を徐々に備えるようになったことは、この語の定義として*ἀντίλυτρα, ἀντίψηχα*（Hesychius）や*ἀπολύτρωσις*（*ΣA*）が挙げられていることから明らかだ。オリゲネスによる追放儀礼と*περίψημα*との偶発的な関連、教会が献身的奉仕を教える際にこの語を象徴的に用いたこと、そしてアザゼルのための山羊に関するキリスト論的解釈などが*περίψημα*理解を一定方向へと導いた結果、8世紀後半あるいは9世紀の教会に「われわれの*περίψημα*となれ」という定型句ができ上がる神学的環境が備わっていたのだろう。そして使徒パウロに対して深い敬意を示すフォティオスは、この定型句と*περίψημα*の定義後半部分（II）をその辞典とタラシオスへの手紙に加えた、とも考えられる。

II.　(ΠΕΡΙ)ΚΑΘΑΡΜΑ に関して

A.　一般的観察

　続いて、*περικάθαρμα* と *κάθαρμα* の分析へ移ろう。パウロは I コリ 4.13b で前者を *περίψημα* とともに用いる。これは *κάθαρμα* に前置詞 *περί-* を付加して強調する複合名詞である[47]。*Κάθαρμα* はより一般的な語だが、9世紀のアンシャル体写本（G）の I コリ 4.13b では *περικάθαρμα* の代わりに用いられており、教父のうちにもこの異読を採用する者がいる（クリュソストモス、テオドレトス）。動詞形の *καθαρίζω/καθαίρω* は、「清浄する」あるいは「清めの過程で取り除く」ことを意味する[48]。したがって (περι)κάθαρμα の本来の意味は、「清浄行為の過

---

47)　Friedrich Hauck, "*περικάθαρμα,*" *TDNT* 3.430-31.

48)　*Περικαθαρίζω* は七十人訳において3度用いられており、木の枝を剪定すること（レビ 19.23）、人の心を清めること（申 30.6）、罪をぬぐい去ること（イザ 6.7）を意味する。*GELS*, 452参照。LXX 申 18.10 の *περικαθαίρω* をも参照。

程で除かれる汚れ」であり、したがって「塵、芥」と訳される。περίψημαは「ぬぐい去られた汚れ」、(περι)κάθαρμαは「掃き去られた汚れ」と、その違いが指摘される場合もあるが[49]、以下の分析が示すとおり両語の意味の重なりは大きく、このように表面的な分類はかえって誤解を与えうる。この項の焦点は、(περι)κάθαρμαが追放儀礼と直接関係するか、追放儀礼の専門用語かという問題である。

1. Περικάθαρμα

Περικάθαρμαは、フォティオス以前にパウロを除くと37回登場し、そのうちの34回に分析価値がある。34回のうち27回（73.5%）はⅠコリ4.13bの引用あるいは明らかな言及である。この語はパウロ以前に1回（LXX箴21.18）、また同時代に4回（『イソップの生涯』、アポロニウス、エピクテートス）用いられている。

この語の本来的な意味である「塵、芥」は、ローマ人文法学者アポロニウス（2世紀）の辞典に見られる（*Lex. hom.* λ）。5世紀の聖書註解書もこの意味でπερικάθαρμαを用いている（『カテナエ（NT）』）[50]。この本来的な意味から派生して、περικάθαρμαは価値のない物／者を指す語として用いられるようになる。エピクテートスはプリアモスらを批判する際に、彼らの子孫をπερικάθαρμα（とるに足らない輩）と呼んだ（『人生談義』3.22.78;『イソップの生涯』G14, 31参照）[51]。

この語はπερίψημαとほとんど同義語として並列され、Ⅰコリ4.13bを引用するか直接言及するために用いられることがもっとも多い。この場合の用法はπερίψημαの分析を繰り返すこととなるので、ここでは控える。ΠερικάθαρμαがⅠコリ4.13bとは関係ない文脈で用いられる場合、誠実なキリスト者が体験する逆境の象徴として理解される（アレクサンドリアのクレメンス『雑論』4.7.51; エウセビオス『福音の備え』12.10.7）。この際、読者は善い行いを続けるため、道徳的に非難されないため、またパウロに倣うために生じる苦難に耐えるよう奨励される。

---

49) Str-B 3.338.

50) J.A. Cramer, *Catenae Graecorum patrum in Novum Testamentum* (Oxford: OUP, 1841), 5.478.

51) Henricus Schenkl, *Epicteti dissertationes ab Arriano digestae* (Leipzig: Teubner, 1916), 308.

2.　Κάθαρμα

Κάθαρμα はフォティオス以前にパウロを除くと 149 回登場し、そのうち 131 回に分析価値がある。その本来の意味である「塵、芥」は 38 回（29%）登場する（ディオン・クリュソストモス『弁証論』12.43; ユリウス・ポリュクス『オノマスティコン』2.231）[52]。この語は、おそらく忌み嫌われるもの、あるいは汚れたものというニュアンスから派生して、病気あるいはその原因を意味するようになる（ヒッポクラテス『流行病』5.1.2）。ストラボンはまた金の精製の過程で起こる化学反応の結果として生じる沈殿物を指す語として κάθαρμα を用いる（『地誌』3.2.8）。

Κάθαρμα はこれらの用法からさらに派生して、人、物、あるいは概念に価値がない様を言い表す語として 85 回（65%）用いられる。クリュソストモス（4–5 世紀）は贅沢品に対する軽蔑をこの語によって示し、「愚者の κάθαρμα だ（τὰ καθάρματα τῶν ἀνοήτων）」と述べる（*Scand.* 22.4; デモステネス『*De corona*』128; ルキアノス『死者の対話』3.1 参照）。この語はしばしば人格の尊厳を損なう侮蔑用語として用いられる（アリストファネス『断片』673a; フィロン『モーセの生涯』1.30.3; ヨセフス『古代誌』4.241.2; ディオン・クリュソストモス『弁証』7.30.5; フィロストラトス『アポロニウス』1.12.24）。Κάθαρμα は「汚らわしい犬」あるいは「人でなし」などの表現と一緒に用いられて、尊厳剥奪のニュアンスが強調される（したがって「クズ野郎」）（『イソップの生涯』; デモステネス『メディアス弾劾』185.5）[53]。

これ以外の 3 回のケース（アリストファネス『アカルナイの人々』44；ハルポクラティオン『弁論家辞典』o；ハリカルナッソスのディオニュシオス『Ἀττικὰ ὀνόματα』φ）に関して、κάθαρμα は何らかの儀礼的清浄という文脈で用いられていると理解される場合があるが、これらが κάθαρμα と追放儀礼とを結びつける証拠とはなり得ない。

---

52)　E. Nachmanson, *Erotiani vocum Hippocraticarum collectio cum fragmentis* (Göteborg: Eranos, 1918), 93.

53)　A. Eberhard, *Fabulae romanenses Graece conscriptae* (Leipzig: Teubner, 1872), 1.234.

B. Κάθαρμαの儀礼的用法

1. 豚の血による清め

　アリストファネス（前5–4世紀）は法廷の場面で審議員たちを招き入れつつ、「もっと近くへ、τοῦ καθάρματοςの内側へ」（*Arch.* 44）と言う。ある訳者は、女神ケレスへ献げる犠牲である豚の血を審議員の席にふりかけて清めたのだと説明し、τοῦ καθάρματοςを「清められた場所（the consecrated area）」と訳す[54]。ヘシュキオスがκάθαρμαの定義として「子豚」を挙げるのには（*Lex.* κ）、この慣習が念頭にあったのかも知れない。しかし当然のことながら、これらは追放儀礼と無関係だ。

2. 女神ヘカテへの犠牲

　ハルポクラティオン（1–2世紀頃）は、その辞典においてὀξυθύμιαを定義する際にκάθαρμαを用いている。「Ὀξυθύμια：……人を磔にする木を指す。［この受刑者は］カタバミの枝で怒りをもって打たれる。これらの木は切り倒されたあと、持ち出されて燃やされる。アンティクリデスのディディマスはその註解書の一文において、κάθαρμαや汚れた物がὀξυθύμια呼ばれる、と述べている。……『それは、人々が清めの供え物を持ち込んだヘカテ像である。彼らはτὰ καθάρσιαを運んでくるが、これがὀξυθύμιαと呼ばれる。』」（*Lex.* ο）。

　受刑者に対して怒りをもって打つという行為は、ツェツェスが伝える追放儀礼の様子を想起させるが（*Chiliades* 5.57–58）、ハルポクラティオンの場合、κάθαρμαは木（あるいは枝）であり、おそらく受刑者を磔にして殺すので、この木が汚れるのだろう。ヘカテ像のところへ運ばれる木はκάθαρμαでなくκαθάρσια（清められたもの）となっているが、おそらく何らかの混乱が生じている。しかしこれらの語の混同は頻繁に起こっていたようで、編者不詳の辞典（1–2世紀）はこれらの語が異なる意味で用いられることを明らかにしている

---

54) 訳者不詳の、Aristophanes, *The Eleven Comedies* (NY: Liveright, 1932), 88, n. 4. Hendersonは「聖なる境界内（the sacred precinct）」と訳す。Aristophanes, *Acharnians, Knights* (Cambridge: HUP, 1998), 61.

（Περὶ ὁμοίων καὶ διαφόρων λέξεων 258）[55]。

3.　Κάθαρμα としての Φαρμακός

　ハリカルナッセウスのアエリオス・ディオニュシオス（2世紀）は φαρμακός を以下のように定義する。「価値の無い物の κάθαρμα。イオニア人が（領地を）広げていた頃『ファルマコス』と言った。彼らがバルバロイたちの居留による汚れから母語、境界線、（特別の）日々を清めていたから。ヒッポナクスもこのことを明言している」（Ἀττικὰ ὀνόματα φ）。Φαρμακός はしばしば追放儀礼の被追放者を指す語として用いられるが（Lysias, *Adv. Andokides* 53; Harpocration, *Lex.* φ; Hipponax in *Chiliades* 5.743–758参照）、他の語（συβάκχος）が被追放者として用いられる場合もある。ディオニュシオスの定義には追放という概念が欠けており、これが追放儀礼と関係するとは考え難い。彼はむしろ、イオニアの文化と土地の純粋性を損なうことになる外国人の移入を嫌うイオニア人たちの差別的発言に言及しているのだろう。ヒッポナクスによると、イオニア人たちは追放儀礼の被追放者を φαρμακοί と呼ぶようだ（cf. Chiliades 5.747–49）。彼らが外国人を侮蔑してこのように呼んだことは十分に考えられる。ディオニュシオスは φαρμακοί と「価値の無い物の κάθαρμα」とを同列において、φαρμακοί がいかに侮蔑用語として成り立つかを説明しているのだろう。しかしディオニュシオスは、κάθαρμα が φαρμακοί と同様に被追放者を指す名称であるとは言わない。もしかすると、このディオニュシオスによる定義を根拠として——少なくとも部分的に——、ツェツェスやトゥリクリニオスがのちに κάθαρμα と追放儀礼とを結びつけたのかも知れない。

　じつにツェツェスとトゥリクリニオスによるアリストファネスへのスコリアは φαρμακός と κάθαρμα とを同視し、これらの語がともに被追放者を指すと理解している。「Φαρμακοί とそのほか町の清めのために捧げられる者を彼らは καθάρματα と呼んだ」（Triclinius, *Schol. Arist. Eq.* 1136c）。これはアテネの公的犠牲に関するアリストファネスの描写に対して付加された説明だが、アリスト

---

55)　Klaus Nickau, ed., *Ammonii qui dicitur liber de adfinium vocabulorum diffrentia* (Leipzig: Teubner, 1966), 68.

ファネス自身はこの描写において κάθαρμα という語を用いていない[56]。また
これら12世紀と14世紀のスコリアは、イオニア地方の追放儀礼とアッティカ
地方の追放儀礼をしばしば混同している。したがって、これらの資料を用いる
ことには細心の注意を払う必要がある[57]。

C. Περικάθαρμα と כֹּפֶר

パウロ以前に περικάθαρμα が用いられたケースはただ1度だけ、LXX箴言
21.18にある。

> MT: אֹהֵב שִׂמְחָה אֹהֵב יַיִן־וָשֶׁמֶן לֹא יַעֲשִׁיר: כֹּפֶר לַצַּדִּיק רָשָׁע וְתַחַת יְשָׁרִים בּוֹגֵד
> אִישׁ מַחְסוֹר // 快楽を愛する者は欠乏に陥り（17a）、酒と香油を愛する者
> は富むことがない（17b）。邪悪な者は義なる者の身代金とされ（18a）、
> 欺く者は正しい人の代わりとなる（18b）。

> LXX: ἀνὴρ ἐνδεὴς ἀγαπᾷ εὐφροσύνην φιλῶν οἶνον καὶ ἔλαιον εἰς πλοῦτον·
> περικάθαρμα δὲ δικαίου ἄνομος // 酒と油の友となって快楽を愛する者
> は富に欠ける（17ab）。また不法な者は義なる者の περικάθαρμα である
> （18 a/b）。

このテクストにおいて、περικάθαρμα は כֹּפֶר の訳として用いられているよう
だ。כֹּפֶר は一般に「身代金」を意味する[58]。オリゲネスの『ヘクサプラ』による
と、アキュラ、スュムマコスそしてテオドティオンはそれぞれ περικάθαρμα を
ἐξίλασμα（身代金、償いの供え物）へと置き換えている[59]。Ἐξίλασμα 自体は七十
人訳で2回用いられるだけだが（上サム12.3、詩48.8）、動詞形の ἐξιλάσκομαι は
105回用いられており、そのうち75回は כֹּפֶר の訳である。重要なヘブライ語単語

---

56) Benjamin B. Rogers, ed., *The Knights of Aristophanes* (London: G. Bell & Sons, 1910), 158-59参照。

57) したがって、McLeanがこれらの資料を用いて導き出す結論を鵜呑みにはできない。McLean, *The Cursed Christ*, 88-100.

58) *HALOT*, 2.495.

59) Fridericus Field, ed., *Origenis Hexaplorum quae supersunt: sive veterum interpretum graecorum in totum Vetus Testamentum fragmenta* (Oxford: Clarendon, 1875), 2.354.

340

の標準訳語を整えようとしたテオドティオンが、LXX箴言21.18のπερικάθαρμα
という訳語を一般的でないと判断してἐξίλασμαに置き換えたことは容易に推測
できる。テオドティオン（またアキュラ）の直訳主義から距離をおこうとする
スュムマコスさえもこの変更に倣っていることに鑑みるならば、少なくとも2-
3世紀においてπερικάθαρμαがכֹּפֶרの訳として、まったく不可能でなかったにせ
よ、適切でないと認識されていたのだろう。

　マソラ本文とタルグムとのあいだに大きな違いは見られないが[60]、「邪悪な
者は義なる者の身代金」という言説の真意は容易に理解されるものではない。
この言説が不可解であることを認めたうえで、註解者らは「邪悪な者」に身代
金というメタファが用いられたことに対して様々な理由を提示している。すな
わち（1）たんに「義なる者」ではなく「邪悪な者」が苦しみを受けることを
言っているに過ぎない[61]、（2）「義なる者」に向けて画策された「邪悪な者」
の悪事がかえって「邪悪な者」へ降りかかる[62]、あるいは（3）共同体に向けら
れた神の裁きは究極的に「邪悪な者」のみに影響を及ぼす[63]、などである。

　「義なる者と不義なる者の対比」は箴言における重要な関心事だが、箴21.16
-18では不義なる者の運命に焦点が置かれている。「義なる者はAだが、不義
なる者はBだ」という一般的な対比構造とは異なり、17-18節はMT箴言21章
には例外的な類義並行法を用いて不義なる者のなれの果てについて語る。しか
し七十人訳では、この並行法が維持されていない。17節では、前半（17a）と
後半（17b）が一文へと融合されて不義なる者の運命が語られる。一方で18節
では、18aか18bのいずれかが削除されるかたちで並行法から逸脱する（した

60)　J.F. Healey, "The Targum of Proverbs," in *The Aramaic Bible: The Targums*, ed. Kevin Cathcart et al. (Edinburgh: T & T Clark, 1991), 5.46; "A ransom for the righteous man is the wicked and robbers a ransom for the upright." *4QProverbs*は断片的であり、しかも箴言21.18を欠く。Patrick W. Skehan and Eugene Ulrich, "Proverbs," in *DJD*, ed. Emanuel Tov (Oxford: Clarendon Press, 2000), 16.181-86.

61)　C.H. Troy, *The Book of Proverbs*, ICC (Edinburgh: T & T Clark, 1899), 406; M.V. Fox, *Proverbs 10-31*, AYB 18B (New Haven: YUP, 2009), 687.

62)　R.B.Y. Scott, *Proverbs, Ecclesiastes*, AB 18 (NY: Doubleday, 1965), 126; B.K. Waltke, *The Book of Proverbs Chapters 15-31* (Grand Rapids: Eerdmans, 2005), 181-82.

63)　R.E. Murphy, *Proverbs*, WBC 22 (Waco: Thomas Nelson, 1988), 161-62. アイロニカルな解釈に関しては、W.O.E. Oesterley, *The Book of Proverbs*, WC (London: Methuen, 1929), 181参照。

がって、περικάθαρμα δικαίου ἄνομος は תַּחַת יְשָׁרִים בּוֹגֵד כֹּפֶר לַצַּדִּיק רָשָׁע か かのい
ずれかの訳）。

　それでは、不義なる者へ身代金を適用することが不適切と考えた七十人訳者
が、18aを看過して18bのみを取り上げ、不義なる者の運命に焦点をあてる決
断をしたのではなかろうか。『ヘクサプラ』に見られる異読（「不信仰な者は正
しい者の代わり〈Ἄλλος· ἀντὶ εὐθέων ἀσύνθετος〉」）はこの決断を反映しているよ
うに思われる[64]。捕囚後の時期に義人の死が義の道を踏み外したイスラエルの
身代金となるという思想が受け入れられていたことを考えると（IIマカ8.1-5;
『IVマカ』6.28-29参照）[65]、この思想の影響下にある七十人訳者がそれと矛盾す
るMT箴21.18aを意図的に削除したとも考えられる。

　18bのתַּחַתは名詞として「下部、下に横たわるもの」を意味する。「～の代
わり」という前置詞的意味は、「他者の下に位置する」という意味合いが変化
したものだ[66]。じつにתַּחַתは直後の箴22.27でも「下部」という場所的な意味
で用いられている。「なぜ（下に）敷いた寝床まで取りあげられるのか（תַּחְתֶּיךָ
לָמָּה יִקַּח מִשְׁכָּבְךָ מִתַּ）」（出24.4, 申4.11参照）。本来の意味が何であれ、七十人訳
者はMT箴21.18bを「不法なる者は義なる者の下になる」と理解したのでは
なかろうか。同様の表現は知4.18にも見られる。そうだとすると七十人訳は
περικάθαρμαを採用することによって、不法なる者が落ちぶれていく運命にあ
ることを強調したのだろう。彼らは無価値で忌み嫌われる塵のように下に降
り、義なる者に踏みつけられる（Apollonius *Lexicon Homericum* p109参照）。七十
人訳者はπερικάθαρμαを用いて箴21.18を自由に訳したのではなかろうか。す
なわち、「不法なる者は塵のように払いのけられて義なる者との関係において

---

64)　LXX箴21.18の異読（23, 252, 297, cf. 106, 253）については、Field, *Origenis Hexaplorum*, 2.354参
　　照。この異読におけるἀντίが「～のため」（18aのכֹּפֶרの訳）を意味するとも考えられなくはない
　　が、全体の前置詞構造を考慮に入れるならば、むしろ「～の代わり」（18bのתַּחַתの訳）と理解
　　すべきであろう。

65)　神の報いという申命記的概念（申32参照）が義人の苦しみに救済的価値があるという理解へと
　　発展したのかも知れない。Daniel Joslyn-Siemiatkoski, *Christian Memories of the Maccabean Martyrs*
　　(NY: Macmillan, 2009), 15; Jan W. van Henten, *The Maccabean Martyrs as Saviours of the Jewish People*
　　(Leiden: Brill, 1997), 140.

66)　*HALOT*, 4.1721-2; William Gesenius et al., *Hebrew and English Lexicon of the Old Testament* (Oxford:
　　Clarendon, 1906), 1065.

下に降った者のようだ」。これは、「... and a transgressor is the abomination of a righteous man」という19世紀の英語訳（Brenton訳）の理解に近い[67]。

したがってLXX箴21.18aは、パウロの時代にπερικάθαρμαが宗教儀礼的あるいは救済的な意味で用いられた証拠とはなり得ず、ましてやこれが追放儀礼の専門用語であるという理解を支持するものではない。

III.　結論と展望

この補論部では以下の結論に達した。すなわち、Iコリ4.13bでパウロが用いるπερίψημαと(περι)κάθαρμαの2語が、9世紀にフォティオス（あるいはΣB伝承）がπερίψημα ἡμῶν γενοῦという定型句を提示しつつ最終的にこれらの語と追放儀礼とを結びつける以前に、この儀礼における被追放者を意味する用語として理解されていたことを示す証拠に欠ける。したがってIコリ4.13bは、パウロがイエスの死を追放儀礼のメタファをとおして説明していることを証拠づけるテクストとはなり得ない[68]。

この結論は、当然Iコリ4.13bのハパクス・レゴメナの背景に何があるかという疑問へわれわれを導くが、紙面の都合上、ここではこの議論に立ち入ることができない。ただ、以下の点だけを指摘して本論考を終える。これらの語の背景に、「私たちを塵、芥のようにして、諸国民の中に（お見捨てになりました）(סְחִי וּמָאוֹס תְּשִׂימֵנוּ בְּקֶרֶב הָעַמִּים)」（哀3.45）があるとの指摘が近年なされた。סְחִיは「拭き取った結果としてのゴミ／掃いてきれいにする」を意味し、これはπερίψημαやπερικάθαρμαの意味に近い。またמָאוֹסも「拒絶の対象」を意味するので、これも両語とまったく関係しないとは言えない[69]。この場合、苦難

---

67)　Lancelot C.L. Brenton, *The Septuagint with Apocrypha* (London: Samuel Bagster & Sons, 1851), 807.

68)　もっとも、異邦人の聴衆がこのテクスト（また、ガラ3.13, IIコリ5.21）から追放儀礼を読みとった可能性までは否定できない。Ben-Ezra, *Yom Kippur*, 165-76参照。この点で、McLean (*Cursed*, 104) はパウロの時代より古い証拠（ハルポクラティオン『辞典』φ）を不適切に用いて、この儀礼が3世紀まで広く知れ渡っていたと述べ、一方でConzelmann (*1 Corinthians*, 90) はプルタルコスの資料（『モラリア』6.8.1）を不適切に看過して、この儀礼がパウロの時代にはすでに忘れ去られていたと述べる。

69)　*HARLOT*, 539, 749; Hollady, 180-81, 255.

の義人が民を神へと導くという捕囚期の伝承がこのテクストに反映されている
と説明される[70]。もっともLXXは、「あなたは私が閉めだされて拒まれるよう
に、私たちを諸国のあいだに置かれました（καμμύσαι με καὶ ἀπωσθῆναι ἔθηκας
ἡμᾶς ἐν μέσῳ τῶν λαῶν）」と、かなり自由に訳しており、のちのギリシャ語訳
も περίψημα や περικάθαρμα を上記のヘブライ語の訳として充てていない[71]。
さらに、教父や他の教会著作家らも哀歌3章とパウロとを結びつけることをし
ない[72]。

　パウロがIコリ4.11-13において使徒の苦難を要約する際に、苦難の義人と
いうユダヤ教伝統を意識していたのなら、「私は虫けらで人でなく、人類の恥、
民の嘲りです（ἐγὼ δέ εἰμι σκώληξ καὶ οὐκ ἄνθρωπος ὄνειδος ἀνθρώπου καὶ ἐξουδένημα
λαοῦ）」（LXX詩22.7）も、これらの語の背景として候補に挙げられよう。パウロ
と詩22.7が同じ語を用いることはないが、詩22章における人格の否定表現は注
目に値する[73]。とくに ἐξουθενημένα（Iコリ1.28）に表される十字架の嘲りとい
うIコリ1-4章に一貫した主題は[74]、詩22.7においても同根語の ἐξουδένημα が
鮮明に伝えている。ちなみに、Iコリ4.13bとLXX詩22.7との広い文脈的な関係
性は、ローマのクレメンス（『Iクレメンス』16.15, 17.1）とエウセビオス（『福音
の論証』10.8.55）が前提として論じている。

　もしIコリ4.13bの背景に哀3.45があるとすれば、これは新約聖書における
「苦難の僕」伝承としてパウロ独自のものとなろうし、詩22.7がその背景にあ
るとすれば、パウロはこの主題についてマルコ福音書（15章）と共通する伝承
に依拠していることとなる。もちろん、これらの2語が聖書でほとんど用いら

70）K.T. Kleinknecht, *Der leidende Gerechtfertigte: Die alttestamentlich-jüdische Tradition vom 'leidende Gerechten' und ihre Rezeption bei Paulus* (WUNT 13; Tübingen: Mohr, 1984), 55, 231-333; Anthony Hanson, '1 Corinthians 4[13b] and Lamentations 3[45]', *ExpTim* 93 (1982), 214-15.

71）アキュラ：λαλιὰν καὶ ἀτιμίαν ἔθηκας；シュムマコス：κοπρίαν καὶ *rejectamentum* (Syro-Hex).

72）初代教会にとって、キリストの死の意義を説明する際には、むしろ詩22やイザ53が頻繁に用い
られた。ヒエロニムスはそのヘブライ語の知識によって、ウルガタ哀3.45をヘブライ語聖書に
より近い表現へと訳している。

73）Westermann, *Gewendete Klage: Eine Auslegung des 22. Psalms* (Neukirche: Erziehungsvereins, 1955), 24-25; H.-J. Kraus, *Psalmen* (Neukirchen-vluyn: Erziehungsvereins, 3rd edn, 1966), 1.179.

74）Iコリ1-4章の構造に関しては、Kleinknecht, *Der leidende Gerechtfertigte*, 221-22; S.J. Hafemann, *Suffering and Ministry in the Spirit* (Grand Rapids: Eerdmans, 1990), 55-59を参照。

344

れない語であることから、パウロがその用法においてユダヤ教伝承に依拠して
いない可能性も否定できない。

表1：古代地中海世界の追放儀礼

	イオニア	アッティカ	カエロネア	アブデラ	レフカダ
理由	疫病？	疫病？	飢饉		厄除け
頻度	毎冬？		毎年？	毎年	毎年（アポロン神の祭り）
被追放者・プロファイル	「ファルマコス」/貧者？	「ファルマコス」/最肥満者/2人？	家内給仕者	呪われた者	犯罪（容疑）者
準備	乾燥無花果、麦菓子、チーズを与える/枝や聖衣を着せる？	（1年間）食事を与える/無花果枝を巻き付ける？	町や家のための犠牲		鳥や羽を巻き付ける
追放の行為	石打/枝や海藻で7度打ち叩く/怒り（呪い？）の言葉を言う	殺して食べる？/石打？	the chaste treeの枝で打つ	石打（死？）	崖から突き落とし、対岸へ船で追放
時代	前6cあり	前5cあり	後1cあり	後1cあり？	後1c以前

イオニア　　：Philostratus, Apollonius 4.10; Servius on Vergil, *Aeneis* 3.57; Tzetzes, *Chiliades* 5.743-58
アッティカ：Aristophanes, *Equites* 1135-40; Lysias, Against Andokides 53; *Lexicon* φαρμακός; Scholion
　　　　　　on Aristophanes *Equites* 1136a
カエロネア：Plutarch, *Quaestiones convivales* 6.8.1
アブデラ　：Ovid, *Ibis* 467-68; Scholia on Ovid, *Ibis* 467
レフカダ　：Strab, *Geography* 10.2.9

表2：Περίψημα (Περι)κάθαρμα の用法（TLG他参照）

	περίψημα	περικάθαρμα	κάθαρμα
後9cまでの使用数	56	37	149
分析価値あり	43	34	131
パウロへの言及	35（81.5%）	29（74%）	5
その他	6	5	126
語源	「拭き払われた汚物」=くず、かす、ごみ	「清掃過程で除かれた汚物」=くず、かす、ごみ	
派生した意味	不運/軽蔑の対象/逆境/屈辱/謙遜/へりくだった奉仕/奉仕者	軽蔑の対象/逆境/屈辱/謙遜/へりくだった奉仕	軽蔑の対象（侮蔑用語65%）/屈辱/謙遜/自己卑下
儀礼的/贖罪的意味？	Tob. 5:19; *P.Mich.* 8.473; Ignatius, *Eph.* 8.1; Hesychius, *Lex.* π; Origen, *Hom. Jo.* 6.55	LXX Prov. 21:18	Aristophanes, *Archarneses* 44; Harpocration, *Lex. o*; Aelius Dionysius, Ἀττικὰ ὀνόματα φ;
追放儀礼との関連（フォティオスとΣB以前）	オリゲネスが間接的に関連させるのみ		なし

古代文献索引

略語表

旧約聖書偽典
エチ・エノ	エチオピア語エノク書
ベニ遺	ベニヤミンの遺訓
ソロ詩	ソロモンの詩編
IVマカ	IVマカバイ記
モーセ遺	モーセの遺訓
モーセ黙	モーセ黙示録

フィロン
十戒各	十戒各論

ヨセフス
戦記	ユダヤ戦記
古誌	ユダヤ古代誌
アピ	アピオーンへの反論

タンナ／アモラ文献
Mブラ	ミシュナ・ブラホート
Mハギ	ミシュナ・ハギガー
Mミド	ミシュナ・ミッドード
BTプサ	バビロニア・タルムード・プサヒーム
BTヨマ	バビロニア・タルムード・ヨーマ
BTザラ	バビロニア・タルムード・アヴォダー・ザラ
PTブラ	パレスチナ・タルムード・ブラホート
PTソタ	パレスチナ・タルムード・ソーター
PTタア	パレスチナ・タルムード・タアニート
タルグム・イザ	タルグム・イザヤ書
民スィフ	民数記スィフレイ
創R	創世記ラッバー
申R	申命記ラッバー
哀R	哀歌ラッバー

使徒教父文献
Iクレ	Iクレメンス書簡
IIクレ	IIクレメンス書簡
イグ・エフェ	イグナティオスからエフェソ人への手紙
イグ・マグ	イグナティオスからマグネシア人への手紙

《著者紹介》

浅野淳博（あさの・あつひろ）

1960年、山陰松江生まれ。フラー神学校にて神学修士号（1997年）、オックスフォード大学にて哲学博士号（2003年）を取得。現在は関西学院大学教授。
単著：*Community-Identity Construction in Galatians*（T&T Clark Continuum, 2005）;『ガラテヤ共同体のアイデンティティ形成』（講談社／創文社、2012年）;『NTJ新約聖書注解　ガラテヤ書簡』（日本キリスト教団出版局、2017年）。
共著：*The Oxford Handbook of the Reception History of the Bible*（Oxford Univ. Press, 2011）; *The Trinity among the Nations*（Eerdmans, 2015）;『新約聖書解釈の手引』（日本キリスト教団出版局、2016年）; *T & T Clark Social Identity Commentary on the New Testament*（T&T Clark, 2020）他。
事典類：*The Cambridge Dictionary of Christianity*（Cambridge Univ. Press, 2010）; *The Oxford Dictionary of the Christian Church*（Oxford Univ. Press, 2022）;『キリスト教文化事典』（丸善出版、2022年）他。
翻訳：R. ボウカム『イエスとその目撃者たち』（新教出版社、2011年）; J.D.G. ダン『使徒パウロの神学』（教文館、2019年）他。

死と命のメタファ
—— キリスト教贖罪論とその批判への聖書学的応答

2022年4月1日　第1版第1刷発行

著　者　浅野淳博
発行者　小林　望
発行所　株式会社 新教出版社
　　　　〒162-0814 東京都新宿区新小川町 9-1
　　　　電話 03（3260）6148　FAX 03（3260）6198
　　　　URL http://www.shinkyo-pb.com/

印刷所　モリモト印刷株式会社

配給元　日キ販　〒162-0814 東京都新宿新小川町 9-1
　　　　　　　　電話 03（3260）5670　FAX 03（3260）5637

ISBN 978-4-400-11184-9　C1016　　　　　　Printed in Japan